家計の経済学

橘木俊詔
Tachibanaki Toshiaki

家計の
経済学

岩波書店

はしがき

　人びとが生活する上での最小単位は家庭，ないし家族である．家族のメンバーの誰かが働いて所得を稼ぎ，それを資金源として家族が消費行動を行い，どうにか生きていけるのである．もとより全額を消費するのではなく，一部を貯蓄にまわす．この家族による労働，所得，消費，貯蓄といった経済活動を行うことを家計行動と称する．本書はこの家計の経済活動を明治時代から現代までたどって，日本人がどのような家計行動をしてきたかを分析するものである．

　なお家庭，ないし家族という言葉を用いたが，多くの人は父と母がいて子どもが何人かいる姿を家族とみなすだろうが，現実の世界では必ずしもそういう家族ばかりではない．例えば一度も結婚せずに単身で暮らす人もいれば，年老いて配偶者を亡くして単身で暮らす人も多い．子どもを持つということは出生が必要であり，これも全員の人が経験するのではない．生涯未婚，あるいは子どものいない夫婦の数は，想像以上に多いのである．

　夫婦と子ども何人という家庭は政府統計では「標準家庭」と称されている．こういう家庭が多数派と思われたので，"標準"という言葉が用いられたのであるが，今となっては離婚や単身者が増加して，この姿は必ずしも標準ではなくなっている．一方で戦前の日本や戦後のしばらくは，祖父・祖母，成人した子ども，そして孫が一緒に住むという3世代住居がかなりの数存在していたが，現代ではその姿は急激に減少した．

　ここまで述べたように，家庭あるいは家族のあり方は歴史的に大きく変化してきたが，本書ではそれを詳細に分析して，なぜ人びとはそのような変化を望んできたかを明らかにする．本書ではそれを「大家族主義」と「小家族主義」というキー・ワードで代表させて論じる．そして人びとがそのような変化を望む心理的な要因，経済的な圧力(すなわち生活せねばならないということ)，企業制度や福祉制度との兼ね合い，まわりの社会との関係などの影響に注目する．家族をつくる(すなわち結婚や出産)，あるいはやめる(代表的には離婚)といった現象を説明する要因がどこにあるのかは，本書での中心話題の1つである．出産行

動の帰結は人口数に効果があるので，人口の変動にも注意を払う．

　先ほど家族の中で誰かが働いて所得を稼がねばならないと述べたが，これこそが家計行動の中心話題である．誰がどの産業でどういう職業に就いて働いてきたかを丹念に調べるし，どれだけの賃金・所得を稼いでいたかを分析する．そして得られた所得をどれだけの消費と貯蓄に配分するかも，家計にとって重要な決定事項である．消費は現在を生きていくための支出であり，貯蓄は不確実性と将来の生活に備えての行動なのであり，家計はその配分をどのように行ってきたのか，経済学上の主要テーマの1つなので，詳しく分析する．

　家庭ないし家族を話題にすれば，女性(特に妻)と子どもの教育が重要なテーマとなる．夫の収入が高ければ必ずしも妻は働かなくてもよいが，貧乏社会だった戦前では多くの女性が働いていた．しかし勤労，子育て，家事，ときには親(特に夫の親)の介護までやらされた妻は過酷な生活を強いられたのであり，できればそれを避けたいと希望し，専業主婦の夢を抱いたこともあった．

　高度成長期にそれを満たしたが，一方で家計が豊かになると娘への教育支出が可能となり，女性の教育水準が高まることとなった．高い教育と技能を持つようになった女性は働く希望が強くなり，そこで家族内で妻の役割が変化を示すようになった．そこでこれらの話題に関連して，子どもの教育需要とその効果，そして女性の労働問題を詳しく分析する．

　人は働けば賃金・所得を獲得する．この所得が家計間でどのような分布をしているかを議論するのが所得分配論である．戦前の日本は貧富の格差が非常に大きい格差社会であったが，戦後のGHQ改革のおかげもあってかなりの平等社会となった．一億総中流社会とも称されたほど格差の小さかったのが，高度成長期(1950年代半ばから1970年代初頭)から安定成長期(1970年代)までの日本であった．しかし1980年代あたりから徐々に所得格差は拡大し，現代はアメリカほどではないが格差社会の時代となっている．特に筆者は貧困者の多いことを深刻と判断している．

　実は格差社会に日本が突入したことを言い出した者の一人として，この問題にはかなりの注意を払って分析を行った．格差・貧困問題が発生した要因から始まって，公平性(平等性)と経済効率性(経済成長)のトレードオフ関係，格差を是正するための政府の政策(税制や社会保障制度，教育政策や公共政策など)に配慮

しながら，私見を含めて解決策を提案した．

　本書の執筆に際しては，過去に筆者がこれまで研究してきた成果を基にしたところが多いし，経済学の知識をフルに動員したと言っても過言ではない．家計のことを論じるには経済学だけでは不十分で，哲学，歴史学，法学，社会学，政治学などの知識も必要なので，それらもできるだけ動員することにした．しかしこれら多分野にわたる知識を一人で吸収するには限界のあることは確実であり，大々的にこれらを論じているわけではない．

　本書は筆者の長い期間にわたる研究成果の集大成という側面がある．執筆にあたっては平易を旨とするため，数学を用いた経済理論や計量経済学の分析結果は一切排除した．しかし背後にはそういう研究成果から得られたことを念頭におきながら記述していると認識してほしい．もとより集大成の成果や読みやすさに魅力があるのか，それとも魅力がないのかは，読者の判断に待つしかない．

目　次

はしがき

第1部　家計の歴史的変遷

第1章　人口の変化と家族 …………………………… 3

第2章　「家」制度をめぐって ………………………… 17
  1　「家」制度とは　　17
  2　住居形態と職業から「家」制度を見る　　23
  3　家族の歴史　　27
  4　家族研究の流れ　　30

第3章　人はどこでどれだけ働いていたのか ……… 41
  1　どの産業で働いてきたか　　41
  2　どの比率で働いていたか　　49

第4章　豊かさの変遷 ………………………………… 57
  1　所得格差　　57
  2　富裕層と貧困者　　62
  3　戦争前後における格差　　75

第5章　消費と貯蓄の動向 …………………………… 87
  1　家計消費　　87
  2　家計貯蓄　　101

第2部　家族の変化

第6章　少子・高齢化 ……………………………… 125
1　少子化　125
2　高齢化　145

第7章　小家族主義 ………………………………… 151
1　老親への支援が低下　151
2　小家族制度の浸透　162
3　離婚率の上昇　169

第8章　女性の教育と労働 ………………………… 179
1　教育の経済学　179
2　女性の教育　187
3　女性の労働　199

第3部　豊かさのなかの格差・貧困

第9章　生活の豊かさを成就した家計 …………… 215
1　戦後日本経済の軌跡——家計の貧困から経済大国へ　215
2　消費の拡大　219
3　所得分配の平等化と不平等化　224

第10章　格差社会の到来と社会・経済の変化 …… 241
1　所得分配の不平等化という格差社会　241
2　賃金格差の拡大　250

第11章　政府による政策効果 ……………………… 259
1　租税の再分配効果　259

2　社会保障制度による再分配効果　　274

第12章　貧困の現状と課題　…………………………　281
　　1　戦後からの貧困　　281
　　2　現代の貧困　　295

第13章　貧困者をなくすために　…………………………　307
　　1　貧困者を救済する方策　　307
　　2　生活保護制度の評価　　311
　　3　貧困者をなくすための政策　　324

　あとがき　　337
　参考文献　　339
　索　　引　　351

第1部

家計の歴史的変遷

第1章
人口の変化と家族

人口の長期変動

　日本が始まって以来の人口の推移を大づかみに見ておこう．当然のことながら大昔にあっては資料などがなく，人口学者の推計によるものしかない．江戸時代に入ると，歴史的な資料として，幕府や領主が作成した，キリシタン禁圧のための「宗門改帳」や，人口や家畜数などを把握するための「人別改帳」というものが存在する（両者を合わせて「宗門人別改帳」と呼ぶこともある）．この資料は村の総人口，世帯の構成員や氏名，年齢などが記されたものである．残念ながら全国すべての地域についてこの資料が残されていないので，江戸時代の人口数もこれを基礎にして人口学者の推計に依存している．

　明治時代に入ると新政府は戸籍制度を確立したので，人口などの把握に正確性が増した．これは戸籍法の制定によって戸籍が住民把握の基本となったので，戸籍に示された世帯に関する情報量にも正確さが伴った．その後人口数や世帯に関することは定期的に政府が調査を行うようになり，1920（大正9）年には第1回の国勢調査が実施されたので，それ以降の人口数はほぼ100％の正確さでもって把握されるようになった．"ほぼ"という意味は，現代にあっても国勢調査には調査漏れがあるので，全く正確な数の人口数を知ることは不可能である．現代に特有なことは外国人の把握が困難なことである．

　加藤（2007）は太古の時代から現代までの人口数の概数を示しているので，それに応じてごく簡単に人口の長期変動を見ておこう．まず縄文初期の時代（およそ8200年前）での日本の総人口は2万人，縄文中期（およそ4400年前）で26万人とされており，日本の人口は非常に少なかった．弥生時代（およそ1900年前）にあっても60万人程度なので，数千年の期間にわたって日本の人口数はほぼ停滞していたのである．

　奈良時代（8世紀頃）になると，農業の発展が見られたので食料の確保がなさ

れるようになり，人口数は増加の傾向を示す．推計数は人口学の専門家によって数値が異なることはやむを得ず，600万〜700万人とする推計から，550万〜580万人とする推計もある．奈良時代の人口数については本書の目的ではないので，これ以上踏み込まない．

むしろ江戸時代の人口の方がより正確さが増すし，現代の人口問題や家族のことを考えるうえでも，この時代の伝統は今でも多少残っており，有用な情報を多く提供するので，江戸時代については細かく検討しておこう．

江戸時代の人口

まずは総人口数の変化を簡単に見ておこう．関ヶ原の戦いのあった1600年頃の人口に注目すれば，もっとも信頼性の高い速水(1997)の推計によると，1600年の人口数は980万人，1721年において1200万人とされている．しかし加藤(2007)は，吉田東伍による推計では1600年前後には1800万人いたと報告しているので，速水と吉田の推計の間には約600万人の差があり，大きな差と言ってよい．この時代は統計資料もまだ不正確なので，どちらの推計がより正確であるかということは論じないでおこう．

しかし江戸時代も中期になると幕府の人口調査が定期的に行われるようになり，正確さが増すことになって，総人口数は2600万人から3000万人程度と推計されている(公家，武士，僧侶などを除く)．その後江戸時代の後期になっても総人口は増加せず3000万人程度で推移する．ここで分かることは，江戸の前半では人口は増加したが後半では停滞していることである．そして重要なことは，江戸時代の後半期では人口数の増減がないことの理由が，歴史人口学の専門家によって明らかにされたことにある．例えば，出生率，平均余命，婚姻率，離婚率などの数字を調べることによって，人口数の増減の理由を探索できるようになったのである．これらの情報は現代の人口，家族を論じるときにも価値ある情報なので，江戸時代との比較をすることには興味がある．

まず出生率を見ておこう．表1-1は江戸時代の農村における出生率を示したものである．平井晶子は「合計有配偶出生率」という言葉を用いて出生率を説明しているが，具体的には50歳まで生きた配偶者のいる女性の出生率のことを意味している．現代では女性が一生涯に産む出生率に注目しているが，江戸

表1-1 近世農村の出生率

地域	旧国	合計有配偶出生率 (観察された値)	推計合計有配偶出生率 (乳児死亡率20%を加算)
東日本	陸奥(6か村)	2.79	3.49
	出羽(2か村)	4.10	5.13
	関東(2か村)	4.13	5.16
中部	北陸(2か村)	5.72	7.15
	信濃(2か村)	4.41	5.51
	濃尾(4か村)	5.85	7.31
西日本	河内・摂津(2か村)	3.74	4.68
	長門(1か村)	4.53	5.66
	肥前(1か村)	6.48	8.10

出所) 平井(2008).

時代にあっては50歳という年齢は平均余命を超えているので,ほとんど生涯における出生率と理解してよい.

合計有配偶出生率のもっとも高い地域で肥前(現・佐賀県,長崎県)の6.48,逆にもっとも低い地域で陸奥(現・青森県,岩手県,宮城県,福島県)の2.79であり,平均すると4~5の数字である.平井が正しく指摘するように当時は乳児死亡率が高かったので,宗門人別改帳には生後数か月で死亡した赤ちゃんは記載されていないのであり,それを含めれば表1-1の右端に示したような数字になる.この数字における出生率は当然のことながら大きくなるが,それでも5~6の数字である.なお同時代のイギリスやフランスの出生率が7を超えているので,日本の出生率はヨーロッパよりやや低かったのである.

日本に特有な現象を提起しておきたい.江戸時代,そしてそれ以前の日本,あるいは太平洋戦争前ですら,堕胎や間引き(生まれた赤ちゃんを殺す)が行われていたとされるので,出生率の数字には誤差が伴う.食料不足の時代にあってはできるだけ子どもの数を減少させたいということと,男の子なり女の子なりを希望する動機から間引きを行うことがあったのである.鬼頭(2000)では,女の子が間引きの対象になっていたと報告されている.幸いなことにこの風習は現代の日本では存在しないが,中国では「一人っ子政策」が実行されたとき,かなりの数の家庭が男の子を望んだので女の子を間引くことがあったのである.そのために今になっては結婚適齢期の男女数にアンバランスが生じ,男性の結

婚難が深刻な社会問題となっている．なおごく最近になって中国は「一人っ子政策」をやめると宣言している．

当時の平均余命は，平井(2008)によると30歳代から40歳代前半とされ，現代の日本人の平均余命が男性と女性とで異なるが80歳から90歳前後にまで達しているので，江戸時代の人は今の人と比較すれば，半分の年限しか生きていなかったことになる．人生80年の人びとと，人生40年の人びとでは，人生の送り方が大いに異なることは自明であり，その差も本書での関心となる．すなわち，明治・大正の時代にあっても平均余命は現在よりもかなり短かったので，人生の送り方はかなり異なる．

興味深いのは結婚年齢である．現代では初婚年齢は晩婚時代と称されるようにかなり遅れているが，江戸時代では早婚が普通であった．しかし専門家の間では日本の初婚年齢は地域差の大きいことが強調されている．例えば落合(2006)で紹介されているように，東北・濃尾(現・岐阜県の一部，愛知県の一部)・西九州の三地域における比較研究によると，初婚年齢はそれぞれ男性が順に20.8，28.8，31.1歳であるし，女性は順に16.7，22.5，25.3歳となっている．東北地方の非常に若い年齢での結婚が目立っており，西日本に向かうほど結婚年齢が遅れるというものである．

なぜ東北地方の早婚が目立つのか，様々な理由が考えられる．第1に，例えば岡田(2006)では，子どもを労働力として必要にするのであれば，早く結婚して子どもをつくって，成長を待つことが考えられるとしている．既に見たように東北地方の出生率は他の地域よりも低かったので，子どもを労働力として必要とする程度が東北地方では高いに違いないという仮説と一見矛盾する．しかし，早く子どもをつくって早く労働力を確保したいという仮説とは矛盾しない．したがって，何人子どもをつくるのか，何歳のときに子どもをつくるのか，という問題は別の次元にあると考えられるので，少なくとも東北地方では子どもを早くつくって労働力を早く確保したい希望が高かったという説明は可能である．

第2に，東北地方は天候からすると寒冷地である．西日本のように暖かい地域は屋外ですることが一杯ある．それは食べるための仕事，余暇活動までを含めて言えることである．一方寒い地域であれば，働くことも楽しみのためのこ

とも屋内ですることが多くなる．屋内で人びとが接する機会が多ければ，家族というものを意識する程度も強くなるので，結婚を早くする気になるのではないだろうか．あるいは寒冷地であれば飢饉の可能性があるので，家族や親族内での助け合いを必要と感じるので，早く夫婦になるとか，子どもを早くつくるという動機が強くなると言える．この仮説は資料の裏付けをもつ実証的根拠に基づいたものではない，筆者自身の想像によるものである．

次の関心は(生涯)未婚率である．未婚率の反対は婚姻率(何％の人が結婚するのか)である．未婚率は(生涯)独身率とも呼べる．平井(2008)によると，生涯未婚率は美濃で10％弱，陸奥で3％以下と計測されているので，かなり低い率である．同時代のヨーロッパでは，生涯未婚率が10％から30％とされるので，日本はヨーロッパの比率よりもかなり低く，皆婚社会に近かったと結論づけられる．

なぜこのように日本では江戸時代に未婚率が低かったかを説明する要因として，16世紀や17世紀に見られた「婚姻革命」がある．この革命は速水(1973)によって提唱されたものである．それ以前の時代にあっては農家といえば荘園や地主に隷属する農奴と称してもよいほどの農民層が大半であったが，小規模とはいえ独立した自営農民の数がこの時代に増加した．そして，独立小農民は結婚して自分の家庭をもつようになる．そうすると出生率も上昇して，人口も増加する傾向を示す．これが江戸時代前半に人口が増加する現象を説明する1つの理由である．

速水融の説は，市場経済が徐々にではあるが農業部門にも浸透し始めたことを認めるものであるが，安良城(1959)の主張するように，桃山時代の太閤検地が独立小農民の発生を促したという説もある．

最後は離婚率である．多くの歴史人口学者が認めることは，日本の江戸時代では農村での離婚率が高かったという事実である．例えば平井(2008)によると，諏訪地方では全結婚のうち離婚に至る率が11％，濃尾地方では16％，東北地方では35％とされる．かなり高い離婚率である．しかし離婚数は多くとも，それらの人の多くは再婚していることが分かっている．第2次世界大戦後の一時期の日本では離婚率は低かったが，最近になってそれがかなり上昇している．現代の離婚率が高いことはもともと日本の夫婦の離婚率が高かったので，先祖

返りしたに過ぎないとも解釈できる．

江戸時代の家族

　江戸時代の人口の動向を様々な視点，例えば出生率，平均余命，結婚率と初婚年齢，離婚率と再婚率などに注目して，概観してみた．これら古い時代の人口を研究する分野を歴史人口学と称するが，この学問の歴史はここ最近の30〜40年ほどしかない．資料として「宗門人別改帳」などを用いて，江戸時代の人口問題を研究したのである．

　そこでの研究成果として次の3つの重要な命題がある．いずれも16世紀から17世紀にかけての「単婚小家族化仮説」「婚姻革命仮説」であり，そして「地域差を説明するフォッサマグナ(Fossa Magna)仮説」である．2番目の仮説は既に述べたのでここでは触れない．3番目の仮説は，東日本における結婚年齢が西日本よりかなり早いという事実を指す．これも既に紹介したが，速水融によって命名されたものであるが，その語源は地質学上の言葉にある．フォッサマグナとは東日本と西日本の境目を示す中央地溝帯のことを指し，この中央地溝帯の東部と西部で結婚年齢の異なることを象徴的に表現したのである．表1-2で東日本と西日本の違いをまとめてみた．

　1番目の仮説がここでの関心である．「単婚小家族化仮説」とは，日本の家族構造の特色として理解されている「大家族主義」を否定するものである．日本の家族形態では，血縁関係にある親族を中心にして，時には非親族(例えば奉公人や使用人)をも含めて，1つの家に多人数が住んでいたのが特徴であると一般に認識されていたが，江戸時代にあってはこの大家族の形態は信じられているほど普遍的に見られていたのではないと主張するものである．現代語を用いるならば，それは単婚小家族は「核家族」と同義であるとみなしてよいが，江

表1-2　ライフコースの地域類型

項　目	東北日本型	中央－西南西日本型
初婚年齢	早婚	晩婚
出生数	少	多
婚外出生	少	多

出所）速水(1997)230頁の表5-1より改変．

戸時代の末期にあっては直系家族であっても核家族率は40～50%に達していることが示されている(例えば,小山隆 1959 を参照).ここで直系家族とは夫婦の間に生まれた子どものうち,親の職業の跡取りをする子ども(多くは長男,男子のいない場合には婿養子や養子)のことを指す.このような場合であっても老親と子どもが同居しないケースが半分弱あると示されたのである.

ここで重要なことは,老親と子どもは一時期同居していても,老親が死亡したときには核家族となるだろうし,子どもの結婚前に親が死亡する場合もありうるので,同居しようにも同居できないこともある.3世代同居を大家族とみなせば,子どものいない夫婦と老親が同居していても3世代同居とはならないので,大家族制の中にいるとは言えない.あるいは直系家族でなくとも,老親と子どもに加えて,叔父・叔母,甥・姪などとの同居も大家族の一例である.このような様々な例を考慮に入れると,大家族を定義し,かつどれほどの家族が大家族制の下にあるかを計測することは,そう単純にできるものではない.

明治以降の戸籍制度の定着が人口に与えた効果よりも,家族のあり方に与えた影響の方がはるかに大きかった.それを一言でまとめると,「家」制度を法制史の立場から社会規範として定着させたし,国民に「家」制度の意義を感じさせたことにある.各「家」の長は家長(＝戸主)と規定され,家長の指揮の下に家族(被扶養人)がいる.家族は直系を基礎とするので,家長が亡くなったときには長男が家督を相続する.次男・三男は独立して親の職業とは異なる職業に就く.男子がいないときには婿養子や養子が考えられた.妻は夫である家長に従属する人とみなされ,これは家父長制と呼ばれて男性優位社会を象徴している.これは後の時代になってフェミニスト(女権拡張論者)から批判を受けることになる.

大家族制か小家族制かに関しては,大家族制(3世代住居)が江戸時代の中期に優勢だったのと同様に,明治以降も規範として尊重されていた.しかし,実態としては戸田(1937)が調査したところによると,1920(大正9)年の国勢調査では3世代住居は30%に過ぎず,多数派は2世代住居であった.江戸時代のところで強調したように,3世代住居を行うことのできる家族の潜在的な数は意外と少なかったことが理由である.

経済学の視点からこの時期の家族を評価すると,次の諸点が重要である.第

1に，親の職業を継ぐのは長男であり，職業は親子間で継承された．これは坪内(2006)が明らかにしたように，江戸時代からあった「武士の子は武士に」という思想が庶民の間でもかなりの程度浸透していた．多くの人がそれを規範として意識していたことは確実なので，国民の間で年長者を敬うことによる大家族制が好ましいと考えられたのである．

もう1つ"単婚"の意味を述べておこう．一夫一婦制を原則とする単婚であるが，実際の男女関係はそう厳格ではなく，象徴的には大名に側室がいたし，庶民階級にあっても不倫などが横行していたのである．建前としては一夫一婦制の単婚制度であったが，本音としては必ずしもそうでなかったのが江戸時代の婚姻であった．少なくとも建前として単婚を標榜したのは，嫡子を重視して非嫡子を軽視する目的があったと理解できる．

明治・大正時代の人口と家族

明治維新を迎えて日本は新しい時代に入った．1871(明治4)年に戸籍法が制定され，翌年の72年には戸籍の調査が行われ，総人口数の把握が正確性を増した．そのときの総人口は3481万人とされた．その後人口は増加の傾向を示し，91(明治24)年には4000万人を超えた．そして1912(明治45)年には5058万人となり5000万人台の水準に達した．明治時代になって40年強の間に1500万人を超す人口の増加なので，かなりの急増と言ってよい．明治時代の日本は殖産興業・富国強兵の政策が実施されたことにより，経済の豊かさが増したことと，兵員の確保という目的によって，人口が増加したのである．

江戸時代に特有なことに注目すれば，既に強調したように，この時代の平均余命は40から50歳代であった．もしこれらの人の子どもが東日本のように早い年代(例えば20歳前後)に結婚して，孫が早く生まれればその家族は3世代が現実に存在することになるが，子どもが西日本のように遅い年代(例えば30歳前後)に結婚するなら，孫が生まれたときにはもう老親が他界している可能性が高い．後者の例であれば，規範としては3世代同居を認める家系であっても，実質は3世代が生存していないので，大家族制を形成しようにも物理的にそれが不可能なのである．

ここで述べたことを解釈すれば次のようになる．3世代同居，あるいは大家

族主義か小家族主義かを議論するときは，実態としての大家族主義か，それとも規範に忠実でありたい(すなわちそのような家族でいることを望ましいと考える)が現実にはそれができない大家族主義であるかの差に注目せねばならない．すなわち，たとえ現実の大家族主義の数字がそれほど多くなくとも，国民の多くの人が大家族が好ましいと考えている(規範)場合もありうるのである．現代に即してその例を示せば，老親は鹿児島に住んでいて子どもが東京で働いていれば，たとえこの親子は規範として同居を望んだとしても物理的に不可能である．

江戸時代に話題を戻すと，この時代は儒教思想が有力だったので，年長者を敬うことは規範であったし，年金制度などもなかったことから，老人の経済保障をするために3世代同居，あるいは大家族制は当然のこととする考え方が支配的であった．しかし，実際にそうすることの必要のない家族(例えば老親はもうこの世にいない)もかなり存在していたので，想像されるほど大家族は多くなく，「単婚小家族制」はかなりの程度妥当性があったと想像できる．

どのようにして儒教思想が影響したかを説明しておこう．もともと儒教は中国で生まれた宗教であるが，徳川幕府が幕藩体制を維持するために重宝した思想である(この時代の儒教の役割については橘木2013bに詳しい)．幕府や藩の大名が部下の武士を支配し，かつ彼らの忠誠心を確保するために，身分の上下関係における秩序の大切さを強調した．士農工商という身分制もこの秩序を維持するための一環であるし，職業が親から子に引き継がれる世代間職業移転を伝統とした．しかし武士階級で支配的だった儒教思想が農業を営む人びとにまで全般的に普及していたとは必ずしも言えない．むしろ庶民階級では仏教の方が優勢であったので儒教の影響力はそう強くなかった．すなわち儒教思想では上下の身分間での主従意識の徹底(例えば親子間，男女間，年齢の老若間，教師と生徒など)を重視していたが，庶民階級では武士階級ほど徹底していなかった．とはいえ，儒教による家系継承の風習が，他の職業である農業，商業，工業にも伝播したのである．長男ないし婿養子・養子は親の遺産を相続するのに対して，次男・三男は遺産や職業の相続はないし，自分で職業を始めねばならなかった．

第2に，家長は家族構成員の生活を保障するために，働いて所得を稼ぐ責任があった．家長の職業は正に様々である．妻の役割は夫の職業と収入によって区分されていた．高所得の地主，高級官吏，企業経営者や管理職の妻は専業主

表 1-3 官吏・雇用人の平均月額給与の推移
(明治から大正)

(単位:円)

年	公務(官吏)			民間			消費者物価指数
	勅任官 (a)	奏任官 (b)	判任官 (c)	非官吏雇傭人 (d)	日雇い男子 (e)	製造業男子 (f)	(g)
1882	461.3	113.1	15.7	7.1	5.9	7.3	38.9
1883	369.5	104.9	21.3	7.4	5.1	6.8	33.4
1884	360.9	102.4	21.8	7.6	4.9	5.4	32.3
1885	354.8	101.3	20.7	7.6	4.3	5.9	32.4
1886	329.4	90.2	18.2	9.7	4.1	5.4	28.5
1887	337.9	73.8	17.1	9.4	4.3	5.7	30.3
1888	332.4	74.5	17.5	9.5		5.7	29.8
1889	334.7	74.9	18.0	9.5		5.4	31.6
1890	356.4	81.1	17.9	9.3		5.1	33.7
1891	320.3	76.3	17.5	9.1		5.9	32.3
1892	320.9	76.3	17.6	9.5	4.9	6.5	30.1
1893	333.9	77.4	16.5	8.9		6.5	30.4
1894	337.6	78.1	16.3	8.8	5.7	6.5	31.4
1895	348.8	79.7	16.2	8.9	5.9	6.8	34.4
1896	353.3	82.6	17.5	11.5	7.0	7.6	37.8
1897	352.1	83.4	18.4	12.5	7.8	8.9	42.2
1898	325.1	83.9	19.9	13.3	8.9	9.7	45.7
1899	340.7	87.7	21.1	13.4	9.2	10.8	43.1
1900	340.6	88.5	22.1	13.9	10.0	11.1	48.5
1901	335.1	89.8	22.9	13.7	10.5	11.3	47.4
1902	334.8	91.0	24.7	13.6	10.5	11.9	49.3
1903	335.8	92.1	26.0	14.5	10.8	11.9	51.7
1904	327.5	90.7	25.9	14.5	10.8	12.2	52.9
1905	327.9	91.9	25.0	14.3	11.1	12.4	55.0
1906	340.2	97.1	27.1	15.8	11.3	13.2	56.0
1907	342.0	98.9	27.8	15.9	13.2	15.1	61.9
1908	337.0	97.9	28.2	15.5	14.3	15.9	59.8
1909	335.6	101.1	28.7	16.1	14.0	16.2	57.4
1910	373.8	118.9	35.5	17.3	14.3	16.2	57.6
1911	366.4	121.4	35.8	17.1	15.1	16.7	61.9
1912	363.9	122.8	36.1	17.1	15.7	17.0	65.3
1913	357.5	124.2	34.2	17.1	15.9	17.6	67.3
1914	337.7	124.6	34.5	16.8	15.1	17.6	62.0
1915	330.7	124.3	34.2	17.4	14.9	17.3	58.0
1916	335.2	126.3	34.5	17.4	15.4	18.1	62.7

1917	337.0	123.7	34.5	17.8	18.9	20.8	76.9
1918	338.4	126.5	34.7	19.8	25.9	26.7	103.5
1919	347.1	132.9	37.2	22.0	38.6	38.9	137.7
1920	490.9	204.6	67.9	28.8	54.3	52.1	144.0
1921	488.5	214.6	68.8	40.4	53.7	51.6	132.0
1922	506.2	206.9	70.8	41.9	58.9	54.8	130.0
1923	548.9	217.6	69.2	40.8	58.6	54.3	128.8
1924	502.0	221.5	72.9	39.5	58.3	55.1	130.0
1925	493.3	226.9	72.1	41.8	57.5	55.9	131.6

注）(a)～(d)は『帝国統計年鑑』第3回～第45回の各年の人員・給与総額より算出．ただし，1886～90年は第11回統計の累年表を用いた．また，1885年以前は宮内省が含まれている．(e)は『帝国統計年鑑』及び労働運動史料委員会(1959)，270-273頁による．(f)は大川他(1967)，第25表，職種別賃金(A系列)の製造業統合・男子．(e)(f)は原資料は日給で掲載されているが，官吏給与との比較の便宜上，27倍として月額換算した．(g)は大川他(1967)第1表の消費者物価指数（家賃を含む総合）．1934～36年＝100．
出所）稲継(2005)．

婦でありえたが，農業，商業，家内工業に従事する人は所得が低いので，妻は夫と同じ仕事に従事するという形（農業や商業が多い）か，別の場所で働いていたのである．前者の数より後者の数の方が多かったので，既婚女性の働く比率が高かったのである．

　第3に，働く人の賃金格差，俸給格差という観点からすると，この時代の分配の不平等度は高かった．すなわち高労働収入者と低労働収入者との格差は大きく，しかも低労働収入者の数が高労働収入者の数よりもはるかに多い格差社会であった．いかに格差が大きかったかが表1-3によって分かる．この表は1882(明治15)年から1925(大正14)年までに示された官吏と非官吏の俸給，そして民間企業の賃金を示したものである．ここで勅任官とは身分の高い公務員（大臣，次官，高い地位の局長など），奏任官とは一般の局長以下の中堅管理職，判任官とは今でいうキャリア官僚の若手を意味し，非官吏とはキャリア官僚ではない一般の役人である．1882(明治15)年では勅任官の平均月額給与が461.3円，奏任官が113.1円，判任官が15.7円，非官吏の公務員が7.1円となっており，官吏の中でも役職が高位の人と下位の人の間にはとても大きな給与の格差がある．なんと勅任官と非官吏との間には実に65倍の差がある．なおこの地

表1-4 企業内の賃金格差(1930年代)

	年収(円)	倍率(普通工=1)
工 場 長	10,808	17.27
工場長代理	6,419	10.25
工場係長	5,008	8.00
正 社 員	2,463	3.93
準 社 員	1,626	2.60
雇　　員	1,480	2.36
准 雇 員	1,338	2.16
男 工 頭	980	1.57
男工(普通工)	626	1.00
女 工 頭	464	0.74
女　　工	281	0.45

出所) 橘木(1998). 賃金は某製紙会社の資料による. 同志社大学石田光男教授のご厚意によって提供を受けた.

位による差は時代が進むと徐々に縮小するが，現代より大きいことは確実である．民間企業で働く男子の給与が7.3円なので，平の官吏と民間企業人の間にはほとんど差がない．しかし民間企業であっても経営者(工場長)と男子工員の間には17～18倍の差があったことが表1-4で示されている．ここで示されたことをまとめれば，高級官僚，企業経営幹部・管理職などの俸給はかなり高く，国民の間での所得格差はかなり大きかったのである．明治・大正時代は国民の間での貧富の格差はかなり大きかったのである(表1-4についての詳細は第4章で再び論じられる)．

所得格差

ここで示したことは，働いている人の賃金や俸給の格差が非常に大きかったことであったが，所得に注目するとどうであろうか．ここで所得と賃金・俸給の違いを述べておこう．賃金・俸給は働くことによって得られる報酬であり，労働収入と称してよい．一方の所得とは，賃金・俸給プラス報酬以外で得られる収入の合計である．後者の具体例は，働くこと以外で得られる地代，利子，配当，小作料，社会保障給付などである．家計の総収入が所得なので，家計間の格差を語るときは賃金・俸給よりも，所得がよりふさわしい変数なのである．

ところが所得の計測はそう容易なことではない．特に戦前の所得統計は不正

確であった．賃金・俸給は支払う側の統計から把握できるので正確性はかなりの程度高いが，地代，利子，配当などは受け取る側の申告に依存するので，不正確性が伴う．特に戦前においては税務当局への申告所得で所得を把握していた．脱税狙いの過少申告が目立った時代でもあり，戦前の家計所得統計には誤差が大きいのである．

　もっと重要なことは，戦前では所得税を払っていた家計は高所得者というかなりの少数派だったので，所得統計においては，日本人の全家計を標本とした所得額ではなく，高所得間の所得格差しか分からないのである．

　これらのことを念頭におきながら，戦前の所得格差に注目してみよう．表1-5はそれをジニ係数で示したものである．ジニ係数とは完全平等(すなわちすべての人の所得が同額)のときに0.0，完全不平等のときに1.0となり，0.0と1.0の値をとりながらその値の高いほど不平等度が高い指数である．

　この表の教えるところによると，ジニ係数は1890(明治23)年を除いて0.4以上である．なお，この頃の統計には信頼性がないので，この年は分析の対象から外す．所得分配のジニ係数が0.4以上という値であれば，所得格差はかなりの不平等であることを意味し，戦前の所得分配の不平等度は相当に高かったのである．さらに，この表における家計は高所得者という偏りがあるので，ここで標本には入っていない中・低所得者層を含めると，ジニ係数の値はもっと高くなることは確実である．したがって，戦前において全家計を対象にした所得

表1-5 戦前の日本の所得分配の不平等の変遷
（ジニ係数）

年	大槻・高松	小野・渡部	南・小野(山口県)	
			町	村
1890	0.311			
1900	0.417			
1910	0.420	0.357		
1920	0.463	0.417	0.536	0.523
1923				
1930	0.451	0.431	0.525	0.477
1937				
1940	0.641	0.467	0.563	0.476

出所）溝口(1986)，南・小野(1987)．

分配の不平等度は，非常に高かったのである．

　明治・大正時代に所得分配の不平等度が高かったのは，経済発展の段階説から説明できる．この時代の日本経済は経済発展の初期の段階なので工業化はまだ進展しておらず，旧制度(例えば一部の大土地所有者と多数の小作人の存在，一部の高等教育保持者によるエリート主義)が幅を利かしていたので，貧富の格差は大きかったのである．工業化の進展の程度の差に応じて所得分配の不平等度が異なることを統計で証明したS.クズネッツの「逆U仮説」によれば，経済発展の初期の段階では不平等度が高いのが一般的であり，日本の明治・大正時代はこれに該当すると考えてよい．

第2章
「家」制度をめぐって

1 「家」制度とは

「家」の起源

　日本の家族を論じるときは，明治時代に定着したとされる「家」制度から始めることが一般的である．特に民法の第四編(親族)と第五編(相続)が1898(明治31)年に成立，施行され，そこで家族と相続のあり方が明文化されたことが大きい．既に述べたように1871(明治4)年に戸籍法が制定されて，戸籍制度が導入されていたのであるが，それから20〜30年の間に法律の改正が行われて，戸主権や家督相続制度が確立するようになる．1898(明治31)年には戸主の届け出権は消失するが，戸主は家督の相続をすることができ，一方で家を構成する人(家族)の扶養を義務とする考え方を明示したのが明治民法の特色である．ここでは夫婦関係よりも親子(特に男子)関係の重視が特色であり，ここが日本の「家」を特徴づける点である．

　特に法律の専門家は戸籍法を含めた民法の意義を強調する．例えば川島(1957)はこの法律によって「家父長制」を国家が社会経済の規範としたと解釈する．家父長制とは，家長と家族の構成員との間で支配─服従関係があることと，長男が家長を継ぐことを明示する．この家父長制は日本やアジアのみに存在した制度ではなく，英語に"patriarchalism"という言葉があるように，欧米においても過去には見られた制度である．男子優先の論理であると言ってもよい．

　この男子優先に対してフェミニズムの立場から，女性の男性への従属を強要する家父長制に対して，反旗が翻されたのである．例えば専業主婦は夫に経済的に支配されているので従属せざるを得ず，この支配・従属関係は資本と労働の間での支配・従属関係を主張したマルクス主義と同次元にあると考えて，マ

ルクス主義フェミニズムとも呼ばれる思想がある.家父長制が男性・女性の間での支配・従属関係を促すと理解するのである.これに関してはクーンとウォルフの『マルクス主義フェミニズムの挑戦』の影響を受けた上野(1990)が日本ではこの思想の主張者として有名である.上野千鶴子は社会学者であり,日本のフェミニズム運動の知的リーダーとして活躍している.

　明治時代の民法が日本の「家」制度,あるいは家族のあり方の形成に対してどのような影響があったかをまとめておこう.妻は夫に服従するし,子も親の指示に従う一方で親への尊敬を大にして,親孝行を尽くすという人生の勧めである.さらに先祖を大切にし,かつ子孫の繁栄を願う精神を尊重する.そのための手段として資産を長男に移転することを容認する.これは遺産の相続にほかならない.男子のいないときは婿養子や養子がこれに替わるのである.男性を中心にした直系家族の重視と,「家」の繁栄のために周りの妻,子どもがそれに協力することと,逆に夫の責任にも期待しているということになろうか.このようなことを民法が記述しているので,日本の家族制度を形成するのに民法の果たした役割を法律家は強調するのである.

　ここで1つの疑問が生じる.確かに民法の役割は無視できないが,法律の制定は,現実の社会がそうなっているということを後追いして,それを明文化するという解釈がありうる.その一方で支配者層なり為政者が自分たちの考える社会の理想の姿を法律で記述して,その実践を庶民に強要するか,期待するという考え方である.強要できる場合には,政府が専制主義とか全体主義のような強力なものでなければならないが,明治新政府がこれに完全に該当するとは言えないにしても,ある程度強要できる政府であったと言えよう.例えば,学校教育の中でこれらのことを教育勅語として教えたことがこの証左である.

　筆者は前者の解釈,すなわち現実の社会がそうなっているのでそれを後追いして法律で明文化している,ということもかなり重要な解釈であると判断している.それは歴史人口学者が戦後になってから,江戸時代(特に17世紀から18世紀にかけて)における東北地方や近畿地方の農村の実態を調査することによって,前章で述べたように農村においても小家族制が浸透しており,職業や財産の世代間移転が行われていたことを発見したことで裏付けられる.すなわち事実は重いのである.

第2章 「家」制度をめぐって

　もう1つ重要な事実は，江戸時代における支配階級である武士が，既に厳格な「家」制度を実践していたので，支配階級の論理が明治時代に入っても尊重されたのである．江戸時代にあっては武士階級に属する人口はほんの数％に過ぎないが，支配階級だったことの意義が大きい．すなわち武士階級の「家」制度は社会での秩序を維持するうえでも役立つ，と明治時代の為政者は考えたのである．

　経済学を専攻する筆者にあっては，もう1つ説明を加えたい．それは「家」制度にあっては，父親が稼ぎ家族が被扶養者となるという慣習の定着である．もとより農家や商家にあっては妻，子どもが一体となって家業の手伝いをしていたのは事実であるが，あくまでも父親が「家」での経済的な責任者であった．すなわち「家」ないし家族は生活をともにする最小のユニットであるし，家長は「家」の責任者なのである．

　このことに注目していたのは，経済学者ならぬ社会学者の有賀喜左衛門であった．すなわち有賀(1965)は，「家」は家族構成員が農業や商業の家業を行ったり，夫が組織(例えば藩主)に雇用されて俸給を得て家族を養う，といった姿での生活保障の全面を担う，と考えた．この有賀説のように「家」を最小の経営体とみなす考え方に対して，例えば別の社会学者である戸田(1937)のように，あくまでも冒頭に述べた「家」の家長的家族関係を重視する思想との対立があった．社会学者の間での対立，あるいは論争を経済学の立場から評価すると，有賀説に親近感を覚える．すなわち家父長的な家族関係を否定するものではないが，「家」ないし家族は生活をともにする最小のユニットであり，そこには経済的な扶養・被扶養関係があるという事実は重要と考える．ではなぜ家族の間で経済的に，そして時には精神的に支え合うのかを説明する論理として家族間の愛情があるが，それについては別の場所で論じる．

　家族を考えるときの1つの論点は，同じ家屋の中に住んでいるのか，すなわち同居が家族の条件かどうかということである．一般論としては家族は同居しているが，遠隔地に別居していても経済的ないし精神的に支え合っていることも多々あるので，「家」ないし家族を同居する親族に限定することは不可能である．

民法における「家」制度のメリットとデメリット

　「家」制度は基本的に明治時代から太平洋戦争期まで存続する．この制度のデメリットについては特に戦後になってから大きな声となったが，後に言及する．民法の制定にはメリットもなくはなかった．先にメリットについて述べておこう．それは例えば，湯沢他(2006)で述べられている点である．

　第1に，民法によって個人の自由と平等な人格が——少なくとも建前として——前提とされたことは，明治の新政府が外国との不平等条約を撤廃するに際して役立った．少なくとも日本が封建国家ではないことを，家族のあり方を明文化したことにもより，諸外国は日本を独立国家とみなすようになった．現に1894(明治27)年の条約改正が，不平等条約のうち治外法権の撤廃に寄与したのである．

　第2に，結婚に関して様々な規則が定められた．すなわち，初婚年齢を男子が満17歳，女子が満15歳とされたので，これまで多かった女子の早婚が禁じられた．もっと重要なことは，婚姻に関して，一夫一婦制を定めていわゆる重婚を禁じたことにある．これまでの時代であれば，ひどい場合には一家に夫と女性が2人，3人同居ということもあったが，少なくとも戸籍上はそれを禁じたのである．この重婚禁止に関しては，初代の文部大臣であった洋行帰りの森有礼（ありのり）の主張が取り入れられたのである（森有礼に関しては，橘木2009参照）．

　重婚禁止とはいえ，権力とお金のある男子は妾（めかけ）を何人かもつという風習が消えることはなかった．妾に関しては，法律上の本妻との子どもは嫡出子と称され，その他の男女間に生まれた子どもは私生児，うち父が認知した子どもは庶子と称された．1907(明治40)年には出生児の10%前後が婚外子であったと報告されているので，人口に占める婚外子の数はかなりのものだったのである．婚外子に関してもう1つ重要な点は，法律上で遺産相続の際に差別を受けていたことと，社会的にも冷たい眼で見られていたことがある．なおごく最近になって，摘出子と非摘出子の間に相続権に差があってはならないという最高裁の判決がようやくあった．戦前・戦後を通じておよそ100年にわたって両者の間には差があったのである．日本の文学作品の中で男女の恋愛・結婚・不倫などがどのように扱われたかに関しては，橘木・佐伯(2016)がある．

　第3に，離婚に関しては，少なくとも法律上は夫婦2人の間で決めることで

あり，周りの者の介入は排除された．これまでは親が子どもの離婚を強要したり，三行半(みくだりはん)と呼ばれて夫が一方的に妻に離婚を通告することもあったが，こういう慣習を排除して，少なくとも表面上は協議離婚を奨励する民法だったのである．

第4に，「家」制度や家父長制が家族や社会の安定をもたらしたので，それが国家体制の確立と産業化による経済の発展に寄与したということを強調しておこう．それが行き過ぎて，天皇を中心にした国家主義と軍国主義に向かったことの非は十分に認識されねばならないが，家族の安定は国家に勤勉な労働者と忠実な軍人を提供するのに役立ったのである．

家庭の中で夫婦の間，親子の間で主従関係が明確になっているので，日常の生活の場と精神構造において，人間社会のあるべき姿を個々の人が家族生活から学び取るようになる．具体的に言えば，自分が家族の主であれば個人はどのような行動を社会ですればよいのか，自分が従であればどのような行動を社会ですればよいのか，それぞれが自分の役割を自然に感得することが可能なのである．現在でも夫のことを妻が「主人」と呼ぶことが多いことを思い起こしていただきたい．家庭内で主従関係の大切さを学んだことが，家庭外の職業における企業，役所，軍隊，等の組織でも生かされることとなった．すなわち上役と部下の関係を主従関係として良好に保ち，あるいは組織内における秩序をうまく保つことが組織の安定と，生産性の向上に役立ったと想像できる．似たことは学校の現場でも起こったのである．先生と生徒の間でも主従関係らしき姿が存在したのである．

一方でデメリットとしては，現代では多くの人がそれを認識し，かつ賛意を示すことであるが，「家」制度のもつ家父長制の前近代性である．フェミニストからの夫と妻の間の関係に関する批判は既に述べたが，子どもに対する親の優位も批判の対象となる．家族の中で主従関係が明確であることは，メリットの第4として述べたように経済発展に寄与する面もあったが，自由と平等という現代においてもっとも重視される価値概念からすると問題がある．すなわち，妻は夫に従い，子は親に従うのであれば妻や子の自由は束縛されているし，第1に人間としての平等も保障されていない．構成員の個人主義や自由主義がかなり封印されていたので，前近代的と批判されたのである．

このような批判は戦後の日本が自由主義と民主主義の国になる必要があるという見地から，多くの論者が主張したことであった．ここではその代表者として川島武宜を挙げておこう．民法学者・法社会学者の川島は旧民法の前近代性を明らかにしたうえで，民法の改正をも主張した．ただし，たとえ民法を改正しても，国民ないし家族構成員の意識が旧態依然としたものであれば，人びとの生活態度なり行動様式は変化しないだろうと川島は危惧した．現に民法は改正されて「家」制度，ないし家父長制は名目上なくなったが，現実には期待されたほど家族構成員の間での自由と平等はそうスピーディに進行しなかった．しかしながら，戦後70年を経過して，それは良い方向に進展したことは確実である．戦後の家族の変容については別の章で詳しく分析する．
　このように「家」制度に関して肯定的，否定的な評価が交錯する中で，ここでユニークな評価として取り上げたいのが，牟田(1996)の分析である．「家」制度や家父長制が戦前の家族を象徴し，すなわち夫婦や親子の関係が上下関係で結ばれていたとする見方に対して，家庭の中では考えられていたほどの主従関係になかったということが主張された．すなわち，夫婦関係は意外と対等な情愛関係にあった，ということを牟田和恵は主張したのである．
　牟田はこのことを主張するために，当時の教科書，小説，雑誌をたんねんに読み返した．現実の家族関係では制度的ないし規範的には「家」制度で規定されていたとはいえ，家族構成員の間では夫婦と子どもを中心とした世界として情愛あふれる，しかも「心性」豊かな生活をしていた．家族の団欒の姿，子どもの育て方と教育に熱心な母親，妻子を養うために勤労に励む父親，そして夫婦間や親子間でいつくしむ愛情の大切さ，等々が当時の硬軟とりまぜた出版物で語られていることを明らかにしたのである．「家」制度の実態は，それほど主従関係で規定されていたのではなく，対等な関係に近い情緒的な親しい関係でとらえた方がよい，というのが牟田の主張である．
　ここで問題となるのは，ジャーナリズムに見られるこれらの描写は，一部の知識人，文化人の理想論を述べたに過ぎない，という説がありうることである．実態は「家」制度が規定するように，夫婦・親子間の主従関係が強いことを認めているのであるが，そうあってはならないと主張したいために，小説や雑誌において主従関係の強くない理想的な家庭生活を意図的に紹介するようなこと

があった，との解釈が可能かもしれないのである．

　当時の書物や雑誌で取り上げられた家族生活が，実態に即したものであるのか，それとも書き手の啓蒙的な理想の姿を述べたものなのか，その判断を厳格にする必要はない．現代のメディアにおいてもそうであるが，書物や雑誌は実態の紹介と理想論の両方を扱うのが一般的だからである．したがって，筆者の牟田論説に対する判断は，戦前の家族生活は牟田の言うように，「家」制度の実態はかなりの程度において，夫婦・親子の主従関係を割り引く必要性がある．すなわち，家庭生活の中にあっては，それほど封建的ではなく，しかもそれほど前近代的ではなかったと解釈したい．しかし，構成員間の平等，そして個人の自由が満たされていたかと問われれば，それは制約されていたとみなすべきである．

　あるいは，こういう見方も可能である．日常の家庭生活においては牟田の主張する通り，「愛情」に満ちた親しげな生活であったろうが，権利に関することとか，大きな決定事項には家長たる夫がほぼ1人で決めていたし，家族はそれに従うことが多かった，という見方である．

2　住居形態と職業から「家」制度を見る

　「家」制度は規範としては，家父長制によって老親と長男の同居を期待したが，同居には部屋数の多い大きな家屋を要求する．小さな家屋であれば同居は困難になることがある．そこで家屋の大きさから「家」制度を見てみよう．さらに，農業や商業というように親子が職業を継承するのであれば，同居することは多いだろうが，子どもが親と異なる職業に就いたなら，住む地域が異なることもあるので，同居しない確率が高まる．

農村における住居

　農村における住宅を見ると，階級によってその差が大きい．農業では地主と自営小農民や小作人との間であれば，地主は大きな家に住み，小農民や小作人は小さな家に住むことに驚きはない．広い土地を所有し，かつ小作料の収入が多い地主は，大きな家屋に住むことができたが，たとえ自営であっても小農民

や小作農家の収入は低く，小さな家に住まざるを得なかった．

　動物学者で文化人類学にも造詣の深かったエドワード・モースが，日本の家には少数の大きな家と多数の小さな家しかないと記述したのは有名である（Morse 1885）．これはモースが日本の農村を見てまわったときの印象である．大きな「家」には茅ぶき屋根と多くの部屋をもつ主屋があり，その周りに蔵や離れ屋を従えているのが地主の大きな家であるのに対して，自営小農民や小作人の家はシェルターと呼んでもよいほどの小さな住居が数多く存在していたのである．漁村であれば網元の家は大きく，自営ながらも漁民の家は小作農家のように小さかったのである．

　日本経済が欧米並に強くなった日本に関して，1970年代のヨーロッパで「日本人はウサギ小屋に住んでいる」と半分やっかみを含んだ言葉が流布されたことがある．確かに70，80年代の日本経済は強かったが，1つだけ劣っているのは住宅の質だと感じていた．この劣位にある住宅事情は，ここで述べた住宅の格差における下位にいる人びとの家屋が引き継がれていたからである．

　このような農漁村の住居形態であれば，地主や網元は家屋が大きいので，大家族が同居することは可能であった．この場合は「家」制度はほぼ完全に機能していたと理解してよいだろう．しかし農民や漁民の家は，民俗学者・柳田國男の言葉によればコヤと呼んでよいほどの小さな家なので，大人数が同居することは困難である．小さな家に3世代が住む例もあったろうが，同居できない場合には老親と子どもが隣ないし近所で別居する例もあったのである．この後者の場合を大家族制とは呼べないが，子どもは老親の世話をしていたなら，老親と子どもの間の絆の強いことが明らかなので，たとえ別居であっても「家」制度は少なくとも機能していたと理解してよい．

　ここで述べたことを別の言葉で表現するなら，「家」制度というのは必ずしも大家族が同居するとか，3世代が同居するといったことが条件ではない，ということである．同居していれば「家」制度が機能していることは表面上は明らかであるが，たとえ別居であっても直系家系の職業や財産の世代間移転があれば，「家」制度は生きているとの解釈が可能なのである．換言すれば，「家」制度は住居の姿として，大家族が住んでいるのか小家族で住んでいるのか，あるいは同居か別居かという問題は，さほど大きな決定要因ではなく，あくまで

も人びとが職業や財産を通じての直系を重視するのか，そして夫妻や親子の間で主従関係があるかどうかが重要な鍵なのである．

都市における住居

　都市，特に東京，大阪，京都などの大都市に住む人の職業は様々であった．比較的大きな商店や家内工場を経営する人びとから，商店や家内工場に雇用されている商人や工員・職員，それに建築・土木に従事する人や車引きなどの肉体労働者，職のない浮浪人などもいたし，一方で官庁や企業に雇用されたサラリーマンも住んでいた．このように職業が多岐にわたるので，それらの人の所得の高低にはかなりの差がある．したがって高所得者は一戸建の住宅に住めたが，大地主ほどの豪邸に住める人の数はそう多くなかった．しかし農村部のように大きな家か小さな家かの二極化は目立っておらず，中産階級の住む中程度の大きさの住宅が都市部には存在していた．とはいえ大半を占める低所得者の家は長屋のような集合住宅であり，それも小さな部屋がほとんどで1部屋か，せいぜい2部屋しかない粗末なものであった．長屋では井戸や便所も屋外での共有であった．

　もっとも明治，大正，昭和へと時代が進むとともに産業が発展して国が豊かになると，当然のことながら住宅の質も良くなる．例えば共同長屋の屋内通路が屋外にでる普通長屋となるし，長屋も2戸，4戸などと戸数が少なくなる．そして部屋数も増加するようになる．これに関しては中川清のていねいな研究（中川 2000）を参照されたい．都会にあっても以前のように狭い部屋に一家族がひしめき合う姿は減少した．もう1つ，都市における住居に関しては，賃貸が戦前においては90％を超えていたというのも特色であった．また，近年の都市部の住宅に関しては，いわゆるマンションと称される集合住宅の数が増加したという特徴がある．これまでの日本住宅の特色であった木造住宅ではなく，鉄筋コンクリートの住宅へとの変化を伴っている．マンションも高級なものからそうでないものまで含めて，質に関しては千差万別といってよい．

　このように都市部の住居にあっても，職業に依存した所得格差によってどのような家に住めるかが区分された．比較的大きな家に住める人びとは大家族で住めるが，狭い長屋にあっては1人，夫婦だけ，もしくは夫婦と子ども1人か

2人というのがせいぜいであった．都市部での低所得，貧困階級では大人数の家族で住むのは不可能だったので，小家族制しか選択できなかったのである．しかし，これも農村部の自営小農民や小作人と同様に，少人数家族だから「家」制度がなかったとは言い切れない．職業や財産の親子移転や男女間と親子間での主従関係が明確な「家」制度が機能しえたかもしれないのである．

二重構造

ただし農村部と都市部には大きな違いがあった．これは西川(2005)の述べていることであるが，農村部の本家で生まれた次男・三男が都市部に出てきて，様々な労働者となって住みついていることである．長男が「家」制度によって家系と財産を相続して，主として農林水産業，そして少数ながら商工業に従事しているのに対して，これらの人はほぼ無一文から都市部において仕事を始めたのである．しかし都市部で結婚して自分たちの家庭を持つということは，創設一代目の新戸主ないし新家長になることであり，これは夫婦と子どもからなる「家庭」家族形態なのである．

長男は親との関係で親子関係重視の「家」であり，次男・三男は夫婦関係重視の「家庭」なのである．前者では「孝」が重要であり，後者では「愛」が重要であると西川祐子は考えて，それを旧二重構造と命名した．日本の家族には「家」と「家庭」の2種類が混在していることから二重構造と考えたのであろうし，それが戦前において顕著だったので旧二重構造としたのであろう．特に住居の視点からそれを評価すると，西川は「家」には「いろり端のある家」が特色であるし，「家庭」には「茶の間のある家」が一般的であるとした点がおもしろいし，独創性がある．

では新二重構造とは何であるかに興味を移そう．西川によるとそれは戦後の家族制度を特徴づけるものとして，1つには戦前での「家庭」家族と似たもので，現代風には「核家族」と言ってよい家族と，一方では個人1人の家族との対比が新二重構造とされる．既婚者と単身者との対比と考えてもよい．そして住居の形態から評価すると，「家庭」家族は「リビングルームのある家」に住み，個人は「ワンルーム」に住むという対比がなされる．

西川祐子は戦前でも戦後でも様々な家族の様式が混在していることを明確に

したのであり，それを様々な住居形態と関連させた点が興味深い．すなわち，「いろり端のある家」「茶の間のある家」「リビングリームのある家」「ワンルーム」という各種の住居の形態に住んでいる人から判断して，「家」家族あるいは「家庭」家族，「単身」家族が規定できるとした点に独創性がある．もちろん例外もあるだろうが，住居の形態から家族を区別したのである．

やや蛇足になるかもしれないが，経済学では日本の労働市場においては，「二重構造」という言葉がよく使われた．大企業と中小企業の間には賃金，福祉，生産性などで大きな格差のあることを意味する言葉である．特に戦前と戦後の20～30年間においてよく話題となった現象である．家族・住宅の面からと経済学の面から，格差の存在は日本社会の1つの顔であることを物語っている．

3　家族の歴史

欧米における歴史

家族の歴史を太古から近代までたどると，次のようにまとめられる．太古の時代におけるいわゆる原始的な乱婚に始まり，古代には集団婚時代となった．これらの時代では，人びとは自己で耕作せずに自然に成育する農作物や動物を取得し，それらを食料として生活していた．Morgan(1877)による『古代社会』で示されたように，古い時代にどのようなことが起こっていたかを知る方法はさほどないので，古代における生活や家族の状況を知ることは困難なことである．そこで，アメリカにおける先住民(インディアン)の生活や家族のことを調べて，その結果から古代の人がどのような状況にあったかを類推する方法を採用したのである．

このような手法を用いるのは文化人類学では常道であった．したがって，社会学者や経済学者の出る幕ではなかった．例えばレヴィ＝ストロースによる有名な『悲しき熱帯』(Lévi-Strauss 1955)やマードックによる『社会構造』(Murdock 1949)は，未開民族の生活と家族の状況を詳しく調査して，現代において経済発展した国においても，昔の古い時代はこうであったであろう，ということを類推したのである．

中世・近世になると人びとは天然の食料だけでなく，農耕と牧畜を自分で行うようになり，生活もかなり安定するようになった．それとともに，家族にも変化が見られて，まずは血族結婚や「対偶婚」の時代となった．これは一組の男女からなる配偶関係が基本となるが，交換婚や現代風に言えば姦通・不倫などを伴う夫婦関係であった．しかし，血族結婚が生物学的に害のあることが認識されるようになり，徐々に禁止されるようになった．

　近世・近代になると工業と商業の発展が見られ，人びとの生活水準は飛躍的に向上する．家族においても，この時期に単婚（一夫一婦）制が主流となっていった．いわゆる近代家族の成立であり，歴史文書や当時書かれた小説などによって，このあたりの時期の人びとの生活と家族の状況が詳しく分かるようになった．

3つの重要な文献

　この時代の家族関係を物語るうえで貴重な著書を3点だけ挙げておこう．第1は，アリエスによる『〈子供〉の誕生』(Ariès 1960)である．17世紀以前では，子どもは母親に育てられるのではなく，乳母に育てられたり，里子に出されることが多く，あたかも厄介者のように扱われていた．しかも避妊の方法がきわめて不十分だったので，出産の数が多く，親は子どもを大切と思っていなかった．しかしアリエスは社会史，歴史人類学の手法を用いて，一般庶民の生活を克明に調査したことによって，17世紀あたりから子どもの育て方に変化が発生したことを主張したのであった．

　子どもを育てることが親の義務と考えられるようになったのには，様々な理由がある．第1に，アリエスの主張によると，それまでは徒弟修業による教育が中心であったのが，学校での教育が一般性を帯びるようになったので，かえって子どもの幸・不幸の決定において，親の責任が重要と感じられるようになった．第2に，子どもは可愛いものであるが，大人になるプロセスの中で，親の役割の大切さが認識されるようになった．それは親の跡継ぎとなる以外にも，社会的に有用な人を輩出することにつながるからである．

　次に登場するのは，ショーターによる『近代家族の形成』(Shorter 1975)である．ごく普通の人びとの生活ぶりを詳しく検証することによって，男性と女性

がどのように結ばれ，そして一緒に生活するかという姿が描かれている．すなわち，生活状況を詳しく知ることと，人びとの意識や感情がどのようなものであったかを見事に類推したのであった．それが有名なショーターのいう「ロマンティック・ラブ」による男女の結びつき（すなわち恋愛と結婚）を前提とした，近代的な家族の誕生である．

　ここで子どもの誕生があると，母子関係が強調されることになる．特に18世紀に出版された哲学者ルソーによる『エミール』(Rousseau 1762)によって，子どもの養育における母親の献身や役割の重要さが指摘されたことの影響が大きい．女性は受身であること，か弱くて男性に従順であるべきで，賢母であることが理想とみなされるようになったのである．ルソーが当時の社会状況から母親の意義を強調したことは不思議なことではないし，当時は健全な思想として受け入れられていたと言っても過言ではない．

　母親として子育てに専念すること，そして夫に従順であること，家事を行うことなどの生き方なり考え方なりが広まってくると，これまでは妻の多くが農業や商工業において働いていたのであるが，女性が専業主婦として生きている姿が理想となる．いわゆる良妻賢母という言葉で代表されるように家庭の中心として，女性の役割が定着するようになるのである．

　ここで経済学の見地から一言述べておく必要がある．夫に仕え，子育てと子どもの教育にあたる母親，そして家事に専念するという生き方は，家計が豊かになったときに初めて可能となる，ということである．それ以前の社会であれば，農業，商業，そして家内工業が主たる産業だったので，働く人手の多いことが要求され，1人当たりの所得も低かった．したがって，妻も夫も同じく働くことが必要だったのである．

　しかし，産業革命の効果によって経済発展が見られ，夫が工場で働くだけで，一家の経済生活をまかなうことのできる時代となったのである．換言すれば，妻は働かなくて，家事・育児に専念することが可能となったことによって，専業主婦が多くの家庭で誕生したのである．それ以前においては，専業主婦は非常に豊かな家庭にしか存在しないものであったが，ごく普通の家庭においても，専業主婦として女性が生きていける時代になったのである．

　しかし20世紀の後半に入ると，フェミニズムの立場から，母親として子ど

もの養育に徹し，かつ夫に従属する妻の姿への批判が高まったことにより，ルソーの『エミール』はむしろ反社会的な書物として批判の矢面に立つことも多くなった．歴史の皮肉と言わざるを得ない．

この批判の先駆けとなったのが，バダンテールによる『母性という神話』(Badinter 1980)である．女性が母親として社会に封じ込まれていることへの批判，すなわち出産・子育て・家事を一人で背負わされている現状を告発する書物なのである．バダンテールの書物は，ボーヴォワールによる『第二の性』(Beauvoir 1949)とともに，日本に与えた影響力は大きく，母性は神話かどうかを巡って論議が沸騰するようになった．

ついでながら，ボーヴォワールはフランスの哲学者・サルトルの事実上の妻で，女性の独立などを主張した文明批評家であった．およそ半世紀以上も前に，フォーマルな結婚という形式によらずに男女がカップルをつくる姿の先駆けであった．結婚せずに同居するカップルは，現代の欧米ではもう珍しくなく，こういうときは夫とか妻という呼び名ではなく，「パートナー」とお互いに呼んでいる．フランスではカップルの約半数に達しているとの報告もある．日本ではまだ結婚する男女が大半を占めているが，ごく少数ながら存在している．日本は欧米の数十年遅れで進行するので，今後は増加するものと予想できる．

4　家族研究の流れ

大家族か小家族か

家族は，現代では血縁に立脚した愛情によって結ばれた最小の単位と考えられている．しかしヨーロッパで工業化が進展する以前にあっては，祖父母，成長した子ども，孫の3世代に加えて，叔父・叔母，甥・姪などの親族が一緒に住んでいる大家族制が一般的であると考えられていた．興味ある点は，これらの親族に加えて奉公人や手伝いの人びとともに生活していた現状が，例えばフランスのピレネー山脈の農家の記録によって明らかにされたことである．すなわち，親族プラス経済行動をともにする人びとが大家族を形成していたのである．ヨーロッパにおける家族の歴史に関しては，姫岡とし子の研究(姫岡 2008)が有用である．

第2章 「家」制度をめぐって

　家族というのは血縁にもっとも重要な基準をおいて形成されると考えられていたのに対して，必ずしも血縁によらない人びと(例えば奉公人や使用人)も同じ経営基盤の中にいるので，家族とみなすという考え方もあったのである．例えばドイツなどでは「全き家」と称された伝統家族のあったことが，姫岡によって報告されている．ここで示された奉公人とは若い未婚者が多く，家事労働や農場での労働力として働いており，食料，衣料，たまには教育なども与えられていたのである．ここでは親族のみならずこれら奉公人も同一の経済経営体の中にあったので，家族，特に大家族とみなされたのである．このことにより工業化以前のヨーロッパでは大家族制が一般的と信じられ，その大家族も親族のみならず奉公人なども家族と判断されていたのである．もっともこれら大家族は上層階級に限られ，大多数の下層階級には奉公人や使用人がいないし，核家族という2世代世帯が多かったのである．この時代は社会階層によって大家族か小家族かの違いがあった．

　しかしこの大家族という通念が，日本でも存在したことを既に述べたが，「歴史人口学」という学問分野が台頭して，古文書などを発掘・調査して人口や家族の動向が明らかにされるようになった．特にヨーロッパにあってはキリスト教の教会が，教区内の出生，婚姻，死亡などの記録を残していることから，これらの記録が研究に非常に役立つようになったのである．

　このように，教会に残された記録を精査したのはフランスの人口学者であるルイ・アンリである．このアンリの手法は家族復元法とも称されるが，これを大々に応用したのがイギリスのピーター・ラスレットである(Laslett 1983)．ラスレットは16世紀の半ばから19世紀半ばまでの家族の変遷を丹念に調査して，次のような発見をした．すなわち当時のヨーロッパの家族は大家族が主流であったとみなされていたが，ラスレットは工業化以前は大家族という神話を否定して，むしろ核家族が主流であったと主張して学界を驚かせたのである．ラスレットによると，平均世帯人数は約4.75人で安定していたし，2世代世帯が全体の70～75%に達しており，3世代以上の世帯は4.5～7%，奉公人などを合わせても10%前後に過ぎないと主張して，現代の言葉を用いれば核家族が主流であるとしたのである．ラスレットの成果を，姫岡とし子は，(1)晩婚，(2)生涯独身率の高さ，(3)結婚後の夫婦による世帯管理，(4)結婚前の若者は奉

公人として世帯間を移動，という特色でまとめている．日本においてもここで述べたようなことと同じ理由でもって，意外と 3 世代世帯や大家族は少なかったということが「宗門人別改帳」の調査によって明らかになっていたことを強調したが，工業化以前のヨーロッパと日本では家族について同じ現象が見られていたことは，大変に印象深い．

なお姫岡は，ラスレットたちの発見は北西ヨーロッパにおける特色として顕著であり，「単純世帯システム」とも称される．これは次に述べる南と東ヨーロッパでの家族の姿は異なっていると強調しており，同じヨーロッパにおいても地域によって差が大きいということを認識することが肝心であるとしている．この差は民族で言えば，アングロ・サクソンとゲルマン民族の地域が北西ヨーロッパであり，一方はラテンとスラブ民族の地域が該当すると考えてよい．

南ないし東ヨーロッパでの特徴は「合同世帯システム」とも称されるが，どのようなことが起きているかといえば，比較的若い年代の男女が結婚し，若い夫婦は老親の世帯に入る場合が多い．これは 3 世代世帯とみなしてよい．若い夫婦が大家族に入り労働力になることにより，北西ヨーロッパのように奉公人や使用人が一緒に住むということは少なかった．この南・東ヨーロッパと北西ヨーロッパの差は大家族か核家族かという違いに加えて，奉公人という血縁関係にない人が家族の中に含まれているかどうかの違いになって現れていることに留意しておこう．

全世界的な視点に立脚して，人口や家族のあり方に関して包括的な分析をした人口学者・歴史学者にエマニュエル・トッドがいる．「現代の知性」と呼ばれるほど広範囲の仕事をしているが，本書の関係では『世界の多様性』(Todd 1999)があり，世界の家族形態を次の 4 種に区分した．すなわち，①平等主義的家族，②直系家族，③外婚性共同体家族，④絶対的家族，である．さらにこれらを 8 種の中分類にまで拡張して，家族と社会の関係について画期的な仕事をした．本書は世界的規模にまで関心を広げないので，ここでは詳説しない．

愛情の役割が上昇

北西ヨーロッパにおける一部の上流階級での大家族も，18 世紀あたりになると，奉公人や使用人を家族の一員から外すという風習が強くなる．もともと

南・東ヨーロッパにも3世代世帯は存在したが，奉公人や使用人は家族の一員ではなかったので，北西ヨーロッパの動向とは無縁であった．なぜ大家族から奉公人などを外す思想が起きたかと言えば，血縁関係を強く意識するようになったからである．「家族」は血縁のある人びとだけとみなすようになり，その他の人は「家」の範疇の中にいるが，家族とはみなされなくなった．

そうなった1つの根拠は，家族間の愛情を大切に考えるようになったことである．男女(夫婦)間の愛情，親子間の愛情が家族形成と家族維持にとって，もっとも重要な基盤であると人びとが思うようになったからである．日本においてもヨーロッパにおいても，結婚の相手の決定は16～17世紀までは親が決めるか，親の承認が必要であった．特にこのことは身分の高い家庭ほどそうであった．さらに日本とヨーロッパを比較すると，日本の方がより顕著であった．

男女が好ましいと思う異性に恋愛愛情を感じるとか，親が子を思い，子が親を思うといった愛情がなぜ人間の心の中に生じるのか，と問われれば，経済学者である筆者に解答はない．それこそ遺伝学，生命学，心理学，哲学，宗教学などの知識を総動員せねばならないが，それらを論じることは能力不足なので到底不可能であり，ここでは恋愛を含めた男女間の愛情，親子間でいつくしみあう心の愛情がなぜ生じるのかは問題とせず，愛情が生じたことによって家族を形成する状態のことについて考えてみる．

しかし親子という関係に注目すれば，愛情が存在することによって結合した夫婦という家族はよく理解できるが，その2人の間に生まれた子どもは家族の一員に既になっているのであり，選択の余地のないまま親子間に愛情が生じるのである．愛情が家族を形成するのか，家族だから愛情を感じるのか，という両方向の因果関係のあることを強調しておきたい．

この問題は感情社会学という分野で論じられているものである．山田昌弘(1994, 1999a, 1999b)は家族の感情，あるいは愛情に関して認識する場合，次の3つの軸があるとする．

　① 家族だから愛情が湧くのか(A)，愛情が湧くから家族なのか(B)
　② 集合的感情か(A)，関係的感情か(B)
　③ 動機付けか(A)，目的か(B)

①に関しては，愛情の場としての家族が存在するという理解は双方にあては

まるが、どちらが先か、という論点は興味深い．(A)は親子間の愛情を説き、(B)は男女間、特に夫婦間の愛情を説いていると解釈できることは既に述べた．②に関しては、愛情を感じる相手が家族という集団なのか、それとも特定の個人(ここでは家族の構成員)なのか、という論点である．③に関しては、「愛情があるから……する」とみなすのが前者であり、後者では「愛情を感じるから幸せ」と考えるのである．

哲学者として有名なヘーゲルとロックはこれらの3つの軸において、前者は(A)を主張し、後者は(B)を主張しているとされる．なお、山田は、戦後の日本を(A)から(B)へと移っていく過程とみなしている．すなわち、愛情が湧くから家族である(恋愛結婚を考えれば分かりやすい)、家族の愛情は構成員の個人に向けられている、家族に愛情を感じることが目的となっている、ような時代となっているのである．

経済学の立場からすると、最後の点には同意しかねる．経済学では哲学・社会学での造語である利他主義(altruism：アルトルイズム)の考え方を借りてきて、他人に何かを施すことによって、自己の効用や満足感が高まる、という考え方をよく用いる．ところが誰がこの言葉を生み出したかといえば、フランスの社会学者オーギュスト・コントである(Comte 1851)．ちなみにコントは社会学という学問の創始者とされる．利他主義の対極は個人主義ないし利己主義である．なぜ他人に関することで自分の満足を感じるかといえば、その人に愛情を感じるからであるとみなされよう．例えば、親が無償で子どもを養育する、あるいは子どもが老親を介護することを考えれば、分かるのではないか．このように理解すれば、愛情を重視する社会学と、効用や満足を重視する経済学には接点があると言えよう．

利他主義は③に関して(A)の立場を重視するので、すべての点で戦後は(A)から(B)に移っていく過程とみなすことはできない．もっとも山田にあっても、(A)の立場は日本の高度成長期以降しばらくの間支配的であった、としている．例えば、男は外で働いて稼ぎ、女は家事・育児に専念という性別役割分担は、(A)の考え方と合致する．夫は家族のため(これは②において(A)の支持につながる)に働き、妻は夫や子どものために家事・育児に励むというのは、愛情があるが故の行為だと理解されるので、③にあっては(A)の支持なのである．

このように議論してくると，既に述べた①②③の論点において，すべてに関して(A)なのか(B)なのかを判定することは困難で，きわめて不安定な選択である．すべての人がどちらかを必ず選択するものではない，ということになる．家族のおかれた状況，家族の経済的豊かさの現状，個々の家族構成員の個性，夫婦間なのか親子間なのか等々に左右される点が大きいのである．

近代化家族

愛情があるから家族なのか，家族があるから愛情が湧くのかの論点はさておき，戦後，特に1970年代から80年代のヨーロッパにおいて家族に関して論じられたことは，近代家族という発想に関することであった．「一体近代家族とは何であるか」という問いを発すれば，時代によって，国によって，そして論者によって千差万別なので，ここで近代家族が何であるかの包括的な議論はしない．さらに，いつの時代からが「近代か」という論争に入れば混迷の極みである．

例えばヨーロッパであれば，夫が稼ぎ，妻が家事・育児をするのも，夫婦の愛情があるからこそ両人が暗黙の了解の下でこういう分業をすると考えたが，生活がますます豊かになると分業による役割分担よりも，お互いのコミュニケーションをより重視する男女関係になるようになった．もう少し具体的に言うと，女性は会話や精神的な理解を中心にして夫にコミュニケーションを求めるが，男性は性行為を中心にしたコミュニケーションを妻に求めるようになったと，F. カンシアン(Cancian 1987)は述べている．これは別に特定の夫婦の間だけではなく，一般の男性と女性の間でのコミュニケーション欲望とみなしてもよい．時折しも欧米では性の自由化が進行した時代であり，それに対応した動向であることを分かってほしい．

なお経済学の分野では，人的資本理論の立場から夫婦は分業，すなわち夫は外で働き，妻は内で家事・育児に特化するのが，もっとも効率性の高い夫婦のあり方であると説いた．代表的にはBecker(1981)である．アダム・スミスに起源を有する分業のメリットの家庭版であるが，後になってフェミニストの批判を浴びた．

もう1つの例は，「個人化する家族」という言葉が近代化の1つの家族のあ

り方を表現するようになった．高名なドイツの社会学者である U. ベックはゲルンスハイムとの共著で，個人化が進展する社会を説いている(Beck and Beck-Gernsheim 2001)．ドイツでは未婚者，Dinks(子どもをもたない夫婦)，離婚者などが増加して，いわゆる伝統的な家族の形態(夫婦と子どもが何人かいる)が減少したことを明らかにしたのである．いわゆる家族をつくるか，あるいはもつかということに関して選択肢が増加したし，必ずしも伝統的な家族の形態を選択しない人に対しても，社会は冷たい眼を注がない時代になっているとした．しかし家族をつくりたいと思っている人も結婚できないとか，離婚せざるを得ない場合があるということも重要な事実である．これらの現象が個人化である．似たようなことはイギリスの A. ギデンズ(Gidenz 1991, 1992)がイギリスを中心にしたヨーロッパに関して主張している．

　日本においても近代家族を巡って論争があった．1980 年から 15 年間ほど社会学者の間でなされた論争において，「近代家族」はヨーロッパとは性格の異なるものであった．すなわち日本にあっては戦前，そして戦後の一時期に特徴的であった大家族主義や家父長主義という前近代的な家族を脱却した，新しい家族のあり方が近代家族と呼ばれた．一方，欧米ではベックやギデンズの説に代表されるように，家族が瓦解する姿を近代家族と称しているので，日本とは「近代」という言葉の意味するところが異なっていることに留意されたい．別の言葉を用いれば，日本での近代家族とはヨーロッパにおける 1950 年代から 60 年代の家族の様相と同じものである．ヨーロッパではそれ以降に起きた事象，すなわち未婚化，離婚，Dinks などが近代家族と称されたのである．70 年代から 80 年代にヨーロッパで起きた家族の変容は 90 年代から 2000 年代の日本で発生したのであり，それは後に詳しく論じることにする．すなわち，ヨーロッパの家族に関して発生したことが，日本では 20〜30 年遅れて発生しているのである．

　ごく最近の動きに注目すれば，同性同士の結婚(すなわち男と男，女と女)を求めるカップルもしくは，結婚に至らぬとも同性を愛する人びとの数は増加傾向にある．男と女の間の恋愛だけではない時代になっているのである．宗教のことも関係して，この風潮に対する対応は国によって異なるし，国の中でも自治体によって対応が異なるのである．あるいは代理妻，代理夫の出生数も増えて

いる．これら伝統的な男女関係，あるいは家族のあり方と異なる動きは，今後の論点になりそうである．

日本における近代家族とは，社会学の立場から，例えば落合(1996)が要領のよいまとめを行っていて，次の8つの特色をもつとした．

① 家内領域と公共領域との分離
② 家族構成員相互の強い情緒的絆
③ 子ども中心主義
④ 男は公共領域・女は家内領域という性別分業
⑤ 家族の集団性の強化
⑥ 社交の衰退とプライバシーの成立
⑦ 非親族の排除
⑧ 核家族

これらを大胆にまとめれば，家は私的な生活部門の範疇に入り，主として妻が担当することである．家族内は愛情と情緒によって結びつきが強く，子どもの養育に熱心である．外部に対して排他性をもつ場合があり，家族は自主独立の最小単位とみなされる．

これだけのまとめであれば，落合に非は全くないが，経済学を専攻する立場からすると，まだ足りない面がある．どうやって食べていくか，あるいは生活の糧をどのように得るか，家族内で経済支援や保障をどのように行っているか，ということに言及していないからである．落合による公共領域の意味するところが，夫は外で働いて所得を稼いで，家族構成員の経済生活を保障する，と理解できるが，必ずしも明示的に述べられていない．

経済学からすると，誰が所得の稼ぎ手であり，誰が被扶養者であり，誰が家庭内での家事・育児の担当者であるか，ということが重要な論点であるが，社会学の立場からすると，それは大きな関心対象でないようである．もっとも社会学者でも山田昌弘は例外で，経済保障を誰が行うかということは重要な論点だとしているので，経済学の立場に近い(山田1994, 2005)．家族を理解するときには，社会学と経済学の双方の立場に立脚した議論が必要ということになる．

一方で欧米での家族の変容，ないし近代化という現象の影響を受けて，「個人化する家族」ということを日本の家族の特色として主張する人も現れている．

それは社会学者，目黒依子であり，アメリカにおけるフェミニスト運動，ヨーロッパにおける離婚や未婚に代表される家族を離れる人や家族をつくらない人が増加する現象に刺激を受けて，1970年代から80年代の日本の家族において変化が起きていることを主張したのである（目黒1987）．

　日本にあっては必ずしも欧米のような離婚に至ったり，独身を続ける姿と異なり，家族の中での個人の自立や個性の発揮が見られるようになったと，目黒は理解するのである．ジェンダーに関しては，家庭内における男性優位，女性劣位の状況を批判するのである．特に目黒（1999）は，近代家族の主体が「稼ぎ手と専業主婦」という異なるジェンダー役割をもつ夫と妻のペアであるのに対して，個人化する家庭では，夫または妻個人のジェンダー役割が固定化されないと考えた．別の言葉で述べれば，必ずしも家族がバラバラに崩壊しているような意味での個人化ではなく，家族が個人の生き方を拘束するのではなく，個人の生き方をお互いがサポートする，あるいは個人が家族の中にあっても自己にふさわしい生き方を求めていることを，個人化と称したのである．

　ごく最近の動きに注目すれば，結婚をしないとか家族をもたないという独身志向の高まりがある．家族をもつとややこしいことが起こるので，それを避けるという希望の下で，非婚を貫く人が増加している．特に所得の高い女性に多い現象である．

女性が働くかどうかが1つの鍵

　大家族主義か，小家族主義か，あるいは個人化する家族か，を考えるときの1つの鍵は，女性（特に妻）が働いて所得を稼ぐのかどうかにある．大家族制度であれば，非扶養家族が多いのでできるだけ所得の高いことが望まれ，妻も働くことが多かった．戦前ないし戦後の一時期では，裕福な家庭を除いて日本でも妻は働いて家計を助けることが一般的であった．それは3世代家族でもそうであった．次の章で見るように，戦前や戦後の一時期，国民の大半が農業，商業，小規模工場で働いていたので，家族従業が一般的だったのであり，妻もその一員として重要な働き手であった．

　それが高度成長期になると小家族制になり，多くの人が都会での工業，商業に従事することとなった．夫の収入だけで家計を保つことが可能となり，妻が

必ずしも働かなくとも家庭生活を送ることができるようになったのである．さらに，妻・母・働き手という三重苦を強いられた一時代前の既婚女性の間において専業主婦志向が高まったこともこの流れに大きく影響した．

　ところが，時代は個人化する家族の時代になった．高い教育を受けて労働者として，資質の高まった女性が多くなり，働きたい希望をもち，夫に従属するだけの妻の地位という姿に女性自身が嫌悪感をもつようにもなった．夫から独立した人生を送りたいという意識がさらに高まると，結婚を望まずに働き続ける女性も出現するようになるが，この現象は少しずつ増加している．いずれにせよ，女性の自立心が高まったことは事実であり，ここでも既婚女性が働くようになったことが影響している．

　以上，大家族制，小家族制，個人化する家族のどの時代にあっても，女性（特に既婚女性）が働くのか，それとも働かないか，大きな意味をもち，そのことが家族の形態を決める1つの要因となっているのである．

第3章
人はどこでどれだけ働いていたのか

　人が経済生活を行う際には，大半の人は働いて所得を稼いでいる．もとより大富豪のように巨額な資産を保有して，その利子や配当，そして土地・家屋による地代や家賃だけで食べていくことのできる人もいる．子どもや専業主婦のように誰かの被扶養者になる，もしくは引退者のように年金や貯蓄を取り崩している人もいるが，働くということは大半の人にとって必須なことである．そこで，このような人びとがどこで働いていたかが，この章での関心対象である．

1　どの産業で働いてきたか

農業従事者がほとんどであった

　表3-1と表3-2は戦前における農家人口の比率と，第1次産業，第2次産業，第3次産業の比率を示したものである．第1次産業とは農林業，漁業・製塩業，第2次産業とは鉱工業，建設業，第3次産業とは商業，金融，接客，交通，サービス業などを含んでいる．農業について2つの統計を示したのは，資料による差に注目したいことと，表3-2は農業以外に漁業・製塩業の状況を明らかにする目的がある．

　農家人口比率に注目すると，1880年代(明治13〜22年)では約8割であり，この時代は，日本は農業国家であったと言っても過言ではない．その後比率は低下を続け，明治後半から大正時代にかけて，70%台から50%台まで低下する．表3-2の示すように1920(大正9)年で54.2%が第1次産業に従事し，第2次産業21.6%，第3次産業24.4%であり，これは工業化やサービス産業化が始まった兆候を示していて，農村で余剰になった農家人口はここに吸収されたのである．この当時日本は19世紀末の産業革命を経験した後の時代だったことが影響しているので，工業化の原因が大きい．しかし，まだ国民の過半数は農業

表 3-1 農家人口比率

年	総人口 (1)	農家人口 (2)	(2)/(1) (%)
1880	36,489,791	29,762,748	81.56
1885	38,176,457	29,659,002	77.81
1890	39,868,868	29,511,767	74.02
1895	41,650,245	29,553,233	70.96
1900	44,056,240	29,833,148	67.72
1905	46,746,940	29,753,369	63.65
1910	49,488,599	29,945,064	61.76
1915	53,109,781	30,082,996	56.64
1920	55,884,992	30,249,496	54.13
1920	55,963,100	30,249,496	54.05
1925	59,736,800	30,702,875	51.40
1930	64,450,000	32,094,588	49.80
1935	69,254,100	32,186,583	46.48
1940	71,933,000	31,846,175	44.27

資料) 農家人口は南亮進「農家人口の推計 1880-1940年」(国民所得推計研究会資料 D35) による.
出所) 梅村他(1988).

表 3-2 戦前における産業別労働人口比 (単位:％)

年	第1次産業	第2次産業	第3次産業
1920(大正9)	54.15	21.59	24.38
1930(昭和5)	49.70	20.82	29.52
1940(昭和15)	43.65	26.07	30.28

出所) 表3-1に同じ.

に従事していたことを強調しておきたい.

　農業に従事していた人が過半数いたということは，国民の過半数が低所得にあり，しかもそのうちのかなりが貧困にあったのである．例えば，1920(大正9)年のNDP(純国民生産)は，産業別に示すと農林水産業が40.4億円，鉱工業・建設業が38.9億円，運輸・商業サービス業が54.4億円であり，純国民生産に占める比率は，それぞれが29.5％，28.5％，39.8％であった．総人口に占める農水産業に従事する人の比率は表3-2のようにもっとも高かったが，生産額では第2位で，1人当たりの生産額はもっとも低かったことを意味する．農業や漁業の人が苦しい経済状況にあったことは言を要しないことであった．

しかし農水産業従事者の全員が貧困であったとは結論づけられない．当時の社会では土地所有者である地主の下で，小作人として多くの農民が農作業に従事していたり，漁網や漁船を保有する網元の下で漁業に従事していた漁民が多くいたのであり，階級制社会の中でごく少数の高所得者と大多数の零細・農漁民との所得格差は非常に大きかったのである．特に大地主の所得は高く，社会における支配者階級であることに間違いはなかった．小作人は地主から土地を借りて米を中心にした農作物の生産に励むが，収穫物の半分前後を小作料として地主に召し上げられ，残された半分は自給食にあてる分と販売によって多少の現金を得る分であった．土地を多く所有する地主と小作人の間で大きな所得格差の生じることは当然だったのである．地主・小作人関係は戦前の日本社会における旧体制の象徴であった．もとより全農家がこのような地主・小作人関係にあったのではなく，小面積ながら自己で土地を所有して農耕する自作農家も，例えば20～30％前後という，例えば安藤良雄(1975)の推計があるように，少なからず存在していたことを付言しておこう．

昭和時代に入ると，表が示すように農家人口あるいは第1次産業従事者は低下を続ける一方で，第2次産業や第3次産業の比率は徐々に上昇する．しかし1920(大正9)年から太平洋戦争開戦直前の40(昭和15)年までの20年間に，第2次産業で約5％ポイント，第3次産業で約6％ポイントの増加に過ぎないので，基本的には農水産業がもっとも人口を抱える産業であることに変化はなかったのである．これは昭和恐慌によって都市の失業者が帰農したことと，35年あたりからの景気回復の影響という方向の異なる効果の合成であった．地主・小作人関係もこの時代は続いたのである．

経済学から見た戦前の地主・小作人関係

土地を所有する地主と，地主から土地を借りて農作業をして小作料を払う小作人の間には，支配・被支配関係，あるいは搾取があると経済学者が理解したのは当然であった．特に戦前において優勢であったマルクス経済学にあっては，資本家が労働者を搾取しているのと同じように，地主が小作人を搾取しているとみなすのは自然なことであった．

しかし，マルクス経済学者の中でも，この理解を巡って，見解の大きく異な

る学派が2つあった．当時，マルクス経済学は，マルクス・エンゲルスによる経済学と，レーニンが主張した暴力革命によって労働者が資本主義を倒す政治闘争論が結合して，マルクス・レーニン主義と呼ばれるようになっていたが，1920〜30年代の日本では次に起こるべき革命に関して，2つの学派の対立があったのである．それは講座派と労農派である．

具体的には，講座派は日本の資本主義はまだ工業化を達成しておらず，むしろ大土地所有による支配の社会とみなすので，大地主・小作人の支配・服従関係を崩すことが先決と主張する．それを実行するのはまずはブルジョア市民革命で封建領主や絶対王制を打倒し，ついで，工業化によって資本主義が進展する中で，労働者を中心にした社会主義革命が行われるべきとする．なぜ講座派と呼ぶかといえば，彼らの多くが，『日本資本主義発達史講座』(岩波書店，1932〜33年)の執筆者として——例えば野呂栄太郎，山田盛太郎，平野義太郎などが——名をつらねていたからである．

一方労農派は，日本は明治維新というブルジョア市民革命を経験した後の資本主義の段階にあり，すなわち既に帝国主義の段階に入っているので，一度限りの労働者による社会主義革命で十分とする思想である．講座派の「二段階説」の否定である．なぜ労農派と呼ばれるかといえば，山川均，大森義太郎，荒畑寒村などが雑誌『労農』を出版して，自説を展開したからである．

政党との関係で述べれば，講座派が共産党系であり，労農派が非共産党系と色分けできるが，必ずしもその区別は完全ではない．歴史的に言えば，労農派は戦後に左派社会党につらなる流派である．区別が完全でない理由として，まず講座派と労農派が激しい闘争を繰り返したので，両者の間を行き来した人がいるし，学問上の講座派と労農派は，政党や左翼運動上の講座派と労農派が完全に一致していたとも言い難い．さらに，共産党が治安維持法によって非合法化されたので，少なくとも合法とされた労農派で運動した講座派系の人がいたことも影響している．

農地改革

幸か不幸か日本では革命による社会主義化は起こらなかった．しかし，戦後の農地改革という手段で，地主と小作人との間の搾取関係は排除されることと

なった．これは戦後の連合軍最高司令官総司令部(GHQ)が日本の社会・経済制度を変革するために主導した種々の政策，例えば民主政治への変革，財閥解体，労働関係改革，教育民主化，男女平等などとともに導入されたものの1つである．これらの諸改革は日本を民主化し，そして後の経済発展に大きく寄与することになるので，たとえ占領軍から発せられた政策とはいえ，積極的に評価してよいと判断している．とはいえ，戦前・戦中の日本国内においても，一部の革新官僚の中に農地解放の必要性を感じている人がいたことを付言しておこう．

　農地改革は地主・小作人という封建的な関係を打破するために，大地主や不在地主を中心にして政府が安い価格で土地を買い上げた後に，小作人に借りていた土地を安い価格で売り渡したのである．どれだけの土地を買い上げ，売り渡したかといえば，北海道では4町歩（およそ4 ha），内地（北海道以外）では1町歩までの土地所有を地主に認めて，それを超える土地に関して買い上げと売り渡しを行ったのである．この政策を実行すると，比較的小規模な土地を所有する自作農家の数が増加することとなる．このことはごく少数しかいない高所得の地主の数を減少させ，かつそれらの人の所得を低下させる．逆にこれまでのような多数の小作人の数を大幅に減少させるとともに，自作農となった人びとの所得を上昇させることにつながる．これらの帰結は，戦前には大きかった農家の間の所得格差を縮小させたのである．戦後になってから所得分配が平等化した理由の1つが，この農地改革にあると結論づけられる．

　自作農家の数が増加したことによって農家の所得分配が平等化したが，そのことが1980年代後半のバブル経済時代に異様で皮肉な効果を引き起こした．バブルによって大都市郊外の土地の価格が急騰したのであるが，そのことが小規模の土地を所有する農家の土地資産額を大きく上昇させたのである．もともとは小作人で農地を所有していなかった農家が，農地改革によって安い価格で土地を所有することができたのに，バブルが日本に発生したことによって土地資産価値が巨額となり，やや誇張すれば元・小作人が富裕資産保有者となってしまったのである．一部のこのような高資産保有者は土地を売って，巨額の所得を稼得し，バブル期における高額所得者になったのであり，当時の土地成金の典型例となったのである．もともとは貧困農家だった人もしくはその継承者が，戦後の農地改革を経てから期せずして，富豪になってしまったのである．

これは歴史上の皮肉としか言いようはない．ただし，このことは東京，大阪，名古屋などの大都市近郊で発生したことであり，地方ではそう目立ったことではなく，全国的な規模で発生したのではない．

戦後はどの産業で働き，どの職業に就いていたか

図3-1は戦後の1950年代から現代まで，人びとがどの産業で働いていたかを示したものである．農業などの第1次産業に関して，戦争直後は43.7%だったが，その後になってもその水準を保ち，日本は農業国家であり続けた．それが59（昭和34）年頃になると，戦後の経済復興は成功し，工業化が進展するようになり，いわゆる高度成長時代を迎えて，第1次産業に従事する人は40%を切り，そのかわりに製造業や建設業などの第2次産業が増加するようになった．高度成長期が終了する70年代には20%前後だった比率が30%あまりまで上昇したのである．同時に金融，サービスなどの第3次産業の比率も同様に急上昇し，オイルショック（73〔昭和48〕年）の頃には50%を超す比率となる．この時期の就業構造を特色づければ，農業から製造業，商業・サービス産業で働く人のシフトがあり，特に地方で農業に従事していた人が大都会での製造業，サービス業に従事するのである．すなわち地方から大都市圏への地域間労働移動が大きく発生したことになる．

ここで重要なことは，高度成長期の終了する頃には，第3次産業に従事する人が第2次産業のそれを凌駕していることである．日本は「モノづくり」大国で，繊維，鉄鋼，家電，自動車などと時代の変化はあるが，良質・低価格な製品を外国に輸出して食べているイメージが強かった．しかし働いている人数から評価すると，必ずしも製造業が中心ではなく，むしろ金融，商業，サービス産業に従事する人が当時からもっとも人数としては多かったのである．サービス産業化は1970年代から既に起こっているのであり，現代ではそれが70%にまで達しようとする勢いである．同時に第1次産業が10%を切り，第2次産業も20%にまで低下しているのである．ただし一般にサービス産業などの生産性が低く，そこに従事する人びとのかなり多くの人が低所得で苦しんでいるという実態がある．例えば小売りや介護・保育の分野で働く人の低賃金は有名である．これら所得格差に関することは別の章で詳しく検討する．

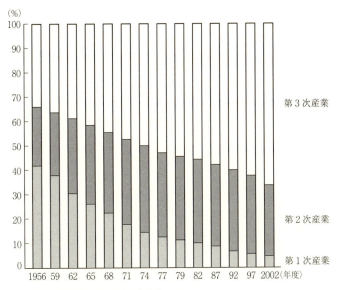

資料)『就業構造基本調査』各年度.
出所)橋本健二(2010a).

図 3-1 就業人口の産業別構成の推移

　日本の戦前から現在にかけて,人がどの産業で働いているとか,何で飯を食べているかを歴史的な発展から評価すれば,大胆に要約すると「農業→製造業→サービス業という流れ」にある.世界のほとんどの先進国もこのような流れを経験している.代表例としてイギリスを考えてみよう.世界で最初に発生したイギリスの産業革命以前の社会ではほとんどが農業と小規模商工業従事者だったが,産業革命によって製造業が隆盛したことはよく知られている.第2次世界大戦前からその後にかけて,世界に冠たる産業資本の国であったが他国との競争に敗れ,イギリスの製造業はほぼ完全に衰退し,現代では金融,商業,サービス産業で食べていると言っても過言ではない.象徴的には,イギリスの自動車会社はほぼ消滅し,生産は外国資本でなされていることで分かる.イギリスはこの変遷を200年から300年かけて経験したが,日本は70年から80年という短い期間でこれを経験してしまった差がある.

　次に,どのような職業に就いているかを,表3-3で確認しておこう.この表の職業,あるいは仕事の種類については,次の5つに大別されている.すなわ

表3-3 就業者数に占める職業別構成割合

職　　業	1950年	1965年	1975年	1985年	1995年	2005年
職業計	100.0	100.0	100.0	100.0	100.0	100.0
(i)農林漁業関係職業	48.0	24.5	13.8	9.2	5.9	4.8
(ii)生産・運輸関係職業	25.3	35.2	36.4	35.5	33.8	31.7
運輸・通信従事者	2.1	4.3	4.5	4.0	3.7	3.4
生産工程・労務作業者	23.2	30.9	31.8	31.5	30.1	28.3
(iii)販売・サービス関係職業	12.6	18.7	21.2	22.8	24.1	26.2
販売従事者	8.4	11.7	13.3	14.3	14.8	14.5
サービス職業従事者	3.3	5.8	6.5	7.1	7.8	10.0
保安職業従事者	0.9	1.2	1.4	1.4	1.5	1.7
(iv)事務・技術・管理関係職業	14.1	21.5	28.6	32.3	35.5	35.5
専門的・技術的職業従事者	4.3	5.5	7.6	10.6	12.5	13.8
管理的職業従事者	21.8	2.9	4.3	4.0	4.1	2.4
事務従事者	8.0	13.1	16.7	17.7	18.9	19.3
(v)分類不能の職業	0.1	0.1	0.1	0.3	0.6	1.8

資料）総務省統計局「国勢調査」.

ち，(i)農林漁業関係，(ii)生産・運輸関係，(iii)販売・サービス関係，(iv)事務・技術・管理関係，(v)分類不能，である．先ほど述べた産業別の労働力とやや共通している．職業としては(i)と(ii)が主として肉体労働(ないしブルーカラー労働)，(iv)が非肉体労働(ないしホワイトカラー労働)，(iii)がその中間の職業とみなされる．

戦争直後は農林水産業がもっとも重要な産業だったので，労働者としても農林漁業関係の職業に就いていた人がもっとも多く，50%近くの高さであった．それが時の経過とともにコンスタントに低下し，現代では5%程度の人しか農民・漁民であるに過ぎない．戦後になって急激に従事する人のいなくなった職業なのである．

その低下を埋めるというか，農民が移っていった職業は，生産・運輸関係，販売・サービス関係，事務・技術・管理関係の職業なのであり，増加の一途であった．しかし注意すべきことは，生産・運輸というブルーカラー労働者は，1975(昭和50)年頃までは増加していたが，その後下降に転じたのであり，製造業の盛衰の姿と一致しているのである．

一方で，販売・サービス関係と，事務・技術・管理関係の職業はコンスタン

トに増加の傾向を示した．特に事務・技術・管理というホワイトカラー職に就いている人の増加が目立つし，その中でも専門職・技術職という技能の高い人と，一般事務職の人の増加が著しいのである．一方で管理職というのはほんの微増に過ぎない．これらは経済がホワイトカラー化している現象と連動しているのである．

現在のもう1つの特色はサービス経済化であるが，販売・サービス関係の職業についている人がコンスタントに増加していることが，このサービス化の現象を職業のうえからも確認できる．

以上をまとめると，農林水産業の現場，製造・運輸のブルーカラー職に就いている人の数はかなりの減少を示しているのに対して，サービス職やホワイトカラー職に就いている人が，60%を超している比率になっていることが分かる．すなわち，日本人はモノづくりで食べているのではなく，ホワイトカラーとサービスという職業で食べている時代なのである．

2　どの比率で働いていたか

食べるために働かざるを得ないが，何%程度の人が実際に働いているかを労働力率，労働参加率，有業率と称する．成人男性のほとんどは働いているので話題にすることはめったにないが，女性(特に既婚女性)が働くか働かないかはこれまでも論じてきたように，多大な影響があるので詳しく検討する．

戦前の男性はどうか

男性で働かない年代といえば，ほとんどが幼児期と，学業をしている年代と，労働をやめて引退してからである．したがって，若い人にとっては何歳まで学校に通うかが重要であり，卒業後にほとんどの男性は働くことになる．よって学校教育年齢の長い人(すなわち上級学校に進学する人)ほど労働開始年齢が遅くなる．明治・大正時代にあっては上級学校に進学する人が非常に少なく，12歳か14歳という小学校(高等小学校を含む)を卒業して働く人が多く，旧制中学校に進学したのは少数派であり，旧制中学校の卒業生は17歳あたりから働き始めたのである．中にはごく少数ながら就学経験のない人もいた．

ここで男性の就業率を見てみよう．例えば1880(明治13)年では20～24歳男子の97.9%，1900(明治33)年では96.2%，20(大正9)年では94.4%にまでの人が就業していたので，ほとんどの若年男子は働いていた．これを中年の男子(年齢が30歳，40歳)に関して見ると，20～24歳で示した3つの時代と同じときではそれぞれが99%，99%，98%前後というように限りなく100%に近く，ほぼ全員の中年男子は働いていたのである．ごく一部の超富裕層や華族などが働いていないだけであった．ほとんどの男性も年を取ると引退するが，戦前における引退年齢に関する情報は少ないので，ここではそれを述べることは難しい．むしろ重要なことを1点だけ書いておくと，戦前の死亡年齢は50代という現代よりも若い年齢だったので，引退後の人生が短く，引退世代の生活保障というのはそう大きな問題ではなかった．しかも成人した子どもが，例えば3世代住居で示されるように，老親の生活の面倒を見るという社会慣習があったこともこれに寄与した．働ける世代のほとんどの男性が働いたというのがここでの結論である．

戦前の女性はどうか——M字型ではない

　男性よりもはるかに興味深いのが女性の労働力率である．表3-4は1880(明治13)年から1920(大正9)年までに関して，いくつかの年齢階級別に女性の労働力率(この表では具体的には有業率)を示したものである．いくつかの重要なメッセージがある．第1に，明治初期という1880年代には，すべての年齢階級において(ただし女性は60歳以上を除く)女性は70%以上が働いているのであり，約4分の3の女性が働く時代だったことである．なぜ60歳以上が低かったかといえば，当時の寿命は短かったので，この年代は相当の高齢を意味したからである．戦後の1960年代には50%台だったが，現在では女性も働く時代を迎えてかなり上昇して，60%台を超えて70%に近づこうという勢いである．この段階での数字は第1次産業で働く人をも含めたものである．明治の初期にあって女性の働く比率はこれよりも高かったのである．専業主婦というのは，所得が高い夫と結婚している少数の女性だけに与えられていたのに過ぎず，大半の女性が働く時代だったのである．

　これは主に日本がまだ経済発展が十分ではなく，所得の低い社会だったこと

表3-4 年齢5歳階級別有業率(女子) (単位：%)

年	20〜24	30〜34	40〜44	50〜54	60〜
1880	80.14	78.53	78.19	71.52	37.25
1890	74.75	71.98	72.09	66.02	34.41
1900	70.25	66.51	66.99	61.41	32.04
1910	65.99	61.33	62.17	57.06	29.80
1920	60.54	54.71	56.00	51.49	26.92
(国勢調査)	(59.27)	(55.25)	(59.27)	(59.27)	(59.27)

注) 国勢調査は1920(大正9)年のものである．
出所) 表3-1に同じ．

に原因がある．大半の家庭では夫が働くだけでは家計を運営できず，妻も夫と同様に働いてやっと生活ができる所得を得ることができたのである．しかしたとえ夫婦が働いていても家計所得は決して高くなく，多くの家庭での生活水準は低かったのである．もう1つ妻が働く重要な要因として，働く場所が農家や小規模な商店や工場で，工場労働者のように外に働きに行く仕事ではなかった．夫も妻も家庭内で農作業や商業・工業に従事していたのである．

　第2に，明治時代も中期，後期，そして大正時代に入ると，女性の労働力率が多くの年齢階層で低下傾向を示す．これは時代が進んで富国強兵・殖産興業政策がある程度の成功を収めたし，経済発展を経験することになったので，国民の所得も上昇して，必ずしも妻が働かなくても夫の所得だけで食べていける家庭が増加したことによる．1920(大正9)年では女性の平均労働力率は55%前後にまで低下している．専業主婦の女性が増加したことを意味するのである．専業主婦の増加した理由は，夫の所得が増加したという経済的な理由に加えて，良妻賢母が女性の役割という思想が強くなって，夫や子どもに尽くすのが女性の理想像と社会で考えられるようになったことも影響している．

　第3に，戦前の明治・大正時代にあっては，戦後の女性労働力率を特徴づける「M字型」カーブというのが顕著ではない．「M字型」カーブというのは，女性の勤労は学校を卒業してから結婚・出産までの若い時代は働き，その後一時期は子育てのために労働をやめて，子育てが終了した35〜39歳あたりから再び働き始める女性が多い姿を想定する．したがって年齢別に労働力率のカーブを描くと，アルファベットのMの字に似ているので，そのように呼ぶのである．例えば1880年であれば，年齢別の労働力率はほとんど差がなく，M字

型の凹んだ部分はなく，50歳まではほぼ高原状である．

しかし興味深いことは，時が進むに従って平均すれば女性の労働力の低下したことは既に強調したが，年齢別に見た場合に結婚や出産によって労働を一時やめる姿は見られず，M字型ではなく高原型を続けていることが分かる．例えば40年後の1920(大正9)年であっても，50歳まではすべての年齢層において，50%半ばの労働力率である．これはどのようなことを意味しているかを述べてみよう．働く女性にとっては結婚や出産によって仕事をやめることを可能にするような夫の所得の高さがないことや，農業や商業に従事している既婚女性が多いので子育てしながらも労働を続けなければならない，という家庭の事情が影響しているのである．

戦前の既婚女性にあっては，働く女性においては働くこと以外に，家事・育児という三重苦を強いられていたのであり，過酷な生活を送らなければならない女性が多くいたのである．もっとも戦前にあっては3世代住居で象徴される大家族制度だったので，一緒に住むかあるいは近所に住む祖父母や親族が若い母親を家事や子育てで助けていた．したがって三重苦のいくらかの部分は和らげていたのである．それでも専業主婦よりはきつい生活なので，三重苦にいる既婚女性は，できれば働かなくてもよい専業主婦を「夢」と考えたのは不思議ではない．

戦後の労働力率はどうか

最初の関心は労働力人口そのものの動向である．戦争による死傷者の発生によって少し労働人口は低下したが，戦後の経済復興とその後の経済成長により，労働人口は増加に転じた．さらにそれに拍車をかけたのは戦後のベビーブームで象徴されるように，人口の増加であった．このことが労働力人口の増加をもたらした．数字で示せば，1953(昭和28)年に3989万人であった労働人口は2009(平成21)年には6671万人になっており，実に約半世紀の間に1.7倍の急増である．経済の成功と人口の増加が両輪となっていたのである．しかし，20世紀末の出生率の低下により，現在では労働力人口は低下を示している．

戦後の男性については，戦前と同様のパターンを示していてほぼ全員に近い男性が働いていたので，図表に示してまで議論することはない．ただし戦後に

なると，高校進学率，そして後には大学進学率が上昇したことにより，男性の働き始める年齢が引き上げられたことと，一方で日本人の寿命が延びたことにより，男性の引退年齢が延びたことだけは付言しておこう．すなわち後者に関しては，企業での定年年齢が戦後の長い間は 55 歳だったが，それが 60 歳にまで延ばされ，現在では 65 歳まで延ばすことが議論されて，実施の方向にある．

男性よりも興味深いのは女性の労働力率である．戦前にあっては女性に「M字型」カーブの形状は見られなかったが，結婚・出産による一時的な労働からの引退が 20 歳代後半から 40 歳前後にかけて女性に見られるようになる．それと同時に戦後から高度成長期にかけて，女性労働力率そのものが減少したことも強調しておきたい．それは女性に専業主婦志向が強まったことに起因している．戦前の既婚女性は勤労・家事・育児の三重苦にいたことを述べたが，戦後になって家計が豊かになる（すなわち夫の所得が高くなる）と既婚女性が働くことによって家計補助をする必要のない家庭が増加したことによる．一部の女性は専業主婦の夢を実現したのである．

なぜ「M 字型」になったのかといえば，結婚・出産によって家事と育児の負担が女性に重く課せられるので，少なくとも 1 つの役目である働くことから引退して三重苦から免れようとするのである．その事実を統計で確認しておこう．図 3-2 は女性の年齢階級別の労働力率を 1980 年，90 年，2010 年の 3 時点で示したものである．M 字型がもっとも顕著に目立つのは 30 年前の頃の 1980（昭和 55）年である．20〜24 歳あたりの若年層では 70% にも達する労働力率であるが，25〜29 歳から 30〜34 歳までは 50% 以下に低下している．この時期が既婚女性にとって結婚・出産・育児の時期に相当することは自明である．子育てが終了した 35〜39 歳あたりから再び勤労を始める姿が分かる．

ここで 2 つの留意点を述べておきたい．第 1 に勤労を再開した女性であっても，若いときのように 70% に達するような高い水準ではないので，一時的な引退期を経てからも労働を再開しない女性も存在するということ．第 2 に，25 歳から 34 歳の女性であっても 50% 前後の人が労働しているので，結婚・出産しても一時的に引退せずに，若い頃から年をとるまで働き続ける女性がいることを示しているし，この中には独身で働き続ける女性もいることに留意したい．独身だと自分で稼がねばならないのである．むしろこのように働き続ける女性

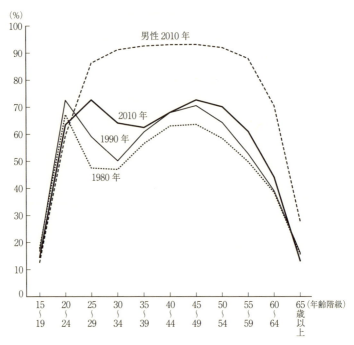

資料）総務省統計局「労働力調査」．
出所）太田・橘木(2012)．

図 3-2　女性の年齢階級別労働力率

の方が，一時期引退する女性の数よりもかなり多いことを理解しておきたい．

　ここで25～29歳という今までは結婚・出産によって労働をやめる女性は多かったが，それをせずに働き続ける人が増加していることを統計，すなわち図3-2で確認しておこう．この年代の女性の労働力率の変化は，1980年代の40％台から，現在まで上昇を続け，今では70％まで達する勢いである．

　「M字型」の話題に即して解釈すると，30年後の2010(平成22)年になるとM字型の凹んだ部分のへこみが減少し，若い頃と比較してわずか5～6％の低下にしか過ぎない．結婚・出産しても働き続ける女性の多くなっていることを示している．ここ10年か20年以内に凹んだ部分が消滅して，欧米のように高原型になる可能性が高いと予想できる．すなわちほとんどの女性が結婚・出産によって労働をやめない時代になりそうである．

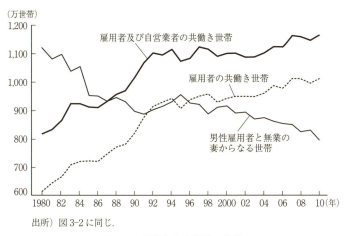

出所）図 3-2 に同じ．

図 3-3 共働き等世帯数の推移

この現象はいくつかの要因で説明できる．第1に，女性の教育水準が高くなったことにより，自己の賃金などの上昇によって働き続けたいと思うことや，夫から経済的に独立したいという動機が高まったことにより，勤労への意欲の高まったことが大きい．第2に「ワークライフバランス」論の普及により，既婚女性が子どもをもちながら働くことのできる制度が，まがりなりにも充実してきた．それは代表的には育児休業制度の導入とその後の発展によって，休業中の子育て支援と賃金支給が可能となったのである．育児休業後にも働きながら家庭生活を同時に行えるような制度的なサポートが社会で芽生えたことが大きい．特に夫が妻のワークライフバランスを支援する場合の増加が見られる．具体的には夫が妻と同様に家事・育児をシェアすることである．しかしこのような夫婦はまだごく少数派であり，竹信(2013)が警告するように，妻に家事・育児の負担がより多く課せられていることは事実である．特につらい家事を誰が行うか，という本質的な問題を解決しない限り，ワークライフバランス論は前に進まない．

最後に，女性(特に既婚女性)が働くことによって，家庭に注目すれば，共働き世帯への影響が大きい．ここ30年間に関して，共働き世帯と片働き世帯(すなわち妻は専業主婦)の比率がどう変化しているかを見ておこう．それは図3-3によって分かる．すなわち夫のみが働き，妻は専業主婦という片働き世帯の数

は1100万世帯から800万世帯にまで低下しているのに対して，夫と妻の両者が雇用者か自営業者，夫ないし妻のどちらかが雇用者ないし自営業者という共働き世帯が増加している．その合計が現代では約2150万世帯なので，片働き世帯のおよそ2.7倍の大きさである．

　夫婦が2人で働けば稼得所得は片働き世帯のそれよりもかなり高くなるのは当然であり，共働き世帯が多数派なので，家計所得の格差が大きくなる理由となる．家計所得に関しては，従来は夫の所得が高ければ妻は働かず，逆に夫の所得が低ければ妻は働くという，「ダグラス＝有沢の第2法則」が成立していた．これは夫婦合計の家計所得の平等化に貢献していたのである．最近に至ってこの法則が消滅しつつあることを橘木・迫田(2013)で示した．すなわち夫の所得の大きさとは無関係に妻が働くか働かないかを決めているのであり，これは夫婦の合計所得の格差を拡大することにつながっているのである．これに関する詳しいことは，橘木・迫田(2013)を参照されたい．

第4章
豊かさの変遷

人の家計の経済状態をいろいろな側面から議論したが，ここでは家計所得がどれだけ伸びて豊かになったのか，そして家計間の所得格差がどれだけ存在していたかに注目する．ただしこの章では戦前に限定し，戦後については後の章でもっと詳しく検討する．

1　所得格差

所得の伸び

明治維新を迎えてから新政府は富国強兵，殖産興業政策を実行して国の経済を強くする方針を実践した．しかし明治時代の初期にあっては古い社会経済体制がまだ残っており，しかも西南戦争などの内戦もあって政治的にも不安定だったので，これら2つの政策を実行して経済を変革することは容易なことではなく，経済成長率は高くなかった．表4-1は1885(明治18)年から1940(昭和15)年までの長期にわたって，人口1人当たり粗国民生産，可処分所得，個人消費支出の変遷を示したものである．1885年から1915年までの間にかけて，1人当たり可処分所得や個人消費支出の伸び率が低かったことが分かる．

1894(明治27)年に始まった日清戦争，1904(明治37)年に始まった日露戦争に勝利したことで，一等国の仲間入りをするかもしれない兆しの中で国民の自信が高まったことにより国力が増加したし，戦争特需なども経済を強くすることに貢献した．さらに戦争とは無関係に，日本が西洋に遅れているとの認識の下で経済発展を強力に押し進めねばならないと官民ともに努力した結果，明治時代の最後の時期から経済成長率が高まるようになった．第1次産業革命が日清戦争後の紡績業を中心に発生し，第2次産業革命が日露戦争後に重工業の勃興によって発生するが，本格的な産業革命は大正時代まで待たねばならない．す

表 4-1 人口 1 人当たり粗国民生産，可処分所得等
（1885～1940 年） (単位：円)

年	当年価格			1934～36 年価格		
	粗国民生産	可処分所得	個人消費支出	粗国民生産	純国民生産	個人消費支出
1885	21.1	16.6	17.1	101	84	86
1890	26.5	21.7	21.8	115	107	100
1895	37.3	31.2	27.9	139	131	115
1900	54.8	44.2	43.4	141	132	119
1905	66.0	52.9	48.7	145	135	111
1910	79.3	60.2	60.0	158	146	127
1915	94.0	72.1	68.1	160	146	128
1920	284	221	203	204	186	153
1925	276	212	216	209	188	174
1930	228	175	168	215	193	171
1935	264	205	183	265	241	182
1940	512	382	282	318	287	186

資料）大川・高松・山本(1974)の第 1 表，第 8 表，第 18 表，第 23 表に基づいて算出した(1919 年以前は年末現在，1920～40 年は 10 月 1 日現在)．
出所）大川・高松・山本(1974)．

なわちここでは明確に示せえないが，1906(明治39)年から10(明治43)年あたりにかけて成長率の高くなる兆候があった．なぜ日本経済がこの時期に成長路線に向かうようになったかを論じることは，他の日本経済史の専門書に譲る．むしろここで重要なことは，明治時代の最後半期から大正時代にかけて，国民の所得水準が成長し，生活水準も高くなるということである．国民は徐々にではあるがこの時期に豊かさを感じる程度が高まるのである．とはいえ現代での経済生活の豊かさと比較するとはるかにまだ低い水準であり，日本は後進国(現代語では経済発展途上国)であったと理解した方が正しく，先進工業国の仲間入りを果たしていなかった．その証拠として既に示したように国民の半数以上は農業に従事していたのである．

ところが1915(大正4)年あたりから，表で示されるように粗国民生産とか国民の可処分所得がそれまでよりも高い水準で上昇するようになる．これは第2次産業革命による機械工業や化学工業の発展によるところが大きい．さらに第1次世界大戦の勃発による戦争特需の効果があったことを忘れてはならない．生産が伸長すると家計所得が伸びることは当然であり，それが個人消費支出の

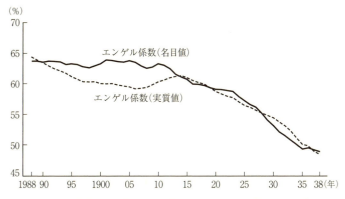

注）エンゲル係数＝食料費÷個人消費支出．名目値・実質値とも7か年移動平均で計算した．
資料）個人消費支出・粗国民支出は，Ohkawa and Shinohara(1979)の，pp. 256-258．エンゲル係数用の個人消費支出・食料費(名目値)は同 pp. 338-340，同(実質値)は同 pp. 342-344，人口は，日本統計協会(1987)，48-49頁．
出所）谷沢(2009)．

図 4-1　エンゲル係数(名目値・実質値)の推移

増加につながることがこの表によって分かる．

　この時期に強調しておきたいことは，家計所得の増加に伴う個人消費の伸びが消費の内容の変化をもたらしていることである．これは谷沢(2009)が明確にしていることで，1915年以降にエンゲル係数の急降下が見られるのである．エンゲル係数とは家計支出額のうち食料品の占める率である．この数字が高いと食べていくだけに所得が用いられ，生活にゆとりがないことを示しているのである．図4-1によると，明治時代と大正初期は60前後の値なので，日本人は食べることだけに所得の過半を支出していたような貧困社会だったのである．それが大正時代の半ばから急降下し始めたことが分かる．しかし大半の時代で50台の値なので，まだ決してゆとりのある生活ではなかった．現代では日本のエンゲル係数は20台にまで低下しているので，生活にゆとりがある時代となっていると言えるが，戦前はまだゆとりのない低い生活水準であったことを記憶しておこう．しかし1915年あたりからエンゲル係数が急降下したことで，国民生活に余裕が小さいながらも生じたことだけは銘記しておきたい．

所得格差

戦前の日本社会は地主・小作人関係，資本家・労働者関係によって象徴される階級社会であったことは既に強調したが，ここではそれが国民の間の所得格差としてどれほど実際に現れていたかを吟味する．すなわち，地主と小作人の間での所得格差，資本家（ないし経営者）と労働者の間での所得格差がどれだけあったかを，数字として示すこととする．そしてその関係から，富裕層と貧困層の生活実態がどうであったかに関して論じてみたい．

戦前の所得格差は第1章の表1-3と表1-4で示したので，ここでは再述を避けて，所得分配の不平等度はきわめて高い時代であったという結論だけを述べておこう．

従来の研究は税務統計による所得分配の不平等計測結果によっていたが，そもそも所得税を払う人の数は高所得者に限られていたので，全国民を対象とした所得格差，ないし不平等のことは正確には分からないと言ってよい．しかし，税務統計でこれだけ高い所得格差が大きいのであれば，もし中・低所得者という家計の標本を入れると，もっと高いジニ係数になること間違いないので，全家計を標本にした所得格差の不平等度はもっと高くなる．

高所得者だけという欠陥を補うために谷沢（2004）は努力をして，できるだけ非納税者をも考慮に入れた所得分配の不平等を計測した．それは内務省や東京府の行った世帯調査を用いて，低所得者層の人びとをも標本に入れようとした作業である．そういう努力であっても全人口を対象とした標本とは言えず，全所得総額のうち，次のような所得階級別の比率を用いて推計している．すなわち，地方圏の非高額所得者39％，都市圏の高額所得者25％，都市圏の非高額所得者21％，地方圏の高額所得者15％，である．

谷沢の推計結果を表4-2で示しておこう．これによると都市圏の高額所得者に関する所得分配の不平等度がジニ係数で0.499と非常に高いことが分かる．都市圏には大富豪が存在しているのである．なお都市圏の非高額所得者のジニ係数が1.123と異様な値なのでコメントは控えておきたい．ジニ係数は通常の場合，0～1の間の値をとるからである．地方圏の所得分配も高額所得者，非高額所得者ともに0.4に近いジニ係数なので不平等度はかなり高いのである．なお谷沢が全国における全階層のジニ係数を0.573と推計しているが，この数

表 4-2 1937 年の所得階層別・地域別のジニ係数

	高額所得者	非高額所得者	全階層
都市圏	0.499	1.123	0.782
地方圏	0.391	0.398	0.393
全 国	0.459	0.651	0.573

注 1) 高額所得者とは，所得金額 1500 円以上の納税者．非高額所得者とは所得金額 1500 円未満の世帯．これは南亮進の定義に合わせた．詳しくは南(2000)，40 頁を参照．
　2) 都市圏とは，東京・神奈川・愛知・大阪・京都・兵庫・福岡の 7 府県，地方圏は都市圏以外の地域である．
出所) 谷沢(2004)．

字は都市圏の非高額所得者のジニ係数 1.123 という異常値の効果を含んでいるので，これに関してもコメントを控えておく．

　戦前の全国民を対象にした所得分配の不平等度については推計結果に乏しいが，橋本健二(2009)は 1937(昭和 12)年のジニ係数として 0.547 という数字を提出している．詳しいデータソースなどは不明なのでこの数字に関してもコメントを控えるが，不平等度が高い値であることを暗示している．谷沢や橋本の推計結果とこれから述べる資料により，戦前の所得分配の不平等度はきわめて高かったということは確実に言えるのである．

企業で働く人の所得格差はどうであったか

　国民全体を対象としたデータに関しては戦前において乏しいものがあったが，1 つの企業において働く人の賃金データがあるので，この資料に基づいて戦前の所得分配の一端を知ることにしよう．第 1 章の表 1-4 は 1930 年代の某製紙会社における社員の賃金を職種別，地位階位級別に示したものである．役職のない男子工員の賃金を 1.0 としたときと比較して，他の階層職にいる人がどれだけの賃金を受け取っているかが分かるので，収入差を物語る資料として有用である．1 つの企業だけの賃金差，あるいは収入差で全体を推し量るのはやや危険であるが，全国民を対象とした収入差がこれより大きく乖離していたとは考えにくいので，この表は議論に値する価値がある．

　まず驚くべきは，工場長の俸給が役のない平工員の 17.27 倍という高さである．工場長代理というナンバー 2 も 10.25 倍の高さである．工場長が経営者か

どうかこの表からは不明だが，非常に高い賃金を得ていることは明らかである．現代であれば工場長の賃金は平工員のせいぜい3〜5倍である．戦前の賃金格差，所得格差がたいへん大きなものであったことをこの表は示している．

　この表でもう1つ強調すべきことは，工員（ブルーカラー職）と正社員（ホワイトカラー職）の間の大きな賃金格差である．この中間に正社員より低い賃金の準社員というパートタイム的なホワイトカラー職の位置の人がいるが，少なくとも正社員というホワイトカラーと工員というブルーカラーとの間に4倍前後の収入差がある．現代であればホワイトカラーとブルーカラーの間の賃金差は少なくとも常勤の正社員であればせいぜい2倍程度なので，戦前のホワイトカラー・ブルーカラー格差はかなり大きかったのである．

　もう1つホワイトカラーとブルーカラーの身分上の差を顕著にしていた性質が2つある．その第1は，俸給の支払い方法として，ホワイトカラーの場合には月給制を基本としていたが，ブルーカラーの場合には時間給，日給制，週給制で支払われることがほとんどで，身分の違いを俸給の支払い方法で際立たせていた．第2に，これは現代でもある程度当てはまることであるが，ホワイトカラーとブルーカラーの間には歴然とした身分上の区別があり，当然のことながら企業の幹部にブルーカラーから登用・昇進されることはなく，昇進しても職長どまりであった．この身分上の差は受けた学歴の差を反映したものであった．言うまでもなく，前者は旧制中学校以上の高学歴者に圧倒的に多く，後者は小学校や高等小学校の低学歴者がほとんどであった．働く者の身分を区分するのに，学歴が大きく左右していたのが戦前であったし，そのことは現代でもかなりの程度該当するのである．

2　富裕層と貧困者

　国民全体における所得格差の存在を知った後の関心は，格差の上にいる高所得者，あるいは富裕層と，格差の下にいる貧困者である．戦前において富裕層と貧困者はどういう人で，どういう状況にあったかを見ておこう．

富裕層

　これまでも述べてきたように，戦前における富裕層，高資産・高所得者が誰かといえば，大土地所有者と産業資本家であった．こういう富裕層がどの程度の資産や所得を保有していたかを調べておこう．

　まずは，明治の大富豪がどの程度の所得を得ていたのか，簡単に素描しておこう．『日本紳士録』なるものがある．これは所得の高い人，あるいは爵位を持った華族，社会で重要な職に就いている人を中心に記したものである．1889 (明治22) 年が初版であり，いわば上流階級の人名録である．慶應義塾大学の創設者である福沢諭吉は，1880 (明治13) 年に「交詢社」という社交クラブをつくって，知識や文化の交流を通じた人的交流の場とした．その「交詢社」が『日本紳士録』を出版し始めたのであった．

　「交詢社」をつくった福沢の意図は，必ずしも高所得の実業家だけを集めたクラブをつくることではなかった．むしろ，様々な職業に就いている人の知的交流，ないし情報交換を目的としていたのであるが，「交詢社」が『日本紳士録』を出版するようになってから，各界の名士が集まる場を提供するようになっていった．紳士録は成功した実業家のみならず，各界の知名人が登場しているところに特徴がある．

　1887 (明治20) 年に日本で初めて所得税が導入された．それまでは地租，酒税，関税といった間接税が中心であったが，所得の高い人から税金を徴収するのをねらって，新しい税を導入したのであった．

　この所得税は税率が1〜3％という非常に低いものだったので，現代の税率とはかなり異なっており，高所得者から税金を徴収したことがどれだけ所得再分配政策として機能したか疑わしいものがある．しかも課税最低限所得が300円だったので，所得税を納税した人は全人口の1％以下という低い比率であったことも忘れてはならない．

　1％以下の人しか支払っていなかった所得税であれば，逆に所得税の納税者は大変な高所得者，あるいは富裕層ということになる．ここで興味のある史実は，明治政府はこれら所得税納税者の氏名を公表したことである．公表の理由は，成功者を世に知らしめて本人の自尊心をくすぐる目的と，高所得者の脱税を予防する効果に期待するところがあった．実はこの公表は戦後でも行われた．

戦後の「高額納税者名簿」は高額の所得税を支払った人の氏名・住所・職業を公表してきたが, 2006(平成18)年にその公表を廃止した. 明治以来の長い期間にわたって日本は所得税制度から富裕者が誰であるかを特定でき, しかもその納税額とそれから類推できる所得額の把握ができたのであったが, つい最近に至ってその伝統を廃止したことは大事件であるとの解釈が可能である. なぜ公表を廃止したかといえば, 個人情報保護の意識が高まったこと, 高所得者への犯罪防止, 高所得者の不満, 費用と手間がかかるという行政側の要求, などがある. 所得税納税者名簿に各種の人名録が注目したのは当然のことであった. 永谷(2007)は『日本紳士録』の1896(明治29)年版(国立国会図書館所蔵)に基づいて, 所得税納税額のトップ30の, 氏名, 爵位, 職業, 納税額を示しているので, それを再録しておこう(表4-3).

　第1位は三菱財閥の創始者・岩崎弥太郎の長男である岩崎久弥の2万7808円で, 断トツの納税額である. 税率を3％として, 所得額を推計すると90万円となり, 現在の貨幣価値に換算するとおよそ360億円となる. ここでは, 当時の250円＝現在の1000万円, として計算している. 想像を絶する高額の所得を三菱家の人びとは得ていたのである.

　ちなみに, 2005(平成17)年度(公表高額納税者名簿の最終年)では, 投資顧問会社員の約37億円がトップであり, それを所得額で評価すると, およそ100億円であった. これと比較しても明治の大富豪の所得額の異様な高さが分かる. 第2位の公爵・毛利元徳は6538円で, 現代評価では87億円となる. この額は現代の最高所得者よりやや低いが, 100年以上も前の購買力と比較すればはるかに高い実質的価値のある所得である.

　トップ30に入る人には華族が多く, 特に旧藩主が名を連ねている. これらの人は昔の大名だったので, 土地を筆頭にして諸々の資産保有額が大きかったことが理由の1つとなっている. 徳川幕府の時代では, 武士の頂点である藩主は支配階級の象徴であったが, 経済的にも非常に裕福だったのであり, それが明治時代になっても引き継がれていたのである. もっとも貧乏な藩主のいたことも忘れてはならない.

　この表でもっとも興味のあることは, 実業家, 経済人がかなりの数, 登場していることである. トップの三菱家のみならず, 三井家, 古河家などの大実業

表 4-3 『日本紳士録』(第 3 版,明治 29 年)記載の所得税納税額トップ 30

順位	氏 名	職業及び肩書き	所得税納税額(円)
1	岩崎久弥※	男爵,三菱合資会社業務担当社員	27,808
2	毛利元徳*	公爵,旧周防山口藩主,貴族院議員	6,538
3	池田章政*	侯爵,旧備前岡山藩主,貴族院議員	5,527
4	前田利嗣*	侯爵,旧加賀金沢藩主,麝香間祇候,貴族院議員	5,430
5	岩崎弥之助※	男爵,第百十九国立銀行取締役	4,724
6	徳川茂承*	侯爵,旧紀伊和歌山藩主,貴族院議員	4,374
7	細川護成*	侯爵,旧肥後熊本藩主,貴族院議員	4,195
8	浅野長勲*	侯爵,旧安芸広島藩主,第十五国立銀行頭取,貴族院議員	4,051
9	井伊直憲*	伯爵,旧彦根藩主,貴族院議員	3,566
10	岩倉具定**	公爵,旧公卿,宮内省爵位局長,貴族院議員	3,461
11	鍋島直大*	侯爵,旧肥前佐賀藩主,宮中顧問官,貴族院議員	2,707
12	三井源右衛門	合名会社三井呉服店長	2,694
13	松平頼聡*	伯爵,旧讃岐高松藩主	2,624
14	渋沢栄一	第一銀行頭取,日本郵船株式会社取締役	2,602
15	黒田長成*	侯爵,旧筑前福岡藩主,貴族院議員	2,367
16	三井武之助	三井工業部長	2,318
17	三井三郎助	三井鉱山合名会社社長	2,284
18	山内豊景*	侯爵,旧土佐高知藩主	2,243
19	三井元之助	三井物産合名会社社長	2,076
20	雨宮敬次郎	川越鉄道株式会社取締役,甲武鉄道株式会社取締役	2,049
21	原善三郎	正糸商,第二国立銀行頭取,株式会社横浜蠶絲外四品取引所理事長	1,914
22	安田善次郎	安田銀行監事,第八十二国立銀行監督	1,870
23	古河市兵衛	鉱山業	1,850
24	茂木惣兵衛	正糸売込貿易商,茂木銀行	1,799
25	渡辺福三郎	石炭屋,海産乾物商,横浜市会議員,第二十七国立銀行取締役	1,654
26	藤堂高紹*	伯爵,旧伊勢津藩主	1,652
27	大倉喜八郎	合名会社大倉組頭取	1,637
28	平沼専蔵	石炭屋,雑種売込商,洋糸織物取引商,株式会社横浜銀行頭取	1,575
29	有馬頼萬*	伯爵,旧筑後久留米藩主	1,503
30	池田仲博*	侯爵,旧因幡鳥取藩主	1,452

注)『日本紳士録』(第 3 版,1896 年 10 月発行)の掲載者のうち,記載されている所得税納税額上位 30 名の氏名,記載されている主な職業,肩書き,所得税納税額(小数点以下は切り捨て)を,それぞれ挙げた.納税額が記入されていない者は省いた.なお,第 3 版の掲載者は,東京府・神奈川県在住の明治 28 年度所得税納税者と府県会議員選挙有権者中地租 15 円以上納税者である.*は,旧諸侯出身の華族.**は,旧公卿出身の華族.※は,第 3 版が発行された 1896 (明治 29)年に実業家として初めて授爵した者.
出所)永谷(2007).

家，さらに起業家として有名な実業家・渋沢栄一，安田善次郎，大倉喜八郎などの名前がある．これら経済人が資本主義の発達とともに大富豪として名を連ね，上流階級に入ることになったのである．岩崎久弥は男爵になっており，名実ともに上流階級層になっているのである．

この表は「勲功華族」の始まった1896(明治29)年の調査であり，功成り名遂げた人，あるいは国家に尽くした人を華族として爵位を与えるようになった．いわゆる「公・侯・伯・子・男」の爵位である．その後経済人の多くが授爵されるようになる．その後，三井，住友，大倉，古河，安田，渋沢といった大実業家は次々と授爵されていく．

明治の長者番付

既に述べたことであるが，1899(明治32)年の所得税法の改正によって所得税の納税額が把握しにくくなり，大富豪が誰であるかを示す情報として資産額の調査が，民間の出版社から公表されるようになった．所得というフローではなく，資産額というストックの概念で富裕者をとらえるようになったのである．金融資産・実物資産ともにその現在価値を正確に計測することは困難なので，資産による評価には誤差の大きいことは避けられないが，当時のメディアはそれを氏名別に発表しているのである．永谷(2007)がそれを引用しているので，ここでもそれを用いてみよう．それが表4-4であるが，1931(昭和6)年版のものである．

この表でまず驚くことは，三菱・住友・三井・安田といった財閥系の人がトップに名を連ねているし，その資産額は巨額である．財閥家は持株会社のオーナーとして，財閥本体の合名・合資会社のみならず，合名会社の傘下の企業の株式を大量に保有しているので，その配当額が巨額になることがまず大きい．さらに他の資産の保有額も大きいのである．

ついでながら，明治時代にあっては，既に見たように旧藩主が続々と名を連ねていたが，昭和初期ともなると，ここでは鍋島，徳川の両家と，前田，山内，松平などしか名がなく，旧大名が経済的な地位を下げていったことが分かる．これは没落士族の流れの一環だし，そのトップはもっと経済基盤を失ったのである．

表 4-4 「全国金満大番附」(『講談倶楽部』附録・昭和 6 年 1 月号)

番付	資産	所在地	業種	氏名	氏名	業種	所在地	資産	番付
横綱	4億	東京・本郷・湯島	男爵三菱銀行役代	岩崎久彌	三井八郎右衛門	男爵三井合名社長	東京・麻布・今井	4億	横綱
大関	3億	兵庫・武庫・住吉	男爵三菱住友合資代表	住友吉左衛門	岩崎小彌太	男爵三菱合資社長	東京・麻布・鳥居坂	3億	大関
関脇	2億	東京・麹町・平河町	男爵三井信託代表	三井高精	大倉喜七郎	男爵大倉組代表	東京・麹町・下二番町	1億8000万	関脇
小結	1億8000万	東京・小石川・水道町	三井銀行頭取	三井源右衛門	三井元之助	三井鉱山社長	東京・芝・伊皿子	1億5000万	小結
前頭	1億5000万	東京・麹町・平河町	安田銀行頭取	安田善次郎	古河虎之助	男爵鉱業古河銀行頭取	東京・麹町・丸ノ内	1億3000万	前頭
同	1億3000万	東京・本郷・富士見町	男爵東京海神倉庫社員	三井禮太郎	三井高修	男爵鉱山役員	東京・小石川・水道町	1億2000万	同
同	1億2000万	東京・本郷・渋谷	三菱合資社員	岩崎彦彌太	鴻池善右衛門	鴻池銀行代表	大阪・東・今橋	8000万	同
同	7000万	兵庫・西宮	侯爵旧佐賀藩主	鍋島直映	中野忠太郎	鉱業貸地貸金	新潟・中蒲原・金津	7000万	同
同	7000万	東京・本郷・駒込	日本昼夜銀行頭取	岩崎善四郎	三井守之助	三井物産社長	東京・麻布・永坂町	7000万	同
同	6000万	兵庫・神戸・北野	酒店	辰野吉左衛門	根津嘉一郎	会社役員	東京・赤坂・青山	6000万	同
同	6000万	東京・西宮	会社員	安田新	前田利為	侯爵貴族院議員	東京・本郷・大久保	6000万	同
同	5000万	東京・本郷・北野	貸金	乾新兵衛	岩崎恒爾	会社員	東京・本郷・駒込	5000万	同
同	5000万	東京・品川		岩崎輝彌	板谷宮吉	海運業貴族院議員	北海道・小樽	5000万	同
同	5000万	東京・麻布・富士見町	侯爵旧名古屋藩主	徳川義親	山口吉郎兵衛	山口銀行社長	大阪・天王寺	5000万	同
同	5000万	東京・麹町・平河町	土地売買地	安田柳子	安田敏五郎	東京火災保険社長	東京・牛込・余丁町	5000万	同
同	5000万	東京・麻布・本村町	三菱製紙社員	三井辨蔵	三井高堅	三井鉱山役員	東京・牛込・若松町	5000万	同
同	5000万	東京・本郷・富士見町	貸地貸家	三井高視	三井高達	時計商	東京・芝・白金	4000万	同
同	4000万	東京・本郷・駒込	三菱製紙社員	岩崎隆彌	服部金太郎	地主会社役員	島根・飯石・吉田	4000万	同
同	4000万	東京・芝・伊皿子	貸地貨家	堀越角次郎	田部長右衛門	銀行頭取合名社員	鳥取・米子・尾町	4000万	同
同	4000万	東京・大井	松坂屋社長	安田善助	坂口平兵衛	海運業	兵庫・西宮・久保町	4000万	同
同	3000万	名古屋・西区	製革業	伊藤次郎左衛門	八馬兼介	貸地貸家	北海道・函館	3000万	同
同	3000万	大阪・浪速・久保吉	松坂商事社長	新田長次郎	相馬哲平	侯爵旧高知藩主	東京・代々幡	3000万	同
同	3000万	大阪・茶屋	会社役員	野村徳七	山内豊景	会社家	東京・高輪	3000万	同
同	3000万	京都・河原崇神口	毛斯綸綿布	山口玄洞	安田彦太郎	伯爵日本銀行監事	東京・巣鴨	3000万	同
同	3000万	東京・南多摩・日野	帝海火災保険役員	安田善兵衛	寺田甚與茂	紡績社長	大阪・岸和田	3000万	同

(出所) 永谷 (2007) より。渋谷 (1985) に転載された写真版をもとに作表。

むしろ，この表で興味のあることは，財閥華族以外の大実業家の名前も散見されることである．酒造の辰馬吉左衛門，貸金の乾新兵衛，貸地貸家の堀越角次郎，松坂屋の伊藤次郎左衛門，製革業の新田長次郎，毛斯綸綿布の山口玄洞などがその例である．財閥企業は日本の鉱業・製造業・造船業・金融業・商社などといった基幹産業の多くの産業を抱え込んだ財閥という大資本家によって運営されてきたことは事実であるが，昭和の初期になって財閥に属さない大実業家の存在も無視できないということが，この表から分かる．基幹産業以外の周辺産業において，このように大成功を収めた実業家がいたのである．もう1つ忘れてはならないことは，この表には土地売買，貸地貸家と名乗る人がいる．これらの人は大土地所有者である．戦前の富裕層が大土地所有者と産業資本家で占められていたことが一目瞭然である．

　以上，明治時代から昭和初期にかけて，必ずしも身分の高い出身ではない人であっても，実業家が成功して大富豪になると爵位を受けて華族となり，上流階級に仲間入りすることを述べてきたが，いくつか付記することがあるので，以下に述べておこう．

　第1に，大富豪たちの所得や資産の額は当時として非常に高いものがあった．財閥家族や大土地所有者の所得や資産は，ここでもその実態の一端を示したが，なにしろ巨額であった．大富豪の経済的豊かさは，現代における大富豪よりも水準は高かったのである．その一方で，後に示すように低所得で苦しむ貧困者の数は多く，戦前の日本社会は貧富の格差が非常に大きかったのである．

　それは財閥という産業資本家と労働者，大土地所有者と小作人との対比で分かるように，階級社会そのものであった．それぞれの社会において上と下の差が大きかったうえに，それぞれの個人が華族，士族，平民というように身分制によっても区別されており，戦前の日本は旧社会の典型にあったのである．

　第2に，階級対立があったからこそ，上層にいる大富豪はときどき非難の標的となった．すなわち，明治の実業家は三菱家で代表されるように政商として暗躍したとか，政府の富国強兵・殖産興業政策の一端を担う資本家は政府から様々な優遇措置を受けながら事業を大きくしていったとか，半分はやっかみも含めて大富豪が批判にさらされていたことは事実である．戦後の日本経済の高度成長期から20世紀の末まで，日本では経済的な成功者，すなわちお金持ち

はそれほど批判されていなかったのと好対照である．しかしごく最近になって，高所得者の高所得振りが目立つようになり，批判とまでは言えないが，人びとの関心の高まったことは事実である．むしろ他の先進国ではPiketty(2014)で代表されるように，高所得者・高資産保有者への批判とそれらの人びとへの高課税の必要性が説かれるようになった．

　明治時代の日本における貧困問題を刻明に描いた名著『日本之下層社会』の著者である横山源之助(1899)が，大富豪をやんわりと批判・非難していることに注目したい．わが国の古典と言ってもよいほどの名著を残した横山は，やはり大富豪は許せないと思ったのであろうか，彼による『明治富豪史』(1910)において，富を蓄積していく大富豪の裏面史を明らかにしている．

　第3に，戦前の上流階級を語るとき，内閥ということを抜きにすることはできないということである．内閥とは婚戚関係を通じて大実業家と身分の高い華族が形成する閥である．財閥家の婚姻関係が永谷(2007)によって詳しく報告されているが，その一端をここで紹介しておこう．

　三井高棟の初婚は摂津の豪農の娘であったが，再婚の相手は伯爵・前田利同の妹であった．高棟の長女・慶子を侯爵・中御門経恭に嫁がせ，次女・裕子を男爵・鷹司信熙に嫁がせ，息子・高公は侯爵・松平康荘の娘と結婚している．見事なまでの華族との婚戚関係の成就である．大実業家と身分の高い人が婚姻関係に入ることによって，ここに名実ともに上流階級の，それも超上流社会が意図的に形成されていると理解できる．本書の目的の1つが家族のことにあるので，上流階級家族は婚姻を通じてその地位を保持し続けたことを知っておきたい．

　華族が財閥の家族と結婚するのは，一部の華族が明治維新以降に身分の高さだけでは豊かな経済生活ができにくくなっているので，大富豪の一家と婚戚関係になれば，経済が潤うことに期待できるからである．没落貴族という言葉すらささやかれた華族もいたことでこれが分かる．

　一方の財閥家からすると，名家と婚戚関係になれたことに加えて，身分の高くなることが期待できる．すなわち授爵の可能性が高まるのである．華族にとっても財閥にとってもメリットとなる結婚なわけで，これを政略結婚とみなすことが可能である．

第4に，大富豪である財閥の行動に関して述べておこう．財閥の持株会社である合名会社や傘下の事業会社での大株主として，財閥の一家は配当金などの高所得を稼いでいた．表4-4によれば，三菱財閥の岩崎家はトップ50の大富豪のうちに6名が入っているし，三井財閥の三井家は10名，安田財閥の安田家は8名が入っている．財閥が家族経営の典型と言われる所以がここにある．

貧困層

　戦前の貧困層を語るときは，明治時代より前の江戸時代から始める必要がある．江戸幕府時代の社会・経済体制が明治時代まで引き継がれた側面があることによる．江戸時代におけるいくつかの特色をまとめるとすれば次のようになる．第1に，「士農工商」の身分制度がかなり厳格だったし，職業が親子間，世代間で継承されていた．身分的には農民は第2位の地位にいたが，経済的には貧困者が多かった．いわゆる水呑み百姓と呼ばれる農民が貧困の代表であったし，飢餓が時折発生した．

　第2に，江戸時代より前の室町時代に最下級の社会階層として被差別民が登場したが，この階級が江戸時代に入ってより明確になった．主として職業によって区別され，雑役夫，土木関係の仕事，鳥獣処理と皮革業者，履物づくり等の手工業，雑芸能人，下級の護衛人といった人びとが，被差別民という賤民とされた．職業による差別の深化とそれに伴う貧困の定着である．この特質はかなり弱まったとはいえ，現代にまで続いたのである．

　第3に，江戸時代の貧困を語るうえで，五人組が重要である．徳川幕府は納税確保と，お互いの監視による犯罪防止と互助を目的として，有名な五人組という制度を作った．ただし納税義務のない小作人や長屋の借家人は対象とならなかった．この共同体では貧困者を次のように定義している．①老いて子なき者，②幼少にて父母なき者，③老いて妻なき者，④夫なき未亡人，⑤障害者，⑥長期疾病者，⑦天災を受けた者，の7種が挙げられている．五人組には貧困者を助けることが期待されたのである．

　これを現代風に述べると，単身高齢者，親を失った子，寡婦，障害・疾病者，罹災者，となる．ここで述べた江戸時代の貧困者は，現代の貧困者とほぼ同じということに気がつく．「貧困者とは誰であるか」の問いに対する答えは，昔

も今もほぼ同じなので非常に印象深い．いつの時代でも貧困になる人は，共通の特質をもっているのである．

　江戸時代の貧困者が誰であったかをまとめれば，農民と，都市の下層階級として様々な職に就いていた，零細な手工業と商人であったし，家族を失った人ということになる．

　明治維新によって幕藩体制は崩壊し，様々な改革が実行された．江戸時代にも小作人はいたが，明治以降の様々な改革の中では地租改正が多くの小作人を生んだことの意味は大きい．地租改正は農民の土地所有を認めたが，新地租の負担は農民にとって相変わらず重かった．この負担に耐えられず，零細農民は土地を失って，それが地主に買い上げられることとなる．この過程が進行することによって，小作人と大土地所有者が分裂して並存し，それがますます進行してそれが終戦まで続くのである．

　一方，産業化の進展は当然のことながら資本家と工場労働者の区別を明確にする．いわば古典的な資本主義の顔がこの時代の特色である．労働者は農村からの離農民と都市下層社会から供給された．労働者も熟練をある程度もった中核的な労働者と，不熟練者である底辺労働者に区別されるようになった．

　貧困ということに注目するならば，農民の中では零細な小作人，労働者の中では不熟練労働者が代表となる．いわば「大土地所有者と小作人」「資本家と労働者」という階級社会の姿がこの時代を特色づける．貧困者は小作人と労働者の中でも，特に下層に属する人で占められていた．

　都市下層社会といえば，職種による差が重要で，吉田(1995)によると次のような職種に就いている人が下層民ないし貧困層を形成していた．①初期工場労働者，手工業労働者，②職人，③日稼ぎ・車夫，④屑拾い等の雑業，⑤辻芸人・道心等，⑥零細自営業者・行商人，である．これらの人の賃金は多くが日銭であった．住居も多くはこの時代に特有な長屋であり，狭い家屋に多くの家族が住んでいた．長屋にありつけない人は木賃宿や無料宿泊所に住んでいた．

横山源之助と河上肇

　戦前の貧困を詳細に報告，そして分析，議論した人でこれら2人の名前は欠かせない．新聞記者であった横山源之助は1899(明治32)年出版の『日本之下

層社会』によって，下層民の現状をルポルタージュとして報告した．いくつかの職業に就く貧困者，下層民がどのような住居に住み，どのような所得と支出の状況にあって，いかに苦しい生活を送っているかが生々しく報告された書物である．決して学術的な仕事ではなく，横山が現実に見たことを忠実に記録したものなので，研究書としての価値はさほどないが，日本の貧困を本格的に描いた報告書としての価値は高い．ジャーナリストによる実態報告と理解してよい．

　もう1人，河上肇は，1916(大正5)年に『貧乏物語』を発表し，翌年この書がベストセラーとなり，一躍有名となった．この書物(河上1917)は河上がヨーロッパ留学中に見聞したことを中心にして，欧米諸国の貧困を主として報告したものである．留学中に欧米における経済学や貧困問題の文献を読み込んで書いたものであり，必ずしも日本の貧困問題が主要課題ではない．欧米における貧困の深刻さを日本に紹介して，日本への警鐘としたのである．日本の貧困問題や対貧困政策についても多少言及しているが，さほど水準の高いものではない．

　実は河上のこの本は，専門家や評論家から厳しい批判を受けた．京都帝国大学経済学部教授であった河上は，東京帝国大学卒業後は新聞記者などをしていたので，この本は学問的なアプローチの成果ではなかったのである．そこでこれらの批判に応えようとして，経済学の研究に傾注するようになった．具体的には，当時日本においても勢いを増しつつあったマルクス経済学であり，これに基づく書籍を出版し，河上の京大での講義は人気を博すようになった．これを右傾化しつつあった政府は嫌うようになり，彼は京大を追われることとなったのである．

　横山源之助と河上肇を評すれば，前者は日本の貧困をルポタージュ風に描写して警鐘を鳴らし，後者はヨーロッパの貧困を主として欧米の文献を基に報告して，いずれ日本も資本主義の進展によって貧困問題が深刻になると予告したのである．両人ともに貧乏を問題としたが，横山が現状を丹念に調査して報告するといった方針を貫いたのに対して，河上は貧困を学問の道から分析して，かつ解決するための経済学をするという方向に転じた．

第4章　豊かさの変遷

戦前の貧困の姿

　横山以降，戦前期の日本では数々の調査を，中央政府や地方政府が中心となって行ってきた．有名な「貧困窟」調査，「細民」調査，「不良住宅地区」調査，「要保護世帯」調査，といったものがあり，貧困の実態が明らかにされた．これらの調査の結果については，中川(1985)に詳細な報告がある．

　どの程度の人数が貧困者であったかの推測に関心が移るが，現代のように統計が整備されておらず，しかも貧困率の推計調査方法も未発達だったので，推計には誤差がある．中川(1985)によれば，大正末期あるいは昭和初期にあっては，「一家がしばらく衣食住費の最小限度も得るのみの者」は約1割，あるいは「生活苦に悶絶する貧しいもの」という細民は100分の6，と報告されている．およそ1割の貧困率であったことは，現代との正確な比較は困難であるが，時代によって大きく貧困率は変わらない，と言えそうである．しかし，貧困の質が今よりはるかに深刻であったことは，既に引用した横山の記述より明らかである．いわば餓死寸前にまで追い込まれた貧困者がかなりいたのである．

　最後に，何を理由に貧困が発生しているかを述べておこう．表4-5は明治末期〜大正初期の「細民」調査から，貧困になった原因とその比率を示したものである．これによると，もっとも重要な原因は「個人的関係」，すなわち，身体的能力，精神的能力，道徳的能力の欠如が約33%となっている．すなわち，健康上から働けなくなったことが最大の理由である．これは現代でも貧困になる重要な理由となっている．

　次に重要なのは，職業上の問題となっており，約24%である．そのうちほとんどは商業・事業の失敗で説明されており，失業などは意外と非常に低い．当時は零細な商工業者が大半で，自分の商工業の経営がうまくいかないことが多いというのは，不安定な事業状況だったことを反映している．一方で企業で雇用され働いている人はそう多くなく，失業者になる人は多くなかったのである．

　第3に重要な理由は，17.6%を占めている家族に関することであるが，これも現代における高齢寡婦，母子家庭，等々の家族に起用することが貧困を生んでいることと，同じ理由になっている．

　第4に，一般経済状態，例えば賃金低下，インフレ，労働者需要の不足は

表 4-5 貧困の原因（明治末〜大正初頭の「細民」世帯主）

原　因	代表的項目	下谷・浅草区 貧困の主因 (%)	本所・深川区 貧困の主因 (%，重複回答可)
個人的関係		32.8	19.8
身体的能力		13.1	8.9
	「虚弱・疾病」	11.5	6.8
	「老衰」	1.6	1.5
精神的能力		12.9	4.3
	「無教育・怠惰」	4.6	1.3
	「技術拙劣・無能」	8.3	3.0
道徳的能力		6.8	6.6
家族的関係		17.6	14.5
	「係累多し」	6.7	4.0
	「家族疾病・死亡」	4.9	8.3
	「扶養者死亡等」	6.0	2.3
職業的関係		24.1	13.4
	「商業・事業の失敗」	21.4	8.5
	「失業」	1.4	1.6
	「転職」	0.4	1.8
経済的関係		11.3	31.5
	「労銀低下」	4.8	4.6
	「物価上昇」	2.2	25.6
	「労働需要の欠乏」	4.3	0.6
自然的関係		7.2	16.0
その他の原因		7.0	3.9

注1）下谷・浅草区は，理由なし71人，申告不詳237人を除く2739人の回答．
　2）本所・深川区は，「自己より貧困なる者」2046人について，重複回答を許して，調査したもの．
出所）中川(1985)．『細民調査統計表』93-94頁，『細民調査統計表摘票』144-145頁より作成．

11.3％で最低の比率である．これは雇用労働者の数がさほど多くいなかったこともあるが，現代風にいえばマクロ経済の悪化による影響力は意外と小さかった．逆に言えば戦前の貧困はきわめて個人的な事情で貧困者となっている，ということになる．このことは現代でも多少あてはまることである．

　以上は下谷・浅草区における調査から得られた事実であるが，本所・深川区における調査も似たような事情を示している．1つだけ大きな違いは後者では

インフレがもっとも苦しい要因とされていることにある．この調査は複数回答なので，これ以上言及しないでおく．

3　戦争前後における格差

戦争による破壊の効果

　第2次世界大戦(日本との関係からするとアジア・太平洋戦争)の敗戦による日本の社会・経済の破壊には甚大なものがあった．それは人命の喪失，国民の生活苦などのすべての分野で見られたし，経済では生産の低下，国富の破壊であった．これらを具体的な数字上から簡単に概観しておこう．

　まずは人命の喪失に関しては戦死者が212万人，空襲などによる死亡者が約30万人，その他外地で死亡した人や行方不明者などがいるが，正確な数は不明である．これらを合わせると，およそ300万人近い人命を失ったと見られ，甚大な人的損害であったことは確実である．もっとも第1次世界大戦や第2次世界大戦におけるヨーロッパでの人命喪失数と比較すればかなり少ないことを記しておこう．ちなみに第1次世界大戦での死傷という犠牲者(兵員と民間人)の数は3700万人，第2次世界大戦では8000万人と推計されている．

　次は経済における生産活動の低下である．国家総動員法の下で軍事活動が最優先になると，軍需生産へのシフトが起きて民間部門の非軍需生産額が低下する．人員の側面においても，兵力増強が優先されるので，多くの男性が兵員として動員され，民間部門での労働力が減少する．これらの効果は軍需生産に寄与する鉄鋼，機械(兵器を含む)などを除いて，工業・農業における生産が低下する．敗戦が濃厚となる戦争末期になると空爆による工場破壊の結果，生産設備の縮小が目立つようになって，生産低下はますます深刻となる．

　図4-2は1938(昭和13)年から終戦の45(昭和20)年まで，産業別と産品別の生産状況を示したものである．戦争半ばまでは鉄鋼，機械が軍需生産の増大により上昇したが，敗戦が現実味を帯びた44年あたりから生産が急低下する．もっと重要なことは，農業総合，食料品，米などの生産が減少し，繊維も同様な傾向を示していることであり，国民の衣食という生活に必要な品の生産水準が大きく低下したことを意味している．この事実は表4-6による生活必需品の

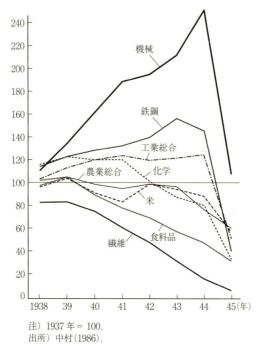

注) 1937年 = 100.
出所) 中村(1986).

図 4-2 各産業と製品の生産指数

生産がどれだけ低下していたかを知ることによって明らかである．この表によると国民の主食である米の生産はそれほど大きく低下していないが，終戦前の4年間で肉や魚は70～80%の低下であり，栄養不足が深刻になったことを物語っている．さらに，織物，地下足袋，石鹸などは生産量ゼロ前後にまで低下しており，国民生活がきわめて物資不足に陥ったのが明白である．

次は国富がどれほど被害を受けたかである．それは表4-7で示されるように，建物，設備船舶，エネルギー，家具などの国富を巨額に消失した．総額で評価すると，およそ4分の1の消失であり，戦争後に生産活動を復活させるのに大きな障害となったのである．しかし日本経済史の研究成果が証明するように，日本は比較的早い時期に戦後の経済復興に成功して，1950年代後半からの高度経済成長期に突入することになる．

なぜ経済復興に成功したのか，様々な理由を前の章で指摘したが，国富の破

表 4-6　国民生活物資の量

	1941 年	1945 年 7 月		1937 年	1945 年 7 月
米	1,174	942 万 kg	綿織物等	100	2%
肉	100	20%	毛織物	100	1%
魚	100	30%	地下足袋	100	10%
調味料	100	50% 以下	石　鹸	100	4%
			紙	100	8%

資料）大原社会問題研究会『太平洋戦争下の国民生活』．
出所）中村(1986)．

表 4-7　国富の被害　　　　　　　　　　(単位：億円)

	被害計	無被害想定額	終戦時残存国富	被害率(%)	昭和10年代国富の終戦時現在換算額
資産的国富総額	643	2,531	1,889	25	1,867
建築物	222	904	682	25	763
工業用機械器具	80	233	154	34	85
船舶	74	91	18	82	31
電気ガス供給設備	16	149	133	11	90
家具家財	96	464	369	21	393
生産品	79	330	251	24	235

資料）経済安定本部(1949)．
出所）表 4-6 に同じ．

壊との関係で中村(1986, 1993)が興味ある説を主張しているので紹介しておこう．それは第1に，国富の破壊は深刻であったが，意外なことに重工業，化学工業での被害が小さく，これら重化学工業の設備残存が後の時期に復活の牽引車となりえた．

第2に，次に述べるように戦争による人的被害は莫大であったが，生産に貢献する技術者や労働者は残ったので，重化学工業での労働者と技術の確保が可能であった．

第3に，戦争中に企業の生産形態において「下請制」が導入されたが，この制度が後に製造業の発展に寄与する．下請制は2つの顔をもっている．1つは自動車工業で典型的に見られるように，中小企業である下請企業が大企業である親企業の指導の下で，親企業の生産性を高くするような部品を搬入できるようにしたこと，2つは，大企業と中小企業の格差が大きいという「二重構造」の源泉となったことである．

第4に戦争中に財閥資本を中心として金融機関と非金融企業の結びつきが強くなったが，戦後の財閥解体によって表面上はその結びつきは消滅した．しかし，その後財閥は持株会社という形式での復活はなかったが，グループ企業として徐々に復活の道を歩んで，資本調達がグループ企業群の中で容易となる．
　第5に，戦争は軍官民一体となっての戦いだったので，官僚の役割が以前にも増して重要となったが，その役割は戦後になってますます大きくなった．日本経済の復興と成長は官民一体となった経済活動がもたらしたものであるが，具体的にどうであったかは経済史の研究に譲り，例えばTachibanaki(1986b)，橘木(2015b)を参照するとして，それを象徴する言葉に「日本株式会社論」があったことを付記しておこう．

日本の社会保険制度の起源は戦争時

　むしろ本書の中心話題からすると，戦争直前と戦争中に政府指導の下で日本の社会保険制度が発展の起源をもつということの方が重要な歴史的な事実である．戦争以前における日本の福祉制度は一部の企業，例えば武藤山治における鐘紡，大原孫三郎による倉敷紡績などで典型的なように，社宅，社員の死亡と疾病に備えた保険，病院などを用意して従業員の福祉を企業内で提供していたに過ぎなかった．これは博愛主義に立脚していたと言える(これらの企業福祉の歴史については，例えば橘木2005b, 2010bを参照されたい)．
　国家の福祉制度への関与は，1931(昭和6)年の労働災害補償制度(後の労働災害保険)や1938(昭和13)年の国民健康保険制度の導入がなされたものの，細々と存在するに過ぎなかった．この間に国民への福祉提供の期待が高まるとともに，太平洋戦争直前の39(昭和14)年に職員健康保険と船員保険が設立された．これら3つの健康保険制度によって，国民のかなりの割合の人びとが医療保険制度に加入するようになった．船員保険の導入はもう1つの意義がある．それは日本で始めて年金保険制度が導入されたからである．船員になりたい人の数が少なかったことと，戦争が起こる予想の下で船舶の沈没による生命の危険があることに対応するために，老齢年金を創設して，船員とその家族の生活保障をする目的があった．
　ついに1941(昭和16)年の12月に太平洋戦争が始まった．政治と官僚の世界

は船員以外の職業の人にも老齢年金制度を用意することを企画する．それは船員だけが年金該当者というのは不自然なので，該当者の範囲を拡大するというのが口実で，本意は保険料収入額を戦費の調達に振り替えることにあったというのが筆者の主張である．これは何も筆者独自の解釈ではなく，例えば福祉に関する歴史家，佐口(1977)が当時の国会での労働者年金保険法の法案成立があまりにも短期間でなされたことを詳細に報告しているし，戦費調達にも言及している．なぜ年金制度が戦費調達に役立つかといえば，年金保険料の徴収は現役の労働者と企業から保険料としてなされ，その資金を財源として年金給付が行われるのは労働者が引退した後だからである．すなわち，給付はかなり先のことであるから，現在徴収した保険料は戦費にまわすことが可能なのであった．実際にこの年金資金は戦費に流用されているのである．

もっとも，横山和彦(1988)は年金積立金が大蔵省預金部の原資中に占める比率はわずか2.7％に過ぎないので，年金の積立金が軍事費の調達に寄与していないという説を述べていることを，公平のために付言しておこう．大蔵省預金部とは，戦後になってから郵便貯金や簡易保険という郵便局の集める資金を，財政投融資として政府が支出する制度の前身である．この大蔵省預金部の資金そのもののかなりの割合が，戦費調達に用いられたことにも留意したい．

年金積立金のどれほどが戦費調達に使用されたかの話題を離れて，ここで重要なことは年金保険料の積立金，郵便貯金や簡易保険の資金などが，戦後の高インフレーションによって実質価値がほぼゼロとなり，国民に資金が還元されることはなかったということである．

もう1つ重要なことは，日本の公的保険制度，特に医療と年金に関しては，戦争中にその制度の起源を有するということである．戦争という非常時に日本の社会保険制度がまがりなりにも導入されたのであり，特殊な設立動機を有しているのである．もっとも社会保険制度に加入したのは全国民であるとは到底言えず，戦後の1970年代になってからようやく国民皆保険制度を達成するのである．もっともそれでも全国民とは言えず，非正規社員など一部の人は排除されていた．これに関する詳しいことは橘木(2016a)を参照されたい．

戦争中と戦争直後の格差

　戦前の日本では社会における格差は，地主・小作人関係，資本家・労働者関係で象徴されるように，非常に大きなものがあって旧い社会であったことを，本書の至るところで強調したが，戦争中や戦後はどうであったろうか．

　戦争による空爆の被害を誰が受けたかということに注目すると，興味深い事実が浮かび上がる．それは空爆が東京，大阪，名古屋など大都市の工場地域と商業地域でなされたということと関係がある．唯一大都市で爆撃を受けなかったのは古都・京都だけであったが，経済活動の破壊を目的としていたので，農村地域への爆撃は少なかったのである．この大都市への爆撃，農村部の無傷という差は，日本における格差の縮小をもたらしたのである．比較的豊かな人びとの多い都市部の破壊や住宅消失は，それらの人びとの資産と所得を下げて生活を大きく破壊することとなったのに対して，農村部では破壊が少なかったのでこれまで通りの農作物の生産ができたし，生活も安泰だったのである．これは都市と農村の間に横たわる格差の是正に結果的に寄与したのである．

　これに関して橋本健二(2009)は興味ある史実を1つ提供している．それは戦争中と戦争直後における食糧不足によって，食料のヤミ取引が横行し，農家が高い価格の農産物を売ることができたので，農家所得が上がったことを指摘している．例えば1947(昭和22)年の『経済白書』には，米1kgの公定価格が3.64円，ヤミ価格が43.12円というように，実に12倍前後の価格差が示されている．ヤミ価格で取引する農家の所得が高くなったことは容易に想像できるのである．農家の経済状況を報告する「農家経済調査」においても，1934～36(昭和9～11)年の農家所得を100とすれば，46(昭和21)年においては戦後に経済が大きく停滞したにもかかわらず109となっているので，農家所得がかなり高くなったことを物語っている．

　ここでの結論は，大都市部における空爆による破壊と農村部における戦争被害が少ないという対比と，農作物のヤミ取引の横行という理由によって，都市部と農村部の間に存在した格差は縮小したというものである．このことを賃金と農家所得との比較で詳しく見てみよう．表4-8は製造業と農家における賃金と所得に関して，時代による変化を示したものである．戦争直後に賃金は大きく低下しているのに対して，農家所得の低下は少なく，かつすぐに回復してい

表 4-8　戦後復興のあゆみ

年	農業生産	鉱工業生産	実質賃金(製造業)	実質農家所得	消費水準(全国)	消費水準(都市)	消費水準(農村)	実質農家家計費
1934～36平均	100	100	100	100	100	100	100	100
1946				109				82
1947	75	35	30	110		55		97
1948	86	46	49	113		61		98
1949	93	60	66	79		65		93
1950	99	73	85	96		70		100
1951	99	101	92	105	84	69	107	109
1952	111	108	102	117	95	80	118	121
1953	97	132	107	125	106	94	125	129

資料）労働省労働統計調査部(1966)．農業生産のみ 1934～36 年を 100 としている．
　　実質農家所得・実質農家家計費は『経済白書』(1955)より．
出所）橋本健二(2009)．

る．戦後8年を経過しても農家所得の方が製造業の賃金よりも高いという事実がこの表で分かる．

　戦争に関してもう1つ別の事実がある．それはヤミ市の横行とも関係するが，ヤミ市に供給される製品を生産する企業は中小・零細企業に多く，かつこれらの企業が戦争による破壊からすぐに立ち直ることができたのである．一方，大企業がもつ大工場は戦時中の爆撃で大規模に破壊され，操業開始に至るまでに時間がかかったことと，軍需産業化していた大企業には操業開始の許可が下りるまでに時間がかかったのである．これらの事実は戦争前では大企業と中小・零細企業との間に存在した格差，特に賃金格差の縮小に寄与したのである．戦争直後は中小企業の生産が伸びて企業業績が好調だったことによって，規模間格差は縮小したのである．

農地改革，財閥解体・集中排除，財閥税

　戦争直後にGHQ(連合国軍最高司令官総司令部)が農地改革と財閥解体を実行して，大土地所有者と小作人，資本家と労働者の間の支配・被支配関係を排除したことはここまでで述べたことである．これらの改革が大土地所有者の所得と土地資産を削減し，小作人の土地所有を上昇させて，両者の間に存在した厳然たる格差の是正に貢献した．そして財閥解体はごく一部の財閥家族が巨額の資

産,所得を失ったのであり,これも格差の是正に貢献した.

ここではこれらの事実を少し数字を用いて語り,さらに財閥解体の進行を見てみよう.大土地所有者が小作人にかなりの規模の土地を譲ったことに関しては既に述べたが,その効果がどれだけの数字として表れたかがここでの関心である.北出(2001)によると,1945(昭和20)年において全国に236.8万ha あった小作地は,50年になると51.5万ha に激減したし,小作農の数も156.1万戸から31.2万戸に激減している.これは当然のこととして自作農の数を急増させたのであり,自作農が農民の90%弱を占めるようになったのである.

地域別に小作地の比率がどれだけ減少したかが図4-3によって示される.1946(昭和21)年11月の段階で小作地が45.9%の比率で存在していたが,およそ4年後の50(昭和25)年の8月には9.9%にまで低下したのである.大地主の多かった北海道,東北,北陸,中国,四国といった地域で小作地比率が10%以下に低下しているので,これらの地域で農地改革の効果が大きかったのである.

財閥解体に関しては,三井,三菱,住友,安田といった家族による株式保有を媒体とした産業資本の集中を排除する目的として,持株会社が解体されたが,

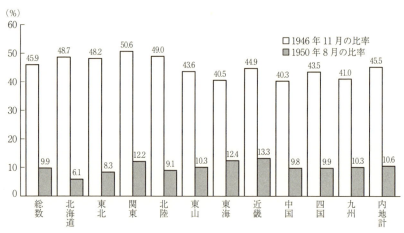

注)内地計は北海道を除く.
資料)安藤良雄(1975)の数値をもとに作成.
出所)表4-6に同じ.

図4-3 農地改革による小作地率の変化

第4章 豊かさの変遷

この方針は独占禁止法の制定(1947〔昭和22〕年)に至る．Hadley(1970)の書物でも明らかなように，日本の独占禁止法はアメリカ本国での禁止法よりも厳格に規定されており，トラストやカルテルを一切排除するという画期的なものであった．アメリカでも達成できなかった独占禁止策を占領国の日本で成就しようとする理想論にGHQは燃えたのであった．企業の競争を促進することによって，独占利潤の獲得を排除するのであった．この精神は集中排除政策へと発展する．有名な三井物産と三菱商事が小さないくつもの企業に分化されたし，表4-9はそれ以外の大企業の分割が計画され，かつそれが実行されたことを示すものである．

　財閥解体，集中排除の政策の効果とその後の進展をまとめれば次のようになる．第1に，既に述べたことでもあるが，大資本家の資産や所得が大きく削減されたので，いわゆる大資産家，高所得者の数が減少したし，その保有額自体

表4-9 集排法最終指定会社一覧

会社名	業種	決定指令の内容	配達日
大建産業	綿糸	製造部門と商事部門の分離	1949. 4.15
大日本麦酒	食料	2社分割旧会社解散	1949. 1. 7
日立製作所	電気機械	19工場処分	1949. 3.18
三菱重工業	重機械	3社分割旧会社解散	1949. 6. 4
日本化薬	火薬	保有株式処分	1949. 6. 4
日本製鉄	鉄	2社分割旧会社解散	1948.12.17
王子製紙	製紙	3社分割旧会社解散	1950. 1. 7
井華鉱業	鉱業	1つの分離会社設立もしくは2社分割旧会社解散	1949. 8. 3
帝国石油	採油	保有株式処分	1949. 4.15
東洋製罐	産業機械	分離会社1社新設	1949. 7. 8
東京芝浦電気	電気機械	27工場1研究所処分	1948. 6.17
三菱鉱業	鉱業	分離会社1社新設もしくは2社分割旧会社解散	1949. 7.30
三井鉱山	鉱業	分離会社1社新設もしくは2社分割旧会社解散	1949. 7.30
帝国繊維	麻	分離会社2社新設もしくは3社分割旧会社解散	1949. 7.19
北海道酪農協同	食品	3社分割旧会社解散	1949. 6.27
松竹	興業	保有株式処分	1949. 7.30
東宝	興業	保有株式処分	1949. 7.30

資料) 経済団体連合会(1962-63)．
出所) 表4-6に同じ．

も大きく減少した．第2に，財閥解体や集中排除は，時代が進むとともに緩和の道を歩む．東西の冷戦構造が強まると，アメリカは日本の資本主義を強固にする必要があると考えるようになり，経済を強くするには独占排除や集中排除策を続けることが望ましくないと判断されるようになったのである．

最後に，格差という問題からすると，1946（昭和21）年から47年にかけて課税された「財産税」が大きな役割を果たした．この税は一度だけ徴収されたものであり，預貯金，株式や債券，土地・家屋などの実物資産，家財などの財産に課税する目的があった．幣原喜重郎首相の下で大蔵大臣となった渋沢敬三（明治時代の代表的企業人・渋沢栄一の孫）の下で法案が作成されたが，渋沢はこの税の導入を就任の条件としたとされている．

戦争直後は戦争による財政大赤字，国民への戦時補償，インフレーションの進行などの難題を抱えており，政府は非常時でないと採用されえないような政策をとらざるをえなかった．そのために預金封鎖と財産税という荒療治を画策したのである．後者は富裕層から徴収して財政収入を増加させようという目的

表4-10　財産税の課税状況（1946～47年分）

	税率 （％）	納税者数 （人）	課税価格 （100万円）	税額 （100万円）	実効税率 （％）
10万～11万円以下	25	55,951	5,884	72	1.2
12万円以下	30	49,135	5,658	199	3.5
13万円以下	35	41,366	5,179	303	5.8
15万円以下	40	63,984	8,956	831	9.3
17万円以下	45	46,039	7,354	984	13.4
20万円以下	50	48,572	8,963	1,616	18.0
30万円以下	55	77,964	18,937	5,036	26.6
50万円以下	60	49,409	18,756	7,103	37.9
100万円以下	65	24,796	16,729	8,171	48.8
150万円以下	70	5,179	6,233	3,539	56.8
300万円以下	75	3,239	6,473	4,097	63.3
500万円以下	80	722	2,732	1,908	69.9
1500万円以下	85	375	2,834	2,172	76.6
1500万円超	90	47	5,147	4,567	88.7
合計		466,778 (1,658,827)	119,836	40,599	33.9

注）納税者数合計の括弧内は同居家族数．
資料）大蔵省財政史室（1978）より算出．
出所）橋本（2009）．

である.

　表4-10が示すように,課税最低財産額は10万円で税率は25%,財産保有額が上昇するとともに累進度は急激に高まり,最高税率は1500万円超の財産額に90%の高さであった.高財産保有者に過酷な課税であったし,財閥家族を筆頭にして高財産保有者は巨額の税金を払った.大臣・渋沢敬三もこの税で資産を失ったし,他の保有者も同様であった.納税対象者は約3%しかいなかったとされるが,徴収される人の納税額が巨額となった.現金で税金を払うことが不可能な人が多く,物納で支払った人が多かったのである.このような再分配効果が強烈に作用する税は,戦後の混乱期だけにしか導入不可能ではないだろうか.

　現代においても固定資産税,金融資産への課税,相続税のように財産・資産に課税する習慣は残っているが,戦後の財産税のように過酷に超富裕層に課税することはない.超富裕層に高い税率を課して,強い格差是正策をとった戦後の財産税の経験は,記憶に残しておいてよい事象である.

第5章
消費と貯蓄の動向

　先にも述べたように人は食べていくために所得を得なければならないが，ほとんどの人は勤労によって所得を得る．きわめて一部の裕福な資産家は，勤労せずに保有資産の果実である利子，配当，地代等々だけでも食べていくことができる．労働市場から引退した高齢者も，年金や蓄えた資産から得られる所得で食べていくので，現在の勤労から得られた所得で食べているのではない．しかし高齢者の場合，年金や資産からの所得は，自分が引退前の勤労期に稼いだ所得のうちの一部を年金保険料として拠出したり，私的貯蓄として資産として貯えたものが基本になっている．したがって，本源的には自分の勤労所得がその出所である．

　労働所得でも，不労所得(利子，配当，地代)でも，人は所得のうちいくらかを消費し，その残りを貯蓄する．人によっては貯蓄額を先に決めてから，残りを消費にまわす人もいる．当然逆の人もいる．多くの人にとっては，所得を消費と貯蓄に配分することを同時に決定していると考えられる．人の経済生活において，所得を稼ぐこと(すなわち就労)と消費・貯蓄の決定は2つの重要な経済現象なので，本章ではこの消費と貯蓄の問題を詳しく分析する．

1　家計消費

戦前の家計消費

　明治時代から太平洋戦争までのおよそ80年間は，基本的に日本は後進国であった(現代では後進国と呼ばず発展途上国という言葉を用いている)．確かにその間に富国強兵，殖産興業，産業革命などを経験することによって経済発展を経験したが，欧米諸国からは遅れていた．しかしアジア諸国の中では唯一タイとともに植民地化されたことはなく，かつ最初に経済発展，あるいは離陸(テイクオ

フ)した国であった．結果としてアジアの中では強国となり，他国を侵略するという無謀な戦争にまで突入した．経済は基本的に後進国であったから国民所得は低く，したがって消費も高い水準にはなかったし，既に見たエンゲル係数の高さに示されているように，国民にとって食料費支出がもっともウェイトの高い消費であった．

では食料費を含めた費目別の消費はどうであったかを見てみよう．表5-1は実質個人(家計のこと)消費の費目別構成比の変化を，明治初期から戦争直前までの期間にわたって示したものである．この表を解説する前に，どのような財をどれだけ購入するのか，といった具体的な消費行動を説明する経済学の理論について一言述べておこう．これらは各消費者の所得，それぞれの財の価格，そして特に消費者の好みに依存するので，すべての人の消費行動に妥当するような消費理論というのは存在しない．

家計消費の経済分析

ここで経済学がどういう理論体系を用いて，家計消費の実証分析を行ってきたかを簡単に振り返っておこう．これに関する高度な専門的分析として，牧(2007)と阿部(2011)がわが国の研究成果として特筆できる．これら2冊の本は

表5-1　実質個人消費支出構成比(10か年平均)　(1934～36年価格 %)

年	食料費	被服費	住居費	光熱費	保健衛生費	交通費	通信費	交際費	教養・娯楽費その他	計
1874～1883	64.9	3.0	12.6	2.6	2.6	0.2	0.0	11.2	2.9	100.0
1877～1886	65.4	3.1	12.3	2.6	2.9	0.2	0.1	10.4	3.0	100.0
1882～1891	64.7	3.6	11.5	2.5	3.4	0.3	0.1	9.5	4.4	100.0
1887～1896	62.7	5.1	10.6	2.4	3.4	0.5	0.1	9.5	5.7	100.0
1892～1901	60.9	6.3	10.2	2.3	3.3	1.0	0.2	9.8	6.0	100.0
1897～1906	59.9	6.0	11.1	2.4	3.2	1.4	0.2	9.9	5.9	100.0
1902～1911	59.7	6.2	12.3	2.6	2.7	1.3	0.3	9.3	5.6	100.0
1907～1916	60.7	7.2	10.8	3.1	2.8	1.3	0.4	8.0	5.7	100.0
1912～1921	60.5	9.0	9.5	3.7	3.1	1.8	0.4	5.7	6.3	100.0
1917～1926	58.1	9.4	10.9	3.9	3.5	2.5	0.4	4.1	7.2	100.0
1922～1931	55.9	9.3	12.0	4.2	3.9	3.0	0.5	3.7	7.5	100.0
1927～1936	53.1	11.3	12.0	4.3	4.9	3.2	0.6	3.0	7.6	100.0
1931～1940	50.3	12.0	12.5	4.4	5.7	3.8	0.7	3.0	7.6	100.0

出所)　篠原(1967).

大学院水準の理論的・計量経済学的な知識を必要とするので，ここではこれらのエッセンスを分かりやすく解説するにとどめる．

　消費の理論の基本的考え方は，自分のもっているあるいは支出できる所得と，商品の価格を所与として，どの商品をどれだけ消費(購入)するかを決定することにある．そのときに効力を発揮するのは，消費の効用関数であり，効用関数は消費財の消費量に依存する．効用は満足という言葉に置き換えてもよい．すなわち，各財を消費することによって効用(満足)を最大にするには，自己の所得と各財の価格を制約条件として，どの財をどれだけ消費(購入)すればよいかを決めるのが，経済学でいう消費決定方式なのである．

　もっとも細かい消費行動であれば，りんごとみかんの2財があって，それぞれの果物の価格を知っていて，自分が果物に支出する所得が分かっていれば，自分の効用(満足)を最大にするようなりんごとみかんの消費(購入)量の組合せが，理論的に決定できるのである．消費の理論はここで述べたように定式化できるが，消費の実証研究においては，ではここで決めた最適のりんごとみかんの組合せ通りに，人びとが行動しているかどうかを消費のデータを用いて検証する作業となる．もし理論の教えるところと消費に関する統計データの示す量がうまく一致していれば，ここで想定した消費理論の想定は正しく，しかもその想定通りに人びとは消費行動を行っている，ということになる．

　世の中には無数の財があるので，りんごとみかんのような簡単な話題ではない．それら無数の財を似た性質を保持するものに統合して，経済学は消費行動を分析している．例えば，日本の家計調査であれば，(1)食料費，(2)住居費，(3)光熱費，(4)被服費，(5)雑費，となる．国民経済計算だと，(1)飲食・たばこ，(2)被服・履物，(3)家賃・光熱，(4)家具・家庭用品，(5)医療・保険，(6)交通・通信，(7)娯楽・教育，(8)その他，となる．

　上の2つの代表的な消費支出の区分，すなわち5財ないし8財に区分した項目のそれぞれの統合消費量が効用関数の説明変数になるととらえて，5変数ないし8変数に依存する効用(満足)関数を特定して分析を進めるのである．やっかいな仕事は，これら5財ないし8財に分類された消費項目における価格をどう得るか，ということになるが，これはあまりにも技術的な話題になるので，ここではそれを述べないでおく．

消費の実証分析を行うには，効用関数が数式として特定化されていないと実行不可能なので，種々の経済学者が操作可能な数式を編み出していて，それが消費モデルの代名詞になっているので，それをここに書いておこう．

(i) 2次形式関数　これは代数における2次関数を基本としたもので，この分野の研究における出発点となった．

(ii) 線形支出型(LSE)関数　これは消費が所得と価格の線形(1次関数)で表示されるもので，実証に際しては消費に対数をとったものが多い．考案者は，イギリスのリチャード・ストーン(Richard Stone, 1913-91)という国民経済計算を体系的に把握したり定義したりすることに貢献し，ノーベル経済学賞を受賞した人である．この線形支出型のうち，家計消費に関しては，ストーン＝ギアリー(Stone-Geary)型(Stone 1954)というのがある．この関数は，それぞれの財消費にはいつでも消費する最低限のレベルの消費量があり，現実の消費はその最低限以上のどれだけを消費するか，ということが決定事項なのである．

(iii) アディログ(Addi-log)型関数　ロッテルダムモデルと称される消費需要関数はこの形式を用いるのであり，Houthakker(1960)やBarten(1977)のようにオランダの経済学者が好んで用いるものである．

(iv) トランスログ(Trans-log)型関数　(i)の2次形式関数を対数型に変形したものと理解してよく，かなり複雑な数式となるので，次のAIDシステム関数とともに，詳しくは説明しない．最初に定式化したのはChristensen, Jorgenson and Lau(1975)である．このトランスログ型は生産関数として用いられることが多く，消費関数の推定においては汎用性が低下している．

(v) AIDシステム関数　この関数が現代においてもっとも学問的に発展を遂げた関数である．Deaton and Muellbauer(1980)は，この関数をAID(Almost Ideal Demand)と呼んでいるので，理想型に近い関数であるとの自信があったのであろう．確かに，AIDシステムは，先ほどのアディログ型やトランスログ型を特殊ケースとして含むので，もっとも一般化された関数とみなせるものである．Deatonは2015年にノーベル経済学賞を受賞した．彼は後になって，発展途上国における格差，健康問題にも大きな貢献をした．

このAIDシステム型を用いて日本の国民経済計算型の8種類の消費需要関数を推計したのが牧厚志である．牧(2007)によると推計結果はおおむね良好で

あり，日本でも AID システム型が家計消費の研究において有用であることが分かる．

牧の研究における重要なメッセージは，各消費財に関して所得弾力性と価格弾力性が計算されていることで，各財の特質を理解できる特色がある．表 5-2 はそれを示したものである．所得弾力性とは所得が 1% 上昇したとき，その財の消費が何 % 増減するかを示したものである．通常，所得が増加すればすべての財の消費が増加すると考えるので(普通財の所得弾力性は全部がプラス符号)，8 種類の消費財という消費財の統合度が高ければ，すべての財が普通財となり劣等財は出現しない．ここで劣等財とは所得が増加すれば，かえって消費の落ち込む財のことを指すが，細かい消費財の区分で所得弾力性値を推計すれば，マイナス符号になる財もある．例えば一昔前の「麦」であれば，多くの人が白米を食べたかったので，麦は劣等財であったかもしれない．なお，普通財，劣等財の定義は，所得が変化したときに消費がどう変化するかというときと，価格が変化したときに消費がどう変化するのか，という 2 つの場合があるので注意されたい．

むしろ所得弾力性の大きさに興味が移る．なぜならば必需品と贅沢品，あるいは上級財と下級財の区別を可能にするからである．弾力性の値を 1.0 より大きい値で順序付けると，(5)医療・保健，(3)家賃・水道・光熱，(7)レクリエーション・娯楽・教育・文化サービス，(6)交通・通信，(4)家具・家庭器具・家計雑貨，となる．贅沢品の順序とみなしてよい．一方で，1.0 以下の非弾力的な消費財は，(8)その他，(2)被服・履物，(1)食料・飲料・タバコ，となる．

表 5-2 所得弾力性と価格弾力性

	所得弾力性	価格弾力性
(1)食料・飲料・タバコ	0.56	−0.51
(2)被服・履物	0.70	−0.76
(3)家賃・水道・光熱	1.35	−0.40
(4)家具・家庭器具・家計雑費	1.08	−0.31
(5)医療・保健	1.38	−0.78
(6)交通・通信	1.09	−0.45
(7)レクリエーション・娯楽・教育・文化サービス	1.20	−0.73
(8)その他	0.96	−0.57

出所）牧(2007).

「その他」の商品は具体的な商品名が分からないので解釈が困難であるが，飲食や衣服は所得が増加しても消費をそれほど増加させないので，生活必需品という性格を有していることが分かる．

次に価格弾力性であるが，すべての財がマイナス符号なので，価格が上昇すれば財の需要が低下することを示している．これも財の需要が細かく分類されていれば，正の値をとる財があると予想できる．なお価格弾力性はすべてマイナス符号であっても，絶対値はすべて1.0以下であるし，絶対値の値そのものも財の種類によって異なっている．それのもっとも大きいのが(5)医療・保健であり，逆にもっとも小さいのが(3)家賃・光熱である．この違いも直感に合致しているであろう．

エンゲル係数

本書にとってもっとも関心の高いことは，人が生きていくために必要な品をどれだけ消費するかにある．所得が高くなれば生活必需品の消費，例えば食料品などへの支出が減少し，高価な商品や贅沢品などの消費支出が多くなるということである．「エンゲル係数」などはその典型例である．もう1つ重要な事実は，一部の劣等財(あるいは下級財)を除いて，価格が下がればその財の購入は増加し，所得が高くなれば財の購入は上昇する，といったことは消費の理論の基礎的教えである．多くの人が理解できることであろう．

表5-1によって，戦前の家計消費がどのような財に向けられたのか，その歴史的比率の構成変化を見てみよう．これまでに一般論として述べたことの多くが確認できる．食料費への支出はコンスタントに下降しており，ここでも「エンゲル係数」の法則が確認できる．国民の生活は豊かさに向かったのである．一方被服費の大きな増加と光熱費や交通費の微増，教養・娯楽費・その他商品のかなりの増加なども，時代が進むとともに生活の豊かさの上昇を示している証拠である．保健衛生費の増加は国民が健康に留意するようになったことを示し，医療の進歩によって医療費の増加もある．もっとも光熱や保健衛生はそれらの価格の低下も影響している．不思議なのは交際費の大きな低下である．生活が豊かになれば本来は増加する項目であるが，価格の上昇が響いたと篠原三代平(1967)で解釈されている．また戦前と戦後の一時期という古い時代であれ

ば義理・人情が重んじられていたので慶弔費や歳暮・中元品の贈呈費などが多かったが，近代化とともにその特質が薄まり，それらに要する支出が低下したのかもしれない．

次は人口1人当たりに換算して，実質消費の成長率を検討しておこう．表5-3は費目別と全消費額の成長率を示したものである．費目別に関して表5-1によって既に述べたことがここでも確認できるので，多くを述べない．もっとも成長率の高い費目が保健衛生費，交通費，通信費であることから，社会が大きく産業化して医療・薬品業の発展や，交通機関や通信手段の発展により，国民の生活が便利になったことが分かる．人びとの生涯所得水準が高まったことによって，これらの項目への支出が可能となった．衣食住だけの生活ではないという，近代化への道を歩み始めた日本を物語っている．

この表でもっとも重要な情報は，実質消費が戦前では年平均で2.5～3.0%の成長率であったことと，それが1人当たりの実質消費の成長率になると2%を切る率に低下することにある．前者に関しては，戦前にあっては国民の生活水準は全体で評価すると，それほど大きな伸び率ではなかったことを意味してお

表5-3 実質消費の長期的成長率(1874～1940年)

	実質消費		1人当たり実質消費	
	年成長率(%)	支出弾力性	年成長率(%)	支出弾力性
食料費(全期間)	2.12	0.841	0.97	0.713
被服費(全期間)	4.96	1.968	3.77	2.772
住居費(全期間)	2.52	1.000	1.36	1.000
光熱費(1910年まで)	2.11	0.921	1.12	0.868
光熱費(1911年以降)	4.05	1.436	1.42	1.044
保健衛生費(1875～1900年)	4.21	1.565	3.28	1.843
保健衛生費(1900年以降)	5.99	2.147	4.66	3.066
交通費(全期間)	8.14	3.230	6.92	5.088
通信費(1889年以降)	6.76	2.661	5.52	4.214
教養・娯楽費その他(1890年以降)	3.28	1.286	2.03	1.538
計(全期間)	2.52		1.36	

注) 各項目の実質消費額 X_i に $\log X_i = \log a + b_i t$ をあてはめて年成長率を計算した．なお支出弾力性を出すために，全期間の年成長率を示している．
出所) 表5-1に同じ．

り，戦後の高度成長期のような急激な伸び率と比較すると凡庸な数字であり，成長をしたとはいえ戦前の日本は発展途上国であったことを改めて確認できる．後者に関しては，戦前にあっては人口の成長率が所得の伸び率よりも高かったことを意味する．人口の成長率が高いということは発展途上国に特徴的なことなので，これも戦前の日本が発展途上国であったことを確認する事実となる．現代において世界の多くの発展途上国における現象，すなわち経済成長率は高いにもかかわらず，人口成長率が高いがために国民の生活が豊かにならない，ということと同じである．

戦後の家計消費

戦後の家計消費を議論するときにもっとも重要な事実は次の2つにある．第1は，戦後の1950年代後半から70年代の初期(すなわちオイルショックの時期)まで，高度経済成長期を経験したことにより，国民の消費水準が大幅に伸びて，生活水準がかなり高くなったことである．表5-4は戦後の20年間にわたって1人当たり実質消費と主たる費目別の消費を示したものであるが，例えば55(昭和30)年から65(昭和40)年の間に，国民1人当たり実質消費は約2倍も増大したのである．特に付記すべきことは，飲食費の比率が戦争直後の66.5%から20年間で37.1%と大きく低下していること，すなわちエンゲル係数の大幅な低下である．このことは食料品以外の費目の支出が増加していることを意味しており，食べること以外の消費が豊かになったのである．国民の生活にかなりのゆとりがもたらされたのである．

第2に，生活にゆとりが生じたということの証拠として，国民がどのような消費財を購入するようになったかを確認しておこう．図5-1は戦後の日本の消費者がどのような消費財，特に耐久消費財を購入したかを普及率から示している．1950年代半ばから60年代半ばにかけて，洗濯機，テレビ，冷蔵庫の3財が急激に普及したことが分かる．これらの財は人びとの間で「三種の神器」と呼ばれ，憧れの商品であり，人びとは購入を切に希望し，結果としてほぼ全世帯に普及したのである．

なぜ生活にゆとりを与えたかといえば，洗濯機は主として水による手洗いで洗濯していた女性の苦労を大いに和らげたし，冷蔵庫も毎日食料の買い物をし

表5-4　1934～36年価格による消費の戦前・戦後の連結

(単位：100万円, 括弧内 %)

年	1人当たり実質消費(円)	実質個人消費支出内訳				
		飲食費	被服費	光熱費	住居費	雑費
1934～36	190.99	6,565 (50.1)	1,723 (13.1)	552 (4.2)	1,573 (12.0)	2,698 (20.6)
1946	98.52	4,935 (66.5)	319 (4.3)	512 (6.9)	475 (6.4)	1,180 (15.9)
1947	103.30	5,011 (62.5)	459 (5.7)	556 (6.9)	451 (5.6)	1,579 (19.6)
1948	114.14	5,300 (58.1)	484 (5.3)	584 (6.4)	702 (7.7)	2,053 (22.5)
1949	123.71	5,984 (59.2)	576 (5.7)	647 (6.4)	748 (7.4)	2,153 (21.3)
1950	131.73	6,157 (56.2)	833 (7.6)	723 (6.6)	887 (8.1)	2,356 (21.5)
1951	142.09	6,366 (53.0)	1,221 (10.2)	781 (6.5)	923 (7.7)	2,712 (22.6)
1952	163.38	7,225 (51.6)	1,823 (13.0)	797 (5.7)	1,077 (7.7)	3,088 (22.0)
1953	177.62	7,843 (50.8)	1,991 (12.9)	838 (5.4)	1,206 (7.8)	3,572 (23.1)
1954	183.41	8,053 (49.8)	2,050 (12.7)	868 (5.4)	1,274 (7.9)	3,935 (24.2)
1955	197.80	8,721 (49.4)	2,220 (12.6)	881 (5.0)	1,385 (7.8)	4,443 (25.2)
1956	209.05	9,288 (49.3)	2,464 (13.1)	903 (4.8)	1,461 (7.7)	4,724 (25.1)
1957	220.93	9,651 (48.1)	2,668 (13.3)	922 (4.6)	1,556 (7.7)	5,283 (26.3)
1958	234.83	10,224 (47.5)	2,833 (13.1)	965 (4.5)	1,753 (8.1)	5,765 (26.8)
1959	253.80	10,778 (45.9)	3,045 (13.0)	1,022 (4.3)	2,132 (9.1)	6,523 (27.7)
1960	273.60	11,064 (43.2)	3,502 (13.7)	1,164 (4.5)	2,403 (9.4)	7,447 (29.1)
1961	297.64	11,592 (41.1)	3,938 (14.0)	1,236 (4.4)	2,829 (10.0)	8,605 (30.5)
1962	320.08	12,350 (39.8)	4,308 (13.9)	1,409 (4.5)	3,106 (10.0)	9,837 (31.7)
1963	346.27	13,012 (38.3)	4,635 (13.6)	1,528 (4.5)	3,434 (10.1)	11,351 (33.5)
1964	380.91	14,018 (37.9)	4,888 (13.2)	1,682 (4.5)	3,679 (9.9)	12,733 (34.5)
1965	401.39	14,629 (37.1)	5,145 (13.1)	1,878 (4.8)	3,921 (9.9)	13,847 (35.1)

出所) 表5-1に同じ.

ていた女性に買いだめを可能にし，労働過重を緩和したのである．まとめれば家事労働をしていた主婦の苦痛を小さくしたのである．テレビは国民の娯楽に寄与したことは言うまでもない．

ついでながら1960年代後半から70年代にかけて，カラーテレビ(color television)，クーラー(cooler)，自動車(car)の頭文字をとって，3Cと呼ばれる耐久消費財の普及がこの図によって確認できる．これらの商品のうち現代ではカラーテレビとクーラーは100%に近い家庭に普及しているが，自動車はまだそこまで到達していない．家計所得がそれの購入を可能にしていない家庭の存在と，あえて自動車を購入しない家庭が大都会に存在することが，自動車に関して言えるからである．「三種の神器」と比較すれば，主婦の労働苦痛を和らげると

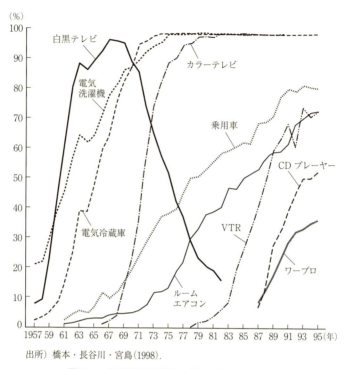

出所）橋本・長谷川・宮島(1998).
図5-1 主要耐久消費財の普及率推移(全世帯)

いうよりも，国民に楽しい生活あるいは心地よい生活を促進するのに役立ったのである．これら「三種の神器」「3C商品」などは家計消費が増加した要因となったし，国民の生活が豊かになったことを象徴するのである．

バブル経済とその後の不況期

　1980年代の半ばからほぼ5年間，日本はバブルという土地と株式の価格が異様に急激な上昇を示すという時代にあった．土地や株式を購入したいとする人びとが一部に出現し，土地と株式の売買によって，一部の高所得・高資産保有者がバブルに踊って高収入を得たのである．土地や株式を持たないごく普通の国民にとっては無関係な現象のバブルであった．ごく普通の家計にとっては，総所得や総消費，あるいは費目別の消費構成などに関して，バブルはほとんど影響なかったことは牧(1998)によって実証されている．

第5章　消費と貯蓄の動向

ところで，都市近郊の農地を所有していた自営農民が，このバブルによって異様に高い所得を稼いだことを再述しておこう．もともとは小作農だった農家が，戦後の農地改革によって小規模の土地を所有する独立自営農民になったことは既に述べたが，これらの農家が暴騰した農地を売却して，高額のお金を手にしたのである．弱者を助けるための農地改革が，40年を経て都市近郊に富裕者を生んだのであり，バブルによる皮肉な歴史の展開という結末だったのである．

バブルはいずれ崩壊するものである．1990年代に入ってからバブル崩壊の後遺症によって金融機関の経営が苦しくなり，それが日本経済の大不況を生み，低成長経済が20年間にわたって続くこととなった．この低経済成長（時にはマイナス成長率やゼロ成長率のこともあった）が家計消費の低迷につながったことは当然であった．このことは，ついこの間のことで読者の多くは体験したことなので，この現象を数字で示す必要はないと思われる．むしろこの時期の家計消費の不振は，一時代前の「三種の神器」や「3C商品」で代表されるような消費の牽引車となる商品が出現しなかったことも大きい．20世紀末から21世紀にかけて新3C商品，すなわち別荘(cottage)，セントラルヒーティング(central heating)，電子レンジ(cookerないしcorpuscle over)がささやかれたこともあったが，電子レンジはともかく，別荘やセントラルヒーティングは庶民にとってはまだ高嶺の花なので，消費の起爆剤になる力に欠けたのである．同様のことは，PC，携帯電話関係の商品についても言え，一時期は家計消費の増加に寄与したが，長続きはしなかった．

なぜ新商品の開発が景気回復の起爆剤にならないのか，私見を述べておこう．第1に，新商品の中に国民の多くが飛びつくような商品が見当たらないのである．企業が国民の需要にこたえられるような新商品の開発に成功することが望まれる．第2に，現代は既に見たように製造業のウェイトがかなり低下しているのであり，むしろ教育，福祉といったサービス産業の発展に期待することが肝心ではないだろうか．

耐久消費財の代表である住宅保有

バブル期の特色として土地のことを述べたが，ここでは住宅という耐久消費

財の代表商品について述べておこう．耐久消費財とは，自動車，テレビなどのように財の耐用年数が長く，しかも時間の経過によってその価値が減少する財をいう．もう1つの特色は購入時の価格が高いことにある．これら2つの特色を典型的にもつものが住宅である．住宅の新規購入は土地と家屋を含めると現代では何千万円，物件によっては何億円にもなる高価なものである．しかも耐用年数も何十年に達する長さである．各家計は生涯に一度だけ，あるいは数回しか購入しないという財なので，ここで住宅を独立に論じておこう．経済学からすると住宅は興味ある分析テーマを提供している．

どこに興味があるかと言えば次の2つにある．第1は，住宅の購入時に全額を一時に払う人は多くなく，かなりの家計が住宅ローンを用いているのであり，一時金(すなわち頭金)の支払いに加えて，その後の長期間にわたっていくらかの額を，ローンの返済という姿で払うのである．経済統計上は住宅を購入して住み始めたときの現価を消費額として計上するのではなく，各期に受ける住宅保有によるサービス額(フローの額)が消費額と計上されるのである．ここでは住宅購入時の現価が消費額ではない，ということを認識するだけで十分である．フローの額をどのように計測するかという問題は技術的に複雑なので，ここで議論しないからである．

第2に，住宅ローンの返済を各家計は行うが，その額は貯蓄として計上されることに留意しておこう．ローンの返済は義務であるし，金融機関はほぼ定期的に返済を要求するし，ローン保有者もそれに応じているので，義務的・強制的な貯蓄なのである．この義務的・強制的な貯蓄である，ということは重要な性質なので，後の貯蓄の節で再び詳しく議論する．

第1で述べたことと関係するが，住宅消費はフローの享受するサービス額に相当するとみなす考え方は，持家ではなくて借家における家賃を考えれば分かりやすい．持家の場合は家賃支払いがないが，借家の場合には家賃支払いがあるので，この額を住宅消費の額とみなすことが可能だからである．なお余談であるが，持家であっても「帰属家賃」という考えがあって，もしこの家が借家であったならどれだけの家賃を払っているだろうか，という発想から帰属家賃を計測するのである．帰属家賃のもつ様々な経済効果については，例えば橘木・八木(1994)を参照されたい．

帰属家賃に関しての論争は，持家保有者は家賃を払わずに節約しているので，逆に帰属家賃という収入を得ていると解釈することも可能である．もしこの考え方が妥当するなら，帰属家賃は所得であるから課税せよという論理が登場する．現にヨーロッパの一部の国，例えばオランダなどでは帰属家賃に課税している．日本はまだ課税されていない．なぜ帰属家賃に課税する論理があるかといえば，持家を有するということは高資産保有者ということになるので，再分配の目的から課税ということになるのである．日本ではこのような議論はまだされていないが，将来には話題となるかもしれない．

住宅の特色

日本の住宅の特色を簡単に素描しておこう．特に，所有形態(すなわち，持家か賃貸か)と家屋の姿(すなわち一戸建か集合住宅(共同住宅)か)に注目する．

まず住宅の所有形態に注目すると，持家が61.9%，民営借家が27.9%，公営・公社等の借家が5.9%，社宅を含むその他が4.3% というのが，総理府統計局の『住宅・土地統計調査』(2013年版)で報告されている．日本ではほぼ6割の人が自分で家屋を保有し，ほぼ4割の人がなんらかの形態での賃貸の家に住んでいるのである．

これだけの数字では，日本人に持家志向が強いのかどうか分からないので，いくつかの国との比較をしてみよう．例えば，少し古いデータ(10年ほど前の2000年代)であるが，ニッセイ基礎研究所(2007)によるとアメリカ69.1%，オーストラリア69.6%，イタリア67.6%，韓国55.6%，スウェーデン38.7% となっている．日本の持家率は世界の中では中間の位置にあるとみなせる．過去の日本と比較すれば，持家率は低下の傾向にあるので，今後の予想をすれば，持家率が低下して，借家に住む人の比率が高まるのであろう．

これまでの日本人は資産として家屋・土地を保有する志向が強かったが，ここ10〜20年のデフレ傾向によって土地価格と家屋価格は低迷しており，持家比率は上がらないだろうと予想できる．過去においてなぜ持家志向が高かったかといえば，土地と家屋の価格は右肩上がりの上昇傾向にあったので，売買によって利益が獲得できることが大きかった．もう1つは次節で述べる遺産を残す動機として，土地・家屋はその形としてふさわしい資産だったこともある．

もう1つの関心は家屋の建て方の違い，すなわち一戸建か集合(共同)住宅かである．後者は俗にいうマンションを連想すればよい．一昔前の日本人の理想は，庭付きの一軒家に住むということであったが，現状はどうであろうか．図5-2は，1978(昭和53)年から2013(平成25)年までにおいて，一戸建か共同住宅かの違いを示したものである．なお長屋に住む人もいるが，この姿は非常に少ないのでここでは無視する．しかし戦前にあっては，この長屋に住む人はかなり多かったことだけは付言しておこう．

　この図で次のことが分かる．現代では一戸建の住宅が2860万戸でもっとも多く，共同住宅の2209万戸よりおよそ650万戸多い．国民の多数派は一戸建に住んでいるのであるが，この図で分かる特徴的なことは，過去30年にわたって共同住宅の伸び率が一戸建の伸び率よりもかなり高いことにある．すなわち1978(昭和53)年では両者に1300万戸の差があったが，今は650万戸に縮小している．

　ここでは示していないが，共同住宅の比率がもっとも高いのは東京都の70％であり，ついで神奈川県，大阪府，福岡県という大都市地域が続いている．土地・家屋の価格差が大きいことから共同住宅は都市圏，一戸建は地方圏という棲み分けがあるが，都市圏に人口が移っているので全住宅に占める共同

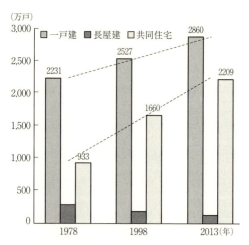

資料) 総務省統計局『住宅・土地統計調査』.

図5-2　家屋の建て方の違いによる住宅戸数

住宅の比率が高まっているというのが最大の理由である．他にも，大都会のマンションの中には「億ション」と呼ばれる豪華なマンションの建設がなされるようになり，住み心地の良さと交通の便利さから，高所得者の中でもマンションに住みたい人が出てきているのである．

2 家計貯蓄

戦前の家計貯蓄

家計が貯蓄する目的には大別して次の2つがある．第1は，例えば失業して所得がなくなるとか，病気や怪我をして不時の支出に備えるためと，第2は将来確実に発生すると予想できる支出，例えば子どもの教育費などの準備，労働から引退後の生活資金，にあてるためである．他にもいくつか貯蓄目的があって，それらが貯蓄率を上げているか，それとも下げているかは戦後の貯蓄率のところで議論する．ここでは戦前の貯蓄率を現象面から見ておこう．

貯蓄には国内貯蓄と国民貯蓄という概念があり，国民貯蓄は国内貯蓄に対外純債権(すなわち海外投資と国外から日本への投資差)の純増を加えたものである．ここでは主として国内貯蓄に関心を寄せる．国内貯蓄は民間貯蓄と政府貯蓄に分けられ，民間貯蓄も個人(家計)貯蓄と法人貯蓄に分けられるが，ここでは家計貯蓄に注目する．この書物の関心が家計にあることに加えて，家計貯蓄が民間貯蓄に占める比率が後述のように非常に大きく，民間貯蓄自体が国内資本形成(すなわち経済成長率)の決定に大きな影響を与えるからである．

まずは数字で貯蓄率を確認しておこう．表5–5は民間貯蓄額，GNP，その貯蓄率の推移を戦前において示したものである．ついで表5–6を示すことによって，民間貯蓄のほとんどが個人(家計)貯蓄で占められていることを確認しておこう．表5–5によると，第1次世界大戦，そして第2次世界大戦直後と戦中という異常時期を除いて，民間貯蓄のほとんどが個人(家計)貯蓄で占められているので，家計貯蓄率の数字はほぼ民間貯蓄の数字に近いと判断してよい．明治時代の初期は10％以下の低い家計貯蓄率であったが，明治時代の後半から太平洋戦争の前の時代まではほぼ10％前後で推移したとみなしてよい．なお1943(昭和18)年と44(昭和19)年の貯蓄率70％という数字は異常に高いが，戦

表 5-5 貯蓄率の推移（1885～1944 年）

(単位：100 万円)

	民間貯蓄 (1)	GNP (2)	(1)/(2)
1885～1887	21.8	808	2.7%
1888～1892	29.2	1,028	2.8
1893～1897	123.9	1,542	8.0
1898～1902	155.1	2,389	6.5
1903～1907	501.3	3,171	15.8
1908～1912	416.1	4,142	10.0
1913～1917	777.3	5,896	13.2
1918～1922	1,910	14,729	13.0
1923～1927	1,951	15,807	12.3
1928～1932	1,041	14,892	7.0
1933～1937	3,068	18,552	16.5
1938～1942	15,648	37,468	41.8
1943～1944	48,358	69,164	69.9

注1）1885～87 年は 3 か年，1943～44 年は 2 か年である．
　2）1941～44 年は経済企画庁推計を用いた．
出所）江見・伊東・江口(1988)．

争中のことなのでいろいろな事情が重なって生じたものである．第 1 に，戦争中の統計収集には不正確さがどうしても伴うことがある．統計によってはこの間を計測不能としているのもある．第 2 に，消費を抑制して戦争費用の負担にまわすということがあった．したがってこの時期の数字は無視しておこう．

　貯蓄の大部分は金融機関に預金として預けられるか，債券や株式の購入にも向けられる．これらの資金が間接金融，あるいは直接金融という媒介を通じて企業投資の財源として活用され，資本形成に役立つのである．これが「貯蓄＝投資」というマクロ経済学の基本式として理解されているが，経済学史上の論争として「貯蓄＝投資」が事前に成立しているのか，それとも事後に成立しているのか，というのがある．ここではその論争には深入りせず，「貯蓄＝投資」がほぼ成立していることを確認しておこう．

　図 5-3 は国内貯蓄(S_d)と民間資本形成(I_p)が，明治時代の初期から戦争前までの約 50 年間，どのように推移したかを示したものである．確かに時期によっては $S_d > I_p$ であったり，$S_d < I_p$ であったりするのが分かるが，大まかに言え

表 5-6 個人貯蓄と法人貯蓄の構成比の推移(1906～70 年)

(単位：1906～44 年＝100 万円, 1946～70 年＝億円)

	個人貯蓄	法人貯蓄	民間貯蓄	構成比(民間貯蓄＝100％)		
				個人貯蓄	法人貯蓄	民間貯蓄
1906～1907*	356	17	373	95.4	4.6	100.0
1908～1912	400	16	416	96.2	3.8	100.0
1913～1917	668	109	777	86.0	14.0	100.0
1918～1922	1,928	−18	1,910	100.9	−0.9	100.0
1923～1927	1,986	−35	1,951	101.8	−1.8	100.0
1928～1932	1,104	−63	1,041	106.1	−6.1	100.0
1933～1937	2,710	358	3,068	88.3	11.7	100.0
1938～1942	14,372	1,276	15,648	91.8	8.2	100.0
1943～1944*	46,139	2,219	48,358	95.4	4.6	100.0
1946～1950	3,615	120	3,735	96.8	3.2	100.0
1951～1955	3,648	740	12,388	94.0	6.0	100.0
1956～1960	22,219	1,894	24,113	92.1	7.9	100.0
1961～1965	56,231	3,202	59,433	94.6	5.4	100.0
1966～1970	110,686	13,958	124,644	88.8	11.2	100.0

注)　＊印は 2 か年の平均である.
出所)　表 5-5 に同じ.

ば両者は均衡しながら進んでいるのである．これを別の言葉で表現すれば，国内貯蓄が増加すれば民間資本形成(すなわち投資)が増加する可能性を高めるのである．換言すれば，民間貯蓄の増加は，民間投資が増加して経済成長率を高める可能性に寄与するのである．

もとより貯蓄にまわされた部分の全部が投資に用いられるのではないので，ここはあくまでも貯蓄率が高まれば，経済成長率を高めることにつながる可能性を高める，ということだけ明記しておきたい．戦前の民間貯蓄率が 10％ 以下でそう高くなかったことは，戦前の経済成長率がそれほど高くなかったことの 1 つの説明要因になるのである．

では戦前の貯蓄率がなぜそう高くなかったのか，関心をもたれる方がいるかもしれない．とはいえ，戦後の高度成長期が 20％ を超える高い貯蓄率だったことの方が興味深いし，外国からの注目度も高かったので，貯蓄率の決め手としての経済理論をも含めて，そこでそのことを議論してみたい．戦前の貯蓄率の低かった最大の理由は，まだ国民の所得水準が低かったので，生活するために多額の消費支出をせねばならなかったのである，ということを一言述べてお

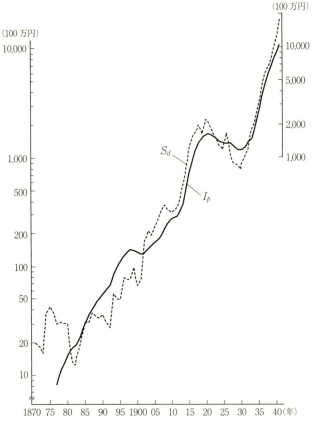

資料) S_d は,ここでは民間貯蓄+(政府貯蓄-政府資本形成)の形で7か年移動平均を求め,それを民間資本形成と比較する方法を試みた.I_p は,江見(1971)『資本形成』(Ⅲ・A・2)の資料篇第1表「国内粗固定資本形成」の「民間」系列の7か年移動平均.ただし同系列の 1874〜87 年は住宅投資が未推計であったので,今回それを加えた系列を用いた.
出所) 表 5-5 に同じ.

図 5-3 国内貯蓄(S_d)と民間総資本資本形成(I_p)との比較 (7か年移動平均)

こう．

戦後の家計貯蓄

まずは貯蓄率の数字を確認しておこう．表5-7は戦争から高度成長期の間において，民間貯蓄，国内貯蓄，国民貯蓄の率が何％で推移したかを示したものである．高度成長期の始まった1950年代半ばから，オイルショックによる高度成長期の終焉期，すなわち70年代初期まで，貯蓄率の高かったことが分かる．国内貯蓄率で20％を超えており，国民貯蓄率では20％前半から30％に達するような高い値である．国民貯蓄率が国内貯蓄率より高いのは，この差に政府貯蓄率がある程度存在していたし，その値はそう低くなかったことを意味している．しかし民間貯蓄率の高かったことがもっとも重要で，この間の法人貯蓄率は10％以下の数字しかなかったので，個人(家計)貯蓄率が15％から20％に達する非常に高い値であったことが，もっとも大きな意味を有しているのである．念のために『国民経済計算年報』から得られる家計貯蓄率を図5-4で示しておこう．確かに12％から20％台に達する家計貯蓄率の数字が得られている．高度成長期の終了した1970年代半ば以降から家計貯蓄率は急低下するが，これに関しては後に詳しく議論する．

高度成長期において日本の家計貯蓄率が非常に高かったことは，外国からも注目されその理由に関心が集まった．何よりもそれらの国が自国の貯蓄率を高くするにはどうすればよいか，日本の事例を参考にしたのである．特にアジアで最初に高成長を経験した日本を参考にしようとしたアジア諸国からの注目が高かった．いくつかの国は日本の高貯蓄率を説明する制度的な要因を，経済政

表5-7 貯蓄率の推移(1946〜70年) (単位：10億円)

	民間貯蓄 (1)	国内貯蓄 (2)	国民貯蓄 (3)	GNP (4)	民間貯蓄率 (1)/(4)	国内貯蓄率 (2)/(4)	国民貯蓄率 (3)/(4)
1946〜1950	373.6	642.6	696.3	2,354.2	15.9%	27.3%	29.6%
1951〜1955	1,238.8	1,644.0	1,683.4	7,043.2	17.6	23.3	23.9
1956〜1960	2,411.4	3,223.2	3,231.5	12,150.0	19.8	26.5	26.6
1961〜1965	5,943.4	7,814.0	7,582.0	25,083.2	23.7	31.2	30.2
1966〜1970	12,464.4	16,290.6	16,179.9	52,653.2	23.7	30.9	30.7

出所）表5-5に同じ．

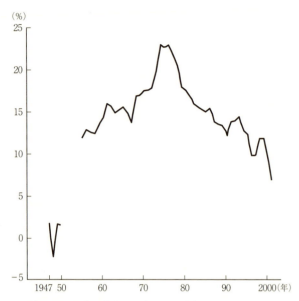

注）1947～50年の数字と55年以降の数字は，標本と計測方法が異なるので，連続性はない．
資料）『国民経済計算年報』より作成．

図 5-4　家計貯蓄率の推移

策として導入する場合もあった．日本に続いていくつかのアジア諸国，例えば台湾，韓国などが高い経済成長率を達するようになった．また，シンガポールが "Look East" として日本を賛美して，日本を真似ようとしたのである．

　ここでわが国の高貯蓄率を説明する理由を，高度成長期に注目して簡潔にまとめておこう．それぞれの理由の末尾に，その事実を解釈する経済学上の理論や仮説，制度要因を付記しておく．

　(1) 人口の年齢構成比に関していえば，少なくとも高度成長期あたりの日本は貯蓄に励む青壮年層の人口が多い社会であった．労働からの引退後は勤労所得がないのであるから，現役で働いている時期に，引退後の消費に備えるための所得を確保する必要があるので貯蓄に励むのである．当時の日本はこのような貯蓄に励む年齢層（すなわち，青壮年層）の比率が高かったので，高貯蓄となったのである（ライフサイクル貯蓄仮説）．

　(2) 1973年の福祉元年まで，日本は社会保障制度に関しては後進国であっ

た．年金，医療，介護，失業などの社会保険制度が充実していなかったので，自分でこれらの事象に備えて貯蓄する必要性が高かった(予備的動機)．

(3) 高度成長経済では賃金や所得の伸び率が予想以上に高く，消費がそれに追いつけなかった．すなわち，賃金の昇給率が予想外に高く，人は何にどれだけ使ってよいかを考える余裕のないほどの状況にあり，消費しきれない分が貯蓄にまわったのである(過少消費説)．

(4) 年2回のボーナス支払いがわが国の伝統である．ボーナスはとりあえず貯蓄に，というのは自然な人間の発想である(恒常所得仮説)．

(5) 子どもの教育・結婚，住宅取得への準備として．特に住宅取得は人生最大の買い物であり，購入額は高いのでそれへの資金を準備する必要がある．住宅ローン制度が未発達だった数十年前であればなおさらだし，住宅ローン制度の発達した今日であっても，ある程度の頭金の準備は必要である(目標貯蓄仮説)．

(6) 意図的か，非意図的(すなわち予期せぬ死亡によるもの)かの区別はあるが，遺産を配偶者や子どもに残すため(遺産動機)．

(7) 労働力を職業で区別すると，わが国は農業・商業に従事する自営業の比率が高かった．自営業者の所得が(被)雇用者と比較して変動幅が大きいのは，簡易に想像がつく．所得変動のリスクに対応するために予め貯蓄をしておく(リスク対応動機)．

(8) 消費者信用制度が未発達であった(過剰消費抑制説)．

(9) マル優制度で代表される利子・配当所得の税優遇が過去にはあった(税制優遇措置)．

以上が，高度成長期を中心にして，家計貯蓄率の高さを説明する重要な要因である．

ライフサイクル貯蓄仮説

いくつかの経済理論，制度的な要因を列挙したが，この中でもっとも重要な理論はライフサイクル貯蓄仮説である．もともとはイタリア出身の経済学者であるモディリアーニとアメリカ人のブランバーグによって提案された理論である(Modigliani and Brumberg 1954 参照)．この仮説の意味するところを一言でま

とめれば,個人は一生涯において,就労期に稼得した所得の一部を貯蓄して,引退後の消費に備える行動をとる,と考える.

実はこの仮説に影響を及ぼす社会・経済制度,あるいは関係する経済変数は数多くある.例えば公的年金制度との関係,遺産を残すことの効果,就労を何歳でやめるか(すなわち引退年齢の決定),税制の効果,マクロ経済の動向によって決まる利子率の効果,将来所得の不確実性,人口増加率の影響,死亡時期の不確実性など,ライフサイクル仮説は様々な経済活動や経済制度と密接に結びついている.ここで挙げた事実や変動はそれぞれに大きいテーマなので,別個に詳しく検討する.

ライフサイクル仮説とその関連領域は後に詳しく論じることとして,マクロ経済学の発展においても,この仮説は経済学における革命に近い影響力があったことを述べておこう.具体的にどういうことかというと,1950年代から70年代にマクロ経済学を学んだ人にとって,マクロ経済学の出発点はIS-LMカーブであった.このカーブの意味するところは,実物市場における貯蓄・投資の決定を巡る所得と利子率の関係,そして金融市場における貨幣需給を通じた所得と利子率の関係を融合することによって,所得と利子率が決定されるというものである.これを定式化したのはHicks(1937)であり,マクロ経済体系として完成させたのはKlein(1947)であった.

1970年代後期から80年代と90年代になると,マクロ経済学は,IS-LMカーブからライフサイクル仮説の応用である「オイラー方程式」に取って代わられるようになった.代表的なマクロ経済学の教科書からIS-LMカーブが消え,オイラー方程式から出発したものさえある.貯蓄自体を説明する有力な仮説としてライフサイクル仮説の存在は大きいが,現代のマクロ経済学においても有力な理論的支柱になっているのである.

「オイラー方程式」を紹介したついでに,この方程式に基づいてどのような消費・貯蓄に関する実証研究が日本で行われているか,簡単に見ておこう.そもそも「オイラー方程式」はライフサイクル仮説,ないし貯蓄の予備的動機の理論を,人間の一生涯にわたる消費・貯蓄の決定問題に拡大したものである.それを経済学は 異時点間への拡大とみなして,動学化と称するのである.具体的にどういうことかというと,人間は働き始めるときに自分の死亡までの将

来を見越して，毎年の所得をまず予想してから死亡までの毎年の消費・貯蓄をどうすれば自分は生活できるか，ということを決めることから理論は始まる．すなわち，毎期，毎期の消費額に依存する一生涯の効用関数を想定し，一生涯に受領できる所得額をも想定して，それを制約として効用関数の最大化を図るのである．これを数学的に解くと「オイラー方程式」が導出されるのである．

もとよりこの「オイラー方程式」の導出には，種々の非現実的な仮定を設定している．例えば，①人は誰しも死亡までの毎年の所得額の予想など不可能である(所得の不確実性)．②人は誰も自分の死亡年齢など予測できない(死亡時期の不確実性)．③生涯にわたって金銭の貸し借りが自由にできるとは想定し難い(流動制制約)．この流動性は資金の不足しているときは，他人や金融機関から借り入れて生活費の調達が可能と容認しているからである．

経済学の進歩と計算機技術の進歩は著しく，これら所得と死亡時期の不確実性については，不確実性の経済学の応用によって処理が可能となったし，流動性制約の存在も理論的に解決が可能となったのである．計算機技術の進歩は，高等数学を駆使した複雑な計算であってもプログラム技術の進歩によって，数値演算を可能にしたのである．

ここで重要な意思決定は，働くことを何歳で辞めるかということである．働いている間に所得を稼いで一部を消費にまわし，一部を貯蓄にまわして，働くことをやめた後の消費に備えるのがライフサイクル仮説なり貯蓄の予備的動機の考えるところである．死亡までに消費の財源が不足することを避けるため，すなわち十分な資産が蓄積されているように，何歳で労働から引退するかを決めるのである．この引退年齢を理論の中で決定して，オイラー方程式なり消費・貯蓄に関する年齢プロファイルが導出可能なのである．

「オイラー方程式」あるいはそれの派生である消費・貯蓄に関する年齢プロファイルを日本で推計した例として，阿部(2011)による優れた研究成果がある．ついでながら阿部修人の書物は，内外の高度な研究を紹介するとともに，自身の推計結果をも加味した第一級の書物である．

図5-5は日本人の一生涯(ただし働き始めの21歳から78歳まで)の消費，所得，資産の流れを図示したものである．3つの図が示されているが，上の図は先ほど述べた将来所得に不確実性がないときと流動性制約のないケース，中の図は

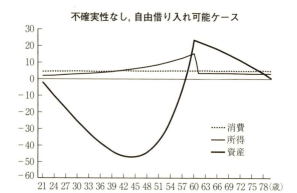

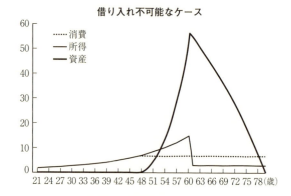

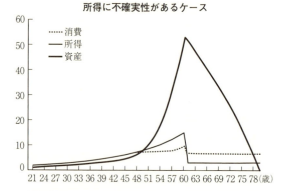

注) 縦軸の単位は絶対値ではなく,それぞれの変数との比較を行う相対比を示すためのものである.
出所) 阿部(2011).

図 5-5　消費・所得のライフサイクルプロファイル

流動性制約が存在するとき，下の図は将来所得に不確実性を考慮したときの例である．

それぞれの図の意味は，次のように解釈できる．上の図では，人びとは若い時代に資金の借り入れを行い，労働からの引退後に貯蓄を取り崩す行動に出る．このときに消費の流れはすべての年代で一定となる．これを消費の平準化と呼ぶことがある．中の図では，人びとは資金の借り入れができない．若い年齢のときは消費と所得が一致し，貯蓄ができないのである．すなわち資産はゼロである．しかし貯蓄ができるようになると，消費は上の図のように平準化されることとなり，上の図と同じになる．下の図では，将来所得の不確実性を考慮したもので，このときは将来に備えた予備貯蓄として，この人は若い年代から貯蓄を始めるので，消費が低下することが分かる．すなわち若い年代での資産額は前の2つよりも高くなる．

ここで分かったことをまとめれば，人間の一生涯で消費・貯蓄行動を決めるとき，所得の不確実性や，流動性制約のあるときに，人びとの消費・貯蓄パターンの形状はかなり異なったものになる，ということである．それと，「オイラー方程式」によるアプローチは，消費・貯蓄の理論的・計量的な分析にとって有益なツールを提供しているということになる．

ライフサイクル貯蓄仮説の話題に戻るとして，この仮説は，個人の一生涯にわたる予算制約式(すなわち，死亡時までの全所得と全消費を等しくするように全資産を使い切る)の下で，人の消費に依存する効用関数を最大化するように，各期の消費額(すなわち貯蓄額)を決定するものである．ここで生涯にわたる効用関数は，各期の消費に依存するので各期の消費から得られる効用(すなわち満足)を最大化するものである．この仮説は数学的にエレガントに解かれるが，その詳しい展開は専門の教科書，例えばマンキュー(2011-12)に任せておいて，ここではその仮説の経済的意味を議論してみよう．

ライフサイクル仮説におけるもっとも重要な意味は，人は将来の不確実性に備えて，所得のうち一部を貯蓄するという行動を明確にした点である．ライフサイクル仮説の主たる目的は，引退後の消費に備えることである．この備えを経済学では貯金の予備的動機と呼ぶ．ライフサイクル貯蓄仮説は，この予備的動機の考え方を，人の一生涯にわたる消費に備える考え方に拡張したとも言え

る. すなわち，ライフサイクル仮説は予備的動機の一類型である. これは高度成長期における貯蓄の高さの要因のうち，(1)と(2)にあてはまる.

ライフサイクル仮説を広い意味での貯蓄の予備的動機とみなせば，狭い意味での貯蓄の予備的動機にはどのようなものがあるのだろうか. まず第1に重要なのは，病気や怪我に対する備えである. 病気をすれば医療費がかかるとともに，病気によって勤労不可能になれば，所得がなくなることをも意味するからである. 第2に，人の所得には不安定性が伴う. もし失業すれば所得はなくなるし，失業していなくても毎期の所得は不安定なことがある. 特に自営業者の所得の不安定さは直感でも明らかであろう. 日本人の貯蓄率の高い1つの理由として，労働者のうち自営業比率の高かったことがある. 第3に，人はいつ死亡するか正確に予想できない. 死亡時期不確実性による備えである. 第4に，将来多額の支出が予想される人生上の事象に備える動機がある. 例えば，住宅購入，子どもの教育費や結婚費用などが考えられるが，その他にも不測の支出に備えて貯蓄することは，人間の自然な動機である.

遺産動機の重要性

ライフサイクル貯蓄仮説において重要な役割を演じるのが遺産動機である. これは(6)の具体的説明である. ライフサイクル仮説の予算制約式では，人は遺産を残さない(すなわち生存中に所得を全部消費して遺産を残さない)と仮定されていたが，現実にはかなりの人が配偶者や子どもに遺産を残すし，場合によっては生前贈与もある. 遺産を残す目的で貯蓄する割合は結構高いのである.

ここで重要なことは，遺産には2種類あるということである. 第1は意図して遺産を残す場合であり，第2は意図しないで遺産を残すものである. 後者は不確実に発生する死亡によって残されてしまった遺産であるし，先ほど述べた死亡時期不確実性による予備的動機の一種とみなしうる. 第1の遺産と第2の遺産を統計的に区別して認識することは難しいが，概念としては明白に区別できるものである.

第1の意図的に遺産を残す動機にも様々な目的がある. 大別すると次の2つが重要である. まず利他的動機といわれるもので，親が子どもを可愛いと思い，子どもの将来を考えて，見返りを期待せずに，愛情に基づいて遺産を残すこと

を考える．他方，戦略的動機あるいは交換動機といわれるものは，子どもからの見返り(例えば年老いた親と同居するとか，老後になって経済的に，あるいは生活や介護で面倒見てもらう)を期待して，親子間で経済的な交換を目的とするものである．わが国ではこの戦略的動機，ないし交換動機が結構強いと認識されている．

わが国において一人の人間がどのくらいの額の遺産を残しているかを調べるにはデータが必要である．遺産額のデータはそれほど収集されておらず，正確な額は分かっていない．だが，多額の遺産を残せる人と，全く遺産を残せない人の2種に分化していることは確実である(橘木 2016b を参照)．税当局は遺産相続税の算定のため，相当詳しく遺産額を知っているが，税データは大口の遺産を除いて公表されていない．もう1つ税に関していえば，相続税は節税や脱税対策の対象になりやすく，税データも完全に信頼できない面もある．遺産の大半は土地と家屋によって相続されるが，土地と家屋の価格の不正確さも，遺産額のデータ収集の難しさの理由の1つになっている．

遺産と教育投資の代替

遺産を残す動機として，教育投資と関連付けたときに，興味深い事柄があるので，ここでそのことを述べておこう．それは人が自分の子どもに実物ないし貨幣で遺産を残すか，教育投資をするかの選択をしている点である．

子どもの教育水準は親が子どもにどの程度の人的投資(教育投資)をするかに依存している．教育費支出を考えれば，それは明らかであろう．親が子どもに何かを残そうと意図するときに，教育投資をするのか，それとも遺産として土地や家屋のような実物資産ないし金融資産を残すのかの選択をしているのである．そこで興味深いことは，第1に，子どもが能力的に優秀であることが分かったり，親が子どもの教育に熱心であれば，遺産を残すよりも教育投資にまわす可能性が高い．第2に，もし子どもが将来親と同居してくれるか，それとも面倒を見てくれそうであれば，教育投資するよりも遺産を残す可能性が高い．

子どもが優秀であれば教育投資への収益率が高いであろうから，教育投資に向けられるのは当然である．もし子どもが親の面倒を見てくれそうであれば，遺産動機としての戦略的動機ないし交換動機として理解されるメカニズムが働

いて，遺産を残そうとするのである．後者の遺産には親子双方にメリットがあるので，経済取引として理解可能であるが，前者の教育投資には子どもは高い教育を受けて利益は大きいだろうが，親が子どもから受ける見返りがないのである．あるとすれば，子どもが偉くなったことを親が見て感じる満足ないし幸福だけである．

優秀な子どもは時として冷徹な場合があり，親がその子に多額の教育投資をして，名門校を卒業させ，かつその子が出世したとしても，田舎の老親の面倒をさほど見ない，という皮肉な物語もある．このような場合は，親はさびしいかもしれないが，子どもが名門校を出て出世したことに満足して，子どもに面倒を見てもらうことを望まないかもしれない．子どもがかわいいという利他主義に基づいて親は教育投資をすると理解すれば，これも経済行為として評価可能である．これらの事実を学問的に分析して，理論と日本における実証結果を示したものとして，Tachibanaki and Takata(1994)がある．

貯蓄と公的年金の代替

貯蓄を考えるときに，多大な影響を与える制度として公的年金制度がある．貯蓄を説明する有力な仮説としてライフサイクル仮説を述べたが，そこでの主たる動機は引退後の所得保障のために貯蓄に励むというものであった．公的年金制度は，国民の勤労期間中の所得の一部を政府が年金保険料として徴収して，引退後に年金給付として所得を移転するものである．国民一人ひとりが引退後の所得のために貯蓄をするのではなくて，政府が代わりに強制的に貯蓄を促す制度であり，これが公的年金制度の性格といえる．公的年金制度の充実とともに，国民一人ひとりが引退後に備える私的貯蓄が減少する可能性がある．これが公的年金制度と貯蓄の代替可能性である．

公的年金と貯蓄の代替は実際に起こっているのだろうか．一般論としては代替効果が働いていると認識されうる．代表的な例をあげれば，スウェーデンやデンマークの北欧諸国は福祉国家といわれ，公的年金制度や医療保障制度が高度に充実している国である．老後の所得保障に国がかなり関与しているのである．

これらの国の貯蓄統計を調べてみると，貯蓄率は極端に低く，国民所得に対

して1〜2%に過ぎない．公的年金制度が充実すれば貯蓄率の低下が見られ，したがって代替効果があるというのは，北欧の例によって明らかである．

アメリカではこの公的年金と貯蓄の代替性をめぐって，経済学者の間で論争が起きた．代替を主張したのはFeldstein(1974)であり，それに反対したのはBarro(1974)である．専門的なことをここで論じるつもりはないが，直感的にはおもしろい論争を提供しているので少し述べてみよう．

前者は公的年金制度がなければ，貯蓄率は50%上昇すると主張した．逆に言えば，アメリカの低貯蓄率の1つの原因は，公的年金の存在とみなせるのである．しかしこの説は正しくない．アメリカの公的年金制度は充実していないからである．むしろアメリカ人の高消費志向が主たる要因で貯蓄率が下がっているのである．ところで，公的年金は多くの国では賦課方式で運営されている．賦課方式とは，現在の引退者の年金給付を現在働いている人の年金保険料でまかなっている制度である．賦課方式を前提にすれば合理的な個人を想定する限り，将来の予想年金給付額は現在働いている人の年金保険料に等しいと予想されるので，家計貯蓄を減少させることはないと後者は主張した．

一方，公的年金制度の存在は，年金制度がない場合と比較して引退年齢を早めるので，その結果引退期間が長くなり，必要な貯蓄額も増加するので，人は勤労期間中に貯蓄を増加させるだろうとする意見もある．アメリカではこの論争に加えて，公的年金の民営化を主張する経済学者も現れて，公的年金を巡る論争は拡大の気配がある．

日本や他の国ではどうだろうか．わが国においては，例えば佐々木・橘木(1985)によると，代替効果はおよそ50%前後作用すると推計されている．すなわち，期待される代替効果が100%とすれば，ほぼ半分程度貯蓄が削減するのである．なぜ半分程度かといえば，貯蓄の目的には老後の所得保障だけではなく，既に述べたように他の要因が多くあるからである．他の欧米諸国の場合も，北欧ほどの高い代替効果ではなく，日本と北欧諸国の中間ぐらいとみなされうる．代替の程度はその国の所得水準，社会保障制度の充実度，国民の貯蓄への趣向度などに依存するし，一国民でもどの年齢層なのか，あるいはどの所得階層にいるかによって効果が異なるのである．

公的年金を政府が行う強制力をもった貯蓄と述べたが，これ以外にも強制的，

あるいは半強制的に貯蓄を行うことがある．これは以前に少し述べたことであるが，これを契約・強制貯蓄と名付けよう．契約・強制貯蓄は，過去の契約に基づいてその後に強制的に貯蓄するものである．具体的に言えば次のようなものがある．

第1に，生命保険を考えていただければよく分かると思う．生命保険は保険の契約時から毎年保険料を徴収されるが，毎年の支払いはまさに契約・強制的に行われる貯蓄である．第2に，住宅ローンの返済は住宅ローン契約後，毎年なされるのが普通であり，これも定義によって貯蓄であり，契約性，強制性をもっているのである．

この2つ以外にも借入金の返済など，契約・強制貯蓄とみなされる貯蓄もあるが，前二者の生命保険と住宅ローンの返済に関するウェイトが契約・強制貯蓄の80％前後と，圧倒的に高いシェアを占めている．しかし，この2つに共通していることとして忘れてはならないことは，生命保険も住宅ローンも契約が破棄されたときは契約・強制性が消滅する点である．したがって，永久的に政府から強制的に徴収される税金，ないし公的社会保険料とは異なった強制性である．

契約・強制貯蓄に対比されるものとして，自由貯蓄がある．われわれが普段随時に貯蓄している貯蓄を想定すれば十分である．この契約・強制貯蓄と自由・随時貯蓄を比較すれば，それが総貯蓄に占める比率はどのようになっているのだろうか．わが国での比率の動きを調べてみると，契約・強制貯蓄の比率が上昇し，逆に自由・随時貯蓄の比率が低下している．現時点では前者の比率が後者の比率を上回っている．なぜだろうか．答えは簡単で，多くの家計が生命保険に加入しているし，住宅を購入するときに住宅ローンを利用する人も多いし，その額は，年々増加の傾向にある．この2つの現象が契約・強制貯蓄のウェイトを高めている最大の理由である．ここで注目すべきは，この契約・強制貯蓄の増加は，政府の景気対策の作用する程度を弱めていることである．政府は財政・金融政策の発動によって，国民の消費(裏を返せば貯蓄)を変動させたいと希望するが，自由貯蓄のウェイトが低ければ，貯蓄(すなわち消費)を変動させることが困難となる．

第5章 消費と貯蓄の動向

安定成長期以降

　オイルショックを契機に高度成長期は終了し，安定成長期に入る．この間，経済成長率は低下したが，家計貯蓄率は高い率を保持していた．高い貯蓄率を維持したにもかかわらず，低い経済成長率に向かった最大の理由は，国内投資の意欲の低下である．すなわち，潤沢な資金があるにもかかわらず，企業が旺盛な投資活動を行わないようになった．国内貯蓄が国内投資を上回る状態が，1980年代から90年代の前半まで続いたのである．

　わが国における貯蓄と投資の不均衡の結末は，次のような現象につながった．すなわち，1980年代から90年代の高貯蓄率は，わが国の成長の源泉となったのではなく，貯蓄された資金が外国(特にアメリカ)に流れて，外国の財政赤字を日本が補塡していたのである．わが国の過剰資金がアメリカの国債や証券を大量に買っていたのは有名な事実であり，日本が資本提供国として「君臨」するようになった時代でもあった．現在は中国がその役割を担っている．

　高度成長期ほどの高さではないが，安定成長期の高貯蓄率を説明する要因の中には，既に述べた高度成長期の時代に見られた理由が引き続き存続したものもあれば，逆にその理由が消滅したり，新しく貯蓄を説明する理由として登場したものもある．それらを簡単に述べておこう．

　まず理由のうち，存在意義の薄れたものとして，(1),(2),(3),(7),(8),(9)があげられる．(1)についていえば，高齢化社会に突入しつつある．すなわち貯蓄をする現役労働者が減少し，貯蓄を取り崩す引退者の増加である．(2)については，ヨーロッパの福祉国家にははるかに劣るが，社会保障制度の充実が見られる．貯蓄と年金の代替効果が日本でも多少あるので，貯蓄率を低下させるのである．(3)に関しては，1970年代後期から安定成長期，90年代初期から低成長期に入った．これらは所得の伸びが小さくなったことを示すので，貯蓄にまわせる分が減少したことを意味する．(7)に関していえば，自営業比率が減少し，雇用者比率が高まった．(8)に関しては，消費者信用制度はアメリカほどではないが発展している．(9)に関しては，大胆なマル優制度の見直しがあった．言い換えれば，(4),(5),(6)の理由は引き続き存在したのである．

　高度成長期以降から現在までに関していえば，他の2,3の現象が貯蓄率の高さを説明するものとして，新しく付け加えられる．

(10) 先に述べたように貯蓄を構成する項目のうち，例えば生命保険料拠出，損害保険料拠出，住宅ローン返済などは契約・強制貯蓄とみなされる．なぜならば，これらは一度契約すれば，それ以降契約終了まで保険料を払い続けるか，ローン返済を続けなければならないからである．これらは立派な貯蓄の一形態である．既に述べたように現在ではこれらの貯蓄・強制貯蓄のウェイトが高まっているので，貯蓄率を高める要因として作用しつつある(契約・強制貯蓄仮説，例えば橘木1991参照)．

(11) 所得階層別に貯蓄率を見ると，高所得層の方が貯蓄額は相当高く，貯蓄率もやや高い．最近の日本では所得配分が不平等化しているので，貯蓄率を高める可能性がある(所得不平等仮説，例えばTachibanaki 1996b，橘木2004a参照)．

(12) バブル破裂後，わが国の経済は長期の不況期に入り，いわば経済の不安定性と国民の不安感が急激に高まった．人びとが将来の不安に備えて，貯蓄に走るのはいわば当然である(リスク対応動機)．

安定成長期以降にわが国の貯蓄率が比較的高い水準を保持していた理由として，(10)，(11)，(12)の理由は非常に重要である．いわば日本の社会・経済に発生した新しい現象が，貯蓄率を高める要因となった．

低下する現今の貯蓄率

既に述べたように日本の家計を特徴づけてきた高貯蓄率だが，20世紀の末から21世紀に入って，家計貯蓄率は5％以下に低下している．参考のために他の先進国との比較を表5-8で確認しておこう．ドイツとフランスを除いた先進国と同じく低い貯蓄率になっている．低貯蓄率の象徴であったアメリカとほぼ同じ貯蓄率である2～3％にまで低下しているのは，過去の日本のマクロ経済の動向を知る者にとっては隔世の感がある．なぜ家計貯蓄がこれほどまでに低下したかを説明しておこう．

第1に，もっとも重要な要因は高齢化社会のさらなる進行である．ライフサイクル貯蓄仮説に従うと，引退世帯は多くの世帯が貯蓄の取り崩しを行う世代である．例えば，60歳以上の無職世帯(すなわち引退世帯)では，2000年の貯蓄率はマイナス16.2％であり，貯蓄の取り崩しを行っていることが分かる．高齢化社会は引退世帯の増加を意味するので，「貯蓄の取り崩し＝貯蓄率の低下」

表 5-8　主要国の家計貯蓄率の推移　　　　　　　　　　　（単位：％）

年	日本	アメリカ	イギリス	ドイツ	フランス	イタリア	スウェーデン	韓国	オーストラリア
1992	14.7	7.3	11.7	12.7	14.7	20.2	12.4	24.4	5.1
1993	14.2	5.8	10.8	12.1	15.5	19.5	9.4	23.1	6.0
1994	13.3	5.2	9.3	11.4	14.8	18.1	8.1	21.8	7.2
1995	12.6	5.2	10.3	11.0	15.9	17.0	8.3	18.5	6.1
1996	10.5	4.9	9.4	10.5	15.0	17.9	6.3	18.1	7.1
1997	10.3	4.6	9.6	10.1	15.9	15.1	3.4	16.1	6.6
1998	11.4	5.3	7.4	10.1	15.5	11.4	2.8	23.2	4.1
1999	10.0	3.1	5.2	9.5	15.2	10.2	2.8	16.1	3.1
2000	8.7	2.9	4.7	9.2	15.0	8.4	4.3	9.3	2.0
2001	5.1	2.7	6.0	9.4	15.7	10.5	9.0	5.2	3.5
2002	5.0	3.5	4.8	9.9	16.8	11.2	8.4	0.4	0.6
2003	3.9	3.5	5.1	10.3	15.7	10.3	7.8	5.2	−0.5
2004	3.6	3.4	3.7	10.4	15.8	10.2	6.4	9.2	−0.4
2005	3.9	1.4	3.9	10.5	15.0	9.9	6.2	7.2	−0.2
2006	3.8	2.4	2.9	10.5	15.0	9.1	7.2	5.2	1.3
2007	2.4	1.7	2.2	10.8	15.5	8.2	9.2	2.9	1.5
2008	2.3	2.7	1.5	11.2	15.3	8.6	11.2	2.9	1.6
2009	2.3	4.3	7.0	11.3	16.3	8.4	11.4	3.6	4.3
2010	2.4	3.4	6.4	12.0	15.6	7.7	11.7	3.5	2.8
2011	3.2	3.6	5.4	11.4	15.2	7.5	9.3	3.8	3.0

注）2010年と2011年は予測．イギリスとフランスはグロス，その他はネットの家計貯蓄．
出所）OECD, *Economic Outlook 87 datebase*.

という現象は，いわば当然の帰結である．同じく高齢化社会を経験しつつある韓国の貯蓄低下率が大きいことも印象的である．

　ただし，第1の点の補足となるが，引退世代は確かに貯蓄率の低下に寄与したが，勤労している現役世代は必ずしも貯蓄率を大きく低下させていないことを指摘しておきたい．これまで述べてきた様々な理由によって，日本人は高い貯蓄率を示してきたが，勤労している現代世代では今でも貯蓄率をそう低下させていないのである．この事実は重要なことなので特筆に値する．

　このことを証明するために，表5-9を示しておく．この表は総務省『全国消費実態調査』による年齢別の家計貯蓄率である．1994年から99年の5年間にわたって，家計貯蓄率は低下するどころか，むしろ微小であるが，現役の世代は貯蓄率を増加させているのである．

表 5-9 年齢別に見た家計貯蓄率 (単位：%)

年	30歳未満	30～39歳	40～49歳	50～59歳
1994	24.5	33.2	34.5	37.7
1999	23.0	33.9	35.6	38.0

注 1) 標本は全世帯を対象にしている.
 2)『全国消費実態調査』と『国民経済計算』による貯蓄率は，定義と計測方式が異なるので，表5-5～表5-7で示された貯蓄率の数字とは比較可能性はない.
 3) 単身家計と2人以上の世帯の加重平均.
資料）総務省『全国消費実態調査』.

　第2に，少子化社会とは現役世代の減少を意味するので，総人口に占める現役世代の比率は下降する．これらの人の高貯蓄が日本全体の貯蓄率に寄与する程度は低下している．すなわち，ここで述べた2つの理由は，個々の人びとの貯蓄行動そのものには大きく変化がなく，わが国の少子・高齢化という人口の年齢構成の変化に主として依存して，家計貯蓄率の低下が見られることを示している．

　第3に，家計貯蓄率の低下は，社会保険料の増加と密接な関係がある．高度成長期において家計貯蓄率が高かった理由の1つとして，日本の社会保障制度の未発達があったが，その後わが国は北欧諸国のような充実度には遠く及ばないが，まがりなりにも社会保障制度を発展させてきた．それに従って，家計も社会保険料の負担を増加させてきた．社会保険料の負担増加は，可処分所得の低下をもたらすので，貯蓄にまわせる分が減少せざるを得ない．これが家計貯蓄率の低下につながるのである．

　第3のことに関して，社会保障制度の充実が見られれば，国民は年金，医療，介護などに関して給付額の増加を予想し，安心感が高まっているとみなされ，本来ならば家計貯蓄率の低下が見られるはずである．しかし現実には，少子・高齢化の進展や低成長経済への突入により，社会保障財政の将来が不透明なので，給付が確実になされるのかという不信感が日本国民にある．これは家計貯蓄率を低めるのではなく，むしろ高くする可能性すらあることを述べておこう．ついでながら，現在の若年・中年世代の国民年金保険料の高い未納率を説明する1つの要因は，それらの人が引退した後に年金の給付があるのか，という不信感にある．

第4に，バブル経済の崩壊後，日本経済は低成長期に入り，国民の所得の伸びが非常に小さい．高度成長期のように所得の伸びが大きければ，消費が所得の伸びに追いつけなくて貯蓄にまわったが，現代ではそのようなことはない．貯蓄にまわる分が少なくなったのである．

　第5に，第4のことと関係あるが，国民の生活は一般的に苦しくなったので，消費にまわす部分が多くなり，貯蓄などをしていられない時代となったのである．

第 2 部
家族の変化

第6章

少子・高齢化

　第1章において戦前の人口，家族について論じたが，本章では主として戦後にどのようなことが起こったのかを論じることにする．

1　少子化

出生率の動向

　戦後になって出生率はどう変化したのだろうか．人口は，出生数，死亡数，平均寿命などの影響を受けるが，もっとも大きな要因は出生数であり，特に出生率の動向が人口動態の決め手である．表6-1は，戦前の数字をも含めて，1947（昭和22）年から現代までの合計特殊出生率の変遷を示したものである．本来ならば終戦の年，そしてその翌年の数字にも関心が集まるが，政府は45年と46年の数字の公表をしていないので，戦後に関しては47年からの数字であ

表6-1　合計特殊出生率(1925～2010年)

年次	合計特殊出生率	年次	合計特殊出生率	年次	合計特殊出生率	年次	合計特殊出生率
1925	5.10	1975	1.91	1990	1.54	2001	1.33
1930	4.70	1980	1.75	1991	1.53	2002	1.32
1940	4.11	1981	1.74	1992	1.50	2003	1.29
1947	4.54	1982	1.77	1993	1.46	2004	1.29
1948	4.40	1983	1.80	1994	1.50	2005	1.26
1949	4.32	1984	1.81	1995	1.42	2006	1.32
1950	3.65	1985	1.76	1996	1.43	2007	1.34
1955	2.37	1986	1.72	1997	1.39	2008	1.37
1960	2.00	1987	1.69	1998	1.38	2009	1.37
1965	2.14	1988	1.66	1999	1.34	2010	1.39
1970	2.13	1989	1.57	2000	1.36		

資料）国立社会保障・人口問題研究所『人口統計資料集』．

る．合計特殊出生率というやや堅苦しい用語は，ある年の人口について，再生産年齢(ここでは15～49歳)にある女性の年齢別出生率を算出し，それら各年齢の出生率の合計値である．この指標は，算出された年齢別出生率に基づいて，一人の女性が再生年齢を経過する間に子どもを産んだと仮定した場合の平均出生児数に等しくなる．分かりやすく言えば，女性が一生涯に何人の子どもを産むか，という数字である．

この表から出生数の動向に関して，いくつかの重要な観察事項がある．第1に，戦前の出生率は4.0～5.0の数字なので非常に高い．発展途上国特有の子だくさん，子どもを労働力として期待していた，戦争を控えて兵士や生産人口を多くするため政府が出生奨励キャンペーンとして掲げた，などの理由がある．貧乏人の子だくさん，という言葉もあるが，戦前の日本の国民は多くが貧乏だったので，この理由が戦前の出生率の高いことの1つの理由になりうるが，所得階級別の出生率のデータを検分しない限り，この言葉が正しいかどうかの検証はできない．これだけ出生率が高ければ人口増加率も非常に高かっただろうと想像できるが，戦前は乳幼児死亡率が高く，平均寿命も短かったので，人口数は非常に高い出生率ほどには増加しなかった．

戦争直後の1940年代後半は戦前と同様に4.0を超える高い水準であった．この時期は「ベビーブーム時代」と呼ばれて異様に高い出生率であったように思われているが，実際には戦前の数字と同じ水準なので，これまでの出生行動が続けられていたと理解した方が良い．ではなぜこの時期が「ベビーブーム」と呼ばれたかといえば，ここでは数字で示していないが戦争中の出生率がやや低かったので戦後にそれが一挙に高くなったことから，出生率の大きな変化があったように受け取られたことと，戦争から帰還した兵士が出生行動に励んだ，ということなどが印象に残ったからである．

1950年代半ばから70年代半ばまでは，出生率が2.0を少し超えた値なので，「正しい」出生率で推移した．「正しい」という意味は，人口が増加もせずかつ減少もしないという「定常状態」の人口増減を想定することと同じだから，あえて「正しい」という言葉を用いた．人口に関しては「正しい」という言葉はふさわしくないが，定常状態であれば増えもしないが減りもしないという意味で，そう悪くないという意味しかない．20年間にわたって日本人は定常状態

を望んでいたし,「夫婦に子ども2人」という家族が理想と考えられてきたこともそれを暗示している.

ところが,オイルショックの発生した1970年代の半ばから出生率は2.0を下回ることとなり,その後はほぼコンスタントに低下の傾向を示すようになる.いわゆる少子化現象の到来である.しかも90年代になれば出生率は1.5を下回る現象を示し,1.3や1.4という非常に低い値で推移して現代に至っている.これだけの低い出生率であれば人口減少の国になることは当然で,50年後には約4000万人の人口が減少して,総人口が8000万人台になるとの予測が出されている.人口急減社会にどう対応すればよいのか,後に詳しく検討する.

少子化現象の理由

少子化現象は,例えばお隣の韓国も1.20前後の出生率で非常に低く,多くの先進国での共通の現象でもある.2009年の数字でイタリアは1.30,ポルトガルは1.32,ドイツは1.35,スペインは1.41で日本と同じ低い水準である.一方でやや高い国としてオランダは1.78,デンマークは1.84,スウェーデンは1.93,イギリスは1.94,フランスは1.98,アメリカは2.08である.ここで考えられる教訓は,フランスを除いて南ヨーロッパ諸国は出生率が低く,北欧諸国は逆に高く,イギリスやアメリカというアングロ・サクソン諸国も高いということである.これらの地域や民族の違いが出生率の差異に関係があるか否かは,日本の低出生率を考えるときに有効な論点を提供しているので,記憶しておいてほしい.

欧米での少子化がなぜ発生したかについては,阿藤(2000,2011)による適切な解説があるので,それに即してまとめておこう.すなわち,①豊かな社会の到来に伴う消費主義の広がり,②伝統的家族観の弱体化と自己実現を重視する価値観の広がり,③ピル(経口避妊薬)を中心とする近代的避妊手段の普及と中絶の合法化,④女性の社会経済的地位の高まりによる仕事と子育ての両立の難しさ,などが指摘されている.

①に関しては,人生はまず自分が楽しもうとする気風が高まったことにより,出産や子育ては自分(妻)や夫の楽しい生活を送るうえでの障害になると考えられ始めたのである.②に関しては,人間社会における個人主義の浸透が背後に

ある．③に関しては，1960年代にピルが市販されるようになったことや，キリスト教的な宗教観の低下によって避妊や中絶への抵抗感が少なくなった．④に関しては，女性の教育水準が向上したことによって女性自身が働くことへの希望が高くなり，自分で所得を稼いで夫の経済的従属から逃れようとする傾向が高まった．経済的独立と自分の仕事を大切にするために，結婚や出産を控える女性の増加も影響している．

阿藤はこれら4つの欧米諸国での理由のうち，①と④は日本でもほぼ当てはまるが，②と③は欧米に特有な理由で日本には該当しないとしている．③に関しては阿藤説は正しいが，②に関しては日本でも当てはまると筆者は判断するので，後に検討する．

日本で少子化現象が深刻となった理由については，次のようにまとめられる．まず最初に考えられる理由をできるだけ多く列挙して，後にその重要さに多少の順位付けをする．ただ，その前に述べておきたいことがある．それは，動物の本能として，子孫保存の本能が人間にも当てはまるということと，男女ともに性欲があるので出生につながる性行為に普通の人であれば抵抗感はない，ということである．少子化ということは，これら2つの本能を受け入れない人が増加しているということを意味しているのであり，なにか強烈な理由がそれを導いていると考えられる．

未婚者の増加

政府の統計『出生動向調査』によると，2010(平成22)年において夫婦が希望する子どもの数は平均で2.08人であるのに対して，出生数は平均で1.71である．1夫婦当たり2人の子どもを希望しているところに，1.71人が現実の出生数なので，それほど出生数が少ないとは言えない．特に合計特殊出生率の1.3よりかは大きい出生数なので，結婚した夫婦であればそれほど出生率の低い数字でない．換言すれば，結婚する夫婦の数が大幅に減少しない限り，ある程度の出生数は確保されるのである．ちなみに，30年ほど前の1977(昭和52)年では，夫婦の望む子どもの数は2.17人であり，実際の出生数は1.89人だったので，子どもを望む数と実際の数とは30年間ではさほど変化していないのである．この変化のないことは，非常に重要な事実である．結婚する夫婦の出生行

動にさほどの変化が見られないことになるし,夫婦の数が格別に減少しない限り,子どもの数は減少しないのである.

そうであれば,出生数が減少する理由として,結婚しない人の数が増加しているのではないかと考えることができる.日本では婚姻届を出している夫婦から生まれる子どもを嫡出子と称し,夫婦でない男女から生まれる子どもを非嫡出子と称しているが,2010(平成22)年度で,非嫡出子の数はわずか2万2986人であり,全出生数の2.15%に過ぎない.30年ほど前では1万3812人で全出生数の0.79%であった.やや非嫡出子の数が増加したとはいえ,ほとんどの子どもが法的な夫婦から誕生しているのが日本の姿であり,出生数を論じるときは結婚する夫婦の数が決定的に重要であることが,嫡出子と非嫡出子との比較から見ても読み取れるのである.

では,どの程度の未婚率なのだろうか.図6-1は生涯未婚率の推移である.生涯未婚率の数字は,1980年の時点で男性が2.6%,女性4.5%であったが,2005年時点では男性16.0%,女性7.3%にまで高まっている.将来の生涯未婚率の推計は難しいが,例えば国立社会保障・人口問題研究所は,2030年の単身世帯が全世帯の37.4%と推計している.2005年が29.5%だったことを考慮すると,生涯未婚率も将来は増加するものと予想できる.

1950年代において女性の生涯未婚率が男性のそれよりも高かった理由は,戦争中に死亡したのは兵士を中心にして男性に多かったから,適齢期の男性が

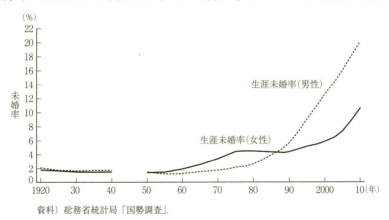

資料) 総務省統計局「国勢調査」.

図6-1 生涯未婚率の増加

少なく,結婚できない女性が多かったからである.その後逆転して,男性の未婚率が女性のそれを上回るようになった理由には,次の4つがある.

第1に,出産時における男女比を見ると,男子の方が女子の数よりやや多いので,そもそも人口比からすると,一夫一婦制度を前提にすれば男性があぶれることになる.これに関しては,おもしろい事実がある.一昔前の男女の出生比率は105対100で男子の方が高かったが,乳幼児死亡率は男子が女子よりも高かったので,成人したときはほぼ100対100という値になっていたのである.しかしその後,医療の進歩により乳幼児死亡率が減少したので,男子が女子よりも多いという時代になったのである.

第2に,一般に男性の初婚年齢が女性のそれよりやや上なので,少子化が進行することによって初婚年齢時において男性の数が女性のそれを少しではあるが上回ることになる.

第3に,これは阿藤(2011)をはじめとした多くの論者の指摘する点であるが,女性の教育水準の向上で,仕事を中心と考えたり,出産・子育てで時間を奪われるのを嫌ったり,女性の非婚傾向が高まっている.

第4に,男性は一度離婚しても後に再婚することが多い.なぜならば家事・育児の不得意な男性が多く,それを再婚相手の女性に求める.一方で離婚した女性には,男性はもうコリゴリの人が多い.再婚する男性でも女性の未婚者と結婚する場合が結構ある.以上が男性の生涯未婚率が女性のそれよりも高い理由である.

女性への説得をどうするか

大多数の女性はまだ結婚を望んでいて,出産・子育てへの拒否反応を示していないが,非婚傾向が高まっているし,出産行動を控える女性が徐々にではあるが増加している.一昔前であれば女性は高校もしくは短期大学卒業で教育を終え,学校を卒業後しばらく働いてから結婚する人が大半であった.「花のOL」「寿退社」といった言葉が普及していたことがこの事実をよく物語っている.ところが日本の家計が豊かになるとともに女性の4年制大学への進学率が高まり,現代では18歳という同一年齢の50％以上の女性が4年制大学という高等教育を受ける時代となっている.残念なことに4年制大学に関しては,

未だに女性の方が男性よりもやや進学率は低いが，一昔前と比較すれば，女性が高等教育を受ける比率は各段に高くなっている．

なぜ教育水準が高くなれば勤労志向が強くなって，非婚志向が高まるのかに関しては，第8章で詳しく検討するが，ごく簡単にここでも述べておこう．すなわち，教育水準が高くなれば，仕事に魅力があり賃金の高い職業に就ける可能性が増える．仕事にやりがいが伴うことを意味するので，できるだけ働き続けたいと思うようになる．一生涯の勤労生活を送る女性の数が増加する．仕事に生きがいを感じるようになれば，家事・育児の責任を負わされることの多い女性の一部に，結婚を避けようとする気運が高まるのである．竹信(2013)は，女性に家事の重荷がいかに大きいかを赤裸々に報告している．出産も同様な理由で避けようとするのである．

こういう女性が増加すると少子化問題はますます深刻化するので，女性が働きながらも結婚して子どもを産むような支援体制を設ける必要がある．それについても第8章で詳しく議論するが，一言でまとめればワークライフバランスの確保，すなわち働くことと生活を送ることを男女が等しく担当するように社会に向かえば，女性の非婚志向や出産・子育て回避の風潮は弱まると予想できる．ワークライフバランスを成就するためには，夫である男性と社会一般からの積極的な協力・支援が欠かせないので，男性と社会一般がそれを実践して女性を説得するしかない．

結婚できない人の増加

結婚したいと考えている人が必ずしも大きく減少していないことは既に述べたが，現実には結婚しない人の数が微増しているのであり，この矛盾を説き明かすことを考えてみよう．これを論議するときには，問題設定を次の2つに大別する必要がる．それは，(1)将来的には結婚する意思はあっても，現時点では結婚しない人，(2)現在結婚を望んではいるが，何らかの理由でそれのできない人，の2種類がいるということである．

第1のグループにどういう人が該当するかといえば，年代が若すぎるから，結婚よりも他にすること(例えば学業，仕事)に打ち込んでいる，現時点では独身で不便はないし，趣味などの自由な生活を大切にしたいなど，結婚に切実感が

ない人である．こういう人は将来いつかは真剣に結婚を考えて婚活（結婚相手を探す活動）をするだろうから，現時点では結婚しないことは自然とみなせるので，ここで論議をする必要はない．むしろ第2のグループのように，結婚の意思はありながらそれを成就させていない人に注目することの方が重要である．

図6-2は独身者(25〜34歳)が何の理由でもって結婚できないかを，男女別に示したものである．いくつか興味深い事実が分かる．第1に，男女とも「適当な相手にめぐり会わない」という理由が他の理由を圧倒して高くて第1位である．ところで，この理由に関しては，男女差が相当にあるということが重要である．すなわち，女性ではこの理由が50%を超えているのに対して，男性では46.2%と女性よりやや低い．

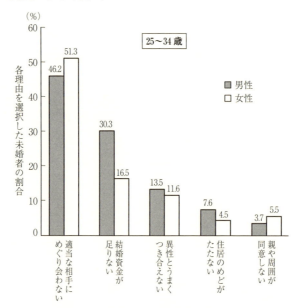

注）未婚者のうち何%の人が各項目を独身にとどまっている理由（3つまで選択）として挙げているかを示す．
設問「あなたが現在独身でいる理由は，次の中から選ぶとすればどれですか．ご自分にもっともあてはまると思われる理由を最高3つまで選んで，右の回答欄に番号を記入してください．」
資料）国立社会保障・人口問題研究所(2010)『第14回出生動向基本調査』．

図6-2 結婚できない理由

そもそも適当な相手にめぐり会えないという事実は，人によって何を基準にしてめぐり会えないことを嘆いているのか，を知る必要がある．例えば，自分に自信があって相手に対する要望度が高ければ，要望度の低い人よりめぐり会う確率は低くなる．さらに，その人がどういう環境で生活しているかにも依存する．若い人が多く，かつ男女比が適当な学校，職場などの生活の場にいる人は，そうでない人よりもめぐり会う確率が高くなる．加えて，その人の性格にも左右される．積極的に行動する人は，あらゆる機会を求めて異性に接しようとするだろうが，消極的で恥じらい気味の人はそうでないだろうから，めぐり会いの確率も異なる．男性の 13.5％，女性の 11.6％ が「異性とうまくつき合えない」となっており，性格の影響がここで示されている．これらに関する詳しいことは後に再び議論する．

　第 2 に，「結婚資金が足りない」という理由が男性で 30.3％，女性で 16.5％ とかなり高い比率となっている．これは結婚式の費用がないといった狭い意味だけでなく，収入が少ないので結婚後の経済生活に自信がない，といったことを含めた結婚生活への経済不安と解釈すべきである．「住居のめどがたたない」という項目も掲げられているが，これも結婚後の経済生活に関することなので，両者を合算すると，男性 37.9％，女性 21.0％ となり，結婚に際して経済生活のことが障害となることを認識したい．

　経済に関して男女の違いを述べれば，男性が障害と感じる比率は女性のそれよりもやや高いので，結婚生活をするには男性の経済力がより重要になっていることを意味している．しかし女性が感じる経済不安も想像したほど低くはなく，女性も結婚後の経済生活が無視できないと考えている証拠である．結婚後の経済生活に際しては，まだ男性の所得高に依存している傾向が強いので，女性のやや低いけれど無視できない不安という事実は次の 2 つの意味がある．第 1 に，結婚相手の男性の収入を気にしていること．第 2 に，もし将来夫の収入が低いのであれば，自分も働いて家計所得を増加させたい希望（これはダグラス＝有沢の第 2 法則）か，もっと家計所得を高くしたいという希望か，という意味を含んでいる．

　第 3 に，「親や周囲が同意しない」という項目は男性 3.7％，女性 5.5％ なので，低い制約にしかなっていない．結婚は家と家との結びつき，という意識の

強かった戦前や戦後の一時期と異なり，現代では親や親族が結婚に口出しする風潮のなくなったことを意味している．結婚は一組の男女による自由な意思に基づいて成就する時代になっている，ということの裏返しである．

　以上をまとめると，結婚する意思がありながらも，結婚しない，むしろ結婚できない人といった方が良いが，そういう人が増加している理由として，適当な相手とめぐり会えない，そして結婚するに十分な経済力がない，というのが2大理由である．この2つの理由において，男女間にその重要性に差がある，ということも分かった．

適当な相手にめぐり会わない

　男女とも適当な相手にめぐり会わない，という理由が未婚者の多い最大理由であったが，そもそもそういう人は交際相手を望んでいるかどうかまず確認しておこう．図6-3は年齢別に異性との交際相手をもたない未婚者の割合と，交際の希望があるかどうかを示したものである．

　2005年において，男性で52.2%が交際相手がいなかったが，2010年ではそれが61.4%に上昇しているし，女性では44.7%から49.5%への上昇であり，男女ともに交際相手のいない率が上昇している．なお2005年の数字は図に示していない．めぐり会いの困難度が高まっていることが分かる．男性の方が女性よりも交際比率がやや高いのには次の理由が想像できる．男性は交際相手（婚約者，異性の恋人，異性の友人）を誰と定義するか，ということに関してやや甘く，1度か2度しか2人で会っていない女性とか，言葉を気軽に交わす女性なども交際相手とみなす傾向があるのに対して，女性はその定義が厳格で，非常に親しくつき合っている男性だけを交際相手とみなす傾向が強い，とよく言われる．別の言葉を用いれば，交際相手のうち友人の定義に差がありそうだ．

　しかしながら，異性との交際を望んでいる比率には男女差は現れない．すなわち，男女ともにその比率は50%前後であり，交際相手のいないことを嘆いて，それを打破すべく交際相手を望む人の割合は同じなのである．同じ比率ということは両者がうまくマッチすれば，交際相手は見つけられるということを意味しており，好ましい状況にある．

　年齢別に注目すると，交際相手をもたない比率は，男女ともに同じパターン

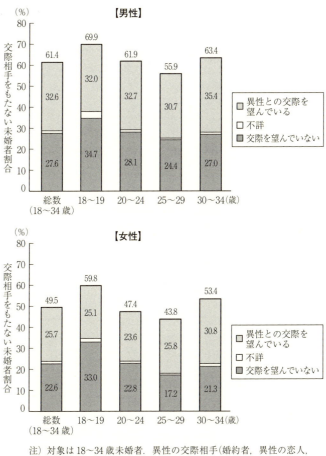

注) 対象は18〜34歳未婚者．異性の交際相手(婚約者，異性の恋人，異性の友人)をもたない未婚者の割合．
設問「あなたには現在，交際している異性がいますか．」において交際している異性がいない場合，「異性との交際の希望」(1. 交際を望んでいる，2. とくに異性との交際を望んでいない)．
資料) 図6-2に同じ．

図6-3　年齢別に見た，交際相手をもたない未婚者の割合と交際の希望

を示している．すなわち，年齢が 18〜19 歳という若い世代では比率が高いが，20〜24 歳，25〜29 歳と年齢が上がるとその比率は下降する．30〜34 歳となると再び比率が上昇する．18〜19 歳であれば他にすることがあるので男女交際の比率は低いが，20 代になるとそろそろ結婚を意識するので，交際する人が増加する．しかし 30 歳を過ぎると，未婚者における男女交際の機会が低下するのであり，この年齢になると結婚に至らない男女の出現と解せるのである．20〜29 歳で結婚の相手を見つけられた人は幸運な第一歩（？）を歩んだが，それに取り残された 30 代の人は未婚者のままであり，異性の交際相手のいない人となるのである．

男女が結婚に至る出会いの場については，一昔前では次の 2 つが有力な方法であった．それは見合いと職場結婚である．前者は親類をはじめ周りの人が結婚を前提として男女が紹介されて交際を始めて，しばらくして結婚するかどうかを 2 人や両親などの合意の下で決定するものである．もう 1 つの職場結婚は同一の職場で働く男女が恋愛を経て結婚に至るのである．これについては岩澤（2010）が参考となる．もとより職場以外でも男女が知り合う機会は他にも存在していた．

これらを大別すれば見合い結婚，恋愛結婚となるが，1970 年代あたりまでは見合い結婚が主流であった．それ以降は逆転して現代では恋愛結婚が主流である．恋愛結婚が主流となると，これまで述べてきたように，異性と知り合う機会がないと嘆く若い男女の多くなることはある意味では当然である．一昔前の見合い制度は，若い男女が知り合う機会を意図的に周りが与えていたと解釈できるので，見合い制度の存在意義はあったと理解できる．

見合い制度に代わる制度として，現代では結婚紹介ビジネスが普及している．企業が男女の紹介を営利として行うのである．結婚に関心のある人は加入料ないし手数料をその企業に支払い，企業は男女が会う機会を様々な形式を用いて提供する仕事を行う．見合い制度は個人ベースでの紹介であり，ほぼ無料で行う（もとより謝礼の支払われることもあった）が，身近に見合いを斡旋するおせっかいな人は少なくなったので，かわりに企業がその役割を果たすようになったのである．この結婚紹介ビジネスの内容や経営状況を分析することは本書の目的ではないので，ここでは旧来の見合い制度に代わる結婚紹介業の存在だけを指

摘するにとどめておく.

　最近の若者の出会いの場として重要なものの1つとして，若者が飲み会とか合コンとかいう場所を設定して，男女が知り合う機会を意図的につくっている．見知らぬ男女が一堂に会する機会であり，その中からカップルが誕生するのであればめでたしめでたしである．やや古い話で恐縮であるが，アメリカの大学生はダンスパーティを頻繁に行っていて，若い学生がそこに集ってボーイフレンド，ガールフレンドを見つける場になっていることをアメリカ留学中に知った．日本は飲み会か合コン，アメリカではダンスパーティと，文化は異なれど男女の出会いの場をつくる人間の知恵である．

　もっともこのような出会いの場に出ることを好まないとか，たとえ渋々出ても控えめの性格から異性とさほど話ができず，結局は恋人や結婚相手にめぐり合えない若い男女が相当数いると聞く．これらは出会いの場がないことの説明にはならないが，積極的にその場を生かそうとしないか，できない若い男女のいることの証拠にはなる．

　では一昔前に職場結婚が多かったのに，今ではそれの影が薄くなってきたのはなぜだろうか．それを説明するには次の2つの理由が大きい．第1は，以前は社縁意識が強くて，社員同士の一体感や絆が存在していたので，社員の間での仲間意識があった．社員に仲間意識があれば，職場内のみならず職場以外でのお互いの交流などがあって，その中で一組の男女が恋愛関係に入ることになることもあるだろう．職場結婚はこうして生まれたのである．しかし現代は，橘木(2011d)が述べるように社縁は希薄になっている．

　第2は，後に述べるように企業内での雇用形態が変化して，正規労働者と非正規労働者が併存するという姿になり，両者の間に何となく冷たい人間関係が漂うこともある．今は全労働者のうちおよそ40％が非正規の時代である．前者は雇用が保障されて処遇もよいという恵まれた身分であるのに対して，後者は雇用が不安定で処遇もよくない恵まれない身分なので，どうしても感情にもつれが生じることがある．そうであれば交流の機会も減少して，職場結婚の数も少なくなりがちである．

　職場結婚の機会が減れば，期待できるのは友人による紹介である．学校時代などにおける友人がお互いに異性を紹介するという可能性に期待がかかる．こ

れは一昔前でいう見合い結婚において,周りの人が紹介の橋渡しをしていたのに対して,現代では友人が行っていると理解してよい.田中(2010)は若い人,特に女性に注目して友人同士の紹介による結婚の実態を報告している.筆者の予想によると,友人による紹介は何も女性だけではなく,男性にあっても潜在し,今後も増加しそうである.

実は,友人同士の紹介に加えて,最近になって学校の同級生,あるいは先輩・後輩の間柄での結婚が増加中であることを述べておきたい.アメリカにおいては高校・大学における同級生なり同窓生の間の結婚がかなり多いのであり,日本もその方向にあると言ってよい.男女共学校で学ぶ生徒・学生の数の増加,あるいは別学校であっても種々のチャネルを通じて男女の知り合う機会は増えている.今後を予想すれば,学校という学び舎において,在学中ないし卒業後に男女の知り合う場が多くなり,期待の持てる役割を演じるのではないかと予想している.これに関しては,橘木・迫田(2013)で同窓生同士の結婚数の多いことが示されているので,現実味を帯びた話である.

異性と交際できない 2 つの理由——自信なさと 300 万円の壁

異性と恋人関係に入れない人,あるいは結婚に至らない理由を,本人の意識から類推してみよう.表 6-2 は交際するうえでの不安を男女別に示したもので,交際の障害と考えてよい.

この表でもっとも印象的なことは,男女ともに「自分は異性に対して魅力が

表 6-2 異性と交際するうえでの不安

(単位:%)

	男性 (N=3179)	女性 (N=1988)
自分は異性に対して魅力がないのではないかと思う	46.0	49.8
そもそも異性との出会いの場所が分からない	38.8	47.1
気になる異性がいても,どのように声をかけてよいか分からない	37.9	29.9
どうしたら親しい異性と恋人になれるのかが分からない	33.5	28.3
恋愛交際の進め方が分からない	32.3	29.2
自分が恋愛感情を抱くことができるのか不安だ	23.2	40.3
異性との交際がなんとなく恐くて,交際に踏み切れない	20.7	23.4
過去の失恋経験からまた異性に振られるのではないかと思う	13.9	14.6
その他	11.5	10.6

資料)内閣府(2011)「結婚・家族構成に関する調査」より作成.

第6章　少子・高齢化

ないのではないかと思う」が，男性46.0％，女性49.8％と，他の不安よりもはるかに高い水準である．恋愛とか結婚というのは相手のあることだし，自分が相手に求める希望はいくらでも勝手に抱くことができるが，相手が自分を気に入ってくれないと成立しない．この表で示された重要な発見は，男女ともに自分が相手を魅了できないのではないか，という自信のなさの発露である．これは大変正直な返答である．例えば，容姿が劣るとか，学歴が低いとか，職業が良くない，収入が低いとか，ありとあらゆる自分の資質に自信がなければ，なかなか異性との交際の機会はないだろう，と思うのは自然である．

この理由が深刻だからこそ，世の中に未婚者の数が増加していると解釈できる．案外「結婚できない」とする人がいることを説明する理由として，もっとも重要なものであるかもしれない．しかし救いの道はある．人間の魅力は様々にあって，「あばたもえくぼ」という言葉があるように，他の項目には目をつぶって一点の魅力だけを大変気に入ってくれる人が現れて，恋人や結婚に結びつくことが必ずある．それに加えて，酷なことを言うかもしれないが，異性に近づくときにフラレることを恐れるな，ということである．「数撃てば当たる」という言葉を思い出そう．

ついでながらこの表は自分の魅力のなさ以外にも，いくつか重要な理由が書かれている．例えば，「そもそも異性との出会いの場所が分からない」「気になる異性がいても，どのように声をかけてよいか分からない」などがあるが，これらは既に論じたことなので，ここでは再述しない．むしろ次に論じる話題が，経済学者が気になる点である．

未婚者の多い理由として，もう1つの重要な理由は，図6-2で示したように，「結婚資金が足りない」で表現される経済生活への不安である．すなわち，結婚しても経済生活ができないので，結婚に踏み切れないとの気持ちである．所得の多寡が結婚にどのような影響を与えているのか，もう少し具体的に言えば，所得の低い人が結婚できるかどうかを分析しておこう．これは橘木・迫田(2013)でも論じた．

20代と30代の人びとに関して，年収別に見た場合に，結婚しているか，恋人がいるかいないか，異性との交際経験がないか，などでどのような違いがあるかを図6-4で示そう．

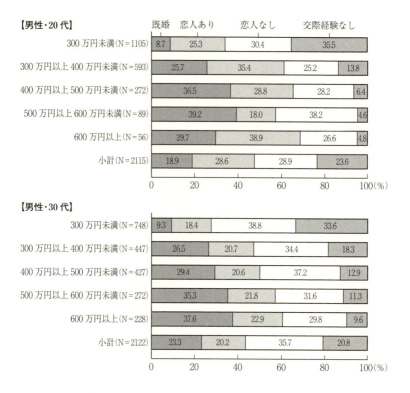

　年収が300万円を超えると,既婚者が20代で25.7%,30台で26.5%とかなり高くなる.年収が400万円以上となれば既婚者の割合はそれよりもさらに高くなる.もっと印象的なことは交際経験なしの比率で見られる.すなわち,300万円以上の年収の人では,交際経験なしが300万円未満の人と比較すると,その半分以下という低い比率となっている.恋人ありと恋人なしに関しては,年収による差はさほどない.

　ここで述べたことをまとめれば,次のような仮説が得られる.すなわち,若い男が結婚するか,しないか(あるいはできないか)の差は年収300万円が境になっている.まずは,年収が300万円未満の男性では結婚できない人が多い.これは結婚しても経済生活ができない可能性が高いので,結婚に踏み切らないことを意味している.次に,恋人なしや交際経験なしが過半数を占めている状況

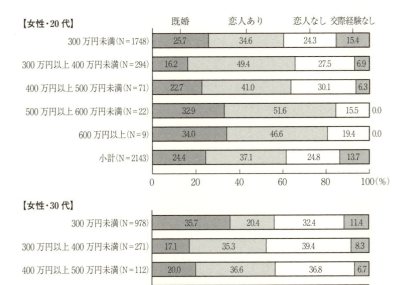

注 1) 職業が「学生」，年収は「分からない」を除く．
  2)「300万円未満」は「収入がなかった」，「100万円未満」，「100万円〜200万円未満」，「200万円〜300万円未満」の合計．
  3)「600万円以上」は「600万円〜800万円未満」，「800万円〜1000万円未満」，「1000万円以上」の合計．
  4)「既婚」は，結婚3年以内．
資料) 内閣府(2011)『結婚・家族形成に関する調査』．

図 6-4 年収別の婚姻・交際状況

にある.所得が低いと,女性と接しようとする気持ちがなくなることを意味している.女性との交際はお金がある程度ないとできないし,交際しても結婚することは難しいかもしれないという気持ちがあれば,積極的に女性にアプローチする気が起こらないのかもしれないのである.「300万円の壁」が日本の若い男性の結婚や異性との交際に関して存在しているのである.

次に女性に注目してみよう.男性と異なっている点は,「300万円の壁」が男性ほど目立たないということになる.年齢が20代で年収300万円未満の女性では,既婚者が25.7%,恋人ありが34.6%,恋人なしが24.3%,交際経験なしが15.4%の割合である.同世代の男性と比較して,既婚者と恋人ありが多く,逆に恋人なしが少なく,特に交際なしの比率が非常に低い.20代の女性にとって結婚とか異性の友人に関して,自分の所得の低さは多少の影響はあるが,それほど壁になっていないのである.

女性の年齢が30歳代になると,20代の女性とそれほど変わっていないことが,300万円未満の収入の人に関して言えるので,ここでも「300万円の壁」はそれほどない.

なぜ女性より男性に「300万円の壁」,より一般的には「低所得の壁」が結婚や異性とのつき合いにおいて深刻であるかと言えば,前述のように,まだ日本では夫婦生活の経済責任は男性にある,という意識が強いからである.男は外で働き,女は家で家事・育児という性別役割分担の意識はかなり弱まってきているとはいえまだ残っているので,所得の低い男性においてここで述べた所得の壁が残っているのである.

女性に関して興味深いことが見られる.それは女性で年収が600万円以上の30代の人は,既婚者の比率が15%前後であり少し低い割合である.その一方で恋人ありの割合は40%前後の高さ,そして異性との交際経験なしが,なんと5%前後の非常に低い割合である.これらの女性は年収が高く,自己の所得だけで食べていけるので,結婚しなくてもよいと思う人が多いのである.年収が高いので仕事にもきっと生きがいを感じていると思われる.かといって対男性とのつき合いにも消極的ではなくむしろ積極的であり,恋人がいる割合は高いし,なによりも交際経験なしの人が非常に少ないことがそれを物語っている.お金もあるし,仕事もやりがいがある,男性とのつき合いにも豊富,という人

第6章 少子・高齢化

生を楽しくかつ有意義に暮らしている独身女性の姿である．

非正規雇用者の不利

低所得の若者，特に男性が結婚や異性とのつき合いで不利になっていることが分かったが，ではそういう人はどういう働き方をしているかがここでの関心である．図6-5は雇用形態別に，先の図6-4と同じように，結婚しているか，恋人がいるかどうか，異性との交際経験がないか，などの差を示したものである．女性に関しては雇用形態別にあまり差がないので，ここでは男性のみ議論する．正規雇用者とはフルタイムで働き，雇用期間に制限のない人であるのに対して，非正規雇用者とはパート，アルバイト，契約期間付き雇用，派遣社員などを指す．賃金はじめ労働条件にかなりの格差のあることは皆の知るところである．

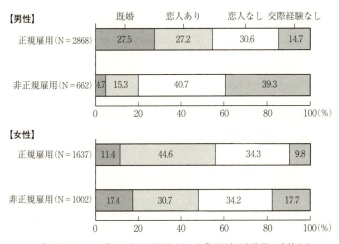

注1)「正規雇用」は「雇用者(正社員)」及び「雇用者(公務員，公社などの正規職員)」の合計．
　2)「非正規雇用」は「パートタイマー・派遣等の非正規雇用者」．
　3)「既婚」においては，結婚前の職業．
　4)「恋人あり」，「恋人なし」及び「交際経験なし」においては，現在の職業．
　5)「既婚」は，結婚3年以内．
資料) 図6-4に同じ．

図6-5　雇用形態別の婚姻・交際状況

この図で明らかなことは，正規雇用者の方が非正規雇用者よりも結婚している割合や恋人のいる割合が高く，逆に女性との交際経験なしの割合が低い．賃金が低く，かつ雇用の安定性に欠ける非正規労働者は，結婚や異性とのつき合いにおいてハンディを背負っているのである．「300万円の壁」あるいは「低所得の壁」で発生していた点とほぼ同じことである．この事実は女性よりも男性にはるかに深刻なことが分かる．

格差社会の影響

低所得者や非正規労働者が結婚や異性とのつき合いにおいて不利な状況にあることが分かったが，これは日本が格差社会，あるいは貧困大国になったことの影響である．貧富の格差が拡大し，そして貧困者の数の増大したことが，格差社会，ないし貧困大国の意味するところである．このような格差の大きい国に日本がなった経緯や現状については，例えば橘木 (1998, 2006, 2015c, 2016a) に譲り，ここでは結婚できない，あるいは異性とつき合う機会のない低所得や貧困で苦しむ若者に焦点を合わせて議論しておこう．

日本の若者の経済的な現状については次のようにまとめられる．第1に，高度成長期や安定成長期の頃と，失われた20年と称される低成長期や不況期にある現代では，若者の経済状況は大いに異なる．前者の時代では若者への労働需要は高くて仕事は多くあったので，若者の失業率は低かったが，後者の時代では労働需要が低下して若者の失業率が高くなった．現代では若者の失業率は10％前後の高さにまで達している．1つ明るいニュースは，ここごく最近の人手不足で，若者の失業率が少し低下していることである．

第2に，第1のことの派生であるが，若者の雇用形態が二極化した．低成長や不況の時代では企業が労働費用の節約を図らねばならず，雇用者を正規雇用と非正規雇用の2種類に区分することになった．既に述べたように，両者の間には賃金をはじめ労働条件に格差がある．現代では労働者の40％弱が非正規労働者なので，低賃金で苦しむ人が増加したのである．どういう人が非正規労働者かと言えば，既婚女性，若者，高齢者に多い．若者はできれば働いて自分の稼ぐ所得で自立した生活を送るのが好ましいのであるが，非正規で働く若者の多くは低賃金となり，経済生活が悪化したのである．これが既に述べたよう

に，結婚や異性とのつき合いができない原因の1つとなったのである．

　第3に，若者に意識の変化があった．豊かになった日本で育った若者の一部に，貧しかった時代の昔の若者のような高い勤労意欲をもたない人が出現した．これは豊かな国となった若者に共通に発生することなので，日本の若者だけに当てはまることではない．ガムシャラに働かなくて，そこそこの生活を送ることだけでよいとする人はいてもよいと考える．

　第4に，学校教育の現場において，卒業後にスムーズに働くことができるような職業教育をしてこなかった．上級学校への進学競争に勝つための受験教育に学校教育が奪われていたからである．学校から仕事への移行がそれほどうまく進まなかったので，若者が職業人となってから迷うことがあった．これが若者の職の不安定化の要因となった．実はこの問題を筆者は深刻なことと判断していて，橘木(2014)では学校での実学教育をもっと重視すべき，と主張している．

　このような理由が重なって，一部の若者は経済的な弱者となった．すなわち，非正規労働者にならざるを得なかったり，低所得に甘んじたり，結婚や異性とのつき合いでハンディを背負うことになったのである．

2　高齢化

高齢化の進行
　日本で高齢化が進行中であることはよく知られていることなので，ここでは2〜3の統計でそれを見るだけにとどめておこう．ここで高齢化には2つの意味がある．第1は，総人口に占める高齢者の人口比率の増加することであり，第2は高齢者の中でも後期高齢者(例えば75歳以上の人)と呼ばれるように，年齢の非常に高い人の増加である．第1に関することでは，高齢者を何歳以上と定義するかによって統計が異なるので注意を要する．

　高齢者を65歳以上と定義したときの高齢化率を示したのが表6-3である．明治・大正の時代にあっては高齢者化率は4〜5％と，高齢者の数は非常に少なかった．これは，表6-4で示される日本人の平均余命によって分かるように，戦前の日本人の平均余命が40歳代であったことで説明されうる．そもそも60

表 6-3　日本における 65 歳以上人口割合（1850～2010 年）　　（単位：%）

年次	人口割合	年次	人口割合	年次	人口割合	年次	人口割合
1850	—	1920	5.26	1990	12.08	2060	39.94
1860	—	1930	4.75	2000	17.36	2070	40.62
1870	—	1940	4.80[5]	2010	23.02	2080	41.22
1880	5.72[1]	1950	4.94	2020	29.11	2090	41.15
1890	5.49[2]	1960	5.73	2030	31.60	2100	41.11
1900	5.49[3]	1970	7.07	2040	36.05		
1910	5.25[4]	1980	9.10	2050	38.81		

注 1) 1884 年．2) 1888 年．3) 1898 年．4) 1908 年．5) 国税調査結果に基づく補正人口．
　　2020 年以降は予測値．
資料）国立社会保障・人口問題研究所『人口統計資料集』．

歳を過ぎるまで生きる人が少なかったのである．むしろこの時代にあっては，高齢者を 65 歳以上の人と定義するのが不自然であるが，では高齢者を何歳以上と定義すればよいかを検討することも価値がある．

　表 6-3 に戻って戦後の高齢化率に注目しよう．終戦を挟んだ 1940, 50 年代の 5% 弱という高齢化率から 1980 年前後までは 10% 以下の高齢化率でしか推移していなかったので，この時期の日本は幼・少・青・壮年の社会だったのであり，高齢化率は低かった，これを説明する最大の理由は，この時期は出生率が高く，幼年，少年，青年が多数いたからである．

　1990 年代に入ると様相は一変する．高齢化率は 10% を超えており，21 世紀に入ると 17% 台に達し，2010 年には 23.02% の高さになっている．世界の中でもっとも高齢化率の高いグループに入る国になっており，日本は高齢化問題に対処せねばならない時代となっている．今後も高齢化率は 30% を超え，2070 年には 40% 台にも達しようとする勢いである．

　ところでこの高い高齢化率には次の 2 つが大きく影響している．第 1 に，これまで述べてきたように，出生率が低下してきたことが大きく，若年層の比率が低くなることが高齢化率を高める．第 2 に，平均余命の延びがある．表 6-4 によると，1990 年代では男性が 70 歳半ば，女性が 80 歳台に入っていることにより，長寿の高齢者が増加していることの効果が大きい．60 年代の男性 60 歳半ば，女性の 70 歳を少し超えた余命と比較すると，およそ 10 歳ほどの延びである．このような短期間の間に 10 歳も平均余命が延びたのは驚異である．

表 6-4 特定年齢の平均余命(1921〜2060 年)

年次	平均寿命			平均寿命の延び		15歳平均余命		65歳平均余命	
	男	女	男女差	男	女	男	女	男	女
1921〜25	42.06	43.20	1.14			42.31	43.12	9.31	11.10
1926〜30	44.82	46.54	1.72	2.76	3.34	43.58	45.11	9.64	11.58
1935〜36	46.92	49.63	2.71	2.1	3.09	43.85	46.33	9.89	11.88
1947	50.06	53.96	3.90	3.14	4.33	44.93	48.81	10.16	12.22
1950〜52	59.57	62.97	3.40	9.51	9.01	50.95	54.10	11.35	13.36
1955	63.60	67.75	4.15	4.03	4.78	53.09	56.96	11.82	14.13
1960	65.32	70.19	4.87	1.72	2.44	53.74	58.17	11.62	14.10
1965	67.74	72.92	5.18	2.42	2.73	54.93	59.71	11.88	14.56
1970	69.31	74.66	5.35	1.57	1.74	55.97	60.99	12.50	15.34
1975	71.73	76.89	5.16	2.42	2.23	58.03	62.94	13.72	16.56
1980	73.35	78.76	5.41	1.62	1.87	59.35	64.58	14.56	17.68
1985	74.78	80.48	5.70	1.43	1.72	60.54	66.13	15.52	18.94
1990	75.92	81.90	5.98	1.14	1.42	61.58	67.46	16.22	20.03
1995	76.38	82.85	6.47	0.46	0.95	62.00	68.39	16.48	20.94
2000	77.72	84.60	6.88	1.34	1.75	63.19	70.01	17.54	22.42
2005	78.56	85.52	6.96	0.84	0.92	93.97	70.87	18.13	23.19
2006[1]	79.00	85.81	6.81	0.44	0.29	64.38	71.16	18.45	23.44
2007[1]	79.19	85.99	6.80	0.19	0.18	64.56	71.33	18.56	23.59
2008[1]	79.29	86.05	6.76	0.1	0.06	64.65	71.39	18.60	23.64
2009[1]	79.59	86.44	6.85	0.4	0.45	64.93	71.75	18.88	23.97
2010[1]	79.64	86.39	6.75	0.05	-0.05	64.98	71.70	18.86	23.89
2035[2]	82.40	89.13	6.73	2.76	2.74	67.59	72.30	20.93	26.17
2060[2]	84.19	90.93	6.74	4.55	4.54	69.32	76.06	22.33	27.72

注)注記のないものは,内閣統計局及び厚生労働省統計情報部『完全生命表』による.
1)厚生労働省統計情報部『簡易生命表』.2010年までは実測値.
2)国立社会保障・人口問題研究所『日本の将来推計人口』(2012年1月推計[中位]).
資料)表6-3に同じ.

ついでながら60年代の半ばから現代までを考えると,およそ半世紀の間に20歳も延びたのである.

なぜこれほどまでに日本人の平均余命が延びたかといえば,医療技術の進歩が著しく,一昔前であれば死亡していた病気の治療法が進んだことが大きい.人体・医療そのものの知識が深まり,そして手術法の進歩に加えて,質の高い薬品の開発が貢献している.

ここでは主として医学,薬学以外の理由をつけ加えておこう.第1に,社会

保障制度の充実がある．高齢者の生活保障の目的として，戦後は年金，医療，そして最近には介護などの社会保障制度が充実したことにより，病気の治療や介護が経済負担の心配なしに，人びと特に高齢者に提供されるようになった．換言すれば，お金がないから治療や介護のサービスを受けることができない，ということが著しく減少した．

　第2に，戦前や戦後の一時期では，現役の労働者の働く現場が肉体的に厳しいことが多く，健康を損ねることや，寿命を縮めることがよくあった．例えば，鉱山におけるリスクの高い労働，製造業における工場での厳しい肉体労働，建築現場における過酷な作業，その他にも高度成長期における国民一般の長い労働時間で象徴される働き過ぎの労働などがある．時代が進むとともに鉱業，製造業，建設業の比重が低下し，職場においても危険の多い仕事や過重労働の縮小が推進された．

　第3に，国民の間で健康に対する関心が高まり，健康増進のために運動や体育による肉体管理や栄養指導などが行き渡ったことがある．さらに，病気の発生を未然に防ぐための知識を吸収して，それを実践する人が増加した．これも医療の進歩の一分野とみなしてよいが，ここでは病気になったときの治療と病気の発生を未然に防ぐ予防の違いを強調しておきたい．

高齢者による効果

　日本が少子・高齢化社会に入ったことによって様々な影響が社会と経済に発生することは明らかなことであり，これを巡る論議が種々なされている．ここではそれに関してはさほど深入りせず，少子・高齢化社会のメリットとデメリットを簡単に述べておくことにとどめておきたい．

　最初はメリットである．第1に，人口過密社会，特に東京や大阪などにおいて交通での混雑や住宅問題などの解決に役立つ可能性がある．もっとも人口が地方から大都会に移る現象が続く限りにおいては，たとえ総人口が減少したとしても大都会に特有な人口過密問題は解決しないので，大都会への人口移住の問題を解決する必要がある．ついでながら，地方に住む人びとがいかに快適な生活を送っているかは，橘木・浦川(2012)に詳しい．地方でも仕事があって経済生活に困らないようにすることが望ましい姿である．

第2に，総人口が減少するのであるから，1人当たりの所得や消費が増加する可能性があるので，豊かになることを意味することにより望ましい側面がある．もっともこの効果がどこまで期待できるかは，次に述べる少子・高齢化のデメリットをできるだけ小さくすることが前提となる．具体的には，経済成長率が負となって，経済規模自体が小さくなれば，1人当たりに換算しても所得や消費が増加しない可能性があることによる．

次はデメリットである．第1に，少子・高齢化はマクロ経済の成長にとってマイナス効果がある．それは労働力不足が発生するし，購買意欲の強い若年・中年層が少なくなることによって，家計消費すなわち需要の削減を招くことになる．これに関しては，日本経済団体連合会他(2012)では，2030年代に入ると経済は成長率がマイナスとなり，41〜50年には具体的にマイナス0.47%になると予測している．

これを避けるには，例えば，技術進歩の一層の推進，1人ひとりの労働者の質の向上，比較優位のある産業への投資と労働力の移転，そして女性労働力をもっと活用する，などの政策が考えられる．

第2に，社会保障の財政が悪化する．例えば年金，医療，介護といった保険料は主として現役の労働者が負担し，給付は高齢者というのが現代の賦課方式の宿命である．医療に関しても病気がちの人には高齢者が多い．社会保障の給付額が増加し，逆に保険料の徴収額の低下するのが少子・高齢化の帰結である．予測される財政赤字を避けるために，年金制度においては運営方法を賦課方式から積立方式に変更すること，負担に関しては税収投入の比率を高めるとともに，全世代から徴収する消費税を中心にする，といった政策が考えられる．これらに関しては橘木(2005a, 2010b)を参照されたい．

他にもメリット，デメリットはあるが，以上が少子・高齢化による主たる影響である．デメリットのところで述べた対策を導入しようとする動きが現時点では弱いので，経済規模は縮小に向かうものと予想できる．むしろ筆者は別の見方をしていて，経済成長率が低くなることは日本のような成熟した豊かな国であれば，望ましいとまでは言わないが，あえて高度成長に向かう必要はないと達観していいのではないか，と判断している．別に経済大国である必要はないし，そこそこの経済生活が送ることができて心が豊かにさえなれば人間は至

福である，という見方である．これらに関しては，例えば橘木・浜(2011)，香山・橘木(2011)，橘木・広井(2013)，橘木(2016c)を参照されたい．どうしても低成長率で困るというのであれば，女性の労働力をもっと活用して経済を活用化する方法しかない．これに関しては第8章で詳しく議論する．あるいは吉川(2016)の主張するように技術進歩に頼る方法もある．

第7章

小家族主義

　第2章では戦前や戦後の一時期，大人数の家族や親族が1つの家屋に住む大家族制が主流であったが，高度成長期の終了する頃から小家族制度が浸透してきたことを確認した．「核家族」という言葉が流布し始めたのもこの頃であり，少人数の家族が一家を形成するようになった．本章ではこのことに関して詳しく検討する．

1　老親への支援が低下

3世代住居の低下

　小家族主義の浸透を明確に物語るのは，老親と成人した子どもが同居する家族の形態の数が大幅に低下したことである．ここ30年間にわたって65歳以上の男女が誰と一緒に，あるいは単独で住んでいるかを見ておこう．表7-1は，65歳以上の人が住む住居の状態がどう変化したかを示したものである．この表は日本の家族の姿が大きく変化したことを如実に物語っている．

　第1に，子ども夫婦と同居，という形態が1980(昭和55)年の52.5％から30年後の2010年には，17.5％にまで大幅に低下していることが，もっとも顕著な変化である．よく「3世代住居」という言葉が用いられるが，これは祖父・祖母(あるいはどちらか1人)，成人した子ども夫婦，子ども夫婦の子ども，の3世代が同居する姿を指す．この表ではあえて「3世代」という言葉を用いず，子ども夫婦との同居という言葉を用いたかといえば，少子化を反映して子ども夫婦に子ども(すなわち祖父母からすれば孫)のいない場合がかなりあるので，ここでは老夫婦と成人した子ども夫婦との同居，ということを強調している．したがって，「3世代住居」という言葉を本文で用いるときは，孫のいない場合の「2世代住居」をも含んでいると理解してほしい．

表7-1 65歳以上男女の住居状態別分布

年次	単独	夫婦のみ	子ども夫婦と同居	配偶者のいない子どもと同居	その他親族と同居	非親族と同居
1980	8.5	19.6	52.5	16.5	2.8	0.2
1985	9.3	23.0	47.9	16.7	2.8	0.2
1990	11.2	25.7	41.9	17.8	3.3	0.2
1995	12.6	29.4	35.5	18.9	3.5	0.2
2000	14.1	33.1	29.4	19.7	3.5	0.2
2001	13.8	33.8	27.4	21.0	3.8	0.2
2002	14.2	35.1	26.1	20.9	3.5	0.2
2003	13.8	34.2	26.5	21.3	3.9	0.2
2004	14.7	36.0	23.6	21.9	3.6	0.2
2005	15.5	36.1	23.3	21.6	3.4	0.1
2006	15.7	36.5	22.3	21.6	3.7	0.1
2007	15.7	36.7	19.6	24.0	3.8	0.2
2008	15.3	36.7	19.4	24.7	3.8	0.1
2009	16.0	36.9	18.4	24.8	3.7	0.1
2010	16.9	37.2	17.5	24.8	3.6	0.1

注) 1995年は阪神・淡路大震災により兵庫県を除く．
資料) 厚生労働省統計情報部『厚生行政基礎調査報告』『国民生活基礎調査』による．

「3世代住居」が大幅に減少すれば，どのような姿で住むようになるのか，次の形態が候補となる．すなわち，老夫婦のみの住居，夫ないし妻が死亡した場合には単身で住む，という2つである．この表によると，老夫婦のみの世帯が20％弱の比率から40％弱にまで増加している．さらに単身高齢者の比率も10％前後から，20％前後にまで倍増している．両者を合計すると26％ポイント前後の増加であり，「3世代世帯」の減少をほぼこの両者によって相殺しているのである．これらをまとめると，老親と成人した子どもが同居する世帯の形態は大きく減少し，一方高齢夫婦の世帯数が大きく増加していると結論づけられ，日本の高齢者の世帯状況の大きな変化を物語っているのである．

日本の高齢者はどのような状態になったとき，子どもと同居していたのだろうか．あるいは，子ども夫婦はどのような状況に置かれたときに，自分の両親との同居を決断したのであろうか．このことを知ることによって，同居を促す理由や同居をためらう理由の推測が可能となる．

これに関しては，舟岡・鮎沢(2000)に有用な分析があるので，その成果をま

第 7 章 小家族主義

とめておこう．まず高齢単身者については，親の事情から同居を促す理由に関しては，(1)年齢が高くなる，(2)要介護になる，(3)所得が低い，(4)雇用者でない，(5)耕地を保有する，(6)持家に住む，(7)大都会ではない，等々である．単身者ではなく高齢夫婦に関しては，上の理由のうち「(2)要介護になる」がなくなる以外は，高齢単身者と高齢夫婦はほぼ同じ事情で子どもと同居を始める．

これらの理由をまとめると，同居は地方において商業・農業に従事していた比較的低所得夫婦で，かつ持家のある高齢者に多く見られる現象といえる．もう1つ重要な点は，高齢夫婦のうち1人が死亡して，どちらかが単身者になったときに，そしてその人が要介護の状態になれば，子ども夫婦と同居することが多い，ということである．具体的に言えば，夫が亡くなって妻が高齢単身者になった場合が圧倒的に多い．日本では男性の寿命が女性の寿命より短いことと，夫の年齢が妻の年齢より高いことで，夫が先立つからである．

次に，成人した子どもからの事情を述べてみよう．これも舟岡・鮎沢(2000)によると，次のようになっている．すなわち，(1)雇用者でないこと，(2)耕地を持っていること，(3)所得が低いこと，(4)規模の小さな地域に住むこと，等々である．子ども夫婦が田舎で農業・商業に従事し，かつ所得の低い場合に親と同居することになる．

これら老親と成人した子どもの事情の双方を勘案すると，同居する理由として次のような事情が作用しているとまとめることができる．すなわち，田舎において農業・商業に従事しており，両者ともに所得の低い場合に，同居の確率が高まる．さらに，単身の老親が要介護状態になればなおさら同居を促すのである．介護に関しては，安藤由美(2004)においても，要介護が同居を促すし，同居したときの方が別居のときよりも，子どもが親の介護に精励することが示されている．

ここで述べたことを解釈すれば次のようになる．子どもが雇用者であれば，親の居住地と異なる地域に住む可能性が高く，物理的に同居を困難としている．ただし，地方に残された単身の老親が都会に住む子どもの家に移住することもありうるが，子どもの家の規模は富裕層を除いてそう大きくなく，これも同居を難しくしている．地方において農業・商業に従事していれば，住居の規模も

比較的大きいので,同居がしやすい事情は無視できない.

　興味のある事情は,親子ともども低所得であれば,同居率の高まることである.これを説明する理由としては,同居をすることによって家計の支出を節約できるメリットが考えられる.家族の規模が2倍になっても,必要な家計消費は2倍以下で済むことは,容易に分かってもらえよう.2世帯が同居することによって,必要経費を節約でき,お互いの所得が低い場合であっても,生活水準をそれほど低くしなくてもよいのである.同居すれば生活費の節約につながるので,老親と成人した子どもはこの理由によって同居した方がよいという考え方は,一般に同居を嫌うアメリカ人の特に貧困者に関して,アメリカ人の経済学者によって主張されていることを付記しておこう(これに関しては,Kotlikoff and Spivak 1981 参照).

　この解釈にも留保が必要である.老親の所得が低いときには,老親の低い生活水準を助けるために,比較的所得の高い成人した子どもが老親を呼ぶこともあるからである.逆に,成人した子どもの所得が低い場合に,老親の資産や所得が高ければ,老親が子どもを呼ぶこともありうる.このように考えると,老親ないし成人した子どもの低所得は,様々な事情によって同居を促すことになっているのである.逆に言えば,老親と成人した子どものそれぞれが経済的に豊かであれば,同居を促す理由はそう強くない.

　これらのことを理解すれば,日本においてここ30年程度,「3世代世帯」の数が大きく減少してきた理由のいくつかが明らかとなる.それを列挙してみよう.

　(1) 高度成長期あたりから子どもが都会に出てきて就職することが目立ち始め,田舎に残った老親と都会に住む子どもとの同居が物理的に困難となった.しかも,都会で住む子どもの家屋は広くなく,これも同居を促す方向には作用しない.

　(2) 高度成長期以降,経済の伸びによって家計の所得が増加したので,一昔前のように低所得だから同居せざるを得ない,という事情は徐々に弱まることとなった.

　(3) 親の低所得を補う制度として,年金をはじめとした社会保障制度は1960年代〜80年代を中心にしてそれなりに充実した.高齢者の所得保障が年

金などの社会保障制度によって，ある程度確保されたことの効果は大きい．

　以上が経済的な観点から「3世代同居」の減少理由をまとめたものであるが，この他にも社会的な要因も大きい．それをここでまとめておこう．

　(4) 戦後の日本は西欧風の文化が流行するようになったが，その中でも個人主義の風潮に日本人が親近感をもちだしたことがある．いわゆる家父長制に代表されるような家族の親密性を第一主義とする風潮は，徐々にではあるが重みを失うこととなった．親は親の人生を，子どもは子どもの人生を，という考え方が主流を占めるようになると，老親と成人した子どもが進んで同居したいという気持ちは弱まる．これを目黒(1987)は「個人化する家族」と名付けて，家族関係の中においても個人主義が台頭してきたことを述べている．これが親子の別居を促す理由となっていることは明白である．

　(5) 個人化する家族という一般論をもう少し個人の心理にまで踏み込むと，次のような事情が浮び上がる．いわゆる嫁姑問題で代表されるように，義理の親と同居することの心理的重圧が大きく感じられる時代となった．娘婿と義理の親との関係も無視できないが，嫁姑関係よりは深刻ではなかった．日本社会の古来からある嫁姑の関係の方が深刻な問題であるし，それが目立つようになった．婿が娘の親と同居する方がまだマシであった．

　例えば安藤由美(2004)では，同居すると男性よりも女性の方に不利益が高まることが示されており，嫁が義理の親と同居を嫌う程度が高いことが分かる．

　(6) 安藤(2004)によると，学歴の高い人ほど，伝統的な家族観に賛意を示さない比率が高いとされる．同じく職業水準の高い人(例えば専門職や管理職の人)ほど，伝統的な家族観から遠い心境の人が多い．教育や職業水準が高いと個人主義的な生き方，ないし家族のことよりも仕事中心の人生を好む程度が高くなる，と想定できる．

　戦後の日本では長期間にわたって高学歴化が徐々に進展したので，人びとの学歴水準も高くなってきた．職業についても，農業・商業が中心であった時代から，都会のサラリーマンとしての職業生活が中心となってきた．さらに，最近ではブルーカラーの数が減少し，いわゆるホワイトカラー化が進展しているので，この傾向の影響もある．いずれにせよ，学歴が高くなったこと，職業水準が高くなったという現象は，特に子どもの側に見られることなので，これら

が同居を促さない理由として重要となったのである．これは主として成人した子どもの意向が強く反映されている．

　(7) 学歴と職業水準が高くなったことと関連して，女性の労働力率が高くなったことがある．高学歴化の進展は，もともと男性と比較して高くなかった女性の学歴が，急激に進行したことに特徴がある．日本が貧しかった時期では，まずは息子の学歴を優先し，娘の学歴は犠牲となる傾向があったが，家計所得の増加はこの現状を打破することとなり，娘の学歴が急上昇することになったのである．

　女性の高学歴化は女性の就労を促すこととなり，専業主婦が夢とされていた高度成長期を境にして，女性が外に出て働く比率が高くなった．いわゆる女性の労働参加率の上昇である．既婚女性が働くようになると，勤労・家事・育児，そして老親の世話という四重苦の仕事が彼女たちに課せられることとなり，老親の世話だけでも避けたい，という希望を女性が抱くようになったことは自然なことである．これが同居をしない理由として作用することとなった．

　しかし一方で，親と同居することによって，親から家事・育児の支援を受けられるメリットも生じるので，既婚女性の就労にかえって好ましい後押しになる，という事実も忘れてはならない．このことを証明するように，既婚女性の労働参加率は，親との同居の場合の方が，そうでない場合よりも高い，という統計的な事実は，このことを証明しているかもしれない．特に，低学歴の既婚女性に関して，自分の母による家事，特に育児の支援が既婚女性の就労を助けているのである．

　ここで述べた2つの理由は，同居を促さない理由と促す理由という相反するものである．どちらの理由がより優勢であったかを断定することは容易にできないが，高学歴女性の意識として，できれば親との同居を避けたいとする心理的欲求が強いとすれば，高学歴化の日本では前者の理由の方が，後者のそれよりも強かったと類推できるのではないか．すなわち，女性の高学歴化は同居を促さなくなった．

　以上をまとめると，一昔前までの日本においては，老親と成人した子どもの同居率は高かったが，ここ約30年間の間にかなり低下し，現代では老夫婦2人だけ，あるいは単身高齢者1人だけ，という居住方式が高齢者の主流であ

る．様々な理由がこの傾向を生んできたことを示したが，ここでは親子間の支援について，経済的支援なのかそれとも非経済的支援(介護，看護，食事の用意などの世話的支援)なのかについて，さほどの注意を払わなかった．その差について，特に後者については後に詳しく検討する．

3世代住居に関する地域差

3世代住居の比率が減少していることとその理由が分かったが，それを詳しく見ると不思議な現象が明らかになった．それは3世代同居の比率が都道府県で大きく異なることである．ここでは成人して子どもと同居している場合(すなわちその子どもが結婚しているかどうかは問わない)を都道府県別に見てみると，表7-2のようになる．最小が鹿児島県の27.3％，最大の山形県が67.9％であり，実に40.6％ポイントという大きな差である．

もう少し詳しくこの表を分かりやすくして，表7-3のように地域別に区分してみた．それによると，まずは北海道，鹿児島，宮崎，福岡，長崎といった九州地方の県，山口，高知，広島，愛媛といった山陽・四国地方の県，それに大

表7-2　都道府県別，子との同居割合　　(単位：％)

順位	都道府県	子同居	順位	都道府県	子同居	順位	都道府県	子同居
1	鹿児島	27.3	17	岡　山	42.6	33	佐　賀	53.3
2	北海道	29.7	18	千　葉	44.5	34	滋　賀	53.7
3	宮　崎	32.6	19	愛　知	44.6	35	静　岡	54.1
4	山　口	34.8	20	奈　良	45.0	36	宮　城	54.3
5	大　阪	35.1	21	香　川	45.3	37	石　川	54.3
6	東　京	35.4	22	三　重	46.0	38	茨　城	54.4
7	高　知	35.9	23	徳　島	46.3	39	岐　阜	55.8
8	和歌山	36.6	24	埼　玉	47.1	40	秋　田	55.9
9	大　分	37.2	25	熊　本	47.4	41	栃　木	56.0
10	広　島	37.2	26	沖　縄	49.0	42	岩　手	56.1
11	愛　媛	37.3	27	群　馬	49.9	43	富　山	56.5
12	兵　庫	38.2	28	山　梨	50.1	44	福　井	57.6
13	京　都	38.7	29	島　根	50.4	45	福　島	58.6
14	神奈川	39.0	30	長　野	51.5	46	新　潟	60.5
15	福　岡	39.5	31	鳥　取	51.6	47	山　形	67.9
16	長　崎	40.6	32	青　森	52.4			

資料）厚生労働省大臣官房統計情報部(2007)『国民生活基礎調査』．

表 7-3 地域ブロックの構成と子との同居割合

地域ブロック	子同居(%)	都道府県
北海道	29.7	北海道
首都圏	40.0	埼玉, 千葉, 東京, 神奈川
大阪圏	36.7	京都, 大阪, 兵庫
山陽・四国	39.1	岡山, 広島, 山口, 徳島, 香川, 愛媛, 高知
九州・沖縄	39.8	福岡, 佐賀, 長崎, 熊本, 大分, 宮崎, 鹿児島, 沖縄
東北・北陸	57.6	青森, 岩手, 宮城, 秋田, 山形, 福島, 新潟, 富山, 石川, 福井
その他	49.9	茨城, 栃木, 群馬, 山梨, 長野, 岐阜, 静岡, 愛知, 三重, 滋賀, 奈良, 和歌山, 鳥取, 島根
全 国	43.6	

資料）表 7-2 に同じ．

阪，東京，兵庫，京都，神奈川といった大都市を抱える都府県が，子どもとの同居率が低い．これらの都道府県をやや大胆にまとめれば，北海道を例外として，西日本地域と大都市圏というのが同居率の低い地域，すなわち 20% 台から 30% 台である．一方で同居率の高いのは，山形，新潟，福島，福井，富山，岩手といった東北地方と北陸地方の県が目立つ．これらの県は 50% 台から 60% 代の高さである．日本の家族形態を分類すると，同居率の低い地域と高い地域の両極端に分かれており，その中間に位置する県の数はそう多くない，という特異な様相を示している．

このような大きな地域差が 3 世代同居（孫のいない成人した子どもとの同居を含む）に関して現れたのであろうか．いろいろな理由を提示してみよう．第 1 に，東北，北陸地方に老親との同居が多いのは寒い気候が関係している．寒い地域はどうしても家族の絆が強くなる．寒いといえば北海道はもっと寒いが同居率が低いので，気候の寒さは同居の必要条件ではない．北海道については後に述べる．米の産地という農業が主たる産業という効果が大きい．農業は一家挙げての活動なので家族が共同して作業にあたることが多い．農業に従事する人は伝統的な価値観をもつ人が多く，親子同居という明治・大正・戦前の昭和期における大家族制の伝統を守る雰囲気が強い．さらに加えれば，東北地方に住む人びとの所得は低いので，同居することによって経済生活をできるだけ合理的にして所得の低さを補うということもある．

第 2 に，北陸地方には特別な理由がある．それは日本の中で北陸地方は既婚女性の労働力が非常に高いことで有名であり，彼女たちが働くのであれば周りの親族による家事・育児の支援が期待される．このためには同居することによって老親，特に母親(実の親か義理の親かを問わず)による家事・育児の支援を受けやすいのである．それに加えて，北陸地方の家屋スペースは日本で一番広いので，同居しやすいことがあり，自動車保有数も 1 家計当たりでもっとも多く，2～3 台の保有が珍しくない．家屋の広さや自動車保有台数は，同居する目的でそのように意図的にしたかもしれない，という逆の因果関係もありうることを付け加えておこう．このあたりの事情は橘木(2006)，橘木・浦川(2012)で詳しく論じられている．

第 3 に，九州・四国・中国(山陰地方を除く)などの地方で同居率の低いのは，東北・北陸地方と逆で気候が温暖であることがある．暖かい地域だと人びとは性格として開放的になるし，自由な生き方をしたいという希望が強い．同居は時には嫁姑問題をはじめ家族間のあつれきから，忍従を強いられるので，別居して自由な生活を求める人びとが多いのである．例えば，民俗学の側からでは宮本(1994)，歴史学の側からは網野(1998)がその一端を示していて参考になる．

第 4 に，東京，大阪といった大都市圏で同居が少ない理由にはいろいろある．まずは大都会に働きに来た人びとの老親は，地方に残って住んでいることが多く，そもそも別居を選択している．さらに，もし老親が大都会に移り住みたいと思っても，都会の家屋は一般に小さいので同居は困難であるし，都会人になっている人は旧来の伝統的な大家族制度を好まないことが多い．都会に住む人びとの所得，それは老親と成人した子どもともにやや高いということも，都会に住む親子の別居を可能にしていると言えよう．

最後に，北海道の同居率の低いことを考えてみよう．まずは，北海道に居住する人の多くは，自分もしくは先祖が北海道以外の地域から来たので，親子が別居せざるを得ないことがある．さらに，北海道に移り住んだ人とその子孫は，進取に富む人が多いので，伝統的な大家族制を好まない人が多い．なぜ北海道に進取に富む人が多いかといえば，開拓者精神に燃えてあえて寒い土地で一旗上げようとした人が多いので，古い伝統に染まった思考をする人が子孫ともども少ないのではないか．これは統計がないので学問的ではないが，北海道の女

性は気が強いということを筆者は4年間の北海道滞在で感じたことがあり，これも進取の気性と無縁ではあるまい．

以上が老親と成人した子どもとの同居率が地域によって大きく異なる理由である．今後の予想をすれば，日本で地方の人びとが大都市への移住を今までのように続ける限りにおいて，大都市における同居率の低さがますます目立つようになり，平均すると日本全体で同居率が低くなるだろう．

同居と嫁姑関係

経済学を少し離れるが，日本で老親との同居を決定する1つの要因として嫁姑問題のあることは既に述べた．一昔前の大家族制度の下で，嫁の夫が長男であればその家に輿入れするのであるから，夫の両親，すなわち母親と同居するのは当然のことと考えられていた．嫁と姑が同じ屋根の下に住むのであり，そこで感情的なもつれが生じていわゆる嫁姑問題が発生するのであった．ここで苦労するのが長男である夫であった．

日本ではこの嫁姑の問題は，家族のことを論じるときには結構重大であった．関係が一層悪くなると離婚や別居に至ることもしばしばであった．これまでは親子の同居を主として経済学的に解釈してきたが，嫁姑問題は同居する人の心理的な葛藤とみなしてよい．大問題であったことを暗示する1つの証拠として，このことが明治以来の文学作品でしばしば取り上げられてきたし，それらを書いた文人自身もこの問題で悩んだことは有名である．

代表的な例は明治の文豪・森鷗外である．鷗外については，山崎(1972)，吉野(1972-74)を参考にした．最初の妻・登志子とは結婚して1年にして離婚するが，その遠因は母・峰と登志子との確執にある．鷗外は志げと再婚するが，この18歳も若い美しい嫁と母・峰との関係が再び険悪になる．嫁として家事の不得意だったことを姑は嫌ったかもしれないが，鷗外のように軍医と作家という「二足のわらじ」をうまく両立させたのなら経済的には裕福だったので，おそらく女中を雇っていただろうから家事や育児の不得意さはそう問題にしなくてもよかったかもしれない．むしろ嫁と姑が同じ屋根の下で一緒に暮らしていたから感情にもつれが生じたのである．

ここに1つのヒントがある．鷗外の妻は専業主婦だったので四六時中家にい

るし,姑も同様である.もし志げが専業主婦ではなく昼間に働きに出る女性であれば,四六時中姑と顔を合わすことはないし,もし家事・育児を姑が手助けしていれば嫁も姑に感謝するであろうから,感情にもつれは生じないであろう.ここで筆者が述べたかったことは,3世代同居であっても妻が働いていれば嫁姑問題の発生する確率は低いのである.現に,今日既婚女性が働きに出ているとき,老親が同居して家事や育児の手助けをしていて,嫁姑問題が深刻でない場合が多いのである.妻・母・勤労という3つの苦労を同時にこなすことは女性にとって大変なので,むしろ同居した方が既婚女性にとっては恵みなのである.

　話題を森鷗外に戻すと,専業主婦の志げと姑・峰との確執は相当なものだったらしく,2人は食事も一緒に取らなかったとされる.作家としての鷗外はこの嫁姑問題を私小説「半日」に書いたのであり,志げはそのことに怒って実家に戻ってしまったほどである.でも鷗外は基本的に志げを愛し続けたのであり,夫婦の間には波風は少なく,嫁と姑の間にだけ嵐が吹いたのであった.

　文豪でありかつ軍医でもあり,見識のすぐれた森鷗外ですら同居による嫁姑問題に悩んだのであるから,一般庶民にとっては嫁姑問題は避けがたいことかもしれない.当時の一般庶民にとっては既婚女性が働くケースが多いので,むしろ同居して親から手助けしてもらえば嫁姑問題も消失する,あるいは小さな問題にしかならない可能性があった,ということを述べておこう.

　最後に,では同居しないのなら嫁姑問題は全く消えてしまうか,といえば必ずしもそうではない.夫婦と夫婦の親との関係に注目すると,妻と夫の父,あるいは夫と妻の母の関係は一般的にうまくいっていることが多い.換言すれば,男性と女性という異性間でそう大きな問題は発生せず,同性同士の関係,すなわち妻と夫の母,あるいは夫と妻の父の間は,ギクシャクすることが結構ある.同性同士だとお互いに競うことがあることによる.これらは同居せず,別居している夫婦と夫婦の親との間でも起こりうる確執である.しかし同居していれば,四六時中顔を合わせるので確執はもっと大きくなるし,時には陰湿になることもある.

2 小家族制度の浸透

世帯人員数の減少

第2章で大家族制度を論じたので，ここでは小家族制度を論じておこう．まず歴史と現状を認識するために，戦前から現在に至るまで，1世帯当たり何名が同じ住居に住んでいるかを，図7-1で確認しておこう．戦前と昭和の前半（すなわち1960年）あたりまで，世帯人員は5人弱で推移しており，確かに大家族制度が主流であったことを暗示させる．平均人員が5人前後ということは，大きな家族であれば世帯人員が7～8人に達する場合もあるので，これらの家族が大家族の典型とみなしてよい．一方で，単身者，次男・三男を中心にした核家族も存在しているのであるから全部の家族が大家族とみなさない方がよい．

むしろ戦前の1920（大正9）年あたりから60（昭和35）年あたりまで，世帯人数が4人台でほとんど変化しなかったという事実に注目したい．この間はほぼ40年間という長期間であり，家族における人員に変化がないということは，家族の内容や構成に大きな変化がなかったということを示している．すなわち，

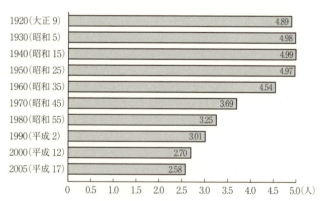

注）1970年までは普通世帯，80年以降は一般世帯．ここで普通世帯とは，住居と生計を共にしている人びとと，一戸を構えている単身者のこと．一般世帯とは，間借りや独身寮に住む単身者を含む普通世帯の総称．
資料）総務省統計局「国勢調査報告」（各年度）による．

図7-1　普通・一般世帯平均人数の推移

3世代住居や単身住居の数に関して増減は見られなかったということであり，家族の変容がそれほどなかったことを意味しているのである．

　ところがである．1960(昭和35)年あたりから世帯人員は減少を始める．特に60年から70年の間に4.54人から3.69人と大幅に低下している．これは家族の変容を示している．この変容の背景にどういうことが発生しているかを述べておこう．この時期は高度成長期の末期であり，地方から大都会に向けて若者の地域間労働移動が多い時期であった．大都市での働き場所を求めての移動である．大都市で住居を構えた若者も結婚して家族をつくり，子どもも誕生する．しかし出生率が低下し始めていたので，子どもの数はせいぜい1人か2人であり，これらの新しい家族の世帯人員の数は少ないのである．一方地方に残った老親は，夫婦2人だけか夫か妻がなくなれば単身者となるので，ここでの家族の世帯人員数は少ない．これら2つの合成効果により，世帯当たりの人員数が小さくなるのである．

　1980年，90年になるとここで述べた変化はますます顕著となる．特に既に見たように出生率の低下が目立つし，3世代同居率も低下したので，世帯人員の数はもっと減少する．小家族時代の到来である．そのことを図で確かめると，1980(昭和55)年の世帯人員は3.25人であったが，2005(平成17)年では2.58人にまで低下する．平均すると一家に2人強しか住んでいないのである．

　平均世帯人員よりもはるかに小家族制度を象徴する事実は，単身で住む世帯の増加である．表7-4は現代と将来において，世帯類型がどのような構成になっていることを示したものである．2010(平成22)年という現代では，核家族が56.9%，単独世帯が31.2%，その他世帯が11.8%の構成比率である．

　ここでこれら3つの世帯を定義しておこう．まず核家族であるが，これは，夫婦のみという2人世帯，夫婦と子どもが何人かという世帯，一人親(すなわち父親だけか母親だけ)と子ども，という世帯からなる．単身世帯とは，夫婦のうちどちらかが死亡して残された夫や妻が1人で住む，未婚ながらも1人で住む，という世帯からなる．その他世帯とは，夫婦と両親(ないし片親)，夫婦と子どもと両親(ないし片親)という3世代住居を代表とした世帯，夫婦と子どもが他の親族とも住む世帯，兄弟姉妹が住む世帯，などからなる．

表 7-4　家族類型別一般世帯数の将来推計(2005～30 年)

(単位：1000 世帯，括弧内 %)

年次	総数	核家族世帯				単独	その他
		総数	夫婦のみ	夫婦と子	一人親と子		
2005	49,063 (100.0)	28,394 (57.9)	9,637 (19.6)	14,646 (29.9)	4,112 (8.4)	14,457 (29.5)	6,212 (12.7)
2010	50,287 (100.0)	28,629 (56.9)	10,085 (20.1)	14,030 (27.9)	4,514 (9.0)	15,707 (31.2)	5,951 (11.8)
2015	50,600 (100.0)	28,266 (55.9)	10,186 (20.1)	13,256 (26.2)	4,824 (9.5)	16,563 (32.7)	5,771 (11.4)
2020	50,441 (100.0)	27,452 (54.4)	10,045 (19.9)	12,394 (24.6)	5,013 (9.9)	17,334 (34.4)	5,655 (11.2)
2025	49,837 (100.0)	26,358 (52.9)	9,762 (19.6)	11,524 (23.1)	5,072 (10.2)	17,922 (36.0)	5,557 (11.2)
2030	48,802 (100.0)	25,122 (51.5)	9,391 (19.2)	10,703 (21.9)	5,027 (10.3)	18,237 (37.4)	5,443 (11.2)

資料）国立社会保障・人口問題研究所『日本の世帯数の将来推計(全国推計)』(2008 年 3 月推計)による．

核家族

　現代日本で家族類型の多数派である核家族を考察しておこう．核家族とは一組の夫婦と子どもが同居する姿が典型であるが，夫ないし妻が死亡するかあるいは離婚した場合でも，すなわち片親と子どもが住む場合も核家族に含める．親子以外の誰もが一緒に住むことはない家族の類型といってよい．重ねて強調するが，現代ではこの家族類型が過半数の主流である．しかし既に見てきたように，過去から現代まで 3 世代住居が減少してきた結果によって，一昔前は必ずしも核家族が過半数の主流派でなかったことに留意しておきたい．

　核家族という言葉は，文化人類学者である Murdock(1949)によって用いられた "nuclear family" の訳語である．Murdock の意図は，人間社会における普遍的な家族の集団として核家族を理解することにあり，一組の夫婦とその子どもたちがその典型的な姿と考えた．この核家族は経済生活をともに送り，子どもをつくって子どもに教育を施す主体なのである．Murdock の説は筆者のような経済学者にとって重要な示唆を与えている．すなわち家族は経済活動(すなわち勤労による所得の稼ぎと消費・貯蓄)をともに行い，子どもを生んで育てて，教育を施すのであり，これらは本書での主要関心事なのである．文化人類学者

と経済学者が共通の視点から家族をとらえているのは興味深い.

日本で核家族という言葉を用いて家族を分析したのは松原治郎(1969)であるが，千田(2011)がいみじくも指摘するように，1960年代はまだ日本ではそれほど核家族が目立った時期ではなかった．外国における家族の姿が核家族中心だったので，いずれ日本も核家族が多くなるだろうと松原は予測したのではないかと思われる．でも核家族という言葉は当時から一般的に流布したし，現代では表 7-4 で示されたように政府の研究所による統計の中で家族類型の1つとして核家族という言葉が用いられているので，核家族は市民権を得ていると言ってよい．それと重要なことを繰り返すが，現代ではこの核家族の範疇にいる世帯が過半数を占めているということである．

最後に核家族といっても，表 7-4 で示されるように様々の形態のあることを述べておこう．私たちは両親と子ども1人(あるいは2人以上)の家族を核家族と思いがちであるが，夫婦だけの世帯や，片親と子どもという世帯もかなりの数存在しているのである．この表によると夫婦と子どもという世帯が多数派であることは事実であるが，夫婦だけの世帯や片親と子どもという世帯も，これらを合計すると両親と子どもという典型世帯の数に肉薄しているのである．子どもがいないか，子どもが別居している夫婦や，片親と子どもという世帯は多いのである．これらは少子化という現象と離婚数の増加という現象が影響している．

将来は単身世帯が急増

ここまでは過去と現代の世帯のあり方を論じてきたが，将来を予想すると大きな変化が起こりそうである．表 7-4 は将来の 2030 年までの家族類型を予想した数字を含んでいる．この表でもっとも目立つことは，現代では夫婦と子どもという核家族の典型世帯(税務統計などでは，夫婦と子ども 2 人世帯を標準世帯と呼ぶこともある)と単独世帯(単身で住むこと)の数がほぼ 1400 万世帯から 1500 万世帯で拮抗していたが，将来の予想では単独世帯の激増と，逆に夫婦と子ども世帯の微減ということになっている．そして核家族の中に入る 3 種のカテゴリー，単独世帯，その他の世帯という合計 5 つのカテゴリーのうち，単独世帯の比率がもっとも高いのである．2010 年前後には 30% 前後であったのが，2030

年では37.4％にまで上昇して，他のカテゴリーよりもはるかに比率の高い世帯となるのである．

今から20年後の日本では，単身で住むという単独世帯が4割弱に達して，複数の家族で住むという世帯のどの形態よりもはるかに多い状態となる．これまでは夫婦と子ども2人という世帯が標準世帯と呼ばれていたが，単独世帯が日本の標準世帯であるといった方がよい雰囲気になりそうである．誰とも一緒に住まない人びとが主流となるのであるから，今後の日本を考えるときに非常に重要な家族形態の変容なのである．

なぜ単身で住む人がこれほどまでに増加しそうなのだろうか．単身というのは小家族制度の極限の姿と理解してよい．日本がなぜ小家族制度に向かっているのか，そしてそれがなぜ極限の姿である単身で住むという方向に向かっているのか，ここで様々な視点から考えてみよう．いくつかの代表的な理由は，これまで述べてきたように，若い人に関しては結婚しない人が増加したこと，同じく若い人に関しては出生率の低下という少子化が進行したこと，離婚数が増加して子どもがいないか，子どもの親権を元の配偶者に持って行かれたケースが単身者を生む要因となる，高齢の人に関しては子どもと住むという3世代住居が減少したこと，などが具体的に日本人，あるいは日本の家族に発生したこととして説明づけられる．

日本人の心情の変化

世帯人員が少人数になる，単身世帯が増加する，これらをまとめて小家族制への移行と理解できる．その具体的な変容はここまで述べてきたが，それを生み出した背後の要因，特に日本人の心情の変化，他人とのつき合い方や家族との関係の変化，生活の仕方や人生の見方での変化などといったことを論じてみよう．

第1に，家族あるいは他人のために尽くすことによって幸せを感じる程度が低下してきた．これを哲学・論理学では既に述べたように利他主義と呼んで，慈悲の心をもって他人に施すことによって満足を得る心情を指す．ここで重要なことは，他人に施すことによる見返りを求めていないことであり，一方的に自分から家族，あるいは他人の世話(ケアと呼ぶ)をするのである．分かりやす

い例は，病気のときの看護，寝たきりになったときの介護があるし，食事をはじめとした諸々の生活上の世話などがある．

　なぜ一方的な世話や施しができるのかといえば，相手に対して愛情を感じているからだ，というのが通常の解釈である（例えば山田昌弘1994参照）．家族の間の世話を考えれば，夫と妻は結婚する前に恋愛関係にあったし，見合い結婚であってもお互いに好感をもっていたのであり，夫婦になってもお互いに愛情を感じ続けているであろう．愛情とは相手を慈しむことであり，無償で相手が喜ぶことを夫は妻に対して，妻も夫に対して進んで提供するのである．では愛情がなくなれば何が起こるかといえば，離婚に至ることがある．実は離婚は愛情の喪失以外の理由でも多々発生するのであるが，離婚については後に詳しく検討する．

　では，親が子どもの世話をするのも愛情だからだろうか．親は自分の生んだ子どもに当然のことながら愛情を感じるし，動物本来の本能ということもある．動物には子孫保存という本能があり，親は子どもが育つことを願うのである．年老いた親の看護や介護を成人した子どもが行うのも，親子間の愛情が主たる要因である．

　ところが家族の間では愛情の感情が薄れることがあれば，利他主義も弱くなる．さらに，たとえ愛情は失われていなくとも，世話をすることが苦痛になることもある．例えば介護は心身ともに苦痛を感じる仕事であるし，時には汚い作業を伴うこともある．できれば子育てや看護，介護を避けたいと願う人が増加しても不思議ではない．世の中は「徳」のある人ばかりではないのである．以上のことをまとめれば，これらの現象は人びとの間で利他主義の程度が低下し，逆に利己主義の傾向が高まっていると解釈できる．

　第2に，ではなぜ利他主義が希薄化し，利己主義が濃厚になりつつあるのだろうか．いくつかの理由を指摘できる．まずは，世話の主たる担い手だった女性を中心にして，外で働くということに生きがいを感じる人が増加した結果，外での勤労時間が長くなれば家事，子育て，老親の世話などに時間を割けなくなるし，できればそれらのことを避けようとする．これら既婚女性がなぜ勤労への希望を高めるようになったかは，第8章で議論する．さらに，日本が高度経済成長期を経て国民の経済的な豊かさが増した結果，それ以前の日本人のよ

うに苦しくつらいことや嫌なこともいとわずに献身的になるとか，他人に尽くすという気概がやや失せたのではないだろうか．

　第3に，家族をつくったり家族と一緒にいることが，リスクに直面する確率の高まることにつながる，ということを多くの人が認識する時代となっている．家族をもつということでリスクが高まるということは山田昌弘(2001a)が主張していることである．例えば，結婚して家族人員が増えると，それらの人が病気や寝たきりになれば看護や介護に駆り出される．何よりも家族の生活の面倒を見るために，一生懸命働いて所得を高くせねばならないが，不況の折，もし失業などしたら一家全員が突然の生活苦に陥るので，できれば家族の人員は少ない方が安全と感じる人がいても不思議ではない．あるいは子育てが大変なことと認識する人も多い．その他諸々のリスクが家族に降り掛かるので，家族がいないか，いても少人数の方がリスクが小さいのである．

　第4に，日本が経済的に豊かになったことによる反動と考えてよいかもしれないが，家族の人数の少ない方が1人当たりに換算すれば所得額，すなわち消費額が高まるので，より豊かな経済生活ないし消費生活，あるいは余暇をもっと楽しむことができる．戦前のように日本が貧しい国だった頃は，家族全員が働く必要があったが，現代ではそれは必要なく，昔の農業や商売のように労働力確保のために家族人員を増やさなくてよいということも影響を及ぼしている．

　家族人員，特に子どもに関して経済学から興味ある仮説が提唱されている．それは子どもの質，すなわち有能な子どもとして成長するには，教育費を多く子どもに投入した方が良い，という仮説である．例えば水準の高い大学に進学するためには，小学校，中学校，高校のときから準備せねばならず，家庭による教育費支出の高い子弟の方がその準備に成功することが，橘木(2010a)で報告されている．他にもスポーツ，芸術の分野で子どもに情操教育を施して健康で良質の文化度が高い子育てをするにも資金が必要である．学業で優秀な子どもを育て，かつ情操度の高い子どもにするには，子どもの数が少ない方が1人当たり教育・訓練投入額が多くなるので，子どもの質が高くなると考えられる．これは人的資本論を開発したBecker(1981)による子どもの質に関する理論であり，特に日本のように教育費の高くなった国で該当することである．この理論は1家計当たりの子どもの数が少なければよい，という帰結を主張している．

この理論も日本のような先進諸国で該当するものであるし，先進諸国であってもより高い所得を稼ぐ家計で可能なことである．

第5に，フェミニズムの台頭により，女性特に妻のみが家事や子育てという仕事をせねばならないのか，という抵抗感が高まってきた．代表文献として上野(1990)，上野・小倉(2005)がある．すなわち夫や子どもの世話ばかりやらされる女性の立場を批判し，かつ女性の不満が高まっているのだろうと判断して，そのようなことに特化する女性を解放せよ，というのがフェニズムの主張である．もとより社会における女性差別の撤廃もフェニズムの重要な主張であるが，ここではフェニズムを家庭内における女性の仕事開放だけに限定する．ただし，女性の中でもフェニズムの思想に共鳴せず，例えば荷宮(2004)の報告のようにフェニズムが必ずしも多くの女性に受け入れられていないし，むしろ女性が妻と母としての役割を全うする生き方を主張する女性のいることを付記しておこう．

フェニズムの思想に感化されたか，それとも感化されないかはともかく，女性が夫や子どもの世話，すなわち家事と育児のみで人生を送るという現状に不満を感じ始めたのは確実である．さらに，時には夫の親の介護に駆り出されることに嫌気を感じるようになった．これらのことこそが家族の変容をもたらしたと言ってよい．結婚しない女性の登場，離婚を願う女性の増加，といったことを説明する1つの要因になったことは間違いないのである．離婚に至らないまでも，家庭内離婚といわれることがあるように，家族のメンバー内で一昔前のような一家団欒という言葉で代表されるような家族の絆が揺らぎ始めたのである．

なお，家族に関する経済学を用いた研究は，橘木・木村(2008)によってなされているので，学問的に関心のある方はこの書を参照されたい．

3　離婚率の上昇

離婚の増加

家族の絆の揺らぎは，離婚によって象徴的に出現すると言ってよい．これまでは他人であった一組の男女が結婚によって新しい家族をつくるが，それを解

消するというのが離婚である．一組の夫婦ないし子どもがいれば2人以上で住んでいた家庭が別れて住むのであるから，離婚は小家族化を象徴する1つの典型例である．

どの程度の離婚が日本で発生しているのかを数字で確認しておこう．図7-2は戦後から現代までの離婚数と離婚率の変遷を示したものである．戦後から1960年代の終わりまでの離婚率は，最初の頃は0.6％前後で低かったが，70年代から80年代にかけてやや増加傾向を示した．ところが90年代から急激に増加して21世紀の初めの頃には2.3％から2.4％の高さに達する．この時期は家族の絆が低下した頃に相当するし，女性でも働く人の数が増加する時期でもある．こういう時代であれば離婚率が上昇するのは自然の成り行きである．その後になって離婚率がやや減少して現在に至っているが，その理由に関しては次のようなものがある．

本書で強調したように最近では結婚しない人が増加している．結婚する人が減少すれば夫婦の数も減少するのであり，結果として離婚数も減少する．さらに，一昔前にあっては結婚して家族を形成することに熱心でなかった人も，世間体のことや消極的な理由でもって一応結婚することがあったが，もともと熱

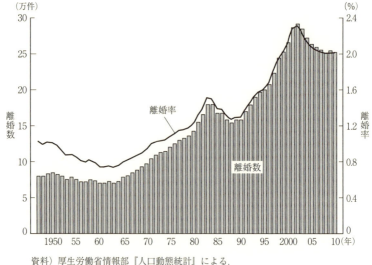

資料）厚生労働省情報部『人口動態統計』による．

図7-2 離婚数及び離婚率(1947～2010年)

意に燃えて結婚したのでなければ，本来ならばこういう人は離婚予備軍とみなしてもよい．こういう人が結婚しない時代になったのであるから，離婚も発生しないということになる．

日本の離婚率の高まったことは分かったが，では他の国と国際比較すると日本はどの程度の位置にいるのか，表7-5で確認しておこう．この表によると，日本は1.99%でこの表に掲載された国の中では高くもなく，かといって低くもない，ほぼ中間あたりである．しかし欧米諸国のように先進国では一般的に離婚率が高いので，先進国の仲間入りをしている今後の日本では，離婚率の高まることが予想できる．さらに韓国は2.50%と日本より高く，この点からも日本の離婚率が今後も高まることも考えられる．

離婚に関して，1つの興味深い事実を紹介しよう．図7-3は明治初期から戦争前までの離婚率の変遷を示したものである．これによると1883(明治16)年では離婚率が3.39%で非常に高く，それが1900(明治33)年あたりまで3.0%弱の高さで続いた．この時期の日本の夫婦は比較的簡単に離婚していたのである．

表7-5 主要国の婚姻率及び離婚率 (単位：‰)

国	(年次)	婚姻率	離婚率	国	(年次)	婚姻率	離婚率
イラン	(2009)	12.2	1.72	キューバ	(2008)	5.2[3]	3.12
ロシア	(2010)	8.5	4.47	ノルウェー	(2008)	4.8	2.40
中国[1]	(2007)	7.5	1.59	シンガポール	(2008)	4.8[3]	1.41
イスラエル	(2008)	6.8	1.85	ドイツ	(2003)	4.7	2.27
アメリカ	(2009)	6.8	—	カナダ	(2008)	4.5	—
韓国	(2009)	6.2	2.50	オーストリア	(2008)	4.5	2.08
ポーランド	(2010)	6.0	1.61	オランダ	(2008)	4.4	1.86
フィンランド	(2010)	5.6	2.55	チェコ	(2008)	4.4	2.93
デンマーク[2]	(2010)	5.6	2.61	ベルギー	(2008)	4.2	3.03
日本	(2010)	5.5	1.99	フランス	(2008)	3.9	2.08
メキシコ	(2008)	5.5[3]	0.78	ポルトガル	(2008)	3.7[3]	2.49
オーストラリア	(2009)	5.5	2.25	イタリア	(2008)	3.6[3]	0.90
スウェーデン	(2008)	5.4	2.52	スペイン	(2008)	3.6	2.23
ルーマニア	(2008)	5.4	1.52	ハンガリー	(2008)	3.6	2.38
ギリシャ	(2008)	5.2	1.17	ブルガリア	(2008)	3.2	1.46

注) 婚姻率，離婚率ともに人口1000人についてのもので，配列は婚姻率の高い順．1) ホンコン，マカオ及び台湾を除く．2) フェロー諸島及びグリーンランドを除く．3) 2009年．
資料) UN, *Demographic Yearbook*, 2009-10年版による．ただし，日本は厚生労働省統計情報局『人口動態統計』による．

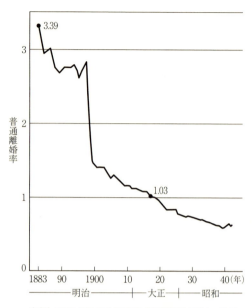

資料）1898年以前は統計院『帝国統計年鑑』，1899年以降は厚生労働省『人口動態統計』．

図7-3 普通離婚率の推移（人口1000人当たり）

　いわゆる家父長制が定着しようとしていた時期であったので，夫の意思によって妻は「家」にふさわしくないと判断されたとき，妻は離婚を強要されるという事情が響いた．さらに，「家」制度の外にいた夫婦間には比較的自由な男女関係が許容される時代でもあったので，そういう人はためらいなく離婚したのである．ところが1898（明治31）年に民法が施行されることとなって，婚姻と離婚を届け出ることが義務化された．一夫一婦制を法律で規範としたと言ってよい．

　そうなると国民は結婚や離婚に慎重となる．特に離婚率は民法制定後に半減しているのである．その後第2次世界大戦までに徐々に離婚率は低下傾向を示すことになる．家父長制の下で「家」を守るために妻は服従を強いられたし，子どものために離婚を避けた方がよいという雰囲気が夫婦にあったことも大きい．現代に至って離婚率が高まったのは，明治初期の離婚率の高かった時代に先祖返りした，という解釈も可能である．

第7章 小家族主義

日本人は離婚をどう見ているか

2000年前後に日本の離婚率は最高値を示したが,その当時の日本人は離婚をどう見ていたかを確認しておこう.表7-6と表7-7は,その時代における日本人の意識を示したものである.前者の表は,努力しても結婚生活がうまくいかない場合に,「離婚を容認する」が40.9%,「どちらかといえば容認する」が26.5%であり,容認派が合計で70%近くに達していることを示している.逆に非容認派は10%前後の低さであり,国民は圧倒的な比率で離婚してもよい,と判断するようになったのである.

後者の表は,では離婚するとどういう点にメリットがあるかを示しており,これも圧倒的な高い比率で,自由になるし,精神的にリラックスできるという利点を明らかにしている.さらにかなり高い比率で嫌な人と顔を合わせることがなくなることのメリットも述べている.嫌な人から離れて自由を楽しみたい,というのが離婚をする最大の理由なのである.

離婚をすれば自由な生活を送れると予想するが,中には離婚に踏み込めない人もいる.それを示したのが表7-8で,離婚への障害となる事情を告白したも

表7-6 もし努力しても結婚生活がうまくいかないときに,離婚を容認するかどうか (単位:%)

容認する	40.9
どちらかといえば容認する	26.5
どちらともいえない	21.5
どちらかといえば非容認	5.1
非容認	5.9

注)標本は三大都市圏に住む30〜69歳の男女.
出所)生命保険文化センター(2000).

表7-7 離婚によって改善されると期待できること (単位:%)

精神的にリラックスできる	71.9
気持ちの離れた配偶者と顔を合わせないメリット	46.2
自分の自由な時間がもてる	27.5
扶養義務から解放される	7.1
その他	1.9

出所)表7-6に同じ.

表 7-8　離婚への障害　（単位：％）

	計	男	女
子どもに与える悪影響	77.3	78.0	76.5
今後の生活費の確保が難しい	58.0	41.0	75.4
仕事と子育ての両立が難しい	35.9	32.8	39.0
世間体(近所・職場)が悪い	13.0	16.7	9.3
資産・財産の分与が難しい	10.0	9.0	11.1
親や親族に対面が悪い	7.0	7.9	6.1
その他	1.2	0.9	1.5

出所）表 7-6 に同じ．

のである．この表で分かることは，第 1 に，離婚によって経済的基盤がなくなることへの不安と，子どものことを考えると離婚に踏み込めない，の両者が圧倒的に高い割合になっていることである．その中でも，77％ の高比率で示されるように，特に深刻なのが子どものことであり，「子はかすがい」の思想がまだ根強く生きていることを感じさせるし，子どもの将来を考えると踏み込めない，という意識が非常に強い．

第 2 に，男女によって相当異なるのは，今後の生活費の問題である．男性は 41％ であるのに対して，女性は実に 75％ の人が生活上の不安を理由としている．これは専業主婦であれば当然の不安であるし，働いている女性であってもわが国では多くの女性の賃金が低いので，経済的に困窮することが予想されるからである．またわが国の離婚のケースでは，女性が子どもを養育するケースの方が多いので，子どもの生活のことを考慮すればなおさらである．

第 3 に，親や親族，さらに世間への対面の悪さに関して言えば，女性よりも男性の方にそれを障害とする程度が高い．男性の方が女性よりも社会的人間であることと，思い切りがないこと，しかも対面を保つことに腐心する傾向があることを示している．

このような離婚の障害を感じているのであるが，統計によるとここ 30 年ほどで日本人の離婚率は 2 倍以上に増加しているのであるから，障害を打ち消すほどのメリットが離婚にはある，ということを多数の日本人が感じているのである．それによって離婚を実行する時代となっているのである．

では日本人の離婚率を他の国と比較するとどうなのだろうか．表 7-5 の示すように離婚率のもっとも高いのが 2010 年でロシアの 4.47％，デンマーク，フ

ィンランド，スウェーデン，ノルウェーの北欧諸国も 2.5% 前後で，日本の 1.99% より高い．不思議とお隣の韓国も 2.50% とかなり高い．世界全体の中で日本の離婚率を比較すれば，高い順から評価すると中の下，といったあたりの位置であり，国際比較上からすればまだ高い国ではない．しかし世界的な傾向として離婚率は上昇の過程にあり，日本もその例外ではないことは確かである．

最後に，これまでの話題とやや趣の異なることを述べておきたい．それは離婚率の高まりは結婚する人の数を減少させることがあるかもしれない．離婚は面倒なことだし，精神的な苦痛も多いので，将来に離婚する可能性が高いと思っているのであれば，そもそも結婚せずに単身を続けようとする人が増加するかもしれない．

高い再婚率

離婚に関して強調しておきたいことは，離婚した人が後になって再婚する率がかなり高いという事実である．表 7-9 は 1930 (昭和 5) 年から 2010 (平成 22) 年までの男女の再婚率の推移と，最新年における年齢別の再婚率を示したものである．

この表で分かる点は次のように要約できる．第 1 に，昭和初期は再婚率が高かったが，それが戦後になるとかなり低下している．しかし 2000 (平成 12) 年あたりから再婚率が高まっているのである．これは離婚率の高まったことの反映でもあり，そもそも離婚がなかったら再婚もない，ということを確認しておきたい．

第 2 に，では次の関心は離婚した人の中でどれほどの人が再婚しているかである．これに関しては国立社会保障・人口問題研究所が価値ある推計を行っている．『人口統計資料集』の 1995 (平成 7) 年の数字によると，離婚した男性の 76%，女性の 64% が再婚している，と報告されている．平均すると離婚した人の約 3 分の 2 が再婚している．再婚する人が多いのは，今度は成功する結婚を望むのであろう．そして人はやはり愛情を抱く動物である，ということを再確認できるのではないだろうか．

第 3 に，表 7-9 と第 2 で述べた点で興味深いところは，男性の方が女性より

表7-9 性,年齢(5歳階級)別再婚率(1930～2010年)

年	夫	妻	2010年 年齢	夫	妻
	(単位:%)			(単位:%)	
1930	3.36	1.99	総数 1)	1.88	1.53
1950	1.87	1.35	19歳以下 2)	0.01	0.04
1960	1.47	0.78	20～24	0.48	1.03
1970	1.47	0.92	25～29	2.26	3.45
1980	1.39	1.11	30～34	4.48	5.01
1990	1.47	1.19	35～39	4.76	4.38
2000	1.79	1.48	40～44	3.71	2.69
2005	1.94	1.58	45～49	2.61	1.76
2010	1.88	1.53	50～54	1.80	1.15
			55～59	1.23	0.69
			60～64	0.91	0.43
			65～69	0.56	0.25
			70歳以上	0.25	0.07

注)率算出の分母人口は1930年は総人口,50年以降は日本人人口による.各届出年に結婚生活に入ったもの.1)年齢不詳を含む.15歳以上人口に対する率.2)15～19歳人口に対する率.
資料)1930年は内閣統計局『日本帝国人口動態統計』,1950年以降は厚生労働省統計情報部『人口動態統計』による.1950～70年は沖縄県を含まない.

も再婚率が高いという事実である.離婚は一組の男女が別れるので,男女同数の離婚者が発生するが,その後再婚するのは男性の方が女性よりも多いのである.男女が同数の再婚者である必要はない.男性の離婚者が初婚の女性と再婚したり,逆に女性の離婚者が初婚の男性と結婚することが結構存在するからである.男性の再婚率が女性の再婚率より高いという理由は,前者の数がかなり多いからである.すなわち,男性の離婚者が初婚の女性と再婚する例が多いのである.

なぜ男性の再婚率が女性の再婚率より高いのだろうか.様々な理由を指摘できる.第1の仮説は,男性は家事・育児が不得意だし,勤労に時間を奪われるので,家事・育児をしてくれる妻を求める動機が強い.一方女性の場合には,家事・育児に疲れ果てて,再び夫の世話をもうしたくないという気持ちが強い,というものである.しかしこの論理は働いて所得のある女性には当てはまるが,専業主婦だった離婚者の場合には生活のことがあるので,自活できる女性とは異なり,再婚希望がより強い可能性がある.この差を別の次元から語ると専業

主婦の方が共働きの妻よりも離婚傾向が低いと言える．

　もう1つの仮説は，子どものいる夫婦が離婚する場合，母親が子どもの親権を保持するのが80％，父親が20％なので，子連れ女性の再婚には困難が伴うが，一方子連れでない男性の再婚の障害は低い．

　最後の仮説は，離婚による精神的苦痛の程度は，女性の方が男性よりも強い可能性があるので，女性は再婚を望まないと想像できる．ただしこの仮説に関しては統計で示すことができず，周りの人びとを見ながらの筆者の印象に過ぎない．

第8章
女性の教育と労働

　人は学校で教育を受けて，学識と技能を蓄積してから働き始める．労働経済学の一分野として教育の経済学があるが，この理論を包括的に議論するのではなく，それが女性の教育と労働にどう生かされているかに注目する．これまでであれば男性が働き手の中心だったので，教育と労働の経済学的分析は男性を念頭においてきたし，実際多くの分析がなされてきた．本章ではこれまでさほど分析のされなかった女性に注目し，男性との違いに注意を払いながら，教育と労働を論じることとする．

1　教育の経済学

　女性の教育を本格的に議論する前に，教育に関して経済学がどのような分析を加えてきたかを簡単に復習しておこう．家計の経済を語るときには，家計所得を稼ぐ働き手のことに高い関心を注ぐことになるが，働き手のほとんどは働き始める前に教育を受ける．どれだけ教育を受けたかということが，その人の賃金・所得の決定に影響のあることは皆の知っていることなので，この点から教育を一般論として論じておこう．

人はなぜ教育を受けるのか
　現代の日本では小学校・中学校の9年間が義務教育である．すべての人がなにがしかの教育を受けることが必要であると判断されているので，公費負担（すなわち税金）による教育をすべての人が受ける権利をもっている．ではなぜ教育が必要であると判断されているのであろうか．
　第1に，人間が生きていくため，あるいは社会での生活ができるためには，読み，書き，初等的な算術が絶対的に不可欠である．これらを教えるための教

育がある．

　第2に，人間社会で生きるには様々なきまりがある．罪を犯さないこと，善良な市民として他人に迷惑をかけないこと，自分で働いて生活の糧を得ること，社会になにがしかの貢献のできる人になること，など市民社会に生きる人としての最低の義務を知っておく必要があるので，それらの教育をする．

　第3に，人間社会は長い間の歴史を有しているし，世界を見渡せばいろいろな地域に住む人がいて，それぞれに固有な生き方をしている．これら歴史や地理を学ぶことは，自分の今おかれた立場を正当に評価できる知恵を与えてくれる．

　第4に，自然界には様々な植物，動物，そして鉱物が存在するが，それらといかにうまく共生できるかを知るためにも，自然界のことを知っておくことは有意義なことである．

　第5に，自分で働いて生活の糧を得ることは人間が生きるための条件であるが，どういう分野でどのようにして働くことが可能なのかを知るためには教育が役立つ．さらに有能な働き手になるには学識・技能の修得が必要なのであるが，それを教えるのは教育と訓練の場である．

　以上が義務教育と前期中等教育を念頭においた教育の効能である．ヨーロッパで産業革命の始まる前の教育は，裕福な家庭の子弟が個人教授を受けたり，ごく一部の裕福な知的エリートが大学まで進んで学ぶという時代であった．経済学の歴史からすると，学校教育に関してすべての国民に学校において義務教育を施すべし，と最初に主張したのはイギリス人のA.マーシャル(1842-1924)であった．世界に先駆けて産業革命を経験したイギリスならではのことで，国民一人ひとりが有能な労働者になるには国家が責任をもって義務教育を施す必要がある，と主張したのである．

　日本においては，明治時代に欧米諸国を歴訪，滞在して，それら列強の国々に遅れていることを身をもって体験した初代の文部大臣の森有礼(1847〔弘化4〕年-89〔明治22〕年)は，義務教育を明確に制度化しようとした．先生になる人を養成する師範学校——優秀だが経済的に旧制中学校に行けない人でも進学できる——をつくって，良い先生を生む制度を用意したことは特筆に値する．もう1つの森の貢献は，それまであった東京大学を「帝国大学令」によって帝国大

学(いまの東京大学の前身)として再編し，国の指導者になるべきエリートの教育をも制度化したのである．

教育の役割に注目すれば，これまで挙げた義務教育と前期中等教育以上の学識なり技能を修得する，いわゆる指導者なりエリートになる人のための教育をする必要性が高まる時代となった．工業技術，医学・薬学・理学・農学などの自然科学の発展によって生活が高度化すること，そして人文・社会科学が人間のあり方や生活の仕方などを探究することが，人間社会の発展に大いに寄与することにつながるので，後期中等教育や高等教育の発展が図られた．これら教育の歴史を経済学の視点から評価したものとして橘木(2013a)を，エリートについては橘木(2015a)を参照されたい．

教育を受けたことの効果

教育をどの学校でどれだけ受けたかを「学歴」という言葉で表現すると，学歴には2つの意味がある．第1にどのレベルの段階まで教育を受けたかであり，具体的には中学校，高校，短大，大学(学部)，大学院(修士，博士)のどこまで進学，そして卒業したかである．特に最後の段階のレベルを最終学歴と称して一番意味をもたせている．なおこのような法律で定めた学校だけではなく，専門学校や各種学校も学校に入る．第2はどこの学校を卒業したかという意味での学歴である．分かりやすく言えば，名門校か非名門校なのか，あるいは有名校か非有名校かといったように，学校の知名度，格や質に注目するのである．日本はよく学歴社会といわれるが，通常は第2の意味で多くの人が学歴を思い浮かべる．なお包括的に学歴を議論したものとして橘木(2013a)がある．

筆者は学歴に関しては，この2つが同等の重みを有していると判断している．まず第1の意味に関しては，2つの意義がある．第1に，どの段階の学校を卒業したかは，その人の就く職業の種類にかなりの影響を与える．例えば医者になるには大学(医学部)まで行かねばならない．さらに例えば農業，ブルーカラー，ホワイトカラー，販売職といった個別の職業に就くときは，どの段階の学校まで卒業したかがかなり響く．高度成長期・安定成長期あたりまでは中卒がブルーカラー・販売職への主たる供給源であったが，その後は高卒がかなりの供給源となった．現代ではホワイトカラーになるには大卒という条件がかなり

必要となりつつある．これらは既に述べた職業構成におけるホワイトカラー化，サービス経済化という労働需要側の要因と，戦後一貫して進行した高学歴化という供給側の要因の結果である．

もう1つの意義は，どの段階の学校を卒業したかが，企業や役所での昇進や賃金の決定に影響がある．例えば企業であれば新卒採用のときに高卒，短大卒，大卒によって採用人数が異なるし，別々の採用試験・手続きを実施している．中途採用においても高卒，大卒などで求人を行っていることが多い．役所においても企業と似た状況にある．採用試験が例えば初級，中級，上級などの名称で区別されており，それぞれが卒業学校のレベルに対応している．

筆者の関心のあるテーマは，企業や役所における職務上の地位での昇進，すなわち係長，課長，部長，局長などへの昇進である．役所の場合には，採用のときの学歴の違いによって昇進の速度が異なるのでかなり明確な学歴差の効果であるが，企業においても役所ほどではないが，学歴によって昇進差はあるし，特に部長や役員という最上層の役職になると高い学歴の人が有利である．そのことを統計で確認しておこう．図 8-1 は企業規模 100 人以上の企業において，学歴別に部長職に就いている人の比率を示したものである．これによると男子の場合には，高卒が 2.18％，高専・短大卒が 2.58％，大学・大学院卒が 6.33％となっており，大学・大学院卒は高卒の3倍以上，高専・短大卒の2倍強となっている．大学・大学院卒が昇進に有利であることがこの数字の比較で分かる

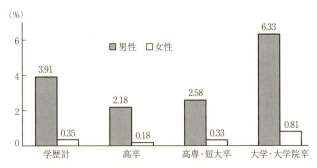

注）産業計，企業規模 100 人以上計．
資料）厚生労働省「平成 18 年版 賃金構造基本統計調査」．計算は橘木・八木（2009）による．

図 8-1 男女別学歴別部長級労働者比率

が，この年齢層の人が企業で働いている人の比率をとれば，大学・大学院卒が高卒よりも少なかったのであるから，大学・大学院卒の有利さは実質的にはこの数字の差よりも大きいのである．

次の関心は学歴別の賃金差である．結論を述べると，日本での学歴別賃金格差は小さいのである．Tachibanaki(1996a)によると，日本の賃金格差は男女差，年齢差，勤続年数差，企業規模間格差が学歴格差よりも大きいことが示されているし，第10章では他の先進諸国との比較においても，学歴格差の影響力は他の国よりもかなり小さいことが示される．

ここで学歴による昇進への格差は大きいにもかかわらず，賃金差の小さいことは一見矛盾のように映るが，これをうまく解釈する必要がある．ここでの解釈は次の通りである．日本の企業においては，誰を職位上で昇進させるかを決めるとき，学歴(中卒，高卒，大卒)がまず第1に重要であり，次は年功である．これを言葉で述べれば，誰を昇進させるかはまず学歴で決める．なぜなら大卒の方が高卒，高専・短大卒よりも能力の高いことが認識されているからである．いわば高卒，高専・短大卒，大卒で昇進の始まる年齢が異なるし，スピードも異なる．しかし同じ学歴にいる人については，ほぼ年功で同等にある年齢(20歳代後期から30歳代初期)まで昇進させる人事政策をとるのである．

しかしその年齢以降は，企業はどの雇用者が優秀であるかを働き振りから確実に把握しているので，課長などの昇進にかなりの差をつけ始めるのであり，特に優秀な人は部長や役員にまで昇進するのである．そうすると大卒であっても昇進しない人の数がかなり多くなるので，そういう人の賃金は低く抑制されたままになる．そうするとたとえ大卒であっても賃金の高くない人が相当数いて，総労働者の平均をとると学歴間の賃金格差は大きくならないのである．もう1つの理由は第10章で強調することであるが，日本は賃金決定において平等主義がまだ残っているので，学歴で賃金差を大きくすることへの抵抗感が労使ともにある．

最後に，学歴のもつ2つの意味のうち，第2の学校の格や質，すなわち名門校，有名校と非名門校，非有名校の差について述べておこう．日本では学歴社会とはこの意味で理解されることが多い．例えば官庁，学問，医療，司法，実業などの世界において，名門大学出身者が幅を利かしている．例えば橘木・八

木 (2009) ではその実態を統計で示している．そしていくつかの名門校がなぜ有利であったかを具体例として，それらの学校を論じながら示したものに橘木 (2008, 2009, 2011a, 2011b, 2012a) がある．

　この事実を日本人一般はよく知っているので，できるだけ名門の大学，あるいは有名な大学への進学希望をもつことはある意味自然なことである．だからこそ一部の大学を目指す大学受験戦争は激烈となっており，それを準備する中学校や高校にまで勉学優先の風潮が浸透したのである．これに関して，生徒・学生が過剰な学業重視の受験戦争に巻き込まれている現状を憂いて，「ゆとり教育」の運動が 20 年ほど前から台頭した．中等教育における学業重視の姿が緩和されて教科書が薄くなり，学校での勉強時間が削減された．この結果が日本の生徒の学力低下という現象を引き起こし，ゆゆしきこととして「ゆとり教育」はやや見直されることとなった．

　名門校卒業生の有利さが続くかどうか，そして受験戦争の今後がどうなるのか，ここで筆者の予想を述べておこう．まず官庁，司法，医学，学問，実業の世界のうち，官庁と実業の世界では名門校出身者の有利さは多少低下するだろうと予想している．官庁の世界では，日本の社会・経済において規制緩和の流れが進行しており，規制緩和の担当者である官庁の地位が低下することは避けられない．実業の世界では，企業間と労働者間の競争が厳しさを増しているので，名門校出身者を優遇するなどという方針を続けることはできず，労働者の実績によって人事評価する時代になりつつある．これは既に企業で働いている人に関してのことである．とはいえ採用の段階ではまだ名門校出身者の有利さはしぶとく残っている．以上をまとめれば，官庁と実業の世界では名門校出身者の有利さは低下するだろう．

　司法，医学，学問の世界では，頭の良さや高い学力・学識が物言う仕事に従事しているので，名門校出身者が優れた実績を示す可能性がある．名門大学にこういう人が多く集まる傾向が続く限りにおいては，名門校出身者は結果としてこれらの世界で優勢さを保持するものと予想できる．

　受験戦争の行方はどうであろうか．これは確実にその程度を弱めていく．第 1 に，既に述べたように官庁や企業では名門校出身者の優先策が低下するだろうから，そういう職業を目指す人にとっては名門校進学意欲が低下する．換言

すれば，名門校への進学を目指す人の数の減少である．

　第2に，18歳人口の半数以上が大学に進学する時代となった。大学名にこだわらなければ大学は全入の時代に入っており，全般的に入学試験がやさしくなった．しかしごく一部の名門校への競争は続くので，受験生のうち上層にいる優秀者だけの間での受験戦争は続くだろう．今までのような全受験生を巻き込んだ戦争ではなく，ごく一部の限られた人だけの参加に過ぎないのである．

　第3に，大学の数が20〜30年前の400校あたりから現在では800校近くに増加しているので，上と下の大学の格差はこれまで以上に拡大するであろうから，名門校はますます名門度を増すという予想があるが，筆者はそうは考えない．なぜなら，名門校卒業という価値がやや低下する可能性があるので，現状の格差の維持ということに落ち着くと予想する．

　以上をまとめると，受験戦争の中にいるのはごく一部の人だけで，多数の人はその戦争から離れたところにいるだろう．名門校志向，受験戦争の程度は弱くなると予想できるが，大学進学率まで低下することはなく，現在の50%を少し上回る水準を維持するであろう．大学進学によって失うことがないからである．それと国民の多くがたとえ大学卒業のメリットが小さくなることがあったとしても，大学に進学しないと恥だとか，他人に軽く見られてしまう，という風潮がある．

人的資本理論とスクリーニング仮説

　ここで経済学がこの章で明らかにしたことを説明する理論として，どのようなものがあるかを示しておこう．程度の差こそあれ，学歴の高い人(ここでは学歴の第1の意味であって，中卒，高卒，大卒などの卒業水準の差)が高い賃金を受領していることは，ほぼすべての国で当てはまる．これを経済学で説明するのが人的資本(human capital)理論である．この理論は古い時代のアダム・スミスやA.マーシャルなども教育が人の生産性を高める効果があると考えていたが，ベッカーが定式化したことによって経済学の理論として定着した(Becker1964参照のこと)．

　この基本的な考え方は，機械(すなわち物的資本)の導入が生産工場での生産性を上げることと同様に，人に教育投資をするとその人の労働生産性が高くなる，

と考えるのである．読み書き計算から始まって，諸々の技術の修得，判断能力の育成などが教育によってもたらされるので，人は有能な労働者となりうる．企業は生産性の高い労働者には高い賃金を払うのが普通なので，教育の高い人には高い賃金が払われることになる，というのが人的資本理論の骨子である．教育を受ける(すなわち教育投資)には資金が必要なので，教育投資から得られる収益(すなわち賃金)と投入した資金との比較を行って，収益が費用を上回れば教育投資をした価値はあると考えるのである．

　どこの国においても教育投資の純利益は正となっているので，教育の高い人ほど賃金が高いという事実が成立しているのである．ただし既に見たように，日本では学歴による賃金差は他の先進国より小さかったので，教育による収益率はそう高くないのである．それなのになぜ皆が高い教育を望むかといえば，賃金や所得のような貨幣価値だけを求めるのではなく，非貨幣的な価値を求めているからである．どのような非貨幣価値があるのだろうか．例えば，これまで強調してきたように，やりがいのあるいい職業に就きたい，昇進に有利であるから，自分に自信がもてるから，いい結婚相手に巡り合える，などが考えられる．

　人的資本には生産性を上げるということに関しても，いろいろな種類がある．Becker(1962)は，どの企業で働いても生産性が上昇する一般的人的資本と，その企業でのみ生産性の上昇する企業特殊的人的資本の2つに区分した．前者であれば，読み書き計算などはどの企業でも必要であるが，後者であれば，例えばトヨタの生産技術の向上にのみ役立つ人的資本というものがありうる．企業に入って訓練を受けて発生する人的資本である．実は企業特殊的人的資本に加えて，トヨタでも日産でも通用する，すなわち自動車産業に役立つ人的資本というものの存在がありうるので，それらは産業特殊的人的資本と称してよい．すなわち，1つの産業にしか役に立たない人的資本がありうる．もっとも技術者がトヨタから日産に移る例はそうないので，トヨタや日産に特有な企業特殊的人的資本の存在は，企業秘密に属する人的資本と考えてもよい．

　次にスクリーニング仮説では，人的資本のように教育や訓練を受けた人の生産性が上がるという物的な証拠よりも，教育を受けた人は多分優秀な人であるだろうと思い込ませる効果のあることに注目するのである．例えば，東大生で

あれば，学力は高いだろうし，入学するために大変な努力をしてきたであろう，と第三者は想像する．すなわち個人の能力の指標(あるいはシグナル)として有益な情報となるので，学歴(中卒，高卒，大卒)やどこの学校を卒業したのかという情報は，その人を選抜する資料として重要な役割を演じると考えるのが，スクリーニング仮説の骨子である．この定式化はSpence(1973)でなされた．

日本の企業には新卒の採用に際して，これまで指定校制度があり，今でもそれは姿を変えて残っているが，これをうまく説明するのがスクリーニング仮説である．上で東大生の例を示したが，もう1つの重要な根拠は，その企業において東大卒の社員は生産性の高い仕事をしてきた，という情報が蓄積されてきたことが重視されるのである．

2　女性の教育

女性の教育を歴史で見る

明治維新より前の江戸時代の女子の教育は，特に武士の娘だけに家庭でなされていた．しかも儒教思想が幕藩体制の規範だったので，女性は男性に従うものと理解されていた．娘の頃には父に従い，妻となっては夫に従い，老いては子(息子)に従うのが女性の道だったのである．したがって女子は縫い物，洗濯，炊事などに強いことが期待されたので，文字，算数，歴史などの学識は最低水準だけで十分と考えられて，家庭で教えられた．もっとも庶民階級の娘であっても一部は寺子屋などでごく初等の教育を受けていた．

明治新政府は富国強兵，殖産興業を政策目標に掲げ，有能な労働者を確保するために国民の教育水準を高めることに力を注いだが，それは男子だけに限定され，女子はせいぜい初等教育のみに抑えられた．1872(明治5)年に政府は小学校教育を義務化したが，実際は表8-1が示すように女子の義務教育はなかなか達成できなかった．中等教育である高等女学校は1899(明治32)年に制度化されるが，これとて明治時代の後期ではわずか女子の2％しか就学しなかったし，1945(昭和20)年の終戦時でも25％に過ぎなかった．女子には教育は不要という通念は戦前を通じて生きていた．

なぜ女子への教育不要論が優勢だったのかといえば，良妻賢母論が女子の生

表 8-1 明治初期の男女別・小学校就学率
(単位：％)

年　度	男	女	平均
1873(明治6)	39.9	15.1	28.1
1874	46.2	17.2	32.3
1875	50.5	18.6	35.2
1876	54.2	21.0	38.3
1877	56.0	22.5	39.9
1878	57.6	23.5	41.3
1879	58.2	22.6	41.2
1880	58.7	21.6	41.1
1881	60.0	24.7	43.0
1882	64.7	31.0	48.5

出所）文部省(1954)．

きる規範として期待されていたからである．小山静子(1991)で有用な良妻賢母論を知ることができる．妻として夫に尽くし，子育てに専念して良き子を育てるのが女性の役割と信じられたのである．そのためには高い教育は不要で，せいぜい子どもに勉強を教えられる程度の学識で十分なのである．もう１つ重要な理由がある．それは戦前の日本は国民の大半が低所得だったので家計が女子の教育まで支出する余裕がなかったし，働いて稼ぐのは男性なので男子にできるだけ高い教育を与えることが優先され，女子の教育は犠牲にされがちであった．それらに関しては例えば橘木(2011b)参照．

　良妻賢母に基づくどのような教育が学校で施されていたか，高等女学校では，国語，音楽，それに裁縫，家事が主要科目であり，男子中学校における英語，数学，理科などが中心であることとの対比が目立つ．女子に対しては情操教育や家事への準備教育がなされていたのであり，良妻賢母の養成を教育の現場からも実践していた．男子の場合には旧制中学卒業後にそう多くはないが，旧制高校や専門学校に進む人がいるので，その準備教育として中学校が存在していたが，女子の場合はごく一部の例外を除いて高等女学校卒業後は嫁入りの準備に入るのであった．

　ここで興味深いことが稲垣(2007)で指摘されている．高等女学校で学ぶ女子学生が好きな科目と嫌いな科目に注目すると，前者が国語であり後者は裁縫であった．良妻賢母になるための裁縫や炊事といった家事の科目を嫌っていたと

いうことは，女性が消極的にしかそういう科目を学んでいなかったことを意味する．社会が女性に半強制的に良妻賢母を押しつけた，と解釈しておこう．現に今では必ずしも家事・育児に生きることで満足しない女性が多いことで確認できる．

なお大半の女子は小学校もしくは高等小学校で教育を受けてから家事の手伝いや農家，工場，商業で働き始めるのであり，その後は結婚が待っている．

ここで重要なことを記憶しておこう．農業，工業，商業に従事する大半の女性は結婚後も働いていたことである．しかも既婚女性は子どもが生まれたとしても働き続けたのである．一家そろって働かなくてすむほどには日本の大半の家庭は豊かでなかったからである．そこで機能を果たしたのは第2章で論じた大家族制度である．3世代住居を代表として親，親族が一緒に住むか近所に住んでいたので，周りの人が既婚女性の妻，母，労働者としての三重役割の苦痛を和らげるために支援したのである．具体的には，家事・育児を共同で行うのが大家族制度の特色なのである．

最後に，女性の高等教育について一言述べておこう．戦前にあっては，旧制大学に進学した女性はほんの例外的な少数に過ぎず，女子高等教育の最終校は専門学校（女子大学校）や女子高等師範学校であった．しかも専門学校に進学する女性の数は，経済発展の進んだ昭和期であっても同年代の女性のほんの数％にすぎず，女性には高等教育は閉ざされていたと結論できる．

女子教育に関する思想

良妻賢母の思想が女子教育の規範となるのが戦前の特色であるが，なぜこのような思想が支配的となったのかを考えてみよう．1つには江戸時代から儒教思想の伝統を引き継ぎ，男尊女卑の流れから妻は夫に従うべきとの考えが主流にあったことと，明治時代になると西欧キリスト教の思想が流入して女性が母として子どもの養育にあたるべきとして，特に善き母への役割が期待されたことにある．この東洋，西洋の思想が融合して日本流の良妻賢母論が支配的となったと解釈できる．

良妻賢母論にも濃淡があり，ここで2つの濃淡論をまとめておこう．1つは，女性は男性とは異なるので，男女の役割は異なってよいとする一方で，男女は

ともに人間なので役割に関してそれほどの差を設ける必要ないという考え方との対立である．2つは，良妻賢母を容認するとしても，母親の役割と妻の役割のどちらをより重視するか，といった対立である．

　第1に関しては，2人の代表的な教育者の考え方を示して，その差を認識しておこう．明治女学院の2代目校長だった巌本善治は，「女子は男子と同じく人間なのであり，女子教育はまず人間としての教育を重視したうえで，次に女子特有のことを考えてよい」と主張したのに対して，日本女子大学の創設者だった成瀬仁蔵は，「女子も男子同様に人間である事に違いはないが，女子特有の性質や役割を考えることも必要であり，女子だけの教育があってしかるべき」と主張したのである．後者が第1に関しての濃厚な良妻賢母論であり，前者が淡泊な良妻賢母論となる．

　第2の良妻か賢母か，という区別に関しては，総じて言えば戦前にあっては賢母思想が濃厚で良妻思想が淡泊であった．初代文部大臣だった森有礼は学校教育のみならず家庭教育の重要性を説いたので，賢母がより重要と考えた．一方明治の教育家・福沢諭吉は妻が家事をしっかり行い，かつ家庭の中で経済をうまく切り盛りすることが肝心と考えたので，どちらかといえば良妻論に与したと言ってよい．しかし明治時代も後期になると西洋の教育思想家，例えばルソーやペスタロッチの教育論が導入された結果，家庭の中で母親による子どもの教育が大切であるとみなされ，「しつけ」や「勉強する意欲」などを子どもに教えるには母親の役割が期待されることとなった．これに加えて母親の愛情の豊かさも善良な子に育つのに大切と考えられるようになり，賢母思想が良妻思想を凌駕するようになったのである．

　最後に，女子に高等教育は必要か，という論点に関してどのようなことが論じられたのであろうか．基本的には良妻賢母論が支配していたので，女子には高等教育は不要という思想が席巻していた．大正時代になるとごく一部の女性運動家が，男女平等，婦人参政権，女子労働者の権利，母性保護などを要求する時代となったが，これらの婦人解放運動の一環として女性もできるだけ高い教育を受けて，働くことによって自立した方が望ましいとの声もあった．しかしこれらの運動は非常に少数派であり，社会の大勢は女子の高等教育は不要とするものであった．

むしろ教育者の中には積極的に不要論を説く人が目立った．その代表として東大総長にまでなった山川健次郎の主張を紹介しておこう．津田塾大学の創設者・津田梅子とともに女性として初めてアメリカの学校に留学して，大学を卒業した山川捨松（後に元帥・大山巌の妻となる）は健次郎の妹である．女子の教育に理解があるだろうと思われる健次郎ですら，女子の高等教育は不要と主張している．その証拠は，女子の使命は子どもを産むことにあり，大学などで学ぶと婚期を逸することになる．日本を強くするには女子に出産に励んでもらわねばならないというのである．現代でこのようなことを主張すれば，フェミニストのみならず一般の人からも批判されると予想できるが，当時の時代を考えれば仕方のないことであった．

　もう1つの論点は，女子は女子高等教育機関である女子専門学校で学ぶべきで，男子の学ぶ大学で高い水準の学問を修得する必要がない，ということであった．言わば女子は別学での教育がふさわしいと考えられていた．良妻賢母論を実施するには，女性は高等教育であっても女子だけの別学の学校が適当と判断されたのである．極論すれば，女性が高い教育を受けて自立心が高まり，そして従順さを失うことになれば，家父長制度の下で夫に抵抗するかもしれないし，子どもを育てることに熱心にならない恐れがあるので，あえて女性が男性と机を並べて高い教育を受ける必要がない，と男性たちが思い込んだ可能性が高い．

　最後に，帝国大学への進学を排除されていた女性であっても，黒田チカ，牧田らく，丹下うめという3名の専門学校出身の女性が東北帝大に進学して女性学士となる物語を，橘木(2011b)で詳しく紹介している．東北帝大は旧制高校出身の男子学生だけでは入学定員を満たすことができなかったので，あえて女子学生を入学させたという事情はあったにせよ，男子学生オンリーの壁を破った女子学生と東北帝国大学の勇気ある行動は賞賛されてよい．

戦後の女性教育

　戦後の教育改革はGHQが主導したものであり，次のようなことが主要な改革点である．
(1) 6・3制と呼ばれるように小学校6年間，中学校3年間を義務教育とし

た．その上に3年間の高校，2年間の短期大学または4年間の大学という直線型の教育制度となった．

(2) 小学校，中学校，高校では男女共学を原則とするが，地域によっては，あるいは設立母体によっては，共学は義務ではなく男女別学の学校も認められた．

(3) 義務教育と中等教育にあっては，一学校一学区制という規制を設けて，生徒は自分の住む地域の学区にある学校に通うことが原則となった．この小学区制の原則は公立の小・中・高校に課せられたが，私立校はこの規制から外れていたし，県によっては公立高校に中学区制を設定する場合もあった．

(4) 一県一国立大学の設置を原則としたが，これも人口密集県や広い地域の県にあっては複数の国立大学の設置が認められた．

(5) 教育に関しては平等という概念を重視したので，小学区制はこの平等思想を実践したものと理解してよい．すなわち，学校間に格差が生じることを避けるためには，地域に住む生徒が全員1つの学校に通学すれば，優秀な生徒もそうでない生徒も同じ学校に在学することとなり，学校間格差は小さくなるのである．

戦後の教育改革後に，日本人がどこまで教育を受けてきたかを簡単に概観しておこう．すなわち，高校，短大，大学教育を受けているかを，男女別に比較してみよう．図8-2はそれを50年間にわたって示したものである．

第1に，高等学校への進学率はほぼ同水準，すなわち男女が並行して上昇していることが興味深い．さらに，1975(昭和50)年あたり(すなわち高度成長期の終了期)までは高校進学率はかなりのスピードで上昇して90%を超えた後，非常に緩やかに上昇を続けてきた．現代では98%程度になっており，高校全入時代に入っていると言える．

第2に，4年制大学に関して言えば，1955(昭和30)年代には男性の進学率が13〜15%程度，女性は2〜3%程度だったので，大学への進学はほんの一部の男性のみが達成しているに過ぎなかった．大学教育はエリートのシンボルだったのである．しかも，女性の進学率はゼロに近かった．女性の大学進学率が低かったのは，戦前においては既に述べたように女性の高等教育は不必要という思想が，戦後しばらく続いたからである．

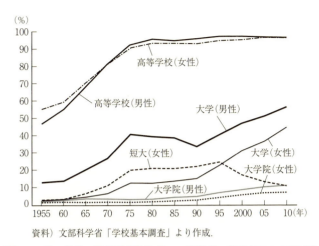

図 8-2 性，学校の種類別高等教育への進学率の推移(1955〜2010年)

資料）文部科学省「学校基本調査」より作成．

1965(昭和40)年あたりから，男性に限って大学進学率が急上昇を始めて，75年前後で40%にも達成した．女性も男性ほどではないが，かなりの高い上昇率を示して，75年前後に10%を超した．男女ともにこの間に急上昇した最大の理由は，高度経済成長期に家計所得がかなり上昇したからである．大学への進学は本人の能力，学力，努力に加えて，家計の経済力が相当に重要である．家計が豊かになるにつけ，学費の負担ができるようになり進学しやすくなったことは確実である．高度成長期以前には，家計が貧しくて大学進学を諦めざるを得なかった少年・少女がどれほどいたか，歴史が物語っているのである．

注目すべきことは，4年制大学への進学率は1975年以降，男性ではやや低下して90年頃には33%程度まで下落した．一方，女性は低下傾向を見せず，ほぼ同じ水準で進行した．そして，85〜90年には女性は低い率ながら上昇した．男性はわずかながらの低下，女性はやや上昇を示した理由は，能力・意欲をもった女性の進学希望の強さを，親の経済力が後押しして，女性の大学進学を促したのである．

1990(平成2)年代に入ると，大学進学率は第2波の成長率を示す．その後10年から15年間にわたって上昇を続け，男性の約50%，女性は37%前後の進学率になっている．現代では女性も50%近くに達している．この時代では家計の経済が進学を抑制する程度がますます弱まったので，能力や意欲にさほど

関係なく大学に進学できるようになったのである．大学生の学力不足が目立ってきたのもこの時期であることが，それを如実に物語っている．

　第3に，短大に注目してみよう．男性が短大に進学する場合は過去にはかなりあったが，現在ではほとんどなく，短大は女性に特有の高等教育機関といってよい．4年制大学に進学を希望する女性も，様々な理由によって短大進学で妥協した面があった．その理由とは，親の経済力による制約，将来のキャリア志向が強くない女性であれば，それほど強く4年制大学を希望しない，家政や保育といった女性特有な科目を専攻するには短大がふさわしい，といった理由がある．

　女性の短大進学率は1970年代に急上昇し，その後鈍いスピードで上昇を示したが，95年以降かなりの減少率を示すようになった．この減少した分は，4年制大学を目指すようになったとみなすことができる．現時点において，4年制大学と短大に進学する女性は，合計で50%を超すようになっているし，短大と4年制大学を合計した女性の高等教育進学率は男性のそれを上回っているのである．この事実でもって，女性の方が男性よりも高等教育への熱望度が高いとは言えない．なぜならば，4年制大学への進学率は未だに男性の方がまだ少し高いからである．

　第4に，大学院進学率がここ20年くらい，コンスタントに上昇しており，現在では男性がほぼ15%，女性が8%前後である．これは理工系の修士課程は相当以前から進学率が高かったし，最近ではビジネススクールやロースクールといった専門職大学院が普及しつつあることの反映である．女性と男性を比較すれば，まだ女性の大学院進学率は男性のおよそ半分なので，かなりの少数派といってよい．

　以上をまとめると，高校進学率はほぼ全入学の域に達しており，しかも男女間に差はない．大学進学率も男女間で差がない時代になっているが，女性はまだ短大への進学がかなりウェイトを占めているし，大学院進学に関しては男性よりかなり低い水準である．高等教育への進学では，量の面から男女差はさほどない時代になったが，水準ないし質の面ではまだ女性がやや劣勢のままである．

女子教育の特色

日本における女子教育の特色を挙げると，次の3つに要約される．第1に，就職や仕事に役立つ学科目を学ぶのではなく，教養科目や芸術を学ぶ人が多い．第2に，高等教育において男子大は存在しないが，女子大(あるいは女子短大)は存在する．第3に，女子に4年制女子大学生の約4分の1にあたる在学生がいる短期大学の存在である．

まず第1の点を見ておこう．女子学生は高等教育においてどういう科目を専攻していたのだろうか．1960年代や70年代では女性の高等教育における主流は短期大学だったので，表8-2による数字によってそれが分かる．もっとも人気のある専攻は家政学であり，実に54%の女子学生が専攻していた．次は文学の23%の比率であり，家政学と文学での合計で8割弱にも達成する．これらの科目は前者は家事に役立つものであり，結婚後に家事につくことを念頭においていたと言ってよい．文学は国文学，英文学のように教養科目としての特色をもっており，ごく一部の卒業生が国語や英語の教員という職業人になる場合を除いて，大半は学校で学んだことを職場で生かせる科目ではない．これらをまとめれば，女子短大生が学んだ専攻科目は将来に職業人になることを目的としたものでなかった．ただし，保育士になるための保育学科はそれなりの人

表8-2 設置者別専攻別男女学生数(1960年)

	国立		公立		私立		計	
	男子	女子	男子	女子	男子	女子	男子	女子
文　　学	334	50	295	1,594	2,398	11,470	3,027	13,114
法政商経	2,644	107	2,542	427	7,626	1,276	12,812	1,810
理　　学	0	0	0	64	0	135	0	199
工　　学	3,228	26	1,488	6	4,326	126	9,042	158
農　　学	0	0	528	15	626	184	1,154	199
看　　護	0	0	0	59	0	406	0	465
家　　政	0	0	7	3,153	29	27,319	36	30,472
体　　育	0	0	0	82	0	1,374	0	1,456
教員養成	0	0	65	410	50	3,894	115	4,304
芸　　術	0	0	17	63	452	2,633	469	2,696
計	6,206	183	4,942	5,873	15,507	48,817	26,655	54,873

資料）文部省調査局調査統計編『学校基本調査報告書』より作成．
出所）小山静子(2006).

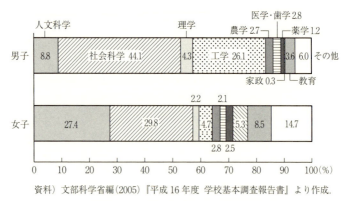

資料）文部科学省編(2005)『平成16年度 学校基本調査報告書』より作成.
図 8-3　学部学生の専攻分野別割合

気があった.

　時間が経過すると女性も4年制大学に進学するようになった．図8-3によって最近の女子大学生の専攻科目を見ておこう．この図では男子学生の専攻科目も示して，男女比較をしたうえで，女性の特色を見ておこう．この図によると男子学生は理工系や社会科学を専攻しているのに対して，女子学生は人文科学系，家政系，教育，芸術系に集中している．27％を占める人文科学は文学，語学などが中心であり，ごく一部の人は将来において学んだことが職業人として役立つが，大多数は教養人としての科目である．家政学に関しては，時代が進むに従ってさすがに短大での比率54％よりはるかに低くなって5.3％まで低下しているが，まだ無視できない比率である．もっとも高いのは社会科学の30％弱で，経済学，法学，社会学などは職業人の養成として役立っており，この点は少なくとも筆者は好ましい変化と判断している．むしろ残念なのは，理学，工学といった科目が男性と比較してかなり低いことである．これらの科目は大学で学んだことが将来の職業生活に直結する可能性が高いので，女性の場合はまだ職業に役立つ科目を学びたいという意識が少々低いと思われる．

　次に，第2の女子大学の存在を論じておこう．まず大学における女子大学の数と，そして女子大学で学ぶ女子学生の割合を確認しておこう．表8-3は戦後におけるこれらを示したものである．女子大学の数は1955(昭和30)年に32校であったが，その後増加傾向を示して，ピーク時の2000(平成12)年では97校

表 8-3 女子大学，男子大学，共学大学の数の変化

年	女子大学	男子大学	共学大学	合計	全大学に占める女子大学の比率(%)
1955	32	7	189	228	14.0
1960	37	12	196	245	15.1
1965	62	13	242	317	19.6
1970	81	3	298	382	21.2
1975	83	3	334	420	19.8
1980	88	2	354	444	19.7
1985	85	1	377	463	18.5
1990	90	1	414	505	17.8
1995	94	0	467	561	16.6
2000	97	1	544	642	14.9
2004	90	0	607	697	12.7
2010	81	4	666	751	10.4

資料）文部科学省編『学校基本調査報告書』．

に達した．ごく最近までは，女性は共学大学において就業に役立つ専攻科目を学びたいとする希望が強くなく，人文科学や家政学を女子大学で学びたいとする人が多かったのである．しかしその後女子大学は減少を始めたことが分かる．どのような経緯で女子大学が共学大学に変更となったかについては橘木(2011b)に詳しい．これらの理由をまとめると，女性が共学大学への志望を高めたことと，女子大学で開講されていない専攻科目(例えば社会科学，理科系科目など)を学びたいという希望が高まった，ということになる．

　第3の短期大学を論じておこう．1960年代から90年代までにあっては，女性の高等教育の主流は短期大学であったが，なぜもっとも重要な教育機関だったのだろうか．いくつかの理由を既に指摘したが，ここでは短期大学は女性にとって妥協の産物だったということを述べておきたい．必ずしも本格的な職業教育や専門教育ではなく，ある程度の教養を学ぶには2年間というのが最適でもあるし，親にとっても4年制大学と比較すれば教育費支出の節約が可能なのである．換言すれば，良妻賢母の育成にとってふさわしい教育機関が短期大学だったのである．しかし女性の勤労志向の高まり，家計経済が豊かになったということなどが原因となって女性の4年制大学への進学率が高まることとなり，短期大学はその存在意義を低下させたのである．

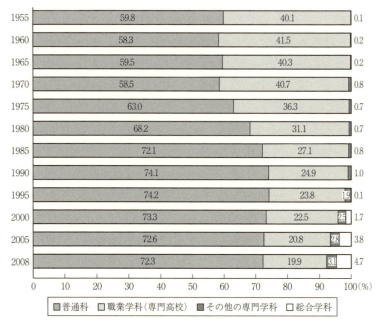

注)「総合学科」は1994年度より導入.「その他の専門学科」には,理数,体育,音楽,美術,外国語,国際関係などがある.
資料) 文部科学省(2009)「今後の学校におけるキャリア教育・職業教育の在り方について」報告書.

図8-4 高等学校の学科別生徒数の構成割合の推移

　ここまで大学,短大という高等教育を通じて男女の教育を比較検討したが,最後に高校教育を述べておこう.高校教育に関しては,高等教育ほど男女の違いはなく,むしろ関心は普通科教育か職業科教育かの違いにある.普通科とは国語,数学,英語,理科,社会などの科目を勉強し,大学進学をも念頭においた教育を行うが,職業科とは商業,工業,農業,家政,情報などを勉強して,将来の職業に役立つような実業教育を行うのである.したがって職業科で学ぶ生徒は一部を除いて大学には進学せず,高卒後に就職していたのである.

　高校教育がこの2つに関してどのような比率で教育していたかを示したのが図8-4である.高度成長期の頃は4割前後の高校生が実業教育を受けていた.高校で技能を学んでから企業に入って,生産現場や事務職として働いたのである.当時は普通科を卒業した多くの人も大学には進学せず,すぐに就職してい

た．しかし家計所得の高まりにより，大学進学率が高まることになり，普通科で学ぶ生徒の大学進学者が増加した．さらにこの動きが加速すると，高校においても職業科のウェイトを低下させて，普通科で学ぶ生徒の数が増加することとなった．過去においては普通科のウェイトは60％前後であったが，その比率が徐々に上昇して，現在では70％を超している．1994年度から総合学科という新しい学科が導入され，それが現在では5％前後に達している．この学科は普通科の一変型とみなしてよいので，普通科は80％弱にまで達していると言ってよい．

むしろここでは職業科の比率がかなり低下したことを強調しておこう．ここで重要なことは，職業科で学んだ生徒は社会に入っても，一時話題となったフリーターで代表されるような，不安定な働き方をする若い人はきわめて少なかった．一方普通科で学んだ生徒は，橘木(2004b)の示したようにフリーターになる人がかなりいたのである．高校で実学を学ばなかった生徒には技能の蓄積がなく，職業生活にうまく溶け込めなかったのである．高校においては普通科教育よりも，職業科教育ないし実務教育をもっと重視せよと橘木(2010a, 2014)で主張している．

現代においては大学進学率に男女差がないだけに，高校を卒業してから就職する生徒にあっても男女数に差はほとんどない．したがって，ここで主張した高校では実業教育をもっと重視せよということは，男子にも女子にも当てはまることである．

3　女性の労働

男性の労働よりも女性の労働を分析する方がはるかに興味深い．なぜかと言えば，独身の女性はともかく，既婚の女性には働く人と働かない人の2種類がいるし，働く女性であっても働き方が多種多様である．ここで働くとは，家事や育児など無償で従事するのではなく，働くことによって見返りの有償賃金を得ることが条件である．ところで多種多様な働き方とは，フルタイムで働くかパートタイムで働くかといった正規労働と非正規労働の区分，将来の昇進を念頭においた総合職か補助的な仕事に従事する一般職(あるいは地域限定職)の区分，

といった多様性である．多種多様な働き方は，労働経済学としても興味をそそられる分析の対象である．

専業主婦は女性の夢だった

戦前の日本と戦後の一時期，日本女性は外で働くよりも専業主婦でありたい，と願っていたことを「夢」という言葉で表現したい．できれば結婚後は家に入って，妻として母としての役割を全うしたい，という夢である．なぜこのような「夢」を抱いたかと言えば，前の章で見たように戦前と戦後の一時期の日本は旧時代であったし，社会は際立った格差社会だったからである．社会の上層にいる裕福な家庭と下層にいる貧乏な家庭との格差は非常に大きかった．上層の家庭では高い資産と所得があるので，妻は外で働く必要はないし，昔であれば女中さんもいたので，家事・育児から解放されていた．女中さんのいない場合であっても専業主婦として家事・育児の従事だけでよかった．一方の下層の家庭にあっては夫の所得が低いので，妻は工場，商店，農家において働かざるを得ないし，家事・育児の仕事も要求された．勤労・家事・育児の三重苦という過酷な労働が課せられたし，長男の嫁であれば夫の親の介護が待っているという四重苦ですらあった．

格差社会の下層にいる既婚女性は，想像するだけでも過酷な立場にいたのであった．さすがに同居や近所に住む夫の親や親族による様々な支援もあったろうが，本質的には苦しい生活だったのである．できればこういう立場の既婚女性になりたくない，と希望する女性がいても不思議ではない．それがここでの専業主婦への夢である．

上層階級の娘として生まれたなら，戦前では高等女学校に進学できたし，花嫁修業をしながら見合いによって上流階級の息子か，高学歴で賃金の高い職業についている男性と結婚したのであった．こういう妻は働かずに家事と子育てに専念できた．そして良妻賢母の道を歩むのであった．戦後になってもこの特徴は続いていて，専業主婦は比較的楽な生活を送ることができたし，共働きの女性は苦しい生活を送らざるを得なかったので，戦後の一時期(高度成長期頃まで)でも専業主婦への夢は続いたのであった．

高度成長期以降に起きたこと

しかし,高度成長期頃から女性の周りで変化が生じた.経済成長率が年平均10%弱となったこの時代は,日本に様々な分野で大きな変革をもたらしたが,女性に関することでどのような変化が生じたか,簡単にまとめておこう.

第1に,経済成長率が高いということは,労働者1人当たりの賃金がそれに応じて高くなることを意味する.夫の所得が増加するので,妻は働かなくても夫の所得だけで,何とか家計を切り盛りすることが可能となった.

第2に,高度成長期は労働の地域間移動が非常に盛んな時代であった.都会の工場や事務所で働く人への労働需要が高くなったが,それに応じるために地方から若者を中心にして,都会への労働移動が急増したのである.それ以前であれば,農業,商業,家内工業の家庭に育った若者は,親の職業を継ぐのが普通であったが,都会での働き口が多くなり,しかもそれらの仕事の賃金が高いと分かれば,都会に移住する気になるのは当然である.このようにして,多くの人びと,特に若者を中心にして,地方から都会への労働移動が盛んになったのである.

第3に,農業,商業,家内工業が中心の産業構造であれば,家族全員が家業を支えるために働かざるを得ないが,都会での製造業,第3次産業であれば,家族の手助けを必要としない体制といってよい.いわば都会で働く雇用者が中心の産業構造・就業構造になったので,1人だけの雇用の姿が主流となった.これは夫と妻が雇用者となって共働きする姿を排除するものではないが,既に述べたように夫の所得が高くなったので,妻が働くかどうかが選択可能な時代となった.

第4に,都会で働く若者も結婚して新しい家庭をつくるが,それは社宅でもあったし,公営住宅でもあった.当時の代表的な住宅は団地と呼ばれる集合住宅であったが,住む場所として小さいながらも自分の家を持つことが可能となった.一部の経済的に余裕のある夫婦は,一軒家に住むこともできた.都会に住む,いわゆるサラリーマンと専業主婦の誕生なのである.高度成長期以降,このようにして都会を中心にして多くの専業主婦が誕生することとなった.

ここで高度成長期あたりに,いかに多数の専業主婦がいたかを統計で確認しておこう.表8-4は高度成長期以降の既婚女性の有業率を示したものである.

この表によると，1965年や71年の高度成長期は既婚女性の有業率が39%や42%であったが，その後50%を超していることから，10%から15%ポイントの高い有業率の上昇率である．このことはそれ以前の既婚女性の高い専業主婦率を意味しているのである．さらに，たとえ有業率が上昇したとしても，家事・育児が主で仕事が従の女性が増加しているので，有業者の高くなったことも，何が何でも働きたいという希望でもないことを付言しておこう．
　似たことを図8-5で確認しておこう．1960年代は無業者の就業希望割合が低かった．これは専業主婦の多かったことの傍証となる．その後就業希望が増加し，それの実現度合が1970年代から増加に転じていることが分かる．有業率の増加を意味しているのである．

表 8-4　既婚女性の有業率

年次	有業率	有業者のうち仕事が主な者	有業者のうち仕事が従な者
1965	38.7	64.7	35.3
1971	42.0	52.9	47.1
1982	50.2	50.1	49.9
1992	53.3	50.6	49.4

資料）総務省統計局「就業構造基本調査」．

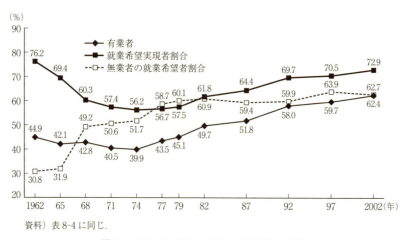

資料）表8-4に同じ．

図 8-5　25～34歳層の女性の有業率等の推移

第8章 女性の教育と労働

専業主婦という夢を捨て去る

　高度成長期に多くの専業主婦を輩出し，女性の夢は達成されたが，その後は再び女性，特に既婚女性の有業率が高まり，専業主婦の数は低下の傾向を示した．専業主婦になりたいという女性の夢は満たされたが，その後は専業主婦は夢ではなくなったのだろうか．その前に，統計によって既婚女性の有業率が1980年代に入って高まったことを確認しておこう．それは表8-4，そして図8-5によって分かる．70年代よりも90年代では約20%ポイントの増大である．さらに65年から70年にかけて，就業希望割合の比率が急上昇していることもこのことを支持している．既婚で働く女性が高い割合で増加しているのである．

　なぜこのように既婚女性が働く比率を高めるようになったのだろうか．様々な理由が考えられる．歴史的に簡単に復習しておこう，第1に，高度成長期までは所得の水準が低かった．夫の所得だけでは家計所得が不足するので，家計補助のため妻の働く比率が高くなった．

　第2に，高度成長期にそこそこ豊かな生活を送れることを実感した日本人が，より豊かな生活を望むようになったことは不思議なことではない．できるだけ広い家に住みたい，質の高い生活水準にしたい，子どもに良い教育を受けさせたい，という欲望を満たすためには，妻も働いて家計所得を増加させる必要があると認識し始めたのである．

　第3に，既に述べたように高度成長期以降，女性の教育水準が上昇した．高い教育を受けた女性が働きたいと希望するのは自然である．これは労働者としての資質を高めた女性にとって，働きがいのある仕事への道が開けたし，高い教育に見合う高い賃金が女性にも支払われるようになった．賃金が高くなれば，働きたいと希望する人が増加するのは，男女問わず経済原則の1つである．ちなみに，日本の女性にこの原則が妥当する事実を，「ダグラス＝有沢の第1法則」と呼ぶ．これが妥当したことは大沢真知子(2006)によって確認されている．

　第4に，「ダグラス＝有沢の法則」を述べたついでに，その第2法則も述べておこう．「ダグラス＝有沢の第2法則」とは，妻の有業率を高めるのは，夫の所得が低いときであるとする．いわば，夫の所得が高ければ働く必要度が低い，と考えるのである．日本ではこの第2法則は長い間支持されてきたが，1990年代からその現実妥当性が低くなり，現代では支持されていないことが，

小原(2001),大竹(2005)などによって示されている.換言すれば,夫の所得と無関係に妻が働くかどうかが決定されているのである.しかし,安部・大石(2006)のように,それほど第2法則が消えているわけではない,とする指摘もあるので留意を要する.しかし,橘木・迫田(2013)は最近のデータを用いてこの法則は方向としては消えつつあるのではないかと主張している.

逆に,現代では橘木・浦川(2006)や安部(2006)によって,夫の所得の高い家計ほど妻も働いていることがあることや,妻の教育水準が高ければ妻も働いていることが示されている.高学歴の夫婦が共働きすれば,双方が高い所得を得るので,一層の高い家計所得につながる.逆に,低学歴の夫婦であれば,家計所得は低くなってしまう.このことの詳細は橘木・迫田(2013)で示されている.日本においては同類婚,すなわち夫婦の教育水準が同一である夫婦の数が多数派である.同じ学歴をもった夫妻の比率が高まれば,これは共働き夫婦の家計所得に関して言えば,家計所得をより二極化する原因となる.この事実を橘木と迫田はパワーカップルとウィークカップルと称して二分化を指摘した.

もとより,全員が専業主婦になったわけではなく,この表が示しているように,共働きの夫婦は当然いたし,専業主婦をしばらく続けた後,子育て終了後に再び働き始める女性も多くいた.専業主婦の数が多かったのは高度成長期あたりの時代と理解した方が良い.したがって,「夢は専業主婦」を達成した女性がかなり存在した時代でもあった.

専業主婦も様々な評価を受けている.例えば,上野(1990)によれば,サラリーマンと専業主婦は「家父長制」と「資本主義」の結合したものと主張される.家父長制は男性中心社会における夫と妻の隷属関係であるし,父と男の子(特に長男)が家族の中心であったと,フェニズムの立場から批判された.資本主義は馬車馬のように企業で働く夫(労働者)が,資本家から搾取される関係とみなされるとして,マルクス主義からの批判となっている.家庭にあっては,心身ともに疲労しながら会社で過酷に働く夫を,銃後として見守る妻の姿が描かれているのである.同様のことは大沢真理(1993)によっても述べられた.

必ずしもマルキシズムに立脚していないが,落合(1994)も専業主婦の存在を日本の高度成長期を背後から支えた人たちと理解している.だが日本の経済に高度成長期をもたらした要因として,猛烈社員が会社で実力を発揮し,企業が

高い生産性を誇れたのも，家庭で専業主婦が家事と育児を完璧にこなしたからである．Becker(1981)のいう家庭内の男女分業体制がきわめてうまく作用して，家計は高い生産性を誇ることができたとも言える．

日本の高学歴女性に関して不可解なこと

教育水準と女性の有業率との関係で言えば，日本は他の先進国と異なった様相を示していることが1つある．それは図8-6で示される学歴別の労働力(有業)率で分かる．大学・大学院卒の女性に注目すれば，他国がすべて80％を超えているのに対して，日本は70.5％で低い比率である．高学歴の日本女性は，他の先進国の高学歴女性よりも低い比率でしか働いていないのである．ついでながら，どの国も学歴が高くなれば，有業率が高くなっている．このことは，高い学歴であれば，良い職業に就き高い所得を稼ぐことができる確率を高くするからである．

日本の高学歴女性が期待されるほど高い有業率を示していないのは，逆に残り30％前後の人が専業主婦でいることを意味している．高学歴の女性が高学歴の男性と結婚して，夫婦ともに働いている場合と，女性が専業主婦でいる場合の間で，家計所得の比較に微妙な影響を与える．前者と後者の間で所得格差

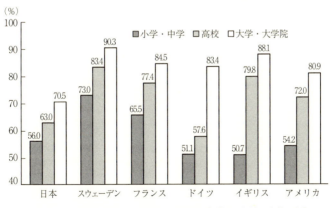

出所）厚生労働省雇用均等・児童家庭局(2004)『働く女性の実情 平成16年版』35頁．

図8-6 女性の学歴別労働力率の国際比較(25〜64歳)

が大きくなるのである.

なぜ日本の大卒女性，いわゆる高学歴女性は他の先進国と比較して低い有業率しか示さないのであろうか．高い教育を受ければ職業人としての技能も蓄積したし，労働条件も高卒や短大卒の女性よりも良いと思われるのであるが，意外と有業率は高くない．いくつかの理由が考えられる．

第1に，大卒の女性は大卒の男性と結婚する確率が高いので，夫の所得が高い人が多い．そうすると「ダグラス＝有沢の第2法則」の示す通りに，働かない女性が出てきても不思議ではない．

第2に，日本の企業は女性を一人前の労働者として処遇していない．1985（昭和60）年の「男女雇用機会均等法」やそれ以降の法改正を経ても女性を基幹労働力として処遇していない．後に述べるように，女性を総合職と一般職に区分するコース別人事もその一例である．企業に入っても女性労働者をうまく使いこなせない現状を見ると，高学歴女性は高い勤労意欲をもてずに，退職してしまうことが結構多い．

第3に，ごく一部の高学歴女性の間に，大学に進学するのは結婚の相手を見つける際に有理な条件になるから，と割り切っている人もいる．すなわち専業主婦志向の女子大生がいるわけで，そういう女性にとっては相手の男性に好条件（例えば高い所得）が期待できるからである．このような女性は最初から働く気がないので，文学や芸術といった職業にさほど役立たない専門科目を専攻している可能性が高い．

総合職と一般職というコース別人事

企業が女性の労働者，特に事務職を総合職と一般職（あるいは転勤のない地域限定職）に区分して採用と処遇に差をつけ始めたのは，1980（昭和55）年代の半ばである．この区分を設けたのには次の2つの理由がある．第1は，85（昭和60）年に制定された「男女雇用機会均等法」に企業が対応策として設けたものである．男女が採用，昇進，賃金などで平等に処遇されていなかったので，それを平等にせよという雰囲気が強くなって，法律で規制したのである．戦後の職場，特に事務職にあっては男性が判断の必要な業務に従事する幹部候補生，女性が男性の仕事を補助する役割として遇されていた．こういう処遇も差別とみなさ

れたので，企業には女性をも男性のように処遇する義務を課したのである．

　しかし企業は女性を全面的にこのような形で処遇しようとはせず，ごく一部の女性のみを男性並みの総合職と称して処遇し，大半の女性は一般職と称して従来のような補助的業務に就かせたのであった．やや皮肉を言えば，一部の女性に総合職の機会を与えて，女性差別をしていませんよ，雇用機会均等法にうまく対応していますよ，というポーズを示したに過ぎないと解釈できる．

　第2は，当時は日本の女性の大学進学率が高まった時代であり，有能でやる気のある女性が増加しており，企業はこういう状況にうまく対応すべく，一部の女性を幹部候補生として採用し，そして訓練を施して将来の幹部候補生の企業人として育成しようと考えたのである．しかし一部の総合職の女性が途中で結婚・出産のために退職するケースが結構見られたので，女性総合職制度の狙いは必ずしも成功しなかった．

　どういう企業で総合職と一般職の身分差別が実施されたかといえば，金融業，教育を含むサービス業などであった．他の産業にあっては女性の高校卒，短大卒をあたかも一般職として処遇したので，大学卒の女性のようにあからさまな総合職・一般職の区分をする必要はなかったという事情がある．したがって，総合職・一般職のコース別人事は，主として女子の大学卒に向けられた制度とみなしてよい．企業規模に関しては，中小企業よりも大企業での導入が圧倒的に多かったのである．

　コース別人事の評価と今後の見通しを述べておこう．女性に総合職か一般職の選択をさせているのであるから，差別的な政策でなく公平な人事政策との説もあるが，開かれた女性総合職のポジションが非常に少ないので女性にとって必ずしも公平ではないと言える．むしろ論点になることは，女性大卒において総合職は名門大学卒に主として与えられ，一般職は非名門大学に主として与えられるという学歴主義が横行しているので，学歴主義の排除という観点からすると改善が必要である．実は男性に関しては，採用するか採用しないかの分岐点として，名門大学と非名門大学の差が，特に大企業や上場企業において存在する．いわゆる旧来の指定校制度が残存しているが，女性に関しては採用することを前提にしたうえでの総合職・一般職の区別なので，指定校制度などは採用しない方が望ましい．もしこの区別をするなら，採用後に数年働いてからの

本人の希望と会社側の人事評価を加味して総合職へ移行するか，それとも一般職として生きるかの決定をするのも一案である．

むしろ筆者が好む案は，女性だけに総合職と一般職の区分を強いるのなら，この制度を全面的に排除して全女性を男性と同様に総合職として採用するか，それとも男性にも総合職と一般職の区分を設定するのも一案である．両方の政策とも男性と女性を平等に扱うということに最大の主眼がある．もっとも一部の女性の間で仕事は結婚・出産までという意識がまだ強いのであれば，そういう女性に一般職という地位はふさわしいとみなせるので，一般職自体を女性から排除することは適切ではないだろう．

むしろ，これからの日本の労働市場は少子化によって労働力不足が予想されるので，女性労働の増加に大きな期待がかかる．だとすれば女性が結婚・出産後も働き続ける社会にせねばならず，そのためには女性の勤労意欲を強くするために，全女性を総合職として処遇する案が望ましい．総合職の数が増加するので，労働者間の競争が高まることを覚悟せねばならない．競争の激化は経済効果を高めるメリットがある．ついでながら，女性が結婚・出産後も働き続けることを期待するのなら，徹底的な子育て支援策を実施する必要性のあることは言うまでもない．

正規労働と非正規労働の差

非正規労働者とは，パート労働，雇用期限付き契約労働，派遣労働などで代表される一群の労働者である．正規労働者のように雇用期限のない雇用者ではないし，フルタイムで働く労働者でもない．賃金，昇進，社会保険制度への加入資格，その他の労働条件においても正規社員よりも劣等な立場にいるので，平等性確保のために正規と非正規の間で処遇に差別をなくせ，という声は強い．一方で非正規労働を望む人がいるのであるからその限りではないという声も根強い．

非正規労働者は誰か，ということに注目すると圧倒的に女性が多い．女性労働者の44.4%が正規労働者であり，非正規労働者は55.6%を占めているので，今や非正規労働者は女性の中では多数派なのである．男性にも非正規労働者は存在するが，男性労働者のうち20%とそれほど多数ではないので，ここでは

女性に典型的で特有な働き方が非正規労働とみなして議論しても間違いはない．

ではどういう働き方が女性の非正規労働の現実なのだろうか．政府の統計によると，55.6% のうちパート労働が 42.5%，派遣労働が 3.4%，契約社員が 2.9%，その他 6.9% となっているので，非正規労働のうち 76% をパート労働で占めている．したがって，女性の非正規労働者を代表するのはパート労働とみなしてよい．短時間労働，雇用期間が不定，そして正規労働よりも低い賃金，というのがパート労働の特色である．大まかに言うと，パート労働の平均賃金は正規労働者の約 70% の額である．それとパート労働者には 37.4% の企業でしかボーナスが支給されていないことも低賃金の象徴である．

ここでなぜパート労働者が存在するのか，企業側の要因と労働者側の要因を簡単に見ておこう．企業側の要因としては次のようなものがある．第 1 に，景気変動に応じて，すなわち業務の多寡に応じて，人員配置を適切に順応させることが可能である．すなわち採用と解雇に企業の裁量が働く余地が高い．第 2 に，賃金が低いので人件費の節約を可能にする．第 3 に，雇用，年金，医療，介護といった社会保険制度の加入には週当たりの労働時間に一定以上の条件が必要である．しかし，パート労働者の場合には社会保険制度に加入しない場合がある．こういう場合には，企業は社会保険料の事業主負担分を節約できる．第 4 に，橘木(2005b)の強調するように，企業独自の福祉制度，例えば社宅，寮，企業年金などは正規労働者向けなので，これも費用の節約となる．第 5 に，日本の産業構造はサービス産業への移行が顕著である．飲食・宿泊業，卸売・小売業，サービス業といったサービス産業ではパート労働が適しているので，需要側の要因とみなせる．

労働者側の要因としては，第 1 に，一生涯を勤労にコミットしたくない女性にとっては，パート労働は荷が軽い働き方である．第 2 に，家事や育児にまだ妻の役割が大きい時代なので，短時間労働の方がそれらとの両立をさせやすい働き方である．第 3 に，日本においてはまだ妻の所得は家計補助の役割と判断する人もいるので，そういう家計にとってはパート労働はふさわしい働き方である．第 4 に，不幸にして本書で強調したように女性の教育水準は男性よりもまだ少し低いので，比較的単純労働の多いパート労働に女性がふさわしいことがある．第 5 に，日本の所得税制と社会保険料の設定には，ある一定以下の総

賃金であれば所得税や社会保険料を払わなくてよい制度となっているので，短時間労働はある一定以下の総賃金額に抑えることが誘導できる．

以上が，女性のパート労働者がこれほどまでに増加した理由を，企業側の要因(すなわち需要側の要因)と労働者側の要因(すなわち供給側の要因)に区分して述べたものである．どちらの要因がより重要であったかに関心が移るが，それについては大沢真知子(2006)の推計がある．これによると，パートタイム労働は33％が供給側の要因であり，62.4％が需要要因である．残りはその他の要因である．約2倍の強さで需要側の要因が供給側を上回っているので，パート労働者の存在は主として企業側が望むからであると結論できる．学生を中心としたアルバイト労働者についてはマイナス22.2％であり，若者の労働人口の減少による効果を意味している．需要側要因はなんと124.1％の強さなので，圧倒的な比率で企業側の要因が作用した結果である．日本の労働市場においてパート労働で代表される非正規労働者，特に女性の増加した理由は，主に企業側がそれを希望したからである．

次の章で論じられるように，日本は格差・貧困社会に突入している．その発生を説明する1つの要因として，正規労働者と非正規労働者の間の賃金格差の拡大と，非正規労働者の増加がある．格差・貧困社会を是正するための政策に関してはその章で論じるとして，非正規労働者の増加をどう理解したらよいかを論じておこう．

それに関しては，パート労働などの非正規労働者に好んで選択しているのか，それとも正規労働者にできればなりたいが，就くことができなかったような非自発的な理由かどうかを知ることが1つの鍵である．佐藤・小泉(2007)は前者の代表である．ほとんどのパートタイム労働などの非正規労働者(約7割から8割)は自発的にその形態を選択しており，ほんの2～3割の人しか非自発的に非正規労働者になっていないのであるから，非正規労働者の数を減少させる政策は必要ない，と主張している．確かに多数のパートタイムなどの非正規労働者は自分の意思でなっているので，たとえ処遇はよくなくとも不満の態度はそう高くないと想像できる．既に述べたように，非正規労働者を希望する労働者に関しては，供給側の意向が満たされているだろう，と予想できるからである．

しかし，この判断は夫が働いていて十分な所得を稼いでいる人には当てはま

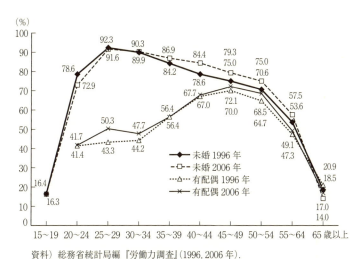

資料）総務省統計局編『労働力調査』(1996, 2006 年).

図 8-7　女性の配偶者の有無と年齢階級別労働力率

るだろうが，単身の女性や夫を亡くしたり離婚した母子家庭にあっては，非正規労働者による低い所得は生活困難の原因になるであろうことは確実である．図 8-7 は女性の配偶関係や年齢別に労働力率を示したものである．配偶者がいるかどうか，そして年齢によって労働力の異なることが分かる．実はここで述べた働かねばならない女性の数は，ここ 20～30 年大幅に増加している．こういう女性と，夫がそれなりの所得を稼いでいる女性を同列に扱うことには問題がある．筆者はこの点を重視して，非正規労働者の低い賃金を上げる方策を主張している．そのための具体的な措置については第 13 章で詳しく論じる．

第3部

豊かさのなかの格差・貧困

第9章
生活の豊かさを成就した家計

　戦後の深刻な貧困の時代を脱却し，1950年代から60年代の高度経済成長，そしてその後の80年代の安定成長期を経験することによって，国民所得という見地からすれば，家計は確かに豊かになった．しかも，消費の水準も高くなったのである．平均の話題に限定すれば，欧米諸国の生活水準に達したのであるが，同時に所得分配の不平等化という新しい波を経験することとなった．本章ではこれらの話題を検討する．

1　戦後日本経済の軌跡——家計の貧困から経済大国へ

戦争直後の貧困

　第2次世界大戦の敗戦によって，わが国が大きな打撃を受けたことは言うまでもない．生産量の落ち込みに関して言えば，戦争直後の1946(昭和21)年は38(昭和13)年の水準から約2分の1にまで落ちた．経済の破壊といってよい．生活水準に関しては，国民はほぼ全員が貧困の中にあった．貧困は食べることに困る状態を意味しており，食糧不足が危機的状況だった．これによって，多くの国民が栄養不足に陥っていた．一説には戦争直後，1000万人が餓死するかもしれないという予測すらあったのである．

　食糧不足や栄養不足以外にも，住宅不足，失業，引揚げ，孤児，浮浪者，犯罪，売春，インフレ等々，ありとあらゆる分野と現象で経済と社会における貧困が日本人を直撃した．明治維新以前であれば，大飢饉による餓死と貧困に見舞われたことは何度かあったが，近代における全国的な規模による大きな貧困は飢餓に近いといってよく，この戦争直後が初めてであった．

　戦争直後の経済の疲弊とその後の復興については，吉川(2003)に要を得た記述がある．それによると，生産の低下は，資本ストックの破壊と海外からの原

料輸入の途絶が主原因とされる．同時に戦後の激しいインフレーションは，国民各層に苦難を与え，財政赤字も深刻であった．しかし，1949(昭和24)年の「ドッジ・ライン」による超緊縮財政政策によってインフレーションは収縮し，その後の不況は50(昭和25)年に日本にとって偶発的に起こった朝鮮戦争による「朝鮮特需」によって克服され，日本経済は復興の道を歩む．もとより，日本国民の経済復興への意気込みと努力の成果が重要な要因である．

高度成長期

1955(昭和30)年あたりを前後として，日本経済は高度成長期に突入する．戦争がもたらした経済の破壊によって，初期条件が低かったのでその後の成長に有利であった点を指摘しておきたい．ところで吉川(2003)によると，高度成長を経済学から評価すれば，高度成長は企業の旺盛な設備投資意欲と技術革新の高さに大きく依存していた．1ドル＝360円という円安による輸出主導ではなく，旺盛な内需が原動力であった．政府主導によるものではなく，あくまでも民間主導で高度成長はもたらされたと筆者も判断している．しかも国民の間における激しい競争意欲が猪木(2000)によって主張されているし，吉川洋も国民が新しい職場を求めて大規模な地域間の労働移動を果たしたことを特筆している．

高度成長は1973(昭和48)年の第1次オイルショックまで続くが，この間，池田勇人首相による「所得倍増計画」も象徴的な計画であった．10年間で国民の所得を2倍にするという計画であるが，その計画はほぼ達成された．とはいえ，これも別に政府の政策が功を奏した結果ではなく，民間経済の強力な活動の成果を政府が予想したに過ぎないのである．

なぜなら，日本は資本主義・市場主義経済の国で，社会主義のような計画経済，すなわち政府が計画通りに経済を運営できるわけではない．政府は自らの願望を込めて，日本の経済はこのような姿になればいいな，という予測の宣言をするだけの役割しかなかったのである．その証拠に，過去には何度か，内閣のかわるたびに経済計画が立案され，発表されてきたが，その計画(予想)通り進んだかの検証はなされていない．経済予想に過ぎない経済計画は，中曽根内閣以降，公式には政府によって策定されていない．ところで過去の日本の経済

第9章　生活の豊かさを成就した家計

計画は，官僚機構の強いフランスの経済計画を意識して作成されたのである．

とはいえ，政府が何もしなかったとまでは言わない．例えば，政府は世界中に情報網を設けて——ジェトロはその一例である——，欧米の新技術を民間企業に紹介したし，輸出を促進し輸入を抑制するためにあらゆる政策を導入した．さらに，金融業などには規制を設定して，投資資金の調達を容易にした．低金利政策，金融機関の長短分離，郵便貯金の活用による財政投融資，などはその代表例である．

ところで，高度成長の達成によって，日本国民の所得水準が大きく伸びたことは事実である．年平均10％弱の経済成長率によって，国民の生活水準は飛躍的に向上した．高度成長はその陰に，働き過ぎの国民，貧弱な住居条件，交通混雑，環境破壊などの問題をはらんでいたが，少なくとも日本は先進国の仲間入りを果たすまでの経済水準を達成したのである．確実に家計は貧困から脱却した．

安定成長期

1970(昭和45)年代半ばから85(昭和60)年前後までは，年率3〜4％の成長率という安定成長期となる．73(昭和48)年のオイルショック後は日本を除くほぼすべての先進諸国が「スタグフレーション(インフレと失業の併存)」で苦悩していたのに対して，日本は失業率も低く，インフレーションも短期で克服した．しかも，経済成長率も安定して推移した．日本だけがマクロ経済の好調ぶりを誇り，他国から羨望の的にすらなったのであり，"Japan as No. 1" もささやかれたほどである．

もう1つのこの時期を筆者が特筆する理由は，欧米諸国の1人当たり国民所得を追い抜く時期だからである．1972(昭和47)年にイギリスの2271ドルを，78(昭和53)年にフランスの6936ドルを，84(昭和59)年にドイツの7738ドルを，85(昭和60)年にスウェーデンの8867ドルを追い越した．87(昭和62)年にはアメリカの1万4763ドルをも追い越すが，これには当時の為替相場が円高・ドル安であったことによる数字上の魔術の影響もある．いずれにせよ，この時期に欧米諸国の経済水準に到達し，かつ追い越して，経済大国の日本を世界に印象付けたのである．筆者はこの時期が日本経済のピークであったと判断してい

217

る．世界が日本経済に学べ，という雰囲気にあったと言ってよい．その後は次に述べるようにバブル崩壊後の 90 年代から日本経済が下降局面に入ったことは皆の知るところである．

バブル期と長期不況

1980 年代後半に，株と土地の価格が急騰し，日本全体がバブルに踊らされた．家計も企業も高い株価と地価のメリットを得ようと，非合理的な投資活動にまで手を出したのがバブルであった．日本人が「お金の亡者」になったと言ってよいほどの異様な行動をしたのである．もとより，株や土地の購入は中・高所得者にしかできないことなので，家計でいえば低所得者にはほとんど無縁のことであった．

ここで記憶しておくべき重要なことは，株と土地以外の商品の売買量や価格はほとんど影響を受けなかったことである．すなわち，マクロ経済全般，消費，投資，株と土地以外の物価水準，生産，雇用といった諸経済変数は，バブルとほとんど無縁の世界にあった．いわば実体経済とバブルは別個に推移したものであり，株と土地の価格だけが異様に変動した時期だったのである．したがって，マクロ経済はこの時期，順調に推移したと言ってよい．

バブルは当然のことながら崩壊する．1990 年代はバブル崩壊の後遺症も手伝って，日本経済は長期の大不況に陥る．「失われた 20 年」とされるほど日本経済は低成長期に陥ったのである．政府の景気対策が功を奏して一時的な好況期もあったが，すぐに不況期に戻って，基本的に経済は停滞期にある．残ったのは大幅な財政支出の結果による巨額の財政赤字だけであった．不況に陥った理由，あるいは不況から脱出するための政策などを巡っては，現今の経済問題として最大の関心であるし，多くの論者が論陣を張っている．

筆者の個人的判断は，日本経済は成熟期に入っているので，経済成長を目指すことは必要ないし，それを目指すことは少子・高齢化による需要不足と労働不足からくる負の成長率が避けられず，成長を望むことは不可能に近い，というものである．換言すれば，定常状態(ゼロ成長率)でよいとするものである．詳しいことは，橘木・浜(2011)，香山・橘木(2011)，橘木・広井(2013)で述べられている．

2 消費の拡大

時代による差異

次に，国民の生活水準を直接物語る家計消費の変化を分析しよう．

第2次世界大戦の敗戦による経済の破壊は，消費の分野に多大の影響を与えた．今となっては当時の映像からしか知りえないが，食を求めてごみ箱をあさる浮浪者の姿，アメリカ進駐軍人に群がってチューインガムやチョコレートを欲しがる子どもたち等々，人びとは食うや食わずの貧困の状態にあった．敗戦直後のエンゲル係数は60%にも達していたのである．それが今では，エンゲル係数は20%前後にまで低下し，豊かな消費ができるような時代になった．家計の消費パターンはどのように変化したのだろうか．

戦後を次の5つの時期に区分して分析する．第1期は敗戦から経済復興期 (1945～50年代中期)，第2期は高度成長期 (1950年代中期～72年)，第3期はオイルショックを含んだ安定成長期 (1973～84年)，第4期はバブルの隆盛と崩壊期 (1985～92年)，第5期は消費低迷期 (1992～現在)，である．

第1期（経済復興期）

この時期は衣・食・住を確保することに，国民の全精力が注入された．食糧不足は深刻で，人びとはその日の食料の確保に明け暮れた．戦争直後の食糧不足による人びとの栄養不良を示す例として，熱カロリーと蛋白質の摂取量を具体的に示してみよう．1人1日当たりの熱カロリー必要度に対する摂取比率は，戦前の1935(昭和10)年では82.0%であったのに対して，47(昭和22)年では46.5%に過ぎなかった．蛋白質に至っては，35年の32%から47年では13.8%に下落している．戦前においてすら蛋白質の摂取量が少なかったのは意外であるが，戦後の落ち込みはさらにすごい．食糧不足による栄養不良は実に深刻であり，これが病気や死亡の数を増加させたのは確実であった．

食と衣に消費の関心が集中した時期であったが，その内容の変化にも注目したい．すなわち，和食から洋食(パン・ミルク・肉)への転換が図られ，衣に関しても和服が減り洋服が普段着として定着するようになる．衣食の欧米化が進行

するのである．衣服に関して言えば，ミシンが国民に行き渡ったことと，ナイロンに代表される化学繊維の普及が洋装化に寄与したことは，特筆に値する．

　住環境の問題も深刻であり，住宅不足によって1つの家に何家族も住むことも稀ではなく，1人1部屋の住宅というのは夢物語に過ぎなかった．しかも住宅の質にまで関心は及ばず，まずは住宅の量を確保するのが最大の目標であった．やや誇張もあるが，まず雨露をしのぐことが求められたのである．

　基本的にこの時期は，国民は貧困に苦しみ，戦後の復興政策もこの貧困からいかに脱却するかに主眼が置かれた．この目標は，1950年代の半ばに不十分ながらも達成される．

第2期（高度成長期）

　この時期は経済成長の恩恵を受けて，所得の急上昇が家計に及んだ．これにつれて家計の消費が豊かになるのは当然のことである．この時期で特筆すべきことは，1953(昭和28)年が電化元年と呼ばれ，かつ「三種の神器」とされた洗濯機，テレビ，冷蔵庫が普及し始めたことである．66(昭和41)年には，カラーテレビ，クーラー，カー(自動車)の3Cと呼ばれる新しい耐久消費財が登場し人びとの夢を満たすことになる．第5章の図5-1はそれを示したものである．

　家計所得の増加もさることながら，都市への人口集中と核家族化が，これらの耐久消費財の普及に大きく影響している（吉川1997，松原隆一郎2000参照）．各家庭に1台の洗濯機や車の普及は，そうした製品の購入量が飛躍的に伸びたことも意味している．

　洗濯機については，主として洗濯を担当していた女性の苦労を緩和するのに大いに役立った．テレビについては，人びとがプロレスの「力道山」の活躍を見ようと，街頭テレビや電器屋のテレビは黒山の人だかりになっていた．その後，各家庭にテレビが購入されると，皇太子（現天皇）と美智子妃殿下（現皇后）のご成婚パレードや，東京オリンピックの実況放送を多くの人が家で見ることになったのである．冷蔵庫については，今まで毎日食料品の買い物をしなければならなかった主婦が，買いだめをすることが可能になったので，労働過重を和らげることに寄与した．

　テレビの普及は人びとの楽しみを増加させたが，洗濯機や冷蔵庫をはじめと

した電化製品の普及は，家事労働の負担の軽減に大きな寄与をした．すなわち，主として家事労働に従事していた女性の労働の苦痛を和らげた意義が大きい．さらに，これによって時間に自由を見つけた既婚女性に対して，外に働きに出て賃金収入を得るような動機を与えた．このことは第8章で詳しく論じたことである．

3Cと呼ばれる耐久消費財は，人びとの生活に潤いを与え，夢を満たすことに貢献した．人びとはこれらの品を購入できるよう，勤労に励んで所得を高めようとした．現在ではごく平均的な家計でも，カラーテレビ，クーラー，カーの3Cは所有されており，贅沢品とはなっていない．家計所得の伸びがあったおかげである．

この時期は住宅建設が進展して，日本人の住環境もやや改善する．特に1955(昭和30)年の住宅公団の創設により，狭いながらも水洗トイレを備えた集団賃貸住宅が国民に人気を博した．同時に企業福祉の代表として，大企業の社宅や独身寮も続々と建設され，日本の貧困な住宅事情の改善に貢献した．これらの企業福祉が良好な労使関係に寄与し，高度経済成長を支えたことは特記されてよい．現代に至って低成長経済にあっては，企業が福祉から撤退する状況にあるし，橘木(2005b)では企業福祉の役割は終了したと論じられている．

第3期(安定成長期)

この時期は，家計消費が2度のオイルショックを契機にして，一時期異常な経済の動きを示す．物価が一瞬にして数倍も上昇するという経験を，日本人は戦争直後の超インフレ期以降に経験していないので，その慌て振りは異常であった．象徴的な光景として記憶にあるのは，ガソリンスタンドに長蛇の行列をする車と，トイレットペーパーや洗剤などの買い占めの姿である．しかし総じて言えば，この時期の経済はほぼうまくいっていたので，消費も安定していた．また，この時期の特徴として，住宅が郊外に移る傾向があったことや，外食産業の普及，スーパーマーケットを中心にした流通革命なども指摘されている(松原隆一郎 2000)．

この時期に見られたもう1つの現象として，新しい耐久消費財である新3C，すなわち別荘(cottage)，セントラルヒーティング(central heating)，電子レンジ

(corpuscle oven)が語られた．電子レンジはともかくも，他の2つはまだ高額所得者のみが購入できるに過ぎなかった．庶民にとっては，電子レンジ以外は夢物語に過ぎなかったし，それは今でもそうである．

第4期(バブル経済の発生と崩壊)

　土地と株の価格の急上昇と急低下を5年間のうちに経験した，いわゆるバブルの発生と崩壊であり，家計と企業が実物資産と金融資産に踊った時期である．この時期，土地や株の購入量，そして時価評価の資産保有量は著しく上昇し，かつその後急降下した．人びとは，一攫千金を夢見て，土地や株の購入に走り，一部の人は成功したが，多くの人は失敗して，夢はバブル(泡)と消え，実現しなかった．

　しかし，それ以外の商品消費，あるいは消費項目はほとんど変化していないことは特筆されてよい．それは牧(1998)の計量分析によって確認されている．バブルは土地と株の物語に過ぎず，他の財に関する消費パターンは特異な動きを示していなかったのである．この指摘の意味は大きい．バブルの影響は主として実物資産や金融資産を持っていた高資産保有者に関するものであり，ごく普通の家計にとってはさほど影響力のなかった現象なので，バブル期は一部の家計に関する物語に過ぎない．しかし副作用による金融機関の破綻などにより，マクロ経済への影響度は大きかった．

第5期(消費低迷期)

　バブル崩壊の後遺症で，長期にわたる不況の時期に突入し，それが現在まで続いている．その原因は消費の不振にあるとされている．民間消費が不振な理由には次の3つがある．第1は，ラチェット効果(ラチェット効果とは，所得の低下があってもそれほど消費は下降しない性質を指す)が希薄になってきたことである．習慣効果とも呼ばれるが，一度到達した生活のレベルを下降させるということは，人間の心理として耐えがたいことだからである．したがって貯蓄を減らして消費にまわすか，借金によって消費の財源を確保して，これまでの生活水準を保ちたい，とするのであるが，この性質が弱まれば消費は所得の低下に応じて低下するのである．

第2に，雇用や年金，介護などの社会保障制度が不安になったことが挙げられる(橘木2002a参照)．すなわち，将来への不確実性が高まり，人びとの不安感が強まることにより，それが家計をして貯蓄行動に走らせ，消費を抑制することになる．現在の世の中は，低成長経済，失業率の上昇，少子・高齢化などの理由により，国民の将来生活への不安が高まっている．いくつかの調査によれば，実に国民の8割が将来に不安を感じている，との報告もある．

　第3に，奇妙なことだが，今回の大不況期においては，国民の多くに熱狂的に購買を促すような新商品に乏しい．過去の日本では，「三種の神器」「3C商品」「新3C商品」といったように，時代の先端を象徴する売れ行きの好調な商品の開発があった．しかし，現代は各種のIT商品や携帯電話などがあるとはいえ，過去の商品と比較すれば，インパクトが大きいとは言えない．ごく最近においてはAI(人口知能)の開発が語られているが．効果はまだ不確実である．

　最後に，日本国民は少なくとも生活は，ごく一部の人を除いて食べることができない，という飢餓の状態ではないので，現代の消費水準に満足していいのではないか，という私見を述べておこう．人間の欲望は無限であるとの考え方もあるが，そこそこの生活水準であれば，これ以上望まなくてもよいとの合意が社会で形成されたなら，消費の停滞していることはそう悪いことではない．したがって所得の伸び，すなわち経済成長率はほどほどでよいのである．

消費のまとめ

　以上，戦後のわが国における家計消費の動向を眺めてきたが，家計消費に与える影響力をまとめれば，次のようになる．第1に，家計消費の動向を決定するに際して，もっとも重要な変数は家計の所得水準である．家計の所得という豊かさが増せば，消費の量が増加するのは確実である．やや堅苦しく言えば，家計消費の総量は家計所得の増加関数である．

　第2に，所得の増加によって，家計消費の内容に変化が見られる．貧困時代は衣食に，やや豊かになると住宅を含めた耐久消費財に，最後に耐久消費財が行き渡ると余暇を楽しむための旅行，趣味などへの支出が増加する，との特色がある．なお心地よく，しかも高い勤労意欲を生み出すには，余暇の楽しみが重要である，と橘木(2011c, 2013c)で主張している．

第 3 に，消費に関してはデモンストレーション効果とか，習慣効果といったような，心理的な要因が相当重要である．デモンストレーション効果とは，隣の人や友人が自動車を買ったから自分も購入したい，というような心理である．「三種の神器」「3C 商品」などの商品には，その効果を促す性質があった．

　第 4 に，消費財を供給する側からの影響も大きい．国民がどうしても購入したいと思うような魅力的な商品の提供が重要である．これには新商品の開発や，その商品の宣伝などが必要であり，それらに関わる企業の役割は大きい．

　このことは，図 5-1 によって確認できる．高度成長期における「三種の神器」といわれた洗濯機，テレビ(白黒)，冷蔵庫の普及率は現代ではほぼ 100%に達した．その後の「3C 商品」に関しても，クーラー，カーが 80% 前後，白黒にとって代わったカラーテレビは 100% 近い普及率を示しており，消費の高揚に役立った．不況期といわれる 90 年代では，ビデオ(VTR)，CD，ワープロは期待されたが頭打ちの傾向が見られインパクトが小さかった．携帯電話もこれに入るが，価格が安いので家計消費の増加への効果は小さい．むしろ携帯電話の使用料の増加による支出増の方が，家計消費への影響力は大きい．

　以上のように見ると，もし経済成長率を高めることに社会の合意があるのなら，多くの人が飛びつくような新商品の開発と提供が，企業によってなされることに期待が集まる．筆者自身は，これからの家計支出を増加させるのは，質の高い住宅の購入や住宅改築の意欲であり，あるいは既に述べたことでもあるが余暇の楽しみのための支出増加である，と考えている．後者は人の幸福感をも高めるので，一石二鳥の効果がある．

3　所得分配の平等化と不平等化

　戦後の高度成長期，そしてその後の安定成長期を経て，日本人の生活水準がかなり高くなったことが分かったが，これは平均的な物語であり，個別の家計に関してはどのようなことが起きていたのであろうか．それを家計所得の分配という観点から見ておこう．

第9章　生活の豊かさを成就した家計

高度成長期に向かって起きたこと

1950(昭和25)年から日本経済は高度成長期に突入し，それが73(昭和48)年の第1次オイルショックまで続いたが，この間に社会・経済上で何が起きたかを知っておく必要がある．

まず第1に，就業構造の変化が大きい．高度成長をもたらした主要産業は製造業である．以前には多くの人が農林水産業や小売業に従事していたが，その人たちが都市部を中心に立地する工場やオフィスで働くようになった．工場労働者の増加である．同じくホワイトカラー労働者の比率も上昇した．これらは雇用労働者の増加を意味している．

第2は，就業構造の変化に伴って人口の地域間移動が発生した．農村部から都市部への人口大移動が高度成長期に起こり，東京，大阪や名古屋をはじめとする大都市に住む人の数が多くなったのである．都市部と地方部の人たちの間の所得格差が発生し始めたのもこの時期である．

第3は，人口移動に関連することであるが，都市部のサラリーマンの増加は，家計における核家族化をもたらした．農村部に住む老親と，都市部に住む現役労働者の子どもと孫が別居する，という図式が核家族化である．1家計当たりの人数の減少を意味したのである．

第4に，高度成長によって生産性の伸びが著しかった非農業(特に製造業や一部のサービス業)の賃金の成長率が高くなり，農業所得の伸びを上回った．これによって非農業従事者と農業・商業従事者の間の所得格差が拡大した．しかし農業・商業従事者の数が大きく減少したので，総体的には所得は平等傾向に向かったと言える．

第5に，既に述べたことであるが，家計所得が高くなるにつれて，教育費を支出できるようになり若い人の教育水準が高くなる傾向を示した．これは国民の労働生産性の向上をもたらすことによって，賃金をはじめとした所得の稼得能力を高めることに寄与した．

所得分配にどのような効果があったか

高度成長の効果が所得分配にどういう効果を与えたかは，図9-1と表9-1によって分かる．この2つの図表は，日本における所得分配に関する代表的な統

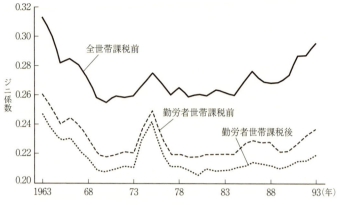

注) データベースは2人以上の非農家家計.
資料) 総務庁『家計調査』.

図 9-1 所得分配の不平等をジニ係数で見た推移

表 9-1 所得分配の変遷

年	再分配前所得の不平等度（ジニ係数）	再分配後所得の不平等度（ジニ係数）	再分配係数（％）
1962	0.390	0.344	11.8
1967	0.375	0.328	12.6
1972	0.354	0.314	11.4
1975	0.375	0.346	7.8
1978	0.365	0.338	7.4
1981	0.349	0.314	10.0
1984	0.398	0.343	13.8
1987	0.405	0.338	16.5
1990	0.433	0.364	15.9
1993	0.439	0.365	17.0
1996	0.441	0.361	18.3
1999	0.472	0.381	19.2
2002	0.498	0.381	23.5
2005	0.526	0.387	26.4
2008	0.532	0.376	29.3
2011	0.554	0.379	31.5

資料) 厚生労働省『所得再分配調査』.

計資料を用いた結果を示している．それらは『家計調査』と『所得再分配調査』である．ここでこの両調査の特色を述べて，メリットとデメリットを明らかにしておこう．

『家計調査』は毎年公表されているので変化を細かく検証できるメリットがあるが，次のような欠点があった．それは標本の対象として農家と単身世帯が排除されていたので，日本人全体の家計をカバーする調査ではなかった．図では「全」世帯という言葉が用いられているが，これは勤労者と自営業者を含むだけの「全」という意味であり，農家と単身世帯は排除されている．さらに，税や社会保険・社会保障に関する情報が少なく，所得再分配政策に関する情報が希薄である．最近になって農家と単身世帯も調査対象に入れられたので日本全体をカバーする標本となったが，過去と現代での連続した分析が困難である．したがって，図9-1では最近の数字については報告していない．

一方の『所得再分配調査』はすべての国民(すなわちいかなる産業でも働いている人や，働いていない人，単身世帯から複数家族の世帯などすべての標本)をカバーしているので，汎用性は完璧である．しかし3年に1度という調査のため時系列変化を詳しく調査できないデメリットがある．論者によっては統計を収集する政府機関が厚生労働省なので，低所得者に標本のバイアスがあると指摘する声もなくはないが，統計学の標本調査論に基づいて標本を抽出しているので，バイアスはないと判断しておこう．

なお課税前所得，再分配前所得というのは，税や社会保険料・社会保障給付による再分配効果を考慮していないものであり，課税後とか再分配後所得とはそれらを考慮した後の所得である．後者の概念の方が家計の可処分所得，すなわち家計の生活の豊かさを表現するのに最適なので，本書では主として課税後所得ないし再分配後所得を用いて所得分配の平等化，あるいは不平等化を議論する．

高度成長期の分析をする前に，それに至るまでの時期では所得分配はどのようなものだったのだろうか，それを簡単に述べておこう．これに関しては表9-2と表9-3が有用である．この表によると，1950年代から60年代にかけて対数分散とジニ係数がやや上昇しており，所得分配の不平等化がやや進行したのである．これは高度成長の始まる頃に製造業に従事する人が増加し，かつそれ

表9-2　全世帯と農家を除いた世帯の双方に関して所得の格差(対数分散による)がどう変化したか

年	全世帯	農家を除く
1924	0.190	0.170
1938	0.297	0.273
1953	0.041	0.041
1960	0.054	0.054
1979	0.043	0.043

出所) 溝口(1986).

表9-3　戦後の日本の所得分配の不平等の変遷(ジニ係数)

年次	推　計　者	
	Wada	溝口・高山・寺崎
1956	0.313	
1962	0.382	0.376
1968		0.349
1974		0.344
1980		0.334

出所) 溝口(1986), 橘木(1998).

らの人の賃金の伸び率が高かったのである．既に述べた高度成長期に至る過程で発生した5つの事実のうち，第1と第4の効果が作用したから賃金の上昇が見られたと考えてよい．

高度成長期以降

1973(昭和48)年に勃発した「第1次オイルショック」を契機にして，高度成長期は終焉を迎えた．安定成長期に移行した要因は，中東戦争による原油価格の急騰にある．60年代後期において既に，消費の低迷，労働力の不足，輸入技術の涸渇といった遠因が発生していたことも見逃せない．これらの現象が起こりつつあったことは，高度成長から安定成長に向かおうとしていたことを意味する．その矢先，「オイルショック」の発生が決定打となったのである．このオイルショック以前に日本経済が低成長に向かおうとしていた，という解釈は，吉川(2003)による．

なお一時期の不況を日本は他国に先駆けて逸早く脱却して安定成長期に入っ

たのであるが，他国がもたついていたのと比較して日本が輝いていた時代でもあった．

　高度成長期を終える頃になって，わが国の1人当たり国民所得も相当高くなり，したがって生活水準も高くなった．所得が欧米並みの水準に達したという自信も手伝って，1973(昭和48)年は「福祉元年」といわれるほどに，この時期に社会保障制度が抜本的に改革された．ヨーロッパ型の「福祉国家」を目指してわが国も走り出したのである．ところが不幸なことに高度成長の終焉は，目指した「福祉国家」の運営が，特に負担面を中心にして困難になる時期の始まりでもあった．所得の成長率が鈍化したので，税収や社会保険料の徴収額が伸びなくなったからである．

　高度成長の終焉が所得分配に及ぼした影響力はどのようなものだったのだろうか．1970年代から80年代初期にかけての安定成長期は，所得分配の不平等度はほぼ変わらずに推移したと言ってよい．社会・経済が比較的安定して進行したのもこの時期なので，所得分配も静止状態のように推移したのである．したがって，この時期は格別に議論することはないと言ってよい．

　1980年代の中頃から，先に述べたようにバブル経済に突入する．この時期は資産と所得分配の不平等化が急激に進展したことも既に述べた．ここでは所得分配の不平等をもたらした賃金所得と財産所得の役割に限定して議論してみよう．賃金所得と財産(不労)所得の合計が再分配前の所得(当初所得)になるので，賃金所得と財産所得がそれぞれどれほど所得分配の不平等化に寄与したかがここでの関心である．結論を先に述べれば，賃金分配の不平等化はきわめて微量ながら見られた．これに対して，財産所得の不平等化が相当見られ，それが総所得不平等化に寄与したと言っても過言ではない．

　賃金格差の推移を計測するとき，本書で頻繁に用いられているジニ係数による推計よりも，高賃金所得者(上位10%)と低賃金所得者(下位10%)の賃金を比較して調べることが多い．このことを図9-2と図9-3によって長期にわたる賃金分配の動向を確かめてみよう．この図によって，わが国の賃金所得不平等化の程度は非常に緩やかだったことが確認できる．しかし賃金分配の不平等化が激しい英米と対比させると日本の不平等化現象は小さいが，徐々に進行していることは特筆に値する．

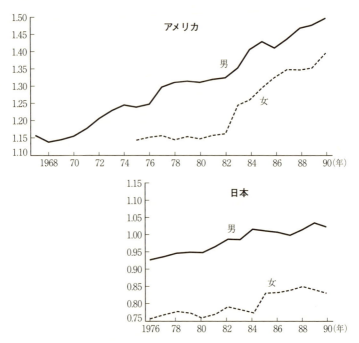

注) 縦軸は賃金に対数をとって上位10%と下位10%の地位にいる人との差を示す．この値が大きいほど賃金格差が大きい．
出所) Freeman and Katz(1995).

図9-2 男女別に見た賃金分布の不平等の変遷

　高度成長期の絶頂期(1960年代)から終了期(70年代初期)まではどう変化したのであろうか．図9-1と表9-1が60年代初頭からのジニ係数の値を示している．双方の図表とも再分配後所得と課税後所得に関してジニ係数の値がこの時期にかなりの低下，すなわち0.03ポイント程度の低下を示している．所得分配における代表的な統計データが，ともに所得分配が平等化していたことを提示しているので，高度成長期は所得分配の平等化がかなりの程度確実に進化したと理解してよい．

　なぜ平等化が進行したのだろうか．第1に，高度成長の最初の頃は製造業が起爆剤となって賃金が上昇したことを述べたが，その動きが製造業内のほとんどの業種に浸透することになり，これが製造業における賃金の均等化に寄与した．第2に，生産性が低いので支払い能力が低い中小企業が高度成長のおかげ

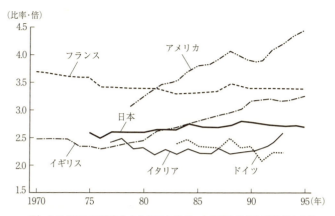

注）このグラフは賃金を十分位にわけて，上位第9分位と下位第1分位の賃金比をとったものである．
出所）OECD(1996), *Emplopyment Outlook*.

図9-3 賃金分配の変遷

で生産性を伸ばすこととなり，比較的高い賃金を支払うことが可能となった．第3に，この時期に地方の農村部門から中央の諸産業部門への労働移動が盛んであったが，それでも都市部では労働人口の不足が目立つようになった．労働者を新しく雇用するためには，中小企業であっても多少の無理をしてでも高い賃金を払う必要があった．第2と第3の理由は，中小企業が賃金を高く支払うようになったことによって，賃金の平等化を促したことにつながったことを意味している．

　第4に，農家にも新しい現象が現れた．それは農業部門から非農業部門への労働移動の背後で，農業地域において兼業農家の増加が見られるようになったことである．非農業部門の工場や事務所はそれまでは主として都市部に立地していたが，農村部でも営まれるようになった．それだけ高度成長は諸々の産業の隆盛を生んだのである．もともとは農業を専業としていた人びとが，これら非農業の職場でも働くようになった．農業における機械化や農薬の使用による省略化が，兼業化を可能にしたことを忘れてはならない．農業と非農業という兼業(すなわちダブルインカム)であれば総所得の増加につながるのである．この兼業の増加は相対的に所得の低かった農村地域の所得が高くなったことを意味し，所得の平等化に寄与することとなったのである．

高度成長期における所得分配平等化の意義──効率性と公平性の成就

　年率10％弱の経済成長率を示した高度成長期は，経済効率性が高かった時期である．企業の設備投資意欲は強く，しかも企業の生産性は高くて生産高や販売高の伸びは高かった．企業で働く側の労働者の勤労意欲も高く，労使一体となった企業経営で経済効率性の良好な時代だったのである．一方で所得分配の平等性が高いということもこの時期の特徴であり，賃金や所得の格差の小さいことが好ましいとする公平性の見方からすると，高度成長期は公平性をも満たしていたのである．このことは，効率性と公平性の双方を達成していたのが，日本の高度成長期であった，という解釈を可能にする．世界経済の長い歴史の中でも，このことは稀なことなので，日本が誇ってもいいことである．

　ただし，公平性については別の見方がありうる．有能で頑張る人に高い賃金を払い，逆に有能でなく怠ける人には低い賃金を払うことが公平性の原理である，とする考え方からすると，賃金や所得の格差が大きいことを否定せず，それこそが公平性を体現しているとみなす．前者の労働者による高い勤労意欲と生産性が企業の生産力を高めることになるので，経済効率性の確保に寄与するのであり，一方で後者による労働者の経済効率性への寄与分は小さいので，企業は前者の労働者に期待を寄せるのである．高度成長期の賃金や所得格差が小さかったのであるから，後者の公平性の見方に忠実であるとするなら，効率性と公平性の両方は達成していなかったと解釈できる．すなわち，公平性は満たされていなかったのである．

　ここで提示した2つの公平性の見方の意義は異なる．後者の見方に従うのなら，効率性(高い成長率)が満たされていたが，公平性は満たされていなかったのであり，一方(効率性)を重視すれば他方(公平性)は犠牲とならざるを得ないというトレードオフが成立しているのである．前者の見方に従うのなら，効率性と公平性はトレードオフの関係にないと判断される．すなわち両者が満たされていたのである．

　公平性に関する筆者の個人的好みは，賃金や所得の格差は小さい方が好ましいとするものである．なぜ日本の高度成長期においてこの見方が妥当したかと言えば，賃金や所得の格差が小さいことによって労働者の勤労意欲が阻害され

ることがなかったからである．すなわち，有能で頑張る人であっても自らのそれほど高くない賃金や所得に不満をあらわにしなかったし，むしろ格差の小さいことを好ましいと判断していたのである．一方でそれほど有能でない人にあっても，自らのそれほど低くない賃金や所得に対して不満をもつのではなく，むしろ頑張るのである．全員の労働者の頑張る姿が賃金や格差の小さいことによってもたらされたのであり，全員の勤労意欲が高ければ，経済効率性（高い経済成長率）が達成されるのである．すなわち，国民全員の間に公平性の重視（すなわち所得分配の平等性）に合意があったし，同時に経済効率性を高めることへの合意もあったのである．

経済が資本主義ないし市場主義で運営される限りにおいては，一般論としては，効率性と公平性はトレードオフ関係にあるとみなした方が良い．多くの先進諸国ではこのトレードオフが成立しているのである．現代の欧米諸国（北欧諸国を例外として）では，このトレードオフが成立しているのである．したがって，高度成長期の日本はユニークな例外と判断できる．

しかしここでの効率性と公平性の同時成立は，当時の日本社会・経済のおかれた特色があったからこそである．その後の日本経済が豊かになって国民がそこそこの高い生活水準を達成すれば，必ずしも国民全員が所得分配の平等性（すなわち公平性）が大切だとは思わなくなる．特に有能で頑張る人が，もっと高い賃金や所得を要求する時代となる．現に市場主義を押し進めるために，構造改革路線の政策を実行した小泉純一郎首相は，所得格差の拡大を容認して，有能で頑張る人が高い賃金・所得を受け取ることによって，その人びとがますます勤労意欲を高めて経済活性化の牽引者となることの重要性を説いた．逆に言えば，有能で頑張る人に高い賃金・所得の支払いで報いるのが公平であるという意見である．ここでの公平性の見方は，既に提示した後者の公平性に相当する．現代は，高度成長期とは異なる様相の時代となり，効率性と公平性のトレードオフが存在する時代になっている，との解釈を支持する人が多数いるのである．

高度成長期以降の推移——安定成長期とバブル期

1973（昭和48）年のオイルショック後，経済は安定成長期に移行したことは既

に述べたが，所得分配も安定的に推移したことが図9-1と表9-1で示されている．すなわち，所得分配の不平等度は多少の振動は見られるがほぼ同じ数値を示しながら進行したのである．すなわち，高度成長期に所得分配の平等化あるいは所得格差の縮小化が進行した後には，その状態が80年代の初期までの10年間前後続いたのである．この時期は経済成長率も2度のオイルショックの影響で多少の不景気も経験したが，基本的に安定的で，所得格差も小さい水準で推移したのであるから，経済学の用語を用いれば「定常状態」にあった時期とも言える．J.S.ミルの言葉による「定常状態」に従うなら，本来は経済成長率は限りなくゼロに近いのであるが，ここでは3〜5％という経済成長率が長期安定的に続いたことを，日本における特殊な「定常状態」と解釈しておこう．しかも所得分配の平等化も確保されたのがこの時期の特色なので，あえて「定常状態」という言葉を用いた次第である．実は筆者は，この時期の日本は経済成長率はそこそこの高さ，所得分配の平等性もそこそこ確保されていたので，至福の時代であったと解釈している．

異常なことが1985(昭和60)年頃から発生した．それは株価，債券価格，地価の急上昇というバブル期を迎えたことである．実体経済への影響はさほどなかった，ということは既に述べたが，分配への影響は甚大であった．株式，債券，土地などは代表的な資産なので，資産分配への効果が大きいことは容易に想像できる．表9-4はバブル発生直前期からバブル終了期までの資産分配の変動を示したものである．

ここでまずは実物資産に関する不平等化を検証しておこう．この表に関して

表9-4　資産分布の不平等(ジニ係数)

		1983	1984	1985	1986	1987	1988	1989	1990
橘木推計	(A)			0.428	0.452	0.548	0.525		
	(B)			0.752	0.762	0.804	0.794		
経済企画庁推計	(A)	0.467	0.433	0.434	0.441	0.482	0.535	0.520	0.516
	(B)	0.668	0.668	0.668	0.672	0.704	0.734	0.726	0.723

注) サンプル(A)は持家のある人に限定した実物資産に関する推計値，サンプル(B)は持家のない人も含んだすべての人の実物資産(したがって資産ゼロの人が多い)に関する推計値．
出所) 橘木推計：Tachibanaki(1996b)．経済企画庁推計：経済企画庁(1990)『経済白書』平成2年版．

第9章　生活の豊かさを成就した家計

重要なことは次の2点である．第1に，持家のある人と持家のない人双方の家計を含めた標本における資産分配の方が，持家のある人に限定した標本よりもはるかに不平等度が高い．それはサンプル(B)のジニ係数がサンプル(A)のそれよりも，橘木推計と経済企画庁推計の両方に関して相当高いことによって分かる．持家のない人(すなわち借家に住んでいる人)の実物資産価値がゼロであるという事実が，この大きな資産格差の主たる原因である．

第2に，両方の推計に関して，バブルの発生期と考えられる1985年前後から，すべてのケースにおいてジニ係数が上昇していることである．サンプル(A)に関して約0.1の増加，サンプル(B)に関して0.04から0.06の増加である．これらの数字はジニ係数による分配の不平等化を示す程度としては相当な増加である．バブル期に資産分配の不平等化が相当進んだと理解できる．土地を持つ者と持たざる者の資産格差が，バブル期を境にして急に顕在化したのである．

しかし，持つ者であってもそれを売却して現金を受け取らない限りにおいては，具体的にバブル期の恩恵を受けていない．持つだけで売らなければ潜在的な資産価値が増加しただけで，自分の財布が豊かになったのではない．そういう意味では，バブル期に土地の売買をうまく実行した人だけが大いに潤った時代なのである．

株価の動きと資産分配

バブルのもう1つの象徴である株式に注目してみよう．バブル期の株価急騰によって，どのような現象が資産分配に発生したのであろうか．それを知るための第一歩として，株式の保有状況が所得階級によって極端に異なることを認識する必要がある．1984(昭和59)年の数字によると，所得階級の第1分位(最低所得階級)の保有高は6.3％，第2分位8.0％，第3分位12.4％，第4分位18.3％，第5分位(最高所得階級)55.0％　である．実に半分以上の株式が最高所得階級によって保有されているのである．株式はお金持ちの金融商品と言える．

このことよりもっとも重要な事実は，株主を個人に限定すると，わずか10〜15％の人しか株式を保有しているに過ぎないことである．残り85〜90％の人は株式と無縁な世界にいるのである．次に，わが国の発行株式総数のうち80％は，金融機関や事業会社のような法人によって保有されており，いわゆ

る企業間の株式持合が特色となっていた．現代ではこの法人持合は減少し，それに替って外国人株主の比率が高まっている．個人の保有株式総数はわずか残り20%の比率なのである．

以上の事実をまとめると，わが国においても株式を保有している個人は，ほんの一部の高所得者層に過ぎない．株価上昇のメリットを受けているのは，一部の富裕個人と法人，そして最近では外国人ということになる．個人に関してそのことを統計で確かめておこう．表9-5と表9-6はそれを示したものである．

表9-5は株価上昇によって，どの所得階級の資産価値がどれほど増加したかを示したものである．最高所得階級が24.4兆円と，他の階級を圧倒して資産価値を増大させていることが分かる．ちなみに最低所得階級は2.8兆円の少なさである．

表9-6は家計当たりの株式保有額の変化を示したものである．株を保有している家計の保有額が，1979(昭和54)年の307万円から1985(昭和60)年の529万円に急増している．バブルとともに株式保有額が急増していることを示している．さらに，株式保有額のジニ係数による不平等度は，株を保有している家計のみで0.64前後，株を保有していない家計も含めると実に0.94前後の高さで

表9-5 株価上昇による資産価値の増大(1987年)

第1分位	2.8兆円
第2分位	5.5
第3分位	5.1
第4分位	8.3
第5分位	24.4

出所）経済企画庁(1988)『経済白書』昭和63年度版．

表9-6 株式保有額(資産額)分布の変遷

年	株を保有している家計のみをサンプルとした場合		株を保有していない家計をもサンプルにした場合	
	平均保有額(万円)	ジニ係数	平均保有額(万円)	ジニ係数
1979	307	0.659	49.2	0.945
1982	367	0.634	66.8	0.934
1985	529	0.622	83.6	0.940

出所）橘木(1989)．

あり，完全不平等の1.0に近い数字である．株式保有額に関して言えば，極端な不平等であると言っても過言ではない．

　株式保有が資産分配に与える効果をまとめてみよう．株式保有による金融資産分配の不平等は，基本的に株価(株式収益率)の上昇によるところが大きい．したがって市場の株価決定に任せた結果なので，株で大きく儲けた人を非難できない．株式保有は誰にも認められた経済行為だからである．さらに，株式保有者は株価下落のリスクも背負っている．場合によっては大損の可能性があることを忘れてはならない．

　ただし，次の2点に留意する必要がある．第1に，大多数の人にとって株式は無縁の世界であり，株式を保有できるのは一部の富裕者だけである．第2に，わが国の株式市場と株の取引には，多くの不祥事に見られたように不透明な部分がある．株価決定も完全に合理的とは言えず，一部の人に有利に作用する場合がある．これらをまとめると，一部の人だけ得をするのは不公平との解釈が可能である．

バブルは所得分配の不平等を高めたのか

　バブルが資産分配の不平等化に寄与したことは分かったが，それが所得分配の不平等化に貢献したかどうかが次の関心である．資産保有額が高くなると，財産所得が増加するので，所得分配の不平等をもたらす可能性があると言えるからである．ここで財産所得とは，実物資産(土地と家屋)及び金融資産を保有することによって得られる所得である．前者には地代受取，家賃，帰属家賃が該当し，後者には利子，配当，キャピタルゲイン等が該当する．帰属家賃というのは，持家のある家庭は実際に家賃を払っていないが，自分の家を借家とみなしたときに家賃がかかるとすれば，いくらの家賃を払うことになるかを計算したものである．この帰属家賃は持家保有者にとって所得とみなせるものである．

　表9-7は，1家計当たりの総所得を構成するそれぞれの所得源泉が，総所得の不平等度にどれほど寄与しているか，そしてそれぞれの所得源泉が，いかに少数の人によって稼得されているかを，集中度で見たものである．この表によると実物資産所得は平均178万円である．その多くが帰属家賃の寄与である．

表 9-7 所得源泉別の不平等度寄与度

所得源泉	平均所得(万円)	集中度係数	寄与度(%)	
総 所 得	957.4	0.371	100.0	実物資産を考慮した
賃金所得	701.2	0.275	54.3	ジニ係数 0.380
実物資産所得	177.6	0.656	32.8	実物資産を考慮しな
金融資産所得	78.6	0.582	12.9	いジニ係数 0.320

注1) 実物資産所得(帰属家賃所得,地代等)と金融資産所得(利子,配当,キャピタルゲイン等)の合計が財産所得である.
　2) 計算は日本経済新聞『金融行動調査 1990 年度版』による.
出所) 橘木・八木(1994).

相当な高額であるのに加えて,集中度(0.656)が非常に高い.しかも総所得の不平等度への寄与度も 32.8% と相当高いことが分かる.金融資産所得の額は 79 万円で実物資産所得よりもかなり低く,しかも集中度も実物資産のそれよりもやや低いが,賃金所得よりも相当高い.しかし,総所得の不平等度への寄与度は予想外に低く,12.9% である.したがって,金融資産を保有することが,所得分配の不平等に寄与する程度は小さいと判断してよい.

これらの結果をまとめれば,土地(すなわち実物資産)を保有することによって稼得する地代と帰属家賃を考慮すると,土地や家を持つ人と持たない人の所得格差が非常に大きいのである.ジニ係数が 0.32 から 0.38 に上昇したことによってもこのことが分かる.これによって,土地・家を持つ人と持たない人との資産格差はよく話題にされるが,実は所得格差にまで及んでいることを発見することができた.これは,土地・家を持つ人は,地代と家賃収入,特に帰属家賃という相当高い所得を得ていたことによる.

特に帰属家賃を考慮した表 9-7 の結果は,今までわが国でもほとんど知られていなかったことなので,政策を考慮する上でも意義がある.それは土地・家を持つ人には帰属家賃という所得があるので,それを無税のままにしておいてよいか,という点である.借家に住む人は家賃を払っているので,見方によっては不公平である.この点に注目して,ヨーロッパの数か国(例えばオランダ)は帰属家賃に課税していることを指摘しておきたい.わが国ではすぐに導入とはいかないが,帰属家賃への課税は将来検討の必要がある.

最後に,総所得の不平等に注目すれば,たとえバブル期であったとしても,

それにもっと寄与しているのは，賃金所得の分配なので，賃金所得の格差が総所得の格差を決定する，と記憶しておきたい．

第10章

格差社会の到来と社会・経済の変化

1 所得分配の不平等化という格差社会

1980年代以降

　高度成長期から安定成長期の約30年間，日本人の大半は，日本は平等性の高い国であると信じていた．「一億総中流」という言葉が当時流布していた通り，国民の90％前後の人が自分は中流階級に属すると思っていたのであり，極端な富裕者と貧困者はいない日本とみなされていた．貧富の格差の非常に小さい国だったのである．しかも経済成長率は低くなく（すなわち経済効率性は高い），所得分配の平等性で代表される公平性と，効率性を満たしていた希少な国だったのである．1980年代以降もそれが続いたのであろうか．

　バブルの崩壊によって日本経済は長期の不況に陥ったことは既に述べたが，時期を同じくして所得分配の不平等化が進行したのであり，そのことが本章での主要関心事である．効率性との関連で言えば，長期不況への突入は経済効率性の低下を生んだことを意味するので，効率性と公平性の双方を日本は失ったとの解釈が可能である．

　前章で示した図9-1と表9-1で，1980年代頃から所得分配の不平等化が進行したことを確認しておこう．国民全体を標本とした『所得再分配調査』によると，1981（昭和56）年の再分配後所得のジニ係数が0.314であったが，その後上昇を示すようになり，21世紀に入るとその値が0.381とか0.387というかなり高い値を示すようになった．0.06から0.07の上昇という数字は，かなりの所得分配の不平等化現象を呈している．なお再分前所得にあっては，ジニ係数が0.349から0.526へと非常に大きい上昇である．しかしこれは引退者の課税前所得（特に年金だけの所得しかない人）がゼロという効果が作用しているので，これ以上言及しないでおく．むしろ何度も強調したように，再分配後所得に注

目する．

　農家と単身世帯を排除した『家計調査』においても，1980年代の半ばから90年代の初頭にかけてジニ係数が上昇しており，所得格差の拡大を暗示しているが，標本が限定されているので，『家計調査』による数字は詳しく検討しない．21世紀に入ってからの『家計調査』による所得分配の不平等化度を示すべきであるが，この調査は数年前から農家と単身世帯を含めるようになっており，標本を拡張したので統計の時系列的な連続性に欠けている．このことから『家計調査』を用いて所得分配の長期的な変遷を分析することは避ける．

貧富の格差

　所得格差論に入る前に，もっとも分かりやすい指標として，日本人の最高所得者と最低所得者の差がどれほどであるかを示して，その差がいかに大きいかを認識しておこう．

　表10-1は日本人で最高所得と最高資産を保持している十傑を氏名と所得額，資産額を示したものである．孫正義はソフトバンクの創業者であり，所得は年間で約94億円というとてつもなく高額である．創業者だけに自社本体のみならず関連会社をも含めて大量の株式を保有しており，配当金とキャピタルゲインが巨額に達するからである．会社の経営者としての報酬はここには書いていないが，それほど多額ではなくせいぜい数億円と想像できる．それよりもすご

表10-1　日本の大金持ちベスト10

順位	氏名	年齢	年収	資産(億円)	
1	孫　正義	54	93億9600万円	6,800	ソフトバンク創業者
2	柳井　正	63	51億円	4,300	ユニクロ創業者
3	岡田和夫	69	36億円	900	ユニバーサルE創業者
4	元谷外志雄	69	33億円	2,200	アパグループ創業者
5	伊藤雅俊	88	31億8000万円	1,200	イトーヨーカ堂創業者
6	斉藤一人	63	30億円	200	銀座まるかん創業者
7	佐治信忠	66	24億6000万円	2,000	サントリーHD創業者
8	里見　治	70	23億6000万円	700	セガサミーHD創業者
9	山田　昇	69	23億5000万円	985	ヤマダ電機創業者
10	重田康光	47	21億2500万円	1,000	光通信創業者

出所）『週刊現代』2013年8月11日号．

第 10 章　格差社会の到来と社会・経済の変化

いのが保有資産額の 6800 億円である．金融資産と土地・家屋の実物資産が，本人も実感できないほどの高資産額だろうし，庶民からすると途方もない額である．

第 1 位から第 10 位まで，ほぼ全員が創業経営者ないしその一族であることが興味深い．自分で事業を起こして，そのビジネスが大成功を収めると，とてつもない所得と資産を生むことになるのである．この 10 人の人びとは所得が 20 億円，資産も大半が 1000 億円を超えているので，庶民からするとこれらも想像を絶する高額である．日本人の高所得者は創業経営者と医者であると示した橘木・森(2005, 2009)と整合している．ただし，医者(ここでは開業医)の所得額は創業経営者ほどの高額ではなかった．

ついでながら創業経営者ではなく，サラリーマン経営者(会社員としてスタートして，昇進を重ねてトップの経営者になった人)の最高所得者は，日産自動車の会長であるカルロス・ゴーンである．所得額はほぼ 10 億円である．日本企業のサラリーマン経営者としては異様に高い額である．日本人が日本企業のサラリーマン社長・会長であればこのような高い額ではないが，ゴーンが外国人であることと日産がルノーという外国企業の傘下にあるからであろう．日本人社長の典型としてトヨタ自動車の豊田章男の年収は 4 億円程度とされている．それにしても創業経営者とサラリーマン経営者の間の所得差には，大きなものがあることを強調しておこう．

そのほかに，2 つの職業で高所得者の例を示しておこう．いずれも推定値であるが，プロ野球選手の 2013 年度における高額所得者のトップは巨人の阿部慎之助選手で 5 億 7000 万円，芸能人では作曲家・ミュージシャンの小室哲也のおよそ 97 億円(ただし 10 年間の合計)であり，年額の平均額だと約 10 億円となる．なお 2016 年度では阿部選手の所得はかなり低下して 3 億円前後となっている．この年の最高所得者は広島の黒田投手の 6 億円であった．まとめれば，プロ野球選手と芸能人はほぼ個人の実力でこれだけ稼いでいるのである．

一方の貧困者の所得額はどれほどであろうか．2 つの例で示そう．1 つは日本には最低賃金制度があって，生きていくためにはこれだけの賃金が必要という制度が法律で決まっているが，その賃金額でフルタイムで 1 年間働いて 157 万円となる(2014 年の全国平均の最低賃金額 780 円×8 時間×21 日×12 か月働くとし

て).これだけの額でも生活は大変苦しいのであり,特に家族がいればなおさらで貧困者とみなしてよい.これ以下の所得しかない人は数多く世の中にいる.例えば,失業者で失業保険給付のない人,肉体的・精神的な病気の人で働けない人,引退して年金給付額の少ない人,などである.おそらく最低の所得者の所得額はゼロ円である.特殊な例であれば,借金返済額が所得額を上回って,マイナスの所得の人も世にはいる.貧困者の実態については第12章で詳述する.

もう1つの例は,プロ野球選手の最低所得者である.プロ野球の世界では正式に球団と選手として契約するのではなく,練習生のような形でプロ野球の世界に入り,上達すれば支配下選手という契約に至る人である.これを育成選手と呼ぶ.これらの選手の年収は240万円である.最低賃金の年収よりかは高いし,独身者が多いだろうから生活は何とかやっていけるだろうが,スター選手の数億円という年収と比較すれば,月とすっぽんの差である.実力社会の掟といえばそれまでであるが,とても大きな所得格差である.もっともこういう育成選手は練習で頑張って,いずれはスター選手を夢見ているのであるから,低い所得は励みの源と解釈できるかもしれない.

ここまで創業経営者,サラリーマン経営者,プロ野球選手,芸能人という高額所得者と,そうでないかなり低い所得の人との格差を数字で示してみた.特に前者はとてつもない高額所得者なので,庶民からすると想像を絶する額であろうが,まずは実態を示すことがここでの目的であった.

格差論争の顚末

ここに述べたように,1980年代から日本の所得分配は不平等化しており,格差社会に入っていると橘木(1998)で主張すると,これに関して日本で論争が湧き起こった.その論争は学界のみならず,メディア,官僚,政治家なども巻き込み,様々な論点が議論されたのである.当然のことながら「日本が格差社会に入った」と最初に主張した筆者も当事者として論争に巻き込まれた.多くの批判を受けたし,筆者自身が納得した批判もあった.これらを含めて,格差社会論争を簡単にレビューしておこう.どのようなことが論争の的になったのか,箇条書きにしておこう.

第 10 章　格差社会の到来と社会・経済の変化

　(1) 橘木の統計の解釈に不備がある．具体的には，厚生労働省の『所得再分配調査』における課税前(あるいは再分配前)所得に関して，引退している高齢者などはたとえ年金などの所得があったとしてもそれは再分配後所得に計上されており，再分配前所得はゼロと計上されているので，高齢引退者を含むデータにあっては，再分配前所得を用いて所得格差を論じることは不適当，というものである．橘木(1998)では再分配前所得も用いて議論しているので，この批判には納得しているし，指摘した大竹(2005)が正しい．

　(2) 大竹(2005)は(1)に加えて，日本は高齢社会に入りつつあるので，もともと所得格差の大きい高齢者の人口比率が大きくなったのであるから，日本全体での所得格差の拡大は，統計上の見せかけに過ぎないと理解すべきとの批判があった．すなわち日本は格差社会には実質的に突入していない，という主張である．

　まことに興味深いことであるが，この「統計見せかけ論」に当時の政権担当である政府と官僚が飛び付いた．すなわち，日本は高齢社会に入りつつあるのだから，見せかけで所得格差が拡大しているだけで，実質は拡大していないということを行政府が主張し始めたのである．既に述べたように，当時の小泉純一郎首相は「格差社会の何が悪い」と格差の存在自体を容認する態度だった．官僚はそこまでは言わないが，日本では格差は拡大していないと主張して，小泉首相を間接的に擁護したかったのである．内閣・官僚一体となった格差の存在否定論である．

　高齢社会という「統計見せかけ論」に対する筆者のスタンスは，もともと所得格差の大きい高齢者の数が増加したのなら，高齢者間の所得格差は深刻さを増加しているのだし，高齢貧困者の絶対数が増加していることを意味している．日本の格差(あるいは貧困)は深刻さを増している，と解釈できる．現に橘木・浦川(2006)は高齢者(特に単身高齢者)の貧困が深刻になっていると提示している．すなわち，「統計見せかけ論」は高齢者の貧困が深刻になったことまでは否定できないのである(貧困については第13章で詳しく検討する)．

　(3) 格差社会に日本が入っていることを容認するかしないかを問わず，「機会の平等」が担保されているのなら，所得という「結果の格差」については格差拡大があってもよい，とする主張がかなり多く提起された．小泉純一郎首相

を代表にして「格差社会の何が悪い」とする論者，特に首相の経済ブレーンの代表だった竹中平蔵は，経済効率性の確保のためには結果の公平性はある程度犠牲にならざるを得ないという立場から，たとえ格差が拡大していても気にする必要がないと主張した．この効率性と公平性のトレードオフ問題は既に議論したことなので，ここでは深入りしないでおきたい．

　(4) むしろ「機会の平等，格差」という議論が格差論争の中で登場したことの意義は大きい(例えば橘木 2013d 参照)．佐藤俊樹(2000)が日本社会において，親がよい職業に就いていればその息子は同じく良い職業に就くことができるとして，親子の職業連鎖が見られるのであり，それは職業の機会は平等に与えられていないと主張した．分かりやすい例を挙げれば，橘木・参鍋(2016)の示したように，国会議員の子どもは国会議員に，医者の子どもは医者になる場合が多く，国会議員や医者でない家庭に育った子どもには，国会議員や医者という職業に就ける確率が低くなるので機会の平等が与えられていない，との解釈が可能なのである．職業に限らず，教育をどこまで受けられるかということも親の所得水準に依存することから，貧困家庭に育った子どもには教育の機会が平等に与えられていないと解釈できる．これらのことは統計で確認できることなので，日本には機会の平等があるのか，あるいは機会の格差があるのか，ということを巡って格差論争の1つの争点になったのである．

　(5)「結果の格差」に関しては，どこまで所得格差を容認するのか，あるいは逆に言えば，どこまで格差の縮小を求めるかは，個人の価値判断に依存することとなる．貧富の格差の大きいことは，その人がどれだけ頑張るかにも依存するのであるから，怠けた人の低い所得は本人の自己責任によるとして，低所得者はそれを受け入れねばならないと同時に，頑張る人はその報酬として高い所得を稼いで，高い生活水準を保つ権利があると考えるのである．他方，このような努力や頑張りの程度に応じて貧富の格差は大きくなってよいという価値判断を排して，人間社会では貧富の格差の小さいことが平等主義の立場から好ましいとして，人道的な立場に沿った価値判断をする人もいる．要するに，どの程度の所得格差を容認するかは，その人の人生の見方，あるいは生き方に関する好み，すなわち価値判断に依存するのである．

　(6) この点に関して困難な問題がある．それはどれだけ頑張るか，あるいは

第10章 格差社会の到来と社会・経済の変化

どれだけ努力したかで所得格差という「結果の格差」を容認するのかしないのか、人によって判断の異なることは分かるが、生まれつきの能力差によって所得格差が生じることをどう考えればよいかである。分かりやすい例を挙げよう。日本ハムからアメリカ大リーグに入って年収数億円を稼いでいるダルビッシュ有投手、そして楽天からニューヨーク・ヤンキースに移籍した田中将大投手の7年間171億円の所得は、並外れて優れた能力を持って生まれたからである。ごく最近ではプロテニスの錦織圭選手の年収が32億円と報じられた。筆者のようにひ弱な身体能力でしか生まれなかった人との能力差には大きなものがある。もっともダルビッシュ、田中、錦織も練習を熱心に行って、努力を重ねていることも事実である。とはいえ、私が1日中練習しても彼らの水準の足元にも及ばない。

スポーツのみならず芸術、学力、容姿など生まれたときの才能が、その人の職業生活における成功度に大きな違いを生むことは、すべての人がよく知る事実である。美男、美女に生まれた人は対異性関係で有利であるし、とびきりの美男、美女はタレントとして成功して高所得者になりうる。どのような能力なり才能を持って生まれるかは本人の責任ではなく、神のみが決めることと言っても過言ではない。努力する、努力しないの差は本人の責任であろうから、それに応じて所得の格差の生じることはやむを得ないと多くの人は判断するだろうが、本人の責任ではない、持って生まれた能力差をどう考えればよいのだろうか、というのが論点である。

多くの人は持って生まれた能力差は神の決めることだからあきらめるしかない、と思っている。幸いなことに人間の能力というのは多種多様であるから、その中で自己が相対的に能力の高い分野を持って生まれた、と思われる分野を生かせる職業に就くのが次善の策と考える人が多い。田中将大のように強い身体能力を持って生まれなかったが、自分は人を笑わせる才能を持って生まれたと分かったら、コメディアンあるいは落語家という職業に就いて、できるだけ高い所得を稼ぐことができるように頑張ればよいのである。

アマルティア・センはここで述べたようなことを「潜在能力」という言葉で解釈して、人の潜在能力を最大に生かせるような社会をつくることが格差を小さくすることに貢献すると考えたのである(Sen 1992)。別に非常に高い能力を

持って生まれた人ではなく，ごく普通の人を念頭においた「潜在能力」の考え方である．ちなみにセンはインド生まれの経済学者で1998年にノーベル経済学賞を受賞している．発展途上国の経済開発を推し進めるには，人びとの潜在能力をムダにしないような政策をとることが肝要と主張した．例えば発展途上国では医療が遅れていたり，健康保険制度がないために人が死亡することが多いが，これを容認するとその人の能力を生かせないままになってしまうので，医療制度や保険制度を充実して，人間の潜在能力を生かせるようにせねばならないと考えた．

あるいは教育に関しても，潜在的に特定の能力，例えば数学や物理の分野ですぐれた資質を持っている人に初等・中等教育を与えなかったなら，その人はその高い潜在能力を生かせないまま大人になってしまうかもしれない．こういう事態を避けるために，発展途上国では初等・中等教育を充実させねばならない，ということになる．

センの議論は主として発展途上国を念頭において主張されたことであるが，筆者はその論理を日本のような既に経済発展を遂げた国においても応用可能ではないかと考える．生まれつき持った能力差（それをセンのいう潜在能力に置き換えてよい）の問題をどう考えればよいか，自説を展開する次第である．

(7) 生まれ持った能力差のうち，天賦の能力差，あるいは学力差（IQなどで示される頭の良さに置き換えてよい）をどう考えたらよいかに関して，1つの考え方を紹介しておこう．アメリカの政治哲学者ローマーによると，生まれつきの学力差，あるいは頭の良さは，本人の責任によらないことであるから，低い能力でもって生まれた人には社会でそのハンディを補償する義務があると考えた．すなわち学力の低い子どもや生徒には，公共部門が多額の費用を支出して，そういう人の学力を高める必要があると主張したのである．例えば，そういう人びとには先生の数を多く投入したり，あるいは個人教授なども行って，持って生まれた低い能力・学力を，集中的な教育によって高めることが社会の義務としたのである．現にアメリカでは能力の低い子どもには，早い時期に集中的な教育を施して，学力不足を補う教育制度を設けた．それは30〜40年前に実施されて"head start"と呼ばれるもので，現在でも実践されている．Roemer (1998)はこれを学問的に解明し，「機会の平等」を達成するためには必要なこ

第10章 格差社会の到来と社会・経済の変化

ととと考えたのである．

この主張に対しては，次のような反対意見が当然予想される．能力の低く生まれた人を，高い学力を持つようにするには，先生の数を増やしたり，学力の低い生徒だけを集めて教育するなど多額の教育費の支出が必要である．しかし，社会にとって重要なのは，そういう人たちへの教育ではなく，高い能力を持った人への教育費支出を増やして，それらの人の資質をもっと高めてエリートやリーダーを確実に生む教育政策の方がより効率的と考える人がいても不思議ではない．すなわち，能力の低い人の底上げをするような教育では，社会の受ける利益の程度が低いのに対して，能力の高い人をもっと教育して，例えばノーベル賞をとる人を増やすとか，経営能力の高い人を多く輩出して企業の活性化に寄与するとか，社会・経済を強くするため，あるいはリードしていくために必要な人材の育成に重点をおくという主張である．

どちらの教育がより重要であるかは，人によって見方は異なるであろう．筆者の好みは機会の平等を達成するため，不幸にして低い能力を持って生まれた人にはできるだけその人の学力を上げるための教育を行う，という前者の主張に賛成している．たとえその政策が社会・経済全体の活性化に寄与する程度は小さくとも，低い能力を持って生まれた人の学力が少しでも高まって，所得格差が少しでも縮小することの価値を評価したい．

一方，アメリカや日本における社会の指導者層(政治家や経営者)は，後者の教育政策によってエリートやリーダーがもっと活躍できるようにして，経済を強くする方を好むであろう．日本のエリートに関しては，橘木(2015a)を参照されたい．筆者はもし後者の政策によって，高い所得を稼得した指導者層が高い所得税を払うことに合意するのであれば，あえて後者の指導者層を育成する教育政策に反対しない．

理想論からすると，前者と後者をうまくバランスさせる政策が望ましいということに誰も反対しないであろう．具体的にどういう教育政策がそれにふさわしいのか，今後の大きな課題である．

2 賃金格差の拡大

前節で，所得格差の拡大にもっとも大きく寄与するのは賃金格差の拡大ということを確認したので，この節では賃金格差がどう拡大したかを調べておこう．

賃金所得分配の平等・不平等を問題にするときは，次の4つが重要な視点となる．第1は，国全体の就業者のうち，賃金で所得を得る人(すなわち雇用者)がどの程度いるかという点，第2は，雇用者間の総賃金格差がどう変化しているかという問題，第3は，雇用者間の総賃金格差を決める要因あるいは変数(例えば性別か，年齢か，学歴か，企業規模か，あるいは橘木2015bで分析した正規労働者と非正規労働者間の賃金差)として，どの要因が重要であるかの問題である．第4は，それぞれの要因別の賃金格差の変遷はどうか．これらの問題をごく簡単に検討してみよう．

就業構造の変化

第1の全就業者のうち雇用者がどれだけ増加したかに関しては，第3章で検討したのでここでは詳しく述べない．結論だけを述べておくと，高度成長期あたりから農業や商業という自営業者が減少し，その傾向が現代まで続いており，全就業者のうち圧倒的な比率，すなわち80％以上が雇用者の時代となっている．企業や役所で働いて賃金で所得を稼いでいる人が圧倒的に多いということは，賃金格差を調査することは格差を論じるに際して重要なこととなる．

第2に関しては，2つの顕著な変化を強調しておきたい．まずは，それは労働者の中で女性比率の上昇で示される．既に強調したように，高度成長期の頃には専業主婦志向が強くて女性労働者の比率は減少したが，1980年代あたりから女性の比率は上昇し始めたことである．

このことをもう少し詳しく述べておこう．第8章で論じたように戦争直後は日本が貧困だったので，国民全員が働く必要があった．しかも多くの人が農業や商業に従事していたので，家庭の妻も夫と同様に働くことが仕事の性質上からも必要であった．しかしその後，都会の労働者としてそういう人が移動し始めると，都会のサラリーマン世帯を中心にして女性は家庭にという考え方が定

着し始め，女性の労働者参加率は低下した．いわゆる「サラリーマンの奥さん」としての専業主婦の増加である．ただし，その高度成長期には夫の所得が高くない人もいたので，家計として経済的に余裕を持ちたいために，一部の妻は働いていたことも忘れてはならない．

1980年頃から現代にかけて，女性の労働力は再び上昇傾向となった．その理由はどこにあるのだろうか．第1に，女性の高学歴化によって就業意識や経済的自立心が高まってきたこと．第2に，経済成長の恩恵を受けて市場賃金が高まったので，外部労働によって収入を得る魅力が高まったこと．第3に，家事労働の自動化や核家族化によって，家事労働そのものの負担が軽減したし，それらを外部から購入する機会も増えてきたこと，である．女性労働者数は増加傾向を続けて，男性の数に近づきつつある．

とはいえ，第2の変化は，女性は非正規労働として働く人が急に増加したのである．それはバブル経済の崩壊による日本経済が不況期に入った1990(平成2)年代から顕著となった．現在の女性雇用者のうち相当数がパートタイム労働者という点である．現在既婚女性を中心にして，フルタイムで働くのではなく短時間労働するのである．その過半数は，家事や育児のために意図的に短時間労働を選択しているか，それとも家計補助のために働くのであって，その人たちのキャリア志向はそれほど強くないとされている．とはいえ，景気が悪いので不本意にパートタイムに甘んじている女性も中に入ると考えられる．

その後パートタイム以外にも派遣労働，契約社員など様々な雇用形態による非正規労働者が出現し，それらも増加中である．現代では女性労働者の約半数は，これらパート労働などの非正規労働者である．ちなみに男女合計で計測しても，およそ40%弱が非正規の時代に今はなっている．

第3に関しては，正規労働者だけについて言えば，賃金格差自体は所得格差の拡大が叫ばれたほどには拡大していない．拡大したと言っても，その大きさは小さいものである．そのことは賃金構造基本調査を用いて，1980(昭和55)年から2000(平成12)年までの賃金格差の変化を分析した原嶋・手嶋(2002)の研究によって示されている．賃金構造基本調査は調査人数の多さでは何十万という標本数なので，群を抜いて信頼性は高いが，非正規労働者の数がかなり排除されているし，企業規模が9人以下の企業で働く人も排除されているので，雇用

者全体の賃金格差のことを論じることはできない．したがって，原嶋・手嶋(2002)の結果は，10人以上の企業で働く正規労働者に関しては，賃金格差の拡大はさほどなかった，と理解しておこう．

このことは，パートタイマーなどの非正規労働者と正規労働者の間の賃金格差を調査する必要性のあることを暗示している．これは貧困を語るときに重要なテーマなので，そこで詳しく議論する．また企業規模が9人以下の零細企業で働く人の賃金が非常に低いことはよく知られている．最低賃金額相当の賃金しか受領していない人が多いので，最低賃金制度を論じるところでこのことに言及する．

最後の第4，要因別の賃金格差の変遷については次に論じることとする．

要因別の賃金格差の動向

賃金格差に影響を与える諸要因のうち，日本で関心の持たれた変数は，例えばTachibanaki(1996a)によると，性，学歴，年齢，勤続年数，職種，企業規模，などの要因である．これらのうちのいくつかに注目して，賃金格差にどのような影響を与えたかを簡潔に見ておこう．

(1) 女性：男女間賃金格差に関しては，もともと日本企業では女性差別が顕著だったので，男女間の賃金格差は大きかった．しかし1985(昭和60)年に「男女雇用機会均等法」が成立して，男女の雇用，昇進，賃金などで平等に処遇することが法律で定められた．この法律はその後何度か改正されて平等処遇は強化されたが，日本社会と企業はなかなか実行しようとせず，まだ欧米諸国よりもその実効性でかなり劣る．すなわち，監視と罰則が弱いという日本社会の特色が響いているのである．しかし効果がゼロということではなく，徐々にではあるが男女間の平等化は進行している．

しかしここで重要なことは，女性雇用者に関しては正規社員のみに差別排除が進行したので，男女の賃金格差は男女の正規労働者の間だけで進行したのである．しかし不幸なことに企業内で昇進するということ，すなわち係長，課長，部長，役員に昇進するということに関しては，たとえ正規職員であってもまだ女性は圧倒的に不利なので，昇進差による賃金格差はまだかなり残存したと言ってよい．そしてもう1つ重要なことは，「男女雇用機会均等法」に対処する

第10章 格差社会の到来と社会・経済の変化

ために多くの企業は女性を中心にした一般職を設けたし，不況に突入したことで労働費用削減のためにパート労働などの非正規労働者を非常に多く採用するようになった．正規労働者と非正規労働者の間の賃金格差は縮小どころか，むしろやや拡大の傾向にある．非正規労働者の大半が女性なので，すべての労働者に注目すると男女間の賃金格差は未だに大きいのである．このことについては後に詳しく検討する．

(2) 学歴：人が中卒，高卒，短大卒，大卒，といったようにどこまで教育を修めたかという学歴差．第8章で論じた「学歴」の区分では第1の意味での学歴が，賃金格差に与える影響力を述べておこう．まず高度成長期から不況期までの期間において，男子労働者に関して，年齢，企業規模，学歴という3つの要因のうち，どの要因がどれほどの影響力を持っているか，そしてその影響力がどう変化したかを図10-1は示している．学歴間格差の与える効果がもっとも小さいことが分かる．日本では高い教育を受けても高い賃金を得るという社会ではないのである．しかもその効果は30年間にわたって低下していることがこの図で分かる．

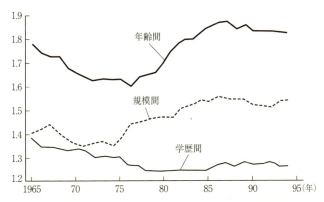

注）学歴間格差は，高卒の平均賃金に対する大卒の平均賃金の比率，年齢間格差は，20歳代の平均賃金に対する40歳代の平均賃金の比率，規模間格差は，10人以上100人未満の企業の平均賃金に対する1000人以上の企業の平均賃金の比率．賃金は，1か月に決まって支給される給与（＝所定内給与＋超過労働給与）に，前年の年間賞与その他特別給与額の12分の1を加えた額．対象は，男子一般労働者．
資料）労働省「賃金構造基本統計調査」（賃金センサス）．

図10-1 賃金格差の推移（男子一般労働者）

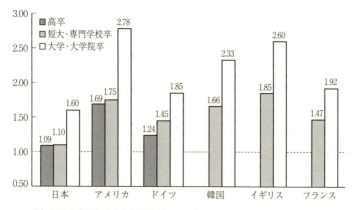

注) 中学卒業の賃金を1に基準化している．
資料) 日本以外のデータは，OECD (2006), *Education at a Glance* より，日本のデータは，厚生省労働省「平成18年度 賃金構造基本統計調査」より．

図10-2 学歴間賃金格差の国際比較

　ここで国際比較によってそのことを確認しておこう．図10-2は最近のデータを用いて，学歴間の賃金格差を国際比較したものである．この図は中学卒業を1に基準化して，高い学歴の人がどれだけの倍数の賃金を得ているかを示している．

　図から示されるように，日本の学歴間賃金格差は，諸外国と比較して相対的に小さいことが分かる．数字で評価すると，大学卒業賃金が高校卒業賃金の何倍であるかは，日本が1.46であるのに対して，アメリカが1.65，ドイツが1.49であり，日本が一番低い倍数である．さらに，中卒を1としたときの大卒の賃金の高さは，日本が1.60でもっとも低いのである．総合してまとめると，格差が大きいのは，アメリカ，イギリス，韓国の順であり，日本の格差はドイツ，フランスよりも小さいことが示されている．

　この国際比較には，留意すべき点が数多く存在する．特に，男女間格差の程度が国によって異なる場合に，女性の就業率の違いが格差に影響を与えたり，年齢や勤続年数の違いが格差に影響を与えたりすることは重要な問題となる．そこで，男女別に，30～44歳の賃金格差に焦点を絞り国際比較を行うことにする．すなわち，年齢の効果を捨象した結果である．

　図10-3及び図10-4で示されているように，日本の学歴間賃金格差は，男女

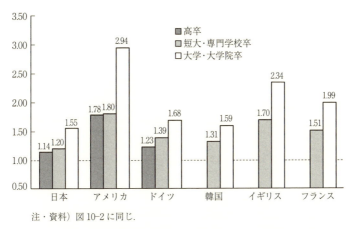

注・資料）図 10-2 に同じ．

図 10-3 学歴間賃金格差の国際比較（30～44 歳男性）

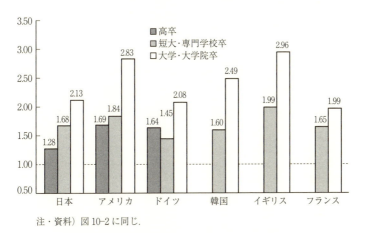

注・資料）図 10-2 に同じ．

図 10-4 学歴間賃金格差の国際比較（30～44 歳女性）

とも国際的に小さいことが示されている．特に，男性の賃金格差は比較した国の中でもっとも小さくなっており，中学卒業と大学卒業との差はアメリカの約半分となっている．男性労働者に関しては，比較している国の中でアメリカの学歴間格差がもっとも大きく，ついでイギリス，フランス，ドイツ，韓国の順になっている．ただし，ドイツと韓国の差は小さくなっている．

日本の女性労働者の中学卒業と大学卒業との格差はフランス，ドイツよりも

大きくなっている点は注意すべきであろう．また，アメリカよりもイギリスの方が大きな格差となっており，韓国はドイツ，フランスよりも大きな格差となっている．

以上をまとめると，日本では企業における賃金支払いに関して，学歴間の賃金格差をあまりつけないのである．その理由は2つある．第1に，図10-1で分かるように，年功序列制と称されるように年齢や勤続年数という要因がより重要なので，学歴の影響力が相対的に小さくなった．第2に，採用や昇進ということからは学歴差は無視できない程度の効果があるが，賃金ということに関しては少なくとも平等主義を貫いて全員の勤労意欲を引き出そうとした．

(3) 年齢と勤続年数：図10-1で示されたわが国の賃金分配に関してもう1つの興味ある点は，年齢による賃金格差がもっとも強いことである．勤続年数も同様に強い効果を持っている．企業規模や学歴よりもはるかに強い影響力がある．年齢や勤続年数による効果は，中高年層と若年層の間の賃金格差が相当大きいことを意味している．これはわが国に特徴的な年功序列制度によるところが大である．年功序列制度とは賃金が年齢や勤続年数とともに上昇するが，その上昇率が急勾配であることを指す．さらに，年齢が高くなれば，住宅や子どもの費用がかかるので，生活費が高くなるという事情に対応する目的がある．このことは「生活給」という形で，年齢に応じて賃金を高くしてきたのである．これは戦後の電気産業の労働組合が主張して他の業種にも広がったことから「電産型」の生活給と呼ばれてきた．

すべての人が1年に1歳ずつ年を取ることを考慮すれば，年功序列制度は平等主義の発露とも言える．すなわち，学歴や職業は労働者の異質性に注目しているが，年齢はすべての人に共通に，しかも差別もなく評価できる変数なので，平等主義が徹底していると言える．少なくとも同じ年齢，勤続年数の人の間には賃金差がないか，小さいのである．経済学では，人は企業に長く勤めることによって熟練度が高まり，生産性も上昇するので賃金が上昇すると考える．この解釈を否定する気はないが，わが国ではむしろ年功制を平等主義の立場から評価する方が妥当性が高い，と筆者は判断している．

しかし，わが国の労使関係は，年功序列制から能力・実績主義への移行が進んでいる．平等主義から非平等主義，あるいは能力・実績主義への移行とも言

える．これがわが国の不平等化傾向，あるいは格差拡大の1つの要因であるが，このことは本書のあちこちで論じているので，ここでは詳しく述べない．

(4) 職種：戦前にあっては官吏か民間か，ブルーカラーか，ホワイトカラーか，管理職か，あるいは経営者か，といった職種や地位による所得格差は非常に大きかったことを既に示したが，戦後になってこの特質はかなり希薄となった．このことを具体的な数字としては示さないが，日本の経営者の報酬が欧米に比して高くなかったことで理解できる．これも平等主義のなすところであったと理解してよい．しかし最近に至って，アメリカ流の管理職や経営者のリーダーシップに期待する風潮が高まり，職種や地位による報酬格差が拡大中であることは確実である．

(5) 企業規模：日本の企業組織では，「二重構造」と称されるように大企業と中小企業の間では生産性，資本装備率，利潤率，賃金などに関してかなりの格差のあることはよく知られていたことであった．企業の支払い能力の違いが大企業と中小企業の間にあるので，賃金格差が生じるのである．図10-1によっても賃金格差が企業規模(ここでは従業員数で示される)間で存在することが分かるし，その効果もかなり大きいのである．さらにそれが年を経過するに従って，大きくなっていることが示されているし，現代でも成立している事実である．それだからこそ日本人はできるだけ高い賃金を受領できる大企業で働きたいと願っているのである．これに加えて，大企業では倒産が少ないので，職の安定性のあることも好まれた．しかし最近では大企業の倒産や支払い能力の低下が見られるので，この点からのメリットはやや低下している．

職種や地位，あるいは企業規模による賃金格差は企業の経営方針や生産性と結びついているので，これ以上の言及はしないでおこう．

まとめ

賃金における学歴差の小さいこと，年功序列制の優位を，わが国の平等主義と評価したが，なぜこのような平等主義が台頭したのだろうか．もっとも重要な根拠は，企業経営者が人を平等に処遇しないことの悪影響を恐れたのである．すなわち，低賃金で処遇される人がますます勤労意欲を失うことを恐れたのである．

その背景には，能力の高いしかも生産性の高い労働者が，それほど高くない賃金であっても勤労意欲を失うことがない，と信じられていたことも背後にある．例えば，わが国の経営者の報酬は，1億円を超えることはさほどなく，一般論としてそう高くない．アメリカの経営者の年収が数億円ないし十数億円ときには数十億円単位であることと比較すれば，明らかに低い．しかし，わが国の経営者の勤労意欲が低いという事実はどこにもない．賃金の多寡によって勤労意欲が影響を受けることはさほどなかったのである．

さらに忘れてはならない事実は，戦争直後から十数年の間のわが国は経済は弱く，したがって平均賃金額は非常に低かった．そのような時代において，労働者に賃金格差をつけることは事実上不可能だったのである．つまり，一部の労働者に低い賃金を支払うということは，貧困を強いることになるので，賃金の平等主義を採用せざるを得なかった事情がある．

ただし，すべての労働者を平等に処遇していたわけではない．例えば女性の場合の低賃金，「二重構造論」に代表されるように中小企業に働く人の低賃金等，恵まれない労働条件で働いていた人が多くいたことも忘れてはならない．

第11章
政府による政策効果

　政府は様々な政策を実行して,国民の所得に影響を与えている.代表的な政策としては租税政策,社会保障政策,公共支出政策であり,これらは国民の所得に直接の効果があって,所得そのものを変えてしまう.所得再分配効果と称されるものであり,政府がこれにどれだけ関与しているのかを詳しく検討する.政府の教育費支出も国民の資質,あるいは稼得能力に効果を与えるので関心の対象となりうる.

　政府が国民から税や社会保険料を徴収し,それを財源として国民に社会保障や教育,あるいは公共投資の支払いを行うことは,量的効果によって直接の所得再分配効果を持つ.ところで政府はこれ以外にも様々な質的な政策を行っている.国民の所得に間接的に影響を与える政策なのである.例えば,解雇規制,男女雇用機会均等法,最低賃金法,子育て支援法,など数多くある.これらの規制,法律の効果を所得の変動分として数量的に計測することは困難であるが,国民生活に影響を与えていることは確実なので,これらについても議論する.

1　租税の再分配効果

再分配効果の計測

　税は国民の家計所得を基礎に所得税,消費税と社会保険料として徴収し,それを年金,医療,介護,失業,生活保護などの社会保険給付として家計に支払うのである.これらの徴収と支出が家計所得に与える効果を確認しておこう.細かいことを言えば,税には所得税,消費税,相続税などと,企業には法人税がある.他にも固定資産税などの資産課税もある.消費税を各家計がどれだけ負担しているのかを推計するにはデータが不足しているし,法人税は家計とは直接の関係はない.社会保険料には事業主負担分と称する企業の負担もあるが,

これを家計の負担と結びつけることは適切ではない．したがって，消費税，法人税，社会保険料の企業負担分を無視する．この無視による分析への弊害は，消費税を除いて——実は細かいことを言えば社会保険料の企業負担分を，実質的に法人，労働者，国民一般などの誰が負担しているのか，という転嫁の問題に注目した場合——，家計にもなにがしかの負担があるが(これに関してはTachibanaki and Yokoyama 2008 参照)，ここでは計算が複雑なのでそれらを無視する．消費税の効果については別個に議論する．

表 11-1 は租税(所得税)と社会保障による所得再分配効果を示したものである．これら両制度によって課税前所得がどれほど平等な分配を達成するのに寄与しているか，再分配係数によって知ることができる．A の列と B の列は厳密には連続性はないが，1992(平成4)年における総再分配係数の数字が，A 列と B 列で 17.0% と一致していることから，全く比較が不可能ではなく，おおよその連続性があるとみなしてよい．ただし，租税と社会保障という個別の再分配係数の値は異なっていることに留意しておこう．

この表によって分かることは次の点である．第 1 に，税と社会保障による総合効果によると，1960 年代という高度成長期はやや再分配効果が大きく，その後 70 年代のオイルショック時にそれが少し弱くなる．80 年代の安定成長期になると再分配効果は再び大きくなり，さらに 90 年代と 21 世紀という不況期に入ると，その効果がますます強くなったことが分かる．現代では税と社会保障の双方を加味した所得再分配効果には，かなり大きいものがある．

第 2 に，では租税と社会保障のどちらの貢献度がより大きいかに注目すれば，租税(ここでは所得税)よりも圧倒的な大きさで社会保障の方が所得再分配効果に寄与している，とこの表は教えている．すなわち，再分配前所得の分布が不平等度を増大させている中で，それを是正する手段として租税と社会保障制度の役割はかなり強くなっているが，これに寄与するのは租税よりも圧倒的な強さで社会保障制度なのである．

第 3 に，とはいえ，社会保障制度の再分配効果には留保が必要である．年金制度を考えればもっとも分かりやすい．表では各年ごとの年金保険料の拠出と年金給付の額が考慮されているが，各年においては保険料を拠出する人と給付を受けている人は全くの別人である．保険料の拠出は現役の労働者でなされ，

表11-1 租税と社会保障による所得再分配効果

(単位:％)

	年	再分配係数	租税による再分配係数	社会保障による再分配係数
A	1961	11.8	—	—
	1966	12.6	3.7	8.7
	1971	11.4	4.4	5.7
	1974	7.8	2.9	4.5
	1977	7.4	3.7	1.2
	1980	10.0	5.4	5.0
	1983	13.8	3.8	9.8
	1986	16.5	4.2	12.0
	1989	15.9	2.9	12.5
	1992	17.0	3.2	13.2
B	1992	17.0	6.5	11.2
	1995	17.7	4.7	13.7
	1998	18.4	3.7	15.3
	2001	23.3	4.3	19.9
	2004	25.9	4.1	22.8
A	2008	29.7	4.7	26.2
	2011	32.8	5.8	28.6

注1) AとBの数字の比較は不可能である．なぜなら，Bは所得を等価所得で表現しているのに対して，Aはそれを行っていないからである．ここで等価所得とは家族人数で調整するという作業を行った家計所得を評価したものである．
2) 再分配係数とは租税と社会保障全体でどれだけ所得再分配効果を有しているかを示し，租税と社会保障はそれを個別の効果を有しているかを示している．具体的には下記のように計測される．
再分配係数＝1－再分配前所得のジニ係数／再分配後所得のジニ係数
出所) Aの部分は厚生労働省『所得再分配調査』より，Bの部分は小塩(2010)より．

保険給付は引退した高齢者に向けられるものであるから，もし強い所得再分配効果が年金制度，すなわち社会保障制度の各年において観測されたのなら，それは年齢の違いによる世代間の所得移転が数字として出現したからである．同じ人間に関する所得再分配効果ではないことに注意しておきたい．すなわち，表で示されるような年間所得によって同一人物の年金による所得再分配効果を推測することには無理がある．

医療保険制度は各年ごとの保険料拠出と医療給付がほぼ同時になされるので，

年金のような心配の程度は小さい．介護保険制度は年金ほど世代間で拠出と給付が区別されているわけではない．例えば，介護保険の拠出は40歳になってから始まるので，それより若い人は拠出していないし，高齢者においても全員が受給者ではなく，保険料拠出をしている高齢者(すなわち要介護ではなく健康な人)が混在しているのである．しかし多少年金のような問題は残っているのである．

以上をまとめると，年度ごとの所得調査に立脚して所得再分配効果を測定した数字は，それだけで鵜呑みはできないのである．逆に言えば，社会保障制度の所得再分配効果は世代間の所得移転をも考慮に入れて測定されねばならない．理想的には生涯所得に基づいて測定される必要がある．これについては後に言及する．

所得税による再分配効果

単年度の所得に課税される所得税については，再分配効果が比較的容易に測定される．極端に言えば所得税率表を見ればおおよそのことが分かる．図11-1は課税所得に対する所得税率の変化を25年間にわたって示したものである．なお課税所得とは粗所得から諸々の所得控除を差し引いた所得である．

この図で分かることは次の3点である．第1に，課税所得の段階が1986(昭和61)年では15段階に区分されて，それぞれに異なる税率が掛けられていたが，その後に段階の数が減らされて1999(平成11)年には4段階まで縮小した．所得税制が簡素化されたのである．その後2007(平成19)年になって6段階，2014年(平成26)年に7段階となりやや増加した．第2に，25年前の最高税率は70%の高さであったが，その後低下を続け，1989(平成元)年には約半分の37%にまで下げられた．その後少しだけ上げられて45%となった．第3に，20年間にわたって最低所得段階の税率は10%であり続けたが，最近になってそれが5%に下げられた．

以上の変化をまとめれば，所得税率の累進度は25年前から5～6年前まで下げられ続けたのである．累進度とは所得の低い人に低い税率を課し，所得の高くなる人につれて税率をますます高めていくことである．一昔前はその累進度が強かったが，その後金持ち優遇の程度を高めてきたのである．なぜお金持ち

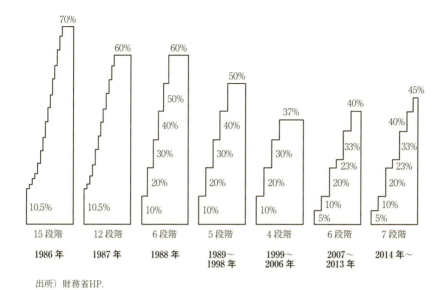

出所）財務省HP.

図 11-1　所得税率の変遷

の要求に応えてきたかといえば，税金が高いと勤労意欲を阻害するとか，日本を脱出してタックス・ヘイブンの国（税金の非常に安い国）に移住するとかの声があったので，その声に日本政府は屈して高所得者への税率を下げたのである．しかし世間で格差問題が叫ばれるようになり，政府もこの問題に対処するため，2007年度以降その累進度をそれまでは下げ続けてきたが，ほんのわずかだけでも上げて修正したのである．しかし以前のような強い累進度には戻っておらず，所得税による所得再分配効果はかなり弱いままである．

ここで実際の家計所得のデータを用いて，所得再分配効果が弱まったかどうかを調べておこう．図 11-1 は，表面上における税率の変化を見たに過ぎないが，ここでの関心は課税前所得にこの税率が課せられて，課税後所得として認識されたときに税率の変化がどれだけの影響を再分配効果に与えたかを知ることが目的である．

図 11-2 は戦後から現代までのほぼ 50 年間にわたって，所得税の再分配効果の変化を示したものである．ここは税による再分配係数（課税によって課税前所得と課税後所得の間で何 % の変化があったかを示したもの）で，係数の値が大きいほ

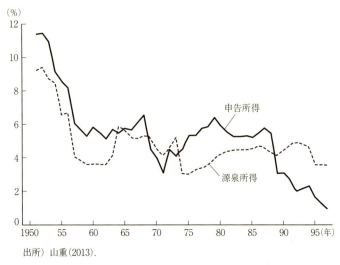

出所）山重(2013).

図 11-2 税制の所得再分配効果の時系列的推移

ど税の再分配効果の強いことを表している．この図には 2 つの所得，すなわち源泉所得と申告所得が別個に示されているが，これは日本の所得税制が 2 つに区分されていることによる．源泉所得とは，主として民間企業の社員や公務員が給与所得を得たときに源泉所得として，雇い主が源泉徴収票を税務当局に送って機械的に徴収されるものである．申告所得とは，源泉所得以外に他のソースから所得のある企業人や公務員，そして自営業者などが自らの所得を税務当局に申告して徴収されるものである．

源泉所得とは雇い主が準備して，雇い主が税率に基づいて税額を当局に払うものなので，脱税は少ないとされている．一方の申告所得は，申告者が自ら申告するので，節税や脱税の発生する可能性はある．例えばアメリカであれば，源泉所得税はなく全員が申告所得税の下にいるが，日本では 2 種類が存在している．源泉所得税のメリットは確実に税収を確保できる(つまり脱税がない)ということにあるし，この税を払う企業人や公務員の事務的負担はなく，むしろ雇い主の負担となる．

本来ならば図 11-2 は，源泉所得と申告所得を統合して所得税全体としての再分配効果を計測すべきであるが，その作業はかなり複雑な作業を要するので，

第11章 政府による政策効果

ここでは両者を個別に提示する．この図で分かることは，戦後直後はかなり高い所得税の再分配効果，およそ10％前後であったが，その後その効果は低下の兆候を示すようになった．時折再分配効果の強くなった時期は何度かあったが，基本的には長期的な低下傾向にあったと言ってよい．1995年前後では2～4％にまで低下している．これは前の図で見た税率の変化と同じことを主張しており，所得に課せられた現実の税徴収によっても，税の再分配効果の弱まったことを明確に示しているのである．

この所得再分配効果の強さを，他の先進諸国との比較で見てみよう．図11-3は，OECDの代表的諸国と日本の再分配係数を示したものである．これによるとOECD諸国の平均は3％前後，日本は0.2～0.3％前後で非常に弱い再分配効果である．先ほどの図表では1995(平成7)年前後で2～3％だったのが，10年後の2000年代の半ばでは，さらに再分配効果が弱まったことを示しているのである．

もう1つの数値を見てみよう．図11-4は，Steinmo(2002)による推計結果である．この図は税金のみならず，政府の社会保障支出や財政支出をも同時に考慮して，政府の税収と支出政策の再分配効果をジニ係数の変化で見たものである．これによると日本はマイナス22.0％で5か国中でもっとも小さい再分配係数であることが分かる．アメリカもマイナス24.3％で日本の値に近い．日米ともに政府による所得再分配効果は弱いのである．ちなみにもっとも高い政府による再分配効果はスウェーデンのマイナス52.9％であり，福祉国家の特

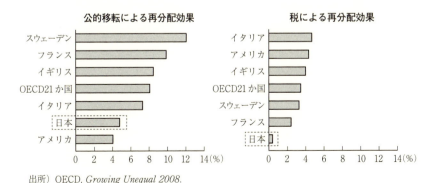

出所）OECD, *Growing Unequal 2008*.

図11-3 税と公的移転による所得再分配効果

265

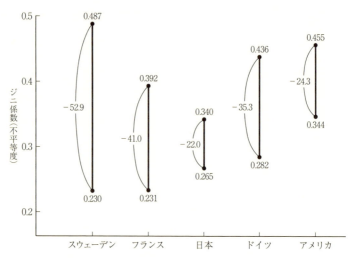

注) 棒グラフにおいて上の数字は財政介入前のジニ係数, 下の数字は財政介入後のジニ係数. 棒グラフの上下の差を示す数字は再分配係数(%).
出所) Steinmo (2002).

図 11-4 政府による所得再分配効果

徴がここでも見出せる．フランスもマイナス41.0%でスウェーデンに近い数字である．なお，政府による再分配政策後の所得分配がもっとも平等性の高いのはスウェーデンとフランスなので，強い政府による政策が平等性をもたらす条件になっていると理解できる．

　この図において両極端の位置にいるのは，スウェーデンと日本である．スウェーデンは政府が介入する前の所得分配の不平等度はもっとも高く，所得の高い人のインセンティヴを大切にしている，という解釈は可能である．しかし政府は強力に介入して，国民から多額の税金を徴収して，それを社会保障支出や公共支出にまわすという，大きな政府の役割を果たしている．高い所得税率と高い社会保険料率を所得の高い人が容認している，という点にスウェーデンの特色がある．一方で日本は政府の介入する前の所得分配の平等性が高い．この高い平等性は民間経済の効率性を低めている可能性がある．このことから政府は税制と政府支出策では非常に小さな再分配効果しか持たせず，結果として政府の役割は小さく，政府介入後の再分配所得の平等性は高くない．

　これらを簡単にまとめれば，経済効率性と分配の平等性の双方が高いスウェ

ーデンと，経済効率性はそれほど高くなくしかも分配の平等性はそれほど高くない日本，という両極端の位置にいる．スウェーデンの方が好ましい姿にいると筆者は判断するが，日本人の多くはこれが好ましいとしていない．

　なぜ25年前から所得税の累進度が弱められたかと言えば，経済効率を高める要求に政府が応じたからである．所得の高い人には有能でかつ勤労意欲の高い人が多いが，そういう人から高い所得税を徴収するとその人びとの勤労意欲を阻害する．そして高い税率は国民の貯蓄意欲を削ぐことになるので，経済効率の犠牲を強いるという，財界をはじめ高所得者層からの批判，不満に応えたのであった．換言すれば，公平性よりも効率性をもっと重視せよ，という主張に応じたのである．

　はたしてこの不満，あるいは主張は正しかったのであろうか．Atoda and Tachibanaki(2001)は1980年代の所得税制が，効率性と公平性のどちらを重視していたのかという課題を，最適税制という視点に立脚して検証している．最適税制とは財政学の学術用語であるが，易しく言えばその国の経済の効率性と所得分配の公平性がトレードオフの状態にあるとき，その国にとってもっとも望ましいトレードオフを最小にするような税制とは何か，を探求する理論である．ノーベル経済学賞を受賞したMirrlees(1971)による理論である．

　Atoda and Tachibanaki(2001)は数学，統計を用いた学術論文なのでここで詳しくは紹介しないが，当時(1980年代)の日本の所得税制を評価したときに，所得税率における強い累進度は，批判されたような効率性の阻害はなく，公平性と効率性を満足する望ましい姿にあったと証明したものである．しかし現実の世界では，公平性を重視するあまりの強い所得税の累進度への批判と，お金持ちからの不満を和らげることと，もっと高所得者を優遇して効率性を上げろという要求とに応えて，図で示されるように政府は所得税の累進度を弱め続けたのであった．

　しかし格差社会への批判が強まり，先述のように政府もそのことを気にして，2007年度の改正のように，最高所得税率を37％から40％にほんの少し上げ，さらに最低所得税率を10％から5％に下げた．元の累進度に戻そうとする声は少なくとも自民党政権の時代にはなかった．民主党の政権になってから一部に所得税の累進度を強めよという主張もあったが，大きな声ではなかったし，

2013 (平成25) 年に自民党政権になってからは，その声は聞かれない．

　私見としては，現在の所得税の累進度はまだ弱いので，例えば最高所得税率を 50% にまで上げて，所得分配の公平性を期すべきである．あるいは 60% にまで戻してよいとも考える．なぜならば，現代のもっとも高い高額所得者が受領する所得額は一昔前のそれよりもかなり高く，10 億円を超す額も珍しくない．既に見たように何十億円の人もいる．これだけの高所得であれば，アメリカの高額資産家であるウォーレン・バフェットの主張するように，高い税率を課すのが望ましいのである．高額所得者は高い税金を嫌うのが普通であるが，バフェットはそうではないのが興味深い．高い所得を稼ぐ人は社会にその額をかなり還元してよい，との彼の主張には貴重なものがある．ついでながら，1960 年代には日本での最高所得税率が 80% のときすらあったので，60% に戻すのはそう不自然ではない．

　所得税の所得再分配効果を経済学の手法を用いて計測するには，意外な困難が待ち受けている．それは税制の変更によって，家計や企業が経済行動を変化させることがあることによる．例えば，個人であれば所得税の税率や諸々の控除制度が変更されると，労働供給を変化させる (例えば働かなくなるとか，働く時間を変更する) といったことがあるし，法人であれば法人税率や種々の控除の変更によって設備投資額を変更する，といったことがある．所得税であれば，これは所得額の変更を意味するし，家計消費の変更にもつながる．このような効果を考慮したうえで，所得税の再分配効果を計測することが望ましい．

　北村・宮崎 (2012) はこの問題に対処するための方法としての fixed income approach (固定所得方法) を用いて，所得税の再分配効果の変遷を，1984 (昭和 59) 年から 2004 (平成 16) 年の 20 年間にかけて測定した．表 11-2 がその結果である．北村・宮崎が計測に用いた調査は，総務省による『全国消費実態調査』である．この調査は標本数の多さは長所であるが，測定が 5 年に 1 度だけであり，しかも所得，税，社会保障などの数字が不完全なので，これらの調整や推計を行う必要がある．この調整や推計の作業は大変なことなので，北村・宮崎の労に敬意を払うが，多少の誤差は避けられない．しかし，価値ある研究なのでレビューしておきたい．

　北村・宮崎によると，この間所得分配の不平等は進展し，課税後所得の分配

表 11-2 税の再分配効果──fixed income approach における所得不平等指標の推移

			摘用する税制				
			1984年	1989年	1994年	1999年	2004年
全体	1984年所得	P90/P10	3.18	3.20	3.21	3.25	3.27
		RS指標	0.034	0.032	0.030	0.026	0.025
	1994年所得	P90/P10	3.35	3.53	3.42	3.48	3.64
		RS指標	0.039	0.032	0.034	0.030	0.022
	2004年所得	P90/P10	3.60	3.58	3.71	3.76	3.72
		RS指標	0.035	0.037	0.030	0.027	0.028
若年層	1984年所得	RS指標	0.023	0.022	0.020	0.018	0.017
		ジニ係数	0.200	0.202	0.204	0.205	0.206
	1994年所得	RS指標	0.028	0.019	0.021	0.019	0.012
		ジニ係数	0.194	0.202	0.200	0.202	0.209
	2004年所得	RS指標	0.024	0.022	0.018	0.016	0.017
		ジニ係数	0.227	0.228	0.233	0.234	0.233
中年層	1984年所得	RS指標	0.033	0.031	0.03	0.027	0.025
		ジニ係数	0.245	0.247	0.248	0.251	0.253
	1994年所得	RS指標	0.039	0.032	0.034	0.030	0.022
		ジニ係数	0.242	0.249	0.247	0.251	0.259
	2004年所得	RS指標	0.034	0.034	0.028	0.024	0.025
		ジニ係数	0.251	0.252	0.258	0.261	0.260
高齢年層	1984年所得	RS指標	0.043	0.041	0.038	0.033	0.031
		ジニ係数	0.319	0.321	0.324	0.329	0.331
	1994年所得	RS指標	0.045	0.042	0.040	0.035	0.031
		ジニ係数	0.324	0.328	0.330	0.335	0.339
	2004年所得	RS指標	0.042	0.042	0.037	0.032	0.031
		ジニ係数	0.296	0.296	0.301	0.306	0.307

注) 行が適用した所得,列が適用した税制.P90/P10 とは,上位十分位の所得の人と下位十分位の人の所得の比を示す.RS 指標とは Reynolds-Smolensky 指標を表す.
出所) 北村・宮崎(2012).

も不平等が拡大した.これは所得税の再分配効果が,時期によってはその効果に大小はあったが,総じて言えば弱体化してきたことを意味する.さらに,最高税率の引き下げや課税ブラケット数(所得区分の段階数)の縮小などが大きな効果を及ぼしたと主張されている.税制の変更課程を既に示してその可能性を示

唆したが，北村・宮崎はそのことを所得分配の現状から確認したのである．なお国民を若年層，中年層，高齢層に3分割すると，高齢層において再分配効果がもっとも強く，ついで中年，若年の順で続いている．この再分配効果の強さに関する順序は，それぞれの年齢層内における所得分配の不平等，すなわち所得格差の大きさの順序に一致しているのである．

所得控除か税額控除（あるいは負の所得税）か

　所得税による再分配効果の計測に関して，もう1つの基準となるのが課税最低限所得である．これは粗所得から種々の所得控除を差し引いた額が課税最低限所得と称される．この所得より高い人には所得税が課せられるが，それより低い人には所得税が課せられない，つまりゼロ税率である．この課税最低限所得の額が高ければ，低い所得の人で所得税を払わなくてもよい人の数が増加するので，所得再分配効果が強くなる．逆にそれが低ければ低所得であっても所得税を払う人が多くなるので，再分配効果は弱くなるのである．課税最低限の額がこうして再分配効果を判断する際の基準となるのである．田近・八塩(2006)はこれに関して，所得控除よりも税額控除をもっと活用せよ，と主張している．

　一般に課税最低限所得が設けられる理由は，最低限の所得以下の人からは税金を徴収せず，生活苦を強いることを避ける目的がある．本来ならば生活できない人に生活費を支給する生活保護給付額と課税最低限所得額は一致してもよいが，日本ではそれは一致しておらず，後者は前者よりも高く設定されている．

　日本の課税最低限所得が高いのか，低いのかを判断することは困難である．特に先進国との比較を行うと，様々な結果が提出されていて，容易に判断できない．なぜかと言えば，国によって所得控除の項目・種類が異なるし，さらに児童手当のように家計に政府から支払う所得あるいは税額控除や給付付き税額控除に関しても国によって扱いが異なり，これら所得控除や諸手当，税額控除を共通にして課税最低限所得を算出することは困難だからである．家族人数の調整方法，為替レートなどの問題もある．さらに問題を複雑にしているのは，一方の研究では日本の課税最低限所得は非常に高いとするものと，他方の研究では逆に非常に低いとするような両極端の比較分析の結果が示されており，判

断を難しくしている．そこで，ここではその比較に関する詳細な検討結果を示さない．

これまでの日本の所得税制であれば，所得控除の種類が多くしかもその額も大きかったというのが特色であったが，先進国においては所得控除の比重を低下させて，税額控除とか手当の支給といった比重を高める方向に転換しつつある．こういう状況であれば課税最低限所得の国際的な比較はさほどの意味を持たなくなる．

筆者は，この欧米先進国における所得控除依存型から税額控除依存型への転換を好ましい政策と評価しているので，貧困者撲滅のための政策として後の章で再び議論する（これに関しては橘木・髙畑 2012 参照）．

消費税による再分配効果

日本の消費税率は 1989（平成元）年に 3％，97（平成 9）年に 5％ と長期間にわたって低いものであったが，2014（平成 26）年 4 月に 8％ に引き上げられた後，10％ への引き上げが当初の 15（平成 27）年 10 月から 17（平成 29）年 4 月，19（平成 31）年 10 月と 2 度にわたって延期されている．ヨーロッパ諸国にあっては 20％ から 25％ 前後の高さに達している国もあり，税収の中で消費税などの間接税の占める比率は高い．所得税や法人税という直接税の税収比率の高い日本では，間接税の比率を高める政策，すなわち直間比率の見直し論が一時主張されたが，その後さほど議論されていない．間接税の比率を上げるという主張の根拠は，間接税は個人の労働供給や企業の設備投資に中立の効果しかないので，直接税のように資源分配にゆがみを与えてしまうことはなく，経済効率性にとってマイナスにはならないというものである．

しかし消費税は逆進性という性格を有するので，低所得者に不利，そして高所得者に有利であり，負の所得再分配効果を持つと理解されている．先ほどの間接税が経済効率性にプラスということに対応させれば，消費税は分配の公平性に関してはマイナスということになる．そこでこのマイナス効果を是正するために，食料品などのように誰でも消費する財の消費税率に軽減税率を設置する案，あるいは給付付き税額控除の案，などが主張されている．これらに関しては例えば，橘木（2005a），橘木・髙畑（2012），森信（2008）などを参照されたい．

筆者としては，軽減税率を含んだ消費税，あるいは給付付き税額控除を含んだ消費税は，経済効率性と分配の公平性を同時に満たす税制度と理解するし，ヨーロッパのように税率を 15% から 20% にアップする必要性を主張している．さらに消費税収入の大半を福祉目的のために支出する策を考えてよい．福祉目的税，あるいは道路目的税と呼ばれるように，特定の税源を 1 つの目的だけに使用する目的税というのは，税制度の一般論からすると好ましくないが，福祉の目的のためなら消費税率のアップも仕方がないと思う人が多いので，とりあえず短期間としては福祉目的税としてよい．そして時期が経過して安定すれば目的税から一般税に変更すればよい．

　実は食料品などの生活必需品にゼロ税率を含めた軽減税率を設定する案に対して，日本では結構抵抗感が強い．主として経済界がその抵抗勢力の主たる存在である．その根拠は次の 4 つに要約できる．第 1 に，税率に差があれば徴収に際して事務分担が大きくなって，企業にとって苦痛である．第 2 に，商品によって税率に差をつけるときに，区分の基準が簡単ではないし，かえって不公平になることもありうる．例えば，食料品の中でキャビアとニンジンでは贅沢の度合いが異なるため税率は同じでない方がよいとされるが，何が贅沢品で何が必需品かの決定は容易ではない，との主張である．第 3 に，軽減税率の導入は期待される税収の額を減らしてしまう．第 4 に，消費税には言われるほどの逆進性はない．第 3 と第 4 の点は，税収の低下を恐れる財務省も同意見である．

　これらの反対意見を知ると，財界と官界の抵抗があるので，軽減税率の導入は容易ではない．一般庶民からすると消費税の逆進性は好ましくないのであるが，政策決定に大きな影響力のある財界・官界の意向を抑制できるのは，最後は政治家の役割である．実は政治の世界でも意見が様々で結着に至っていない．

　そこで上の 4 つの反対意見に関しては，私見を述べるにとどめておこう．第 1 の事務負担であるが，ヨーロッパでは多くの国で既に軽減税率が導入されており，それらの国の実業界は渋々ながらもその事務負担を受け入れているのであるから，その方式を学ぶことによって導入の仕方を工夫すればよい．それに関しては，業者間の取引額や税額のことを記したインボイス(送り状)の導入によって，事務負担の軽減と公平性の確保に期待できる．ヨーロッパが既にやっていることなので，日本も不可能ではない，というのがここでの根拠である．

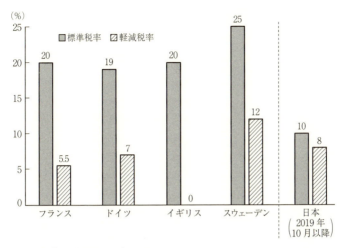

出所)『朝日新聞』2015年11月22日.

図 11-5 欧州における食料品の軽減税率

　第2の商品において課税対象か非課税対象の区分が容易ではない，との批判に関しては，この区分の決定に際して業者の代表を排して，第三者のみでその決定を行う姿に徹すればよい．どの業界も非課税になりたいのであるから，業界の背後にいる政治家をも排除する必要がある．私見は消費税率10%前後までは，食料品全部を非課税なり軽減税率の対象にして，それが15〜20%に達するときに，商品の区分を決定すればよい，とするものである．

　第3に関しては，確かに税収の低下の発生は避けられないが，消費税収の確保によって社会保障財源が確かになるので，国民に安心感をもたらすベネフィットが大きいことと，財政赤字をこれ以上増大させないという経済上のメリットの大きさも大切と考えるので，税収の低下はしばらくは目をつぶるしかない．

　第4のことに関しては，家計調査によると低所得階級の家計ほど食料品への支出比率が高いことと，高所得階級になるほど食料品への支出比率の減少することは確実に示されている．もっとも食料品への絶対額の支出に関しては，高所得階級になればなるほど増加することも確実である．そうであれば軽減税率の導入は必ずしも消費税の逆進性の是正に効果がない．筆者は比率を絶対額よりも重視するので，消費税は低所得階級にとって不利となるので逆進性がある

273

と判断する．食料品非課税の論理は率で評価すると逆進性対策になっているので，ここから軽減税率を支持できるのである．

2019（平成31）年10月に消費税率が8%から10%に上げられるに際して，酒を除く食料品には8%の軽減税率が導入されることとなった．消費税の逆進対策として好ましいことである．今後のさらなる消費税のアップに際しては，軽減税率の強化が必要となろう．参考のために，ヨーロッパにおける食料品の軽減税率を図11-5で示しておこう．日本の軽減税率はたとえ導入されたとしてもまだ高いことが分かる．

2 社会保障制度による再分配効果

年金，医療，介護といった社会保障制度が所得再分配効果を持つのは確実であるが，大別して2つの性質がある．第1は，生まれた世代が異なる人びとの間で見られる効果で，世代間再分配効果と称されるものである．第2は，同じ年に生まれた，いわゆる同世代の間の再分配効果であり，世代内再分配効果と称される．これは同世代にいる人の間で，高所得者層から低所得者層にどれだけの再分配効果があるか，に関心を向けたものである．

世代間再分配効果は，賦課方式の公的年金制度を考えればもっとも理解しやすい．年金給付の財源は勤労世代が拠出する保険料を用い，実際に給付を受けるのは既に引退した世代である．勤労世代と引退世代という異なる世代間で財源の調達と給付額の支払いがなされるので，両者間で所得の移転が発生するのであり，再分配効果の原因となる．勤労世代の人口が少なければ保険料収入の総額が減少するので，賦課方式では同じ時期にその総額を用いて引退世代に年金給付をするのであるから，給付額も減少することとなる．

日本ではここ20〜30年間にわたって，少子・高齢化が進行中であり，これは勤労世代の人口が減少し，引退世代の人口が増加していることを意味する．すなわち年ごとに保険料総収入が減る一方で，逆に年金給付総額が増加せざるを得ない．もし引退世代の1人当たり年金給付額を一定に保つのであれば，勤労世代の1人当たり保険料を上げざるを得ないし，逆に勤労世代1人当たりの保険料を一定に保つのであれば，引退世代の1人当たり年金給付額を下げざる

を得ない．この2つの効果のうち，これまでは前者の策をとってきたので，すなわち引退世代の年金給付額をさほど下げなかったのであり，勤労世代の保険料をアップしてきた．これすなわち，勤労世代から引退世代への所得移転を意味することなので，世代間の所得再分配効果が発生していたと理解してよい．

年金制度が賦課方式で運営されている限り，人口の年齢構成で日本のように少子・高齢化が進行している時代にあっては，勤労世代から引退世代への所得移転が大きく，世代間の所得再分配効果が発生しているのである．これが進み過ぎると若い世代では，自分たちの保険料が高齢の引退者の年金給付に使用され過ぎているので，自分たちが引退したときには年金給付額が非常に少なくなることが予想され，世代間の不公平だという不満の声が強い．このことから一部の若者は国民年金保険料の不払い行動に出ている．

この公的年金制度に特有の世代間所得移転・再分配効果，あるいは世代間の不公平がどれだけの数量に達しているかを計算した研究例は無数にある．これらの研究のほとんどが，先に生まれた世代が少額の保険料支払いと多額の年金給付なので得をしており，後に生まれた世代は多額の保険料支払いと少額の年金給付なので損をしていると示されて，世代間の損得論として語られることがある．代表例の研究として八田・小口(1999)，麻生(2006)を挙げておこう．

ここでもう1つの要因，経済成長率のことが，世代間の不公平，あるいは損得問題に影響があるかを解説しておこう．今引退している世代の人が昔働いていたときは賃金・所得が低い時代であったことが重要な事実である．今引退している人は，当時の彼らの生活水準が低かったうえに，法律で決められた保険料率に応じて拠出していた保険料も，賃金額が低いので支払保険料の額も低かったことは当然のことであった．

その後経済成長率が高くなったことは事実であるが，現在引退している人に対して低い保険料しか払っていなかったことを非難できないのである．少ししか負担していないのに多額の給付額を受けているというのが世代間不公平論であるが，多額の給付はその後の経済成長が発生したことで生じたことであり，現在引退した人が決めたことではないし，彼らの低い保険料負担も彼らの責任ではなく，ただ当時の賃金・所得が低かったからである．

もう1つ重要なことは，現在現役で働いている人は，経済成長率のおかげで，

現在に引退している人の若いときの生活水準よりもはるかに高くなって，恵まれた生活を送っている事実である．換言すれば，引退している人たちの若い頃は恵まれない低い生活水準の中で，苦労して社会保険料を払っていた．若い人たちは感謝すべきとまでは筆者は主張しないが，そのことを配慮してもいいのではないだろうか．

　以上をまとめれば，高い経済成長率を経験した日本であれば，現在引退している高齢者が若かった頃は，低い保険料しか拠出できず低い生活水準に甘んじていたのである．しかし経済成長率が高くなったことで，現在の若い人は高い生活水準を楽しめることができるようになったことを忘れてはならない．日本の経済成長を考慮するとき，世代間の不公平論，損得論は経済成長率の影響力を考慮せねばならないことが示唆されている．世代間の不平等論では割り引いて考慮せねばならないことがある，ということである．

　以上が世代間の不公平，あるいは損得論を生む公的年金による世代間の所得移転，あるいは所得再分配であるが，世代内の所得再分配効果も当然のことながら存在する．同一世代内で高所得者層から低所得者層への再分配である．これは単年度の所得による推計も原理的には可能であるが，保険料の支払いと給付を受ける時期が同一人物であっても異なるので，さほど意味がない．むしろ，生涯所得による推計の方がはるかに価値が高いし，その意味も直観的に理解できる．

　生涯所得（稼ぎ始めてから死ぬまでの一生涯にわたって，単年度所得の総合計をそう称する）に立脚して，世代内の所得再分配効果を計測した研究として小塩(2006)がある．それによると，次の2つの事実が得られた．第1に，生涯所得に立脚した公的年金の所得再分配効果は，年間所得に立脚した再分配効果よりかなり小さくなる．第2に，公的年金をどういう方式で保険料を徴収し，そして給付額を設定するかによって公的年金の所得再分配効果がかなり異なっている．例えば，保険料や給付額が定額方式で決められているのか，あるいは比例方式なのか，それともそれらの折衷方式なのかによって，再分配効果がかなり異なるのである．あるいは保険料に加えて税金を給付の財源調達に際して投入するかどうかも再分配効果に影響がある．いずれにせよ，公的年金制度は世代内での所得再分配効果をもっていることは確実である．

ここで述べた第2の点に関して，Tachibanaki and Shimono(1985)と橘木・下野(1994)は具体的に保険料と給付額の決定方式を定式化して，生涯所得に立脚して公的年金の所得再分配効果を計測した．それによると次のことが分かった．第1に，年金給付額に定額部分(すなわち給付を一定額にする)が存在すると，所得再分配効果が必ず存在する．定額部分とは高所得者か低所得者とかに関係なく，すべての人に一定額の年金給付がなされることを意味するので，所得再分配効果が存在するのである．第2に，保険料率を上げると再分配効果を強める．第3に，日本の公的年金制度には保険料拠出額に上限が設定されている(それを臨界点と呼んでよい)ので，所得再分配効果を弱めている．臨界点以上の所得のある人は，所得が高くなっても比例的に保険料の拠出を増加させずに，保険料拠出が一定額に抑制されていると理解してよく，所得再分配効果を弱めているのである．

これら3つの点を日本の公的年金制度の前提にすると，次のような解釈が可能になる．第1の点は国民年金制度は定額部分が非常に大きいので，所得再分配効果の存在を生み出していることを示し，第3の点は，厚生年金制度に関して，所得再分配効果が弱く，むしろ逆進的な効果すらあるということを示していることになる．日本では国民年金制度よりも厚生年金制度の方がより重要な地位を占めているので，再分配効果が弱く，むしろ逆進的ですらあるということの意味の方が大きな影響力があると言ってよい．以上をまとめると，日本の公的年金制度の所得再分配効果は弱い，あるいは逆進的ですらあると結論づけられる．この点を重視して，日本の厚生年金制度の保険料決定の算式については，この臨界点の廃止を主張できる．

死亡時期不確実による所得再分配効果

さほど語られることのないこととして，死亡時期が人によって大きく異なることによる効果があるので，それを簡単に述べておこう．年金の給付開始の年齢は60歳から65歳にまで引き延ばされたが，すべての人はそのときの法律で決められた年齢に達したときから年金給付が始まる．66歳で死亡する人と，90歳まで生きる人の間では総年金給付額が大きく異なることは自明である．年金の年給付額を150万円とすると，この死亡年齢の例によると実に3600万

円の給付額の差である．これは早死にする人から，長生きする人への所得移転なのであるから，所得再分配効果の一種として理解できる．

　死亡時期によってこれだけ大きな額の所得再分配効果があるのなら，既に述べた世代別の年金制度の損得論からすると，もっと大きな不平なり不満が提出されても不思議はないのであるが，その声は大きくない．人は何歳まで生きるか分からない，すなわち死亡時期が不確実である，ということにうまく対処するのが公的年金制度の存在意義である，と多くの人が認識しているからである．換言すれば，早死にする人は損であり，長生きする人は得なのであるが，多くの人はこれらの損得に関して不平・不満を述べないのである．

　ところがである．既に述べたように公的年金制度には世代間に大きな所得再分配効果があって，世代間の不公平なり損得論がよくなされるが，これは生まれる時代による差によって発生していることである．先ほどは死亡年齢の不確実性によって生じる所得再分配効果に不平・不満がないと述べたが，生まれる年代も自分ではコントロールできないのであるから，生まれる時期の不確実性があると言ってよい．死亡時期の不確実性によって生じることには不平・不満を述べず，誕生時期の不確実性によって生じることには損得論から不平・不満を述べられていることに，矛盾を感じるのが筆者である．

　ここで述べたことを換言すれば，日本の公的年金に特有なこととして世代間の不平等や損得がよく語られるが，死亡時期が不確実なことよる損得にはほとんどの人が不平・不満を述べないことを考慮すると，生まれる時代の違いによる世代間の損得に関しても不平・不満を述べないでおこう，ということになる．この筆者による主張はややこじつけに過ぎない，という批判もありえようが，世代間の損得を声高に語ることをやめよう，という意味を含んでいると解釈していただきたい．

医療保険と介護保険

　医療の分野での社会保障制度は組合健保，協会けんぽ，公務員共済，国民健保などで代表されるように，職業別や雇用者が誰であるかによって区分された諸制度の乱立があり，非常に複雑となっている一方，介護保険制度は政府が運営する唯一の制度が存在するのみである．これら医療と介護の両制度の所得再

第11章 政府による政策効果

分配効果を簡単にレビューしておこう．
　2つの留意点を述べておこう．第1に，医療保険制度に関しては，病気にかかる確率の高いのは明らかに若年層よりも高年層なので，保険料を若い人が払い，病気になりがちの高齢者が保険料の受給者という図式が成立する．さらに，介護保険制度も40歳から要介護になるかもしれない年齢の人が保険料を払い，給付を受けるのは要介護になった高齢者である．これら医療，介護の両保険は制度自体が，年齢の若い層から高い層の人に所得が移転，すなわち所得の再分配効果を持っているのである．
　第2に，医療と介護の給付には，保険料収入のみならず税収も投入されている．したがって負担者と給付者が誰であるかを特定化することが容易ではない．よって，所得の再分配効果を厳密に推計することは容易ではない．なお，社会保障給付(年金，医療，介護)の財源を主として保険料に依存するか，それとも主として税に依存するか，は大きな論点である．先進諸国に注目すると，保険料方式を主として用いている国が多数派であり，税方式を主として用いている国は少数派である．少数派の例として，医療に関してはイギリスやイタリア，デンマークなど，年金に関してはカナダ，オーストラリア，デンマークなどがある．筆者は後者の税方式を望ましいと判断している．その根拠に関しては，橘木(2000, 2002a, 2005a, 2010b)を参照されたい．社会保険料方式か，それとも税方式かという議論は半ば神学論争のような側面があるし，本書の範囲を逸脱しているのでこれ以上言及しない．
　以上のことを前提にして，医療・介護保険制度の所得再分配効果を簡単にレビューしておこう．医療保険制度に関しては，大企業が加入している組合健保，そして公務員共済は加入者の所得が比較的高いことから，税収を用いた政府の補助金支給は原則ないのに対して，中小企業が加入する協会けんぽや自営業者・引退者用の国民健保では加入者の賃金や所得が低く，掛け金収入も少ないので，税収がかなり投入されている．このことは低所得階級への国費投入による所得再分配政策と理解してよい．さらに，財政に比較的余裕のある組合健保から，余裕がなく赤字が発生することの多い協会けんぽや国民健保に財政移転することがときどきあるので，制度間(そして高所得者から低所得者)への所得再分配効果はある(これらについては，例えば池上2006参照)．

279

世代間の所得移転についてはどうだろうか．そもそも医療保険制度は若い年齢層から高年齢層への移転がなされる性格を有すると既に述べたが，少子・高齢化現象はこの事実を助長することになる．すなわち年度の経過に応じて若年人口が少なくなり，高齢人口が多くなるのであるから，当然のこととして先に生まれた世代に対して後に生まれた世代が所得移転をすることになる．世代論としては，年金制度と同様に前者が得をして，後者が損をするという世代間損得論・不公平論が医療保険においてもなされる（例えば日高 2004 参照）．

　年金のところで筆者の意見を述べたが，世代間の損得論を社会保険制度に関して大々的に展開することを好みとしない．生まれた時期による損得は本人の意向によって修正できることではない（すなわち人は生まれる年代を選択できない）ので，このことで不平・不満を述べることは見苦しい感じすらする．むしろ同じ年代に生まれた人だけに限定すれば，すべての人が不利を受けると考えれば，同年代の人と比較して自分だけが損をしているのではないと分かることなので，筆者の述べたことも分かってもらえるのではないだろうか．

　社会保障制度の運営の基本目的は，すべての人が取り残されることなく，人間として生きていくために最低限の年金，医療，介護のサービスを受ける権利を有しており，それを社会全体で保障することに最大の価値がある，と考える．したがって，社会サービスの提供に無駄があってはならないが，多少の得をする人がいてもそれは「運」によるものと考えてよいし，多少の損をする人がいても自分には最低限のサービス提供があると確信できる制度であれば，文句を言うのはやめるべきであろう．世代間の格差，損得の発生原因は，1つに経済成長率の高かったことによる効果が大きく，これも「運」とみなすべきであるし，もう1つは出生率の低下によることなので，これも文句を誰にも言えない理由と考えてよい．

　最後に，介護保険制度の世代内所得分配について一言述べておこう．油井（2006）の示すように，高所得層よりも低所得層，あるいは貧困家庭により高いサービスが介護の分野で提供されているので，所得再分配効果は機能している，とされる．このことは，日本の介護保険制度が世代内において適切な所得再分配効果を発揮していると理解できる．

第12章

貧困の現状と課題

　既に日本が格差社会に入っていることを論じたが，この章で主として扱う点は貧困である．格差は上層部の恵まれた人びとと下層部の恵まれない人びとの差に注目するが，貧困は後者の下層部を論じることにある．ここでは生活が困窮の状態にある人に焦点を合わせる．

1　戦後からの貧困

復興経済後の貧困

　太平洋戦争前，そして大戦中と戦争直後の貧困については第4章で詳しく検討したので，ここでは日本経済が復興に成功して以降の貧困について考えてみよう．1950年代の半ばから高度経済成長期に入り，国民の所得は急激に上昇するようになり，家計消費も三種の神器(洗濯機，テレビ，冷蔵庫)や3C商品(カー，カラーテレビ，クーラー)で象徴されるように豊かさを増していた．この時期は経済成長率が高く経済が好調だっただけに，世の中には貧困など存在しなかったという印象を与えるが，実態は必ずしもそうではなかったことを明らかにしておこう．

　貧困など存在しなかったという感覚を世間に与えた責任の一端は，私たちの経済学者にもある．1960年代から70年代にかけての経済学(特に市場経済，資本主義経済を擁護する近代経済学)にあって最大の関心は，経済成長の理論的・実証的研究であった．経済学者の構成割合からすると，当時は資本主義を否定するマルクス経済学がまだ主流であったが，日本経済の好調な波に押されてマルクス経済学は沈滞気味であった．それでも彼らの一部は貧困問題を告発していたが，その声は好調な経済の前にかき消されてしまった感が強い．それらを踏まえて当時の貧困を素描しておこう．戦後の日本経済学界の動向については筆

者も関心を持っていたので，橘木(2012b)，橘木・根井(2014)で論じている．

まずは研究者や行政機関による貧困率の推計結果を比較検討しておこう．表12-1 は橘木・浦川(2006)によってなされた各種の貧困推計のまとめである．高度成長期である 1960, 65, 70 年あたりの貧困率に注目すると，多くの研究が 5〜10% の貧困率という推計結果を示している．現代の貧困率が 15% 前後なので，当時の貧困率は確かに低かったと言える．

しかし例外的に高い貧困率を提出している研究例もある．例えば江口(1979-80)は東京都中野区と都全体の住民を詳しく調査して，前者は 26.2%，後者は 12.1%（ただし低所得保護基準を 1.5 倍とすると 19.1%）という高い貧困率の推計値を出している．当時の大都会でこれほど高い貧困率であったと理解することは重要なことであるが，東京以外の地方を含めた日本全体の貧困率は，この数字よりも低い数字であったと考えられる．なぜならば，大都会以外の地域でも経済は好調であったし，都市・地方間の格差は存在していたがそう目立っていなかった．むしろ大都会の一部で，代表的には東京の山谷や大阪の釜ヶ崎などで貧困の目立つ時代であった．

貧困研究の方法

終戦後，高度成長期そしてそれ以降を対象とする貧困研究では，貧困者を生活保護基準の所得以下の所得しかない人と定義しているのがほとんどである．表 12-1 による貧困世帯の定義もほとんどがこれを採用していることに注意してほしい．この定義は貧困を絶対的貧困として理解していることを意味する．

絶対的貧困とは，人間が最低限生きるために必要な生活費はどれだけか，ということに注目して，それ以下の所得しかない人を絶対的貧困と呼ぶ．Rowntree(1901)の絶対的貧困計測から始まって，欧米では様々な貧困ライン（貧困線）が提唱されてきた．わが国においても戦後の国民総貧困化を背景にして，貧困ラインはどこにあるのか，あるいは人が生きていくのに最低な生活費はどれほどかの推計が行われるようになった．

最低生活水準の推計には様々なアプローチがある．例えば，栄養科学や公衆衛生学の立場から，人が生きていくために必要な生活物資を購入するための貨幣量（すなわち所得）はどの程度か，という方法である．1952（昭和 27）年に厚生省

は，最低生活費の水準を調査して，国民が健康で文化的な最低限の生活を送るためには月額7000円，食料費を中心にして生存に必要な額は月額4000円とした．当時のサラリーマンの平均月給は2万円程度だったので，最低生活費はそのおよそ3分の1，食料費だけであればおよそ5分の1となる．

もう1つの方法は，当時よく用いられていた「エンゲル係数」の考え方を駆使して，家計消費の実態を調べてから，一定の額を最低生活費として計測する方法である．この方法は「エンゲル係数」のどの値を取るのか，といったことが中心課題であり，論争の的となった．

ここで述べた2つのアプローチでも，最低生活費の計測にはいろいろな基準を用いることによって，様々な額が計上されることを意味している．すなわち，ただ食べるという生存するための必要額なのか，それとも健康で文化的な最低生活を送るための必要額か，といったことで代表されるように，すべての人が納得する絶対的な基準はないのである．例を挙げれば，蛋白質の供給源として肉の消費をどこまで認めるか，子どもを高校に進学させる教育費用を最低限の文化的な生活の必要費用として認めるか，といったことに対していろいろな判断があるところに，この問題の所在が分かるであろう．

さらに困難なことは，北海道・東北などの地方に住む人にとっては冬の暖房費は必要項目であるが，沖縄などの南の地方の人にとっては不必要である．地域によって最低限必要な品目は異なるし，年齢によっても異なるので日本人全体に当てはまる絶対的貧困の額はそう簡単に決定できないのである．

もう1つの論点は，1952 (昭和27) 年の厚生省の計算例に従うと，月額4000円は生存に必要な生活水準なので，生活保護支給額の決定に際して有用である．一方，人によっては月額7000円が最低生活水準としてふさわしい，という意見もありえよう．絶対的貧困ラインの決定は，どの物資，あるいはどの支出項目を最低生活費の計算に計上するか，という論点から逃れられないのである．これが論争を生んだのである．

なお，生活保護基準としての絶対的貧困ライン以下の所得しかない人は生活保護支給を受ける権利を有するが，それより少し上の生活をしている人びとも貧困者とみなすべき，という考え方の強い時代が戦後にはあった．それを例えば小沼 (1974) は「ボーダーライン層」と呼んで，生活の苦しい低所得者層を問

表 12-1　日本における貧困世帯

推計者	年次	対象地域	貧困世帯の定義	調査資料
和田由美子 木村光彦	1954～93	全　国	保護基準の消費額以下	『厚生行政基礎調査』及び『国民生活基礎調査』
厚生省	1955～65	全　国	非保護世帯の平均消費水準以下	『厚生行政基礎調査』
高山憲之(1)	1960～75	全　国	保護基準の所得以下	『被保護者全国一斉調査』
高山憲之(2)	1960～75	全　国	保護基準の所得以下	『被保護者全国一斉調査』
江口英一	1972	東京都中野区	保護基準の所得以下	『住民基本台帳』(住民税の課税対象となる年間所得額)
會原利満	1972～82	全　国	保護基準の所得以下	『国民生活実態調査』及び『厚生行政基礎調査』
金持伸子	1985	全　国	保護基準の1.15倍の所得以下	『国民生活基礎調査』
星野信也	1989	全　国	保護基準の年収未満	『全国消費実態調査』
山田篤裕(1)	1989～95	全　国	保護基準の所得以下	『国民生活基礎調査』
山田篤裕(2)	1989～95	全　国	保護基準の所得以下	『国民生活基礎調査』
杉村宏	1992・1994	全　国	保護基準の所得以下	『国民生活基礎調査』
小川宏	1995	全　国	保護基準の所得以下	『国民生活基礎調査』
駒村康平	1984～89 1994～99	全　国	保護基準の所得以下	『全国消費実態調査』

注1) 高山(1)は捕捉率10%，高山(2)は捕捉率20%の場合である．
　2) 山田(1)は貯蓄・負債を考慮しない場合，山田(2)は保護基準未満で貯蓄ゼロの場合．
　3) 杉村の1992年は，保護基準の1.15倍の所得以下の数値である．
出所) 中川(2000)，橘木・浦川(2006)．

の推計(1954〜99年)

貧困世帯の比率		出　　所
1955年	20.09%	「戦後日本の貧困　低消費世帯の推計」『季刊社会保障研究』第34巻第1号, 1998年.
65	9.45	
70	11.74	
80	12.83	
90	20.59	
1955	10.80	厚生省『昭和30〜40年厚生行政基礎調査報告』.
1960	15.02	「貧困計測の現段階」『経済研究』第32巻第4号, 1981年.
75	9.90	
1960	7.51	
75	4.95	
最大限の保護基準	26.2%	『現代の「低所得層」』(上), 未来社, 1979年.
現実の保護基準	12.1%	
(最大限の60%未満)		
1975	6.78	「低所得世帯と生活保護」生活保障研究所編『福祉政策の基本問題』東京大学出版会, 1985年.
80	6.20	
1985	15.30	「生活問題研究の分析の方法」『生活問題の研究』第4号, 1994年.
1989	4.15	『「選別的普遍主義」の可能性』海声社, 2000年.
1989	15.57	「社会保障制度の安全網と高齢者の経済的地位」国立社会保障・人口問題研究所編『家族・世帯の変容と生活保障機能』東京大学出版会, 2000年.
95	12.80	
1989	4.90	
95	3.76	
1992	17.60	「わが国における低所得・貧困問題」庄司洋子・杉村宏・藤村正之編『貧困・不平等と社会福祉』有斐閣, 1997年.
94	15.50	
1995	14.32	「貧困世帯の現状」『経済研究』第51巻第3号, 2000年.
1984	10.43	「低所得世帯の推計と生活保護制度」『三田商学研究』第46巻第3号, 2003年.
89	4.02	
1994	9.44	
99	9.32	

題とした．この「ボーダーライン層」は厳格に定義された貧困層ではなく，一般に貧しい人を象徴する言葉として用いられた．あるいは生活保護受給者と，本来ならば要保護者であるが，何らかの理由で生活保護支給を受けていない貧困層も「ボーダーライン層」とみなすことも可能である．

「ボーダーライン層」との関係で言えば，月額 7000 円と月額 4000 円の間にいる所得層が，「ボーダーライン層」という貧困者とも解釈できる．政府の公式貧困ラインは 4000 円でありうるが，国民一般の感覚からすると貧困ラインは 7000 円かもしれない．つまり，貧困ラインの決定が困難であることが分かるし，すべての人を納得させる絶対的貧困ラインは存在しないのである．

例えば木田(1960)，岩田(2005a)によると，「ボーダーライン層」は方面委員(後の民生委員)や福祉関係者が，意図的に新しい低所得層を社会に問うことによって，要保護者のうち被保護者になれない貧困者の存在を世にアピールしたとも言える．これら「ボーダーライン層」や低所得者の存在は，後の時代になって，各種サービス給付における自己負担や社会保険料の減免措置，諸々の非課税措置の導入につながり，貧困救済策の1つとなった．

「ボーダーライン層」の議論は次の2つの意義があったと言える．第1に，貧困は生活保護給付を受けている人だけではない，ということを認識するのに役立った．これは生活保護給付者のみを貧困と定義することの危険性を示唆している．

第2に，岩田(2005a)が述べているように，「ボーダーライン層」を救済するために，福祉年金創設などの提案が専門家からなされたのであり，それが後の時代になって国民皆保険・皆年金制度の確立につながる契機となった．貧困を削減するためには生活保護制度だけでなく，いろいろな制度なり政策がある，ということを示唆している．第 13 章で明らかにされるように，例えば，公的年金制度の存在が，高齢者層の貧困者を少なくしていることに役立っているのである．戦後に生じた「ボーダーライン層」は，時代に先駆けて，このことを私たちに知らしめた意義がある．すなわち，これによって税制における非課税措置や社会保険制度の充実に貢献したのである．

では絶対的貧困とは別の貧困として相対的貧困がある．既に述べたように，計測にまつわる様々な困難性と恣意性が多いという絶対的貧困ラインの問題点

を避けるために，貧困を相対的に見る立場もある．例えば，所得の低い人から高い人を順に並べて，中位にいる人の所得の何％(例えば60％，50％，40％)以下の所得しか稼いでいない家計を貧困と定義する考え方がある．これは平均的な所得額の人と比較して，相対的に見て一定程度以下の悲惨な生活を送っている人を貧困者とみなすのである．いわば格差があり過ぎること，あるいは不平等度が高過ぎることが，人をして不幸を多く感じさせるのであるから，貧困とみなすのである．この相対的貧困も，では中位所得の例えば50％以下の所得というのは，恣意的ではないかという批判がありうるし，やはりすべての国民を納得させる貧困の定義は容易ではない．しかしOECDなどの国際機関は国際比較の可能性という長所を重視して，絶対的貧困よりも相対的貧困を重用している．国際比較よりも一国内の貧困の分析には，絶対的と相対的の双方の貧困の定義を用いるのが好ましい．なお相対的貧困に関してOECDは50％を用い，EUはもう少し厳しい基準の60％を線切りに用いている．

貧困研究の蓄積

ここで貧困分析という学問分野において，画期的な貢献をした研究を概観しておこう．

まずは，狭い意味の貧困から離れて，すなわち所得不足や最低生活費といった視点だけではなく，社会的階層に注目して貧困を分析した江口(1979-80)がある．3部からなる大著の研究は，貧困研究の1つの金字塔と言ってもよい．江口は，貧困に属する人が多くいる階層がどのようにして形成されるのか，その階層はどういう特色を持っている人が多くいるか，階層間の移動はどの程度なのか，といったことを丹念に分析している．

社会学の分野に「社会階層論」あるいは「社会移動論」があるが，江口の研究はこの社会学の関心とも結びつけられている．社会階層が固定化しつつある現代であるが，貧困に関して言えば，貧困に陥落する確率や貧困を離脱する確率を推計することが，階層間の移動に注目することにつながる．江口の分析はそれほど統計学的ではないが，貧困の背後にある階層に焦点を合わせて，概念として細かく分析したことは評価されてよい．

第2は，中鉢(1956, 1975)による生活構造論としての接近である．中鉢は家計

の生活実態を総合的に調査して，貧困の類型化を行っている．ごく簡潔に消費財を次の3つに分類する．①労働生理学的物資代謝の過程：飲食費，②耐久財保有による生活構造枠組み設定の過程：光熱・住居費，③社会施設の利用または環境論的過程：租税公課ないし公共財がどれほど役立っているかである．

従来の貧困研究はこれら3種の過程のうち，第1財の飲食費に関心を寄せ過ぎであった．絶対的貧困がカロリー計算に基づいて計測されたことが，この好例とみなせるが，中鉢によればここで述べた3種のバランスに注目して貧困を問題にすべし，ということになろう．例えば，人によっては飲食費を犠牲にして住居やレジャーに資金を投入する人もいるし，教育や社会保障といった公共サービスが劣悪であれば，多くの人の不幸につながる，といったことから，教育や福祉の支出を多くする人もいる．

第3は，岩田(1995, 2005b)による貧困の実態検証である．ルンペン，浮浪者，住居不定者，野宿者，ホームレスといった，定住先のない貧困者の生々しい実態を，インタビューや実地調査によって世に問うた岩田の業績は輝かしい．さらに，厚生施設や簡易宿泊所がどのような状況にあるかも丹念に調べている．いわば，誰がどういう理由によって，不定住的貧困に陥るかが示され，最低層の人びとの生活実態が克明に描かれている．例えば，ホームレスになる人の大半は，40～50代の男性で，仕事を喪失したうえにアルコール依存症や離婚経験者である，と報告している．

日本経済は1950年代の後半から高度成長期に入り，70年代初期のオイルショックまでは，年平均経済成長率は7～9%という高い成長率を示した．現在の中国経済を見るかのように，日本は戦後の窮乏状態から脱して，国民生活は消費を中心にして，豊かさを感じるようになった．オイルショックの時期は日本経済も不況とインフレーションで悩んだが，短期間のうちに回復した．その後，90年代の不況に入る前は，バブル期を含めて年成長率3～4%の安定成長期の時代であった．30年間にわたって経済は好調だったのである．

こういう時代であれば，当然のことながら貧困は徐々に消滅していくことになる．それはこれまで示した貧困世帯の推計数によって分かる．

高度成長期とそれ以降の安定成長期に，貧困が世の中から消えたと思わせるほどになり，それにつれて貧困研究も冬の時代を迎えることとなった．貧困が

経済学としての主要分析の視野から離れ，国民，政府の主要関心事から離れたことと，その理由は既に述べた．

それらに加えて，新しい事情をも加えておきたい．すなわち，高度成長の時期は所得分配の平等化が進行したのであり，貧困者の数が相対的に低下した．一億総中流論もこれに相当する．国民の90％が中流意識を持っていることに注目して日本社会を論じたのは村上(1984)である．

次に，1970年の国民皆保険・皆年金の達成，73年の福祉元年宣言で分かるように，この時期は日本の社会保障制度が飛躍的に発展した．医療，年金，失業等の社会保険制度が，ヨーロッパの福祉国家並みまでとは到底いかないが，社会保険料や社会保険給付の充実が見られて，再分配所得がそれほど低下しない，逆に人によってはある程度上昇するようになった．換言すれば，貧困の発生を未然に予防する政策，あるいは貧困を削減する政策が，この時期にある程度日本に定着したのである．

最後に，岩田(1995)の指摘する通り，それまでの日本の貧困研究が絶対的貧困を中心になされてきたので，高度成長経済は貧困線以下にいる貧困者の数を急速に減少させたのであり，貧困研究の意味が失われることとなった．さらに，貧困を生む1つの要因である社会の階層化が，高度成長によって鮮明でなくなり，階層化論から貧困を研究することもなくなった．とはいえ，マルクス経済学の分野では，豊かさの時代であっても貧困は研究の対象とされた．しかし，日本経済の絶好調という過信が，貧困への関心を多くの福祉専門家，経済学者から奪った．その象徴は1980年代後半のバブル期であった．

バブル期を終えると，日本経済は長期の停滞期に入って，現在に至っている．1990年代以降は戦後最大の大不況期と言ってもよく，人びとの生活も苦しいものとなった．失業率が高くなり，雇用者の中でも非正規労働者の比率が急増し，労働者の所得は伸びることなくむしろ低下する年もあった．20年間にわたる経済不振は人びとの経済生活を困難にした．一方で，この時期に所得分配の不平等化が進行し，貧困者の生活苦はより深刻になった．現代の貧困については後に論じよう．

表 12-2 階級と家族形態別に見た

	資本家階級	新中間階級 (大企業)	新中間階級 (中小企業)	労働者階級 (大企業)
妻不在型	0.00	0.00	0.00	0.00
夫型	0.06	0.01	0.08	0.05
夫(＋子ども)型	0.00	0.00	0.00	0.00
夫(＋その他)型	0.17	0.00	0.00	0.14
夫婦型	0.00	0.00	0.00	0.11
夫婦(＋子ども)型	0.00	0.00	0.33	0.00
夫婦(＋その他)型	0.00	0.00	0.00	0.00
合　　計	0.04	0.01	0.06	0.05

出所) 仁平(2010).

ごく最近の研究による高度成長期の貧困

ここでごく最近の研究に至るまでの貧困率の推計結果を検討しておこう．当時のデータを用いていることは当然として，貧困の定義が最近でよく使用される相対的貧困であることと，個票を用いて推計していることから，従来の推計結果と比較すると最近の成果には新鮮味がある．さらに，どのような人びとが貧困者であったかを知るうえで多くのことが統計から分かるようになったので，やや詳しく取り上げる．

表12-2は仁平(2010)による1965(昭和40)年における，階級と家族形態別に見た貧困率の数字である．高度成長の絶頂期における貧困率の数字が分かるし，誰が貧困者であったかを知る貴重な研究である．まずここで階級のことを一言述べておこう．現代では階級という言葉はそう多く用いられないが，仁平典宏の属する橋本健二(社会学者)のグループは好んで階級という言葉を用いるので，その言葉をそのまま用いる．なお社会学者であっても非マルクス系の人は階級という言葉よりも，階層という言葉を好んで用いるので，社会学者をマルクス系かそれとも非マルクス系に判別する1つの基準は，それぞれの著作においてどちらの言葉を用いているかにあるかもしれない．

階級は以下のように区分される．それを表12-3でまとめてみた．ここで重要なのは新中間階級であり，専門職，管理職，事務職(男子のみ)を職業としている人がそれに該当する．新中間階級と労働者階級の人に関しては，その人が大企業で働くのか，それとも中小企業で働くのか，で区分される．これは日本

貧困率(1965年の世帯収入で評価)

労働者階級 (中小企業)	自営業者層	農 民 層	非 該 当	合　　計	合　　計 (除, 農民層)
0.05	0.11	0.38		0.10	0.03
0.21	0.16	0.21		0.10	0.09
0.21	0.09	0.18		0.10	0.07
0.25	0.29	0.33		0.20	0.16
0.30	0.11	0.31		0.18	0.12
0.00	0.08	0.27		0.19	0.05
0.15	0.09	0.21		0.14	0.06
0.19	0.13	0.25	0.48	0.13	0.09

表 12-3　階級カテゴリーの構成

	正規雇用者	非正規雇用者	経営者・役員・自営業者・ 家族従業員
専門 管理	新中間階級(その他の職種の課長以上 の役職を含む)		従業員規模5人以上は資本家階級 従業員規模5人未満は旧中間階級
事務	男性は新中間階級 女性は労働者階級	労働者階級	
その他	労働者階級		
不詳	分析から除外		

出所）橋本健二(2009).

の産業構造と労働市場の大きな特色とされた「二重構造」を重視するからである．大企業と中小企業の間で，生産性，資本装備率，賃金，各種の労働条件などが大きく異なることを意味するのが「二重構造」である．二重構造に関しては代表的文献として尾高(1984)がある．表12-2では，家族形態でやや異様な言葉が用いられているので，解説しておこう．「妻不在型」とは男性の独身者，「夫型」とは専業主婦の家庭，「夫婦型」とは共働き，のことを指す．ここで貧困者とは，所得分布におけるメディアン(中央値)所得の半分以下の所得しかない人と定義されているので，相対的貧困の定義による貧困が計測されている．

　まず全体の貧困率は13％であり，農民を除外すると9％となる．この貧困率を現代の貧困率である15％前後と比較すると，2％ポイント低い率である．高度成長期であればもう少し低い貧困率ではないかと想像できるが，予想外に

高い貧困者の比率なので，経済の絶頂期であった時期では貧困者はほとんどいなかったという通念は再考した方がよい．高度成長期の時代であっても貧困者はかなりの数で存在していたのである．

ではなぜ高度成長期の貧困率は低かったと考えてよいのであろうか．第1に，当時の貧困率は生活保護受給者の多さから語られることが多かった．生活保護制度とは，食べることができない所得しかない人や全く所得のない人に，政府が生活費を現金支給する制度である．図12-1は戦後から21世紀にかけての保護率を示したものである．これによると戦争後の1950年代初期には人員で200万人台が被保護者数であったが，その後に急激に減少し，1970年代までコンスタントに減少し続けたことが分かる．被保護者数が多ければ世の中に貧困者が多いと認識されるのであるが，その被保護者が減少すれば貧困は深刻でなくなった，と多くの人が思っても不思議ではない．正に「日本は貧困の国ではなくなった」という通念を生む要因として，被保護者の減少がある．

第2に，高度成長期は年経済成長率が10%弱を続けたのであり，それに応じて国民の所得も毎年かなりの額で増加したので，国民は経済生活が豊かになる姿を実感することができた．この実感は周りの人のほとんどの人も経験しているだろうと多くの人が判断したので，多分貧困などはこの世に存在しないだろうと多くの人は考えたに違いない．

表12-2を見てみよう．まずは階級，職業による差について注目すると，農民層が全体で25%の高い貧困率であることが目立つ．もっとも高い貧困率は独身の農家が38%，妻が専業主婦でありながら他の家族が同居する農家と夫婦共働きの農家が30%を超えている．なぜこの時期に農家の貧困率が高かったのか，まずはいつの時代でも農家の所得は低いし，農地解放後の時代なので零細農家の多いことが影響している．さらに高度成長期には農業を離れて都会の商工業で働くように移動する人が多かったので，職を変えず農業を続けた農家は生産性が低かった可能性がある．もっとも農家の場合には，食糧を自家調達できるのでたとえ現金収入が低くとも，非常に深刻な生活苦であったとは言えない．家賃支払いのない農家の多いこともこのことを証明する．

むしろ深刻な貧困は，中小企業で働くブルーカラー（労働者階級）である．貧困率は19%の高さであったし，農家と異なって食糧を自家調達できないし，

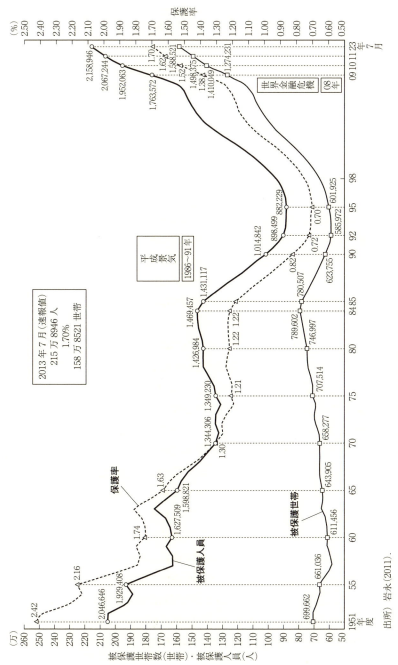

図12-1 被保護世帯数・被保護人員・保護率の推移

出所）岩永（2011）．

家賃を払わねばならない人が多いことから、生活苦は深刻だったのである。一方で大企業で働く労働者階級の貧困率は5％と低いのと好対照である。むしろ中小企業のホワイトカラー労働者が6％と大企業のブルーカラーより貧困率が高いのが目につく。これらは大企業と中小企業の間の賃金格差の方が、ホワイトカラーとブルーカラーの間の賃金格差よりも大きいから発生しているのである。これは既に述べた「二重構造」という特色がより現実に生きているということを意味している。

貧困率の低いのは、資本家階級の4％と大企業で働くホワイトカラー層の1％であり、当然の結果であると言えよう。むしろ自営業者の13％という貧困者の多さに注目したい。自営業の人びとというのは、医師、弁護士、人気作家といった高所得者もいれば、低所得で苦しむ零細の商工業者など様々な職業の人がいるので、一概に自営業者に貧困者が多いとは結論を下せないが、商売の浮き沈みが激しい商家などが低所得で苦しむ場合が多いことは当然のこととして理解できる。

妻が働くことの結果

筆者からすると、仁平による貧困率推計結果で興味深いことは、家族形態の差から得られていることにある。表12-2によってそのことを確認しておこう。農家を除いた貧困率の合計によると、夫型(すなわち専業主婦の家庭)の貧困率は9％で、夫(＋その他)型と夫婦型についで高い。一方で夫婦共働き型の夫婦(＋子ども)型と夫婦(＋その他)型はそれぞれ5％と6％で低い貧困率である。これは夫婦で働いている場合は貧困に陥らないことを意味している。この事実は、この時代には「ダグラス＝有沢の第2法則」が成立していて、夫の所得が低い(高い)場合には妻が働く確率が高く(低く)、そのことが家計所得を高めているのであり、結果として夫婦共働きの貧困率が低くなったのである。

なお夫婦型(すなわち他の家族メンバーがいない)の貧困率が12％とかなり高いのは、ここで述べた「ダグラス＝有沢の第2法則」と矛盾する。すなわち、もし夫の所得が低ければ妻の働く確率が高くなるので、夫婦の合計所得が高くなって貧困率は低くなるだろう、というのが法則の意味するところであるからだ。この矛盾を解く1つの解釈は、たとえ夫の所得が低くて妻が働いたとしても、

妻の所得も低い場合が多い，ということにある．これら夫婦の合計所得が低い夫婦を，橘木・迫田(2013)は「ウィークカップル」と呼んでいる．「ウィークカップル」は現代において顕著な現象であるが，高度成長期にも存在していた夫婦であることを，ここでの12%という高い貧困率から類推できる．

一方で2人以上が稼いでいる世帯では，特に中小企業で働く労働者階級や自営業者層にあっては，貧困率が低くなっていることに気がつく．これは既に述べたように，「ダグラス＝有沢の第2法則」が作用して，夫の所得の低いことが妻が働いてその低い所得を補い，家計所得を少しでも上げて何とか貧困から逃れようとする姿が映っている．さらに，農民層，中小企業で働く労働者階級，自営業者層にあっても夫婦型(すなわち他の家族メンバーのいない)の共働き世帯の貧困率が高いという性質のあることが分かる．これに関しては，「ウィークカップル」という言葉を用いて説明したことと同じ論理が通用する．妻の所得が低い可能性が高いのである．

2　現代の貧困

日本が1990年代に入って低成長期，大不況期となったが，それ以降の貧困率がどう進展したかが本節での関心である．日本の貧困率の変遷と評価が主たる関心であるが，他の先進諸国との比較を行うことによって，日本の国際的地位を確認しておこう．ここでの貧困の定義は以前の絶対的貧困と異なり，相対的貧困を主として用いる．

最近の日本における貧困率

最近の日本の貧困はどのような現状なのだろうか．表12-4は，いくつかの推計結果を示したものである．以前にあっては絶対的貧困の定義による貧困率推計が主流であり，生活保護基準以下の所得しかないという絶対的貧困の定義による貧困率推計が主流だったので，生活保護基準以下の所得しかないという絶対的貧困による推計も示している．1992(平成4)年と95(平成7)年の貧困率が17.6%と14.3%であり，既にかなり高い貧困率が不況期に観測されているのである．98(平成10)年以降は中位所得の50%以下の所得しかない人を貧困者

表12-4 日本の相対的貧困率 (単位:%)

年	中位所得の50%が貧困線	生活保護基準が貧困線
1992	15.2 a)	17.6 b)
1995		14.3 c)
1998	14.6	
2001	15.3	17.0 a)
2004	14.9	
2007	15.7	
2010	16.0	
2013	16.0	

注) a)は橘木・浦川(2006)推計で,データは厚生労働省『所得再分配調査』,b)は杉村(1997),c)は小川(2000)より.
資料) 厚生労働省編『国民生活基礎調査』.

と定義した相対的貧困率で示されており,14～16%というかなり高い数字の貧困率である.深刻な経済不況は多くの日本人が貧困で苦しんでいるという事情を明確に統計は示している.

 日本の貧困が深刻となっていると判断する理由には,次の2つがある.第1に,以前の表で示した通り,高度成長期,安定成長期の時代にあっては貧困率は5～10%に範囲にあったので,低い貧困率ではないがそう高くなかったのであるから,現代の貧困率である14～16%の数字はかなり高い値と理解してよい.一昔前よりも貧困が深刻となっているのである.第2に,後に他の先進国での貧困率との比較表を示すが,日本の貧困率は主要先進国の中ではアメリカについで第2位の高い数字であり,国際比較上においても深刻な高さにいる,と理解できる.日本での一昔前との比較,そして他の先進国との比較,という2つの側面から,日本の貧困は深刻な状況にあると結論づけられる.ではなぜ2010年代に入って日本では貧困が深刻となっているのか,そしてどういう人が貧困で苦しんでいるかについては後に詳しく分析する.

他の先進諸国との比較

 ここで他の先進諸国との国際比較を行っておこう.貧困の定義は,相対的貧困(具体的には,その国の所得分布において中位所得の50%以下の所得しかない人を貧困と定義する)という概念がすべての国で採用されている.

第12章 貧困の現状と課題

相対的貧困は，国際比較においてその有用性が増す．なぜならば，すべての国が同じ定義で貧困率が計測されているので，比較に信頼性が増すのである．絶対的貧困であれば，その国の経済や所得水準の状況，消費のあり方，家族のあり方，社会保障制度の現状，などの影響が大きいので，すべての国を共通の尺度で絶対的な貧困ラインを定義することは不可能である．仮にそれを行えたとしても，誤差が大き過ぎるので比較の意味が小さい．絶対的貧困の定義による国際比較はなかなか困難なのである．

図12-2は先進国が加盟しているOECD諸国の貧困率を示したものであるが，日本の貧困率はメキシコ，トルコ，アメリカについで15%弱という第4位の高さである．ただ，先進国が中心のOECD諸国の中で，メキシコとトルコはまだ中進国と言ってよい．一般に経済が未発展だと所得分配は不平等である可能性が高く，中進国のメキシコとトルコは先進諸国よりも不平等度が高く，貧困率も高いと考えられる．

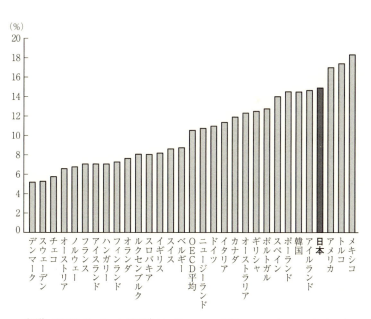

出所) OECD, Factbook 2010 (http://www.oecd-ilibrary.org/economics/oecd-factbook-2010_factbook-2010-en) より作成．

図12-2 先進諸国の相対的貧困率

そこでメキシコとトルコを除外して先進国だけに注目すると，日本はアメリカについで第2位の高さとなる．先進国のトップはアメリカの17%前後であることには誰も驚かないだろう．なぜなら，資本主義最強の国で，経済を優先する国として競争が激烈なので，勝者と敗者の格差が大きくなることに国民間での強い抵抗はない．したがって貧困者も多くなる．それに対して，日本が第2位という事実から，日本が貧困大国であると言わざるを得ない(筆者は既に日本が貧困大国であるとみなして，橘木2015cを出版している)．

ついでながらOECD諸国の平均は10.6%であり，日本はそれよりも5%弱ポイントも高い貧困率である．ちなみに先進国の中で低い貧困率の国は，これも驚きではないが，デンマーク，スウェーデンといった北欧諸国が5%前後の低さである．日本とは10%ポイント近い差になっていることが分かる．北欧諸国は福祉国家として有名であり，政府は国民に手厚い福祉制度を提供しているので，貧困者の数は少なくなる．さらに国民の間でも平等意識が高いので，自然と所得格差は小さくなる．なおノルウェーは7%の貧困率なので，北欧諸国とはいえデンマークやスウェーデンよりはやや高い．

なぜ貧困者が増加したか

貧困率が高くなったことを国内の貧困率の動向と国際比較から確認できたが，ここでその原因を探求してみよう．第1に，失われた20年と称されるように日本経済は深刻な不況が長期にわたって続いており，失業者の数の増加と働いている人の賃金の低下が挙げられる．企業倒産が増加したことと，企業が生き残りをかけて従業員の人減らし策と新規採用抑制策を採用したことが，失業率の高くなった当然の理由である．たとえリストラに遭遇しなかった人も，労働費用の節約を企業が計るため，賃金の低下があった．

第2に，企業が生き残るためにリストラ政策の一環として，パート労働者，派遣社員，契約社員といった非正規労働者の数を増やしたため，現在では全労働者のうち，約4割弱が非正規労働者となっていることである．このような人たちの労働条件は，正規労働者と比較して，恵まれないのは事実である．自分で意図的に非正規になる人について筆者はさほど問題にしないが，非意図的，すなわち本来ならば正規の労働者になりたいが，正規の労働者として雇っても

らえる機会がなく，非正規労働に甘んじている人については，何とかしなければならないと考える．さらに，非正規労働者の労働条件があまりにも劣悪になりつつあることも，低賃金労働者の数が増加していることの原因であり，たとえ意図的な非正規労働者であっても労働条件を改善する必要性は高い．

第3に，社会保障制度の改革である．年金制度や医療制度，介護保険などの社会保障制度が少子・高齢化により，年金制度に注目すれば年金をもらう人の数が増加し，保険料を払う人の数が減少すれば年金財政は苦しくなる．そのため政府は，現役の人の保険料アップと，引退した人の給付の削減策をとった．これは年金のみならず，医療に関しても同じような政策をここ20年ほどとってきたため，再分配効果が弱まった．したがって，貧困者の数が増加することになった．この政策は日本が少子・高齢化の社会の中にいるだけにある程度やむを得ない政策だとも筆者は認めている．しかし，このようなことが続く限り，例えば，引退したら年金がもらえるのかという不安が若年層から出てきており，20代や30代の若者の4割が国民年金の保険料の支払いを拒絶していることからも分かるように，公的年金制度のへの信頼性は失われている．

似たようなことは医療保険についても発生している．一部の貧困家庭，特に高齢者と若年者が低所得という理由で，医療保険料を支払えない場合が増加している．これは一部の人が医療保険制度から排除されていることを意味する．さらに，成人層の貧困者にあっては，医療保険料が支払えないことから，その人たちの子どもが医療保険から排除されているという事態も発生している．最後に，2008(平成20)年には75歳以上の人を対象としてつくられた後期高齢者医療制度が，混乱の極みを呈したことも記憶に新しい．

第4に，国民一般の哲学的・論理学的な信条として，「リバタリアニズム」(自由至上主義)あるいは「新自由主義」という考え方を支持する人の数が増加した．人間にとってもっとも価値のあることは，人が自由に生きることであると信じる主義である．したがって人びと，そして企業の経済活動も自由であるべきとし，政府なり周りが種々の規制や統制，あるいは公共政策をいろいろ実施することを排除するのである．自由な経済活動を保障し，政府が例えば弱者救済といった公共政策を実行することを好まないのであるから，勝者ないし強者が高い所得を稼ぎ，敗者ないし弱者が低い所得しか稼げず，後者の内の多く

が貧困者にならざるを得ないのである.

　哲学や論理学の思想には様々なものがあって,「リバタリアニズム」以外にも「リベラリズム」「コミュニタリアニズム」「マルクシズム」などがある. 経済学においても大別すれば, 新古典派経済学, ケインズ経済学, マルクス経済学などがある (これらについては, 例えば橘木 2012b が分かりやすく解説している). リバタリアニズムと新古典派経済学, リベラリズムとケインズ経済学は, お互いに近い思想にあるとみなせる. 第 2 次世界大戦後はリベラリズムとケインズ経済学の組合せが優勢であったが, 1970 年代あたりからリバタリアニズムと新古典派経済学の組合せが優勢となった. アメリカのレーガン大統領, イギリスのサッチャー首相の頃は, リバタリアニズムと新古典派経済学の全盛期であったし, 日本の小泉純一郎首相の頃も, リバタリアニズムと新古典派経済学が信条とされていた. 現代の安倍晋三首相もこれに属する.

　多くの国において, リバタリアニズムと新古典派経済学, そしてリベラリズムとケインズ経済学は, 時期によって優勢時と劣勢時を歴史的に繰り返し経験している. これはどの政党が政権を担当しているかに依存しているし, 国民の選挙で政権を選ぶのであるから国民の意思も時期によってどの主義を好むか変化するのである. もっとも分かりやすい例は, 保守党と労働党が政権交代を繰り返してきたイギリスであり, 保守党がリバタリアニズムと新古典派経済学を, 労働党がリベラリズムとケインズ経済学を支持してきた歴史がある. アメリカにおける共和党と民主党の違いもこれに近い. なぜ政権交代が発生するのか, 大胆に要約すると次のようになる. 景気の不況期は経済活性化を主張するリバタリアニズムと新古典派経済学が政権を握る. 経済が好況に転換したときには同時に格差が拡大するので, リベラリズムとケインズ経済学が新しく政権をとることになる. しかし好景気はいつまでも続かず再び不況期に入る. そうするとリバタリアニズムと新古典派経済学が優勢となる. 多くの国でこのような歴史を繰り返してきたのである.

誰が貧困で苦しんでいるか

　ここ 20 年ほどの間に日本の貧困率が高まった理由は分かったが, ではその影響を受けて貧困者となったのはどのような人びとであるのか. それは高齢単

第12章　貧困の現状と課題

身者，母子家庭，若者の3つに代表されている．日本の社会の15%前後の貧困者のうち，多くはこのどれかに該当する人で占められている．実は，これに加えて病気の人，身体的・肉体的にハンディを背負っていた人もいるが，これらの貧困者はいつの時代にもいるので，ここでは述べないことにする．表12-5は世帯類型別と年齢階級別の貧困率と，それが全体の貧困率に寄与する比率を示したものである．

少し古い計算結果の資料であるが，まず先に寄与率に注目してみよう．世帯別であれば高齢単身者が20%前後でもっとも高く，ついで高齢者世帯を除く単身者の寄与率が高い．その他の世帯の寄与率も10%を超えているので無視できないが，どういう世帯であるかが特定できないので，ここでは論じないでおこう．年齢別だと70歳以上が30%前後を占めているのが目立つ．一方で若

表12-5 世帯類型，年齢階級別の貧困率と全貧困率に対する寄与率

(単位:%)

		1995		2001	
		貧困率	寄与率	貧困率	寄与率
世帯類型	核家族(子ども3人以上世帯)	12.9	4.3	8.9	2.1
	核家族(子ども2人世帯)	6.7	7.9	7.3	5.9
	核家族(子ども1人世帯)	10.4	10.6	8.5	7.4
	核家族(子ども0人世帯)	10.0	8.2	10.8	8.5
	単身世帯(高齢者世帯除く)	20.0	12.4	26.9	20.2
	高齢者2人以上世帯	21.7	12.6	20.5	11.6
	高齢者単身世帯	47.9	21.2	43.0	20.9
	母子世帯	55.3	4.6	53.0	4.7
	3世代世帯	8.5	7.3	8.4	5.6
	その他の世帯	16.9	10.9	20.1	13.0
世帯主の年齢階層	29歳以下	20.7	9.6	25.9	11.5
	30～39歳	9.3	8.6	11.3	8.7
	40～49歳	11.3	16.8	11.9	10.6
	50～54歳	9.5	6.9	11.5	8.3
	55～59歳	10.0	7.3	12.6	7.5
	60～64歳	15.5	11.3	16.0	9.9
	65～69歳	17.0	10.1	19.4	12.0
	70歳以上	31.6	29.3	25.3	31.5

注) 貧困ライン＝等価可処分所得の中央値の50%．
出所) 橘木・浦川(2006)．

年層(29歳以下)の寄与率も高い．この貧困への寄与率という視点からすると，単身者がまず比率として高く，しかも年代の若い人と70歳以上という高齢者がその単身者の代表ということになる．

　次はそれぞれの世帯類型と年齢に注目したとき，どのグループの人の貧困率が高いかを見てみよう．世帯類型であれば，もっとも高い貧困率が高齢単身者の40～50％を超える高い数字であることから，高齢単身者と母子家庭のうちおよそ半数が貧困に苦しんでいることを意味する．高齢者に関しては，年齢が65～69歳と70歳以上の人の貧困率が20％弱と30％前後の高さに達していることで確認できる．なお母子家庭については，寄与率では4～5％の低い比率であり，絶対数では少ない貧困者数の数字であることを意味している．さらに母子家庭は年齢が幅広い層にまたがっているので，年齢別からは母子家庭のことを語ることができないが，おそらく20代から40代にかけて多いと想像できる．

　ここで高齢単身者と母子家庭に関して，それらの人びとのうち約半数が貧困にいるという衝撃的な事実，そしてその高さに次ぐ深刻さを示している若い年齢層の貧困を考えてみよう．ここで高齢単身者の約7～8割は女性であることを強調しておこう．これと母子家庭が貧困者の象徴と理解すれば，日本の貧困は女性で代表されると言っても過言ではない．

高齢者単身者の貧困

　高齢単身者の貧困には様々な理由を列挙できる．第1に，一昔前であれば3世代世帯で代表されるように，高齢者は成人した子どもと一緒に住んで家計をともにして，経済的に子どもに依存していた．さらに成人した子どもが遠隔地に住んでいるとか，近辺に住んでいても別居しているときでも，子どもが親に生活費を送金する習慣もあった．1970年代，80年代まではこういう家族間の経済支援が普通だったので高齢者の貧困は顕在化しなかった．これまでの章で強調したように，その後3世代住居がかなり少なくなったし，家族間の絆も弱くなったので，高齢者は経済的に独立する傾向が強くなり，高齢の貧困者が目立ち始めた．

　第2に，高齢者が経済的に独立すると，所得のソースは次の2つに限定され

る．まずは公的年金をはじめとした年金給付，病気しがちの高齢者の医療給付，そして介護給付などの社会保障給付である．ついで自己が勤労中に蓄えた貯蓄を取り崩すことによる所得と資産保有による利子，配当である．前者に関しては，一部の高齢者の年金などの給付が非常に低いことがよく知られており，それが高齢者の貧困の大きな原因となる．後者に関しては，資産を大きく蓄積した高齢者と，資産が少額ないしゼロ資産の高齢者の格差が目立つのである．前者の貧困者と後者の富裕層の間で，高齢者間の所得・資産格差は非常に大きくなった(高齢者の貧困と所得格差については，例えば山田篤裕2012，橘木2016bを参照)．

母子家庭の貧困

母子家庭に貧困者が多くなった理由にも様々ある．第1に，社会に離婚者が増加したことが大きい．既婚者が離別する現象には夫の死亡と離婚という2つの要因があるが，ここ20年ほどの日本では離婚件数の激増があり，女性だけが働いて経済生活を営むケースが増加している．離婚数の増加は，家族の絆の低下という社会現象の一環として理解してよい．

第2に，女性が世帯主として働くのであるが，日本の労働市場にあっては男性と比較して圧倒的に不利な立場にいる．教育年数と勤続年数が男性より短いことにより，賃金受領額は低くならざるを得ない．さらに職場における就業も補助的な仕事が多いので，熟練を蓄積していない可能性が高いし，専業主婦であれば長い間働いていないので技能はほぼゼロである．非熟練の人が新しい職を探しても好労働条件の仕事はない．それに女性への差別もあるので，既に述べた様々な要因も加わって，女性の1時間当たりの賃金は低く，貧困に陥る可能性は高い．

より具体的に述べれば，母子家庭の女性の就ける仕事は正規労働ではなく非正規労働が大半である．現代にあっては女性労働者の約半数がパート，契約社員，派遣社員といった非正規労働で占められていることで説明できる．熟練度に欠けるし，様々な生活上のハンディから，特に母子家庭の女性がこれに該当する．

第3に，母子家庭は子育てにもコミットしているので，残業などで労働時間

を長くすることは困難である．母子家庭の女性が長時間労働によって月収を高くすることは不可能である．それに子どもの養育費が必要であり，子どもが学齢期であれば教育費を支出せねばならず，生活が苦しくなる可能性が高い．

若者の貧困

高度成長期にあっては，若者(特に中学校を卒業し社会に出た人)は「金の卵」と称され，彼らへの労働需要が高かったので，職がないということはなく，確かに年功序列制の下で賃金は低いところから始まるにせよ，貧困に苦しむということはなかった．ところがここ最近の20年間にわたる経済の不況期に入ると，若者が打撃を受ける時代となった．まず若者が失業率の高さに苦しむようになる．日本の失業率は不況期に4～5％の高さになっていたが，若者の失業率は10％を超える深刻さとなり，貧困者となる若者が増加した．

なぜ若者への労働需要が激減したかと言えば，次のような理由がある．第1に，企業は新規採用に際して新規学卒者を優先的に採用する制度(新卒一括採用方式と呼ぶ)を保持したので，景気が悪くなると新卒者への求人数が減少した．特に大不況期においてこれが深刻であった．さらに一般論として若者は就業年数が短いだけに未熟者なので，企業の採用意欲が弱かった．こういう状況で若者に職があるとすれば，それは正規労働者ではなくてアルバイト，パート労働，契約社員といった非正規労働に集中することとなる．低賃金労働が非正規労働の代名詞のようなものなので，若年層が経済的な苦痛を強いられることとなる．

第2に，若者に関しては労働需要の低下という理由に加えて，供給側の要因もある．一時期「フリーター」という言葉が語られたように，職業生活に人生のすべてをかけるのではなく，自分のやりたいことや趣味を大切にしたいために，労働時間を週に2～3日にするとか，1日に数時間しか働かない若者が少なからず出現した．これは若者の低所得を説明する1つの理由となる．この現象を若者の勤労意欲のなさ，として批判する声もあるが，筆者はこれに全面的に賛成するものではない(例えば橘木2004bを参照)．

なぜこのように勤労意欲に欠ける若者が増加したかは，周りにいる人びとにも多少の責任はある．まずは子どもが働かなかったり働いても短時間労働であったことを容認した背景として，親が子どもを経済的にサポートしたことがあ

る．山田昌弘(1999b)は，こういう若者に「パラサイト・シングル」という絶妙な名前を献じたが，経済生活に問題がなければ強い勤労意欲を期待できない．責任の一端は親の世代にある．

次の責任は教育界である．日本の教育制度にあっては，学校(高校，短大，大学)にあって生徒・学生が卒業後の就業生活に役立つ技能の授与に熱心ではなかったことが大きい(これに関しては，例えば橘木2010a, 2014を参照)．戦後の20～30年間の高校教育においては，工業，商業，農業などを教える職業高校で学ぶ生徒が4割前後いて，卒業後の就業率は高く，しかも勤労意欲の高い人を多く輩出した．しかしその後職業教育の比率は低下し，大学進学希望者の増加に応じて普通高校で学ぶ生徒が増加した．普通科で国語，英語，数学，理科，社会という科目を学んでも，仕事で役立つ技能蓄積にはさほど役立たないことは自明である．この職業教育の不十分さは，一部の学部(例えば医歯学，工学，農学など)を除き大学教育にも当てはまることであり，日本の教育界全体として卒業後の職業生活をスムーズに行えるような教育をしてこなかった．

現代の若者には，ニート，フリーター，ネットカフェ難民，日雇い派遣，ワーキングプアなどという言葉が与えられて，経済的な困窮者の代表とみなされている．全部の若者がこうだとは言えないが，かなりの数の若者が将来の見通しもなく苦しい立場におかれていることは大変不幸なことである．次の時代において働き手の中心となる層がこのようであれば，将来の経済は真っ暗である．何とかせねばならない．

とはいえ，ごく最近になって人手不足が目立つ時代となり，若者への労働需要はやや増加したので，一時ほどの深刻さからは脱却している．しかし若者という供給側の資質の低さにはまだ改善が見られないので，若者の低所得・貧困の問題はまだ残っている．

第13章

貧困者をなくすために

　前章で日本において貧困者の数が増加し，したがって貧困率が他の先進国よりも高いという時代になっていることを示し，その原因も探求した．本章では，では貧困者をなくす政策はあるのか，既存の政策の評価をも含めてそれを議論してみたい．貧困者の数を減少させるには大別して3つの基本方針がある．第1は，生活に苦しんでいる貧困者の生活をいかに救援するか，という事後的政策である．第2は，貧困者を貧困から脱却させて非貧困者にする政策である．これも事後的政策と考えてよい．第3は，人びとが貧困に陥らないような予防的政策を用意する．これは事前的政策とみなせる．

1　貧困者を救済する方策

家族・親族の役割

　貧困者が経済的に困窮している場合，公共部門が経済支援する方策(例えば生活保護制度)は社会的に準備されているが，この他に日本あるいは人類に特有な慣習として，政府ではなく周りの人が支援するというのがある．これは，公共支援とは異なり私的支援策と理解してよい．私的支援者としての代表者は家族・親族であるが，近所に住む人，地域に住む人，あるいは友人という場合もある．ここでは，歴史をたどっても現在においても代表的な支援者である家族・親族を取り上げよう．

　歴史をたどると，経済支援者は家族・親族だけであったと言っても過言ではない．中世，近代にあっては為政者や宗教家が細々と貧困者や病気で苦しむ人を助けることもあったが，基本は家族・親族の役目であった．江戸時代になって幕藩体制は「五人組」という，近隣に住む人が相互監視と何らかの助け合いをする制度を用意したが，その効果には大きな限界があった．すなわち，「五

人組」は納税者に多かったので，貧困者はそういなかった．「五人組」以外の人に貧困者になる人が多かったので，他人が助ける余地は小さかった．とはいえ，「皆で助け合え」という精神を幕府側が望んでいたことは事実であった．明治以降，戦前にはさすがに政府の役割は大きくなって，例えば「方面委員制度」(現代の民生委員制度の前身)などが作られたが，それほどの役割を果たしていなかった．

　本格的に政府が貧困者の経済支援を行うようになったのは戦後である．戦後の生活保護制度の進展については後に述べるとして，ここで重要なことを指摘しておこう．それは，政府が生活保護支給を開始する前に，まずは家族・親族がそれを行うべし，ということが法律で定められたことである．もしある世帯，個人が貧困者であると認定されても，政府からの保護支給が発動される前に，家族・親族がまず経済支援を行うことが必要なのである．もとよりその家族・親族に経済的余裕がない場合には，保護支給は施行されることになるが，とにかく日本の法律では，家族・親族にまず支援を義務化していることを記憶しておきたい．

　なぜ家族・親族に経済支援や扶養の義務を課してきたのか，次のような理由がある．第1に，人類の歴史，あるいは日本の歴史をたどっても，家族・親族の間では生活をともにすることもあって，経済支援は自然に行われてきたので，まずは家族・親族が第1の責任者であるべき，との合意が社会にある．第2に，ここまでの章でも述べたように，家族・親族は男女間の愛情が起点となって夫婦が成立し，そこに子どもが生まれると親子間は血縁ということから愛情で結ばれているので，経済支援をすることに抵抗はないと考えられてきた．兄弟姉妹や姻戚などの親族にあっても，夫婦間や親子間ほどの愛情のない場合もあるが，愛情がゼロということはないので，同じく経済支援が期待できる．第3に，例えば公共部門が貧困者の経済支援をするようなことがあれば，その財源は国民の税金によることになるので，その負担を軽くすることは国民からの要求でもある．この要求に沿うには，まず家族・親族による支援ということになる．

　論点となるのは，では経済支援が期待される，あるいは義務化される家族・親族の範囲とはどこまでか，ということになる．法律には，時によっては三親等(叔父・叔母，甥・姪)に支援を期待しているが，基本は二親等(祖父・祖母，孫

と兄弟姉妹)内に支援の義務があると明記している．当然のことながら親子間という一親等に，そして血縁関係にはないが契約によって夫婦になっている男女間にも義務の課されていることは言うまでもない．

家族・親族に期待できるか

　法律による家族・親族と，国民一般による家族・親族の認識の間に差があるかもしれない．表13-1は日本人が家族・親族をどこまでの範囲で考えるかを示したものである．さすがに直系の親，子ども，孫，祖父・祖母，そして夫婦間は家族とみなしている人が70％以上の比率に達している．しかし，兄弟姉妹となると回答者の年齢によって50％以下の低率となるケースがある．「兄弟は他人のはじまり」ということわざが日本にはあるほどなどで，さほどの驚きではない．叔父・叔母，甥・姪となると20〜30％の低さであるし，姻籍(配偶者の血縁者)関係に対する家族意識も低い．当然のことながら，夫婦と親子の間ではさすがに80〜90％以上の認識度である．これらのことから，家族・親族を考えるときは親族を排除して家族に限定しても間違いはない．

　ここで分かったことを，生活保護支給の前に家族の経済支援を義務としていることとの関連で評価すれば，次のように言えるのではないだろうか．兄弟姉妹や叔父・叔母，甥・姪などはそれほど高い比率で家族として認知していないので，たとえ法律で経済支援を義務としたり期待しているとしても，それに従う人は少ないのではないか，ということである．戦前のように大家族主義が幅

表13-1　年齢別に見た家族認知率

(単位：％)

年齢	子ども	配偶者	孫	子どもの配偶者	親	祖父母	配偶者の親	きょうだい	きょうだいの配偶者	配偶者のきょうだい	甥・姪	おじ・おば
全体	97.1	96.3	84.7	81.5	76.0	59.5	59.4	46.3	34.9	31.7	30.4	22.2
28〜37	99.4	95.4	a	a	83.8	54.7	64.5	67.5	48.1	42.2	45.6	24.9
38〜47	99.8	95.2	b	b	73.2	61.6	58.1	46.8	38.6	33.2	36.7	23.8
48〜57	98.1	96.4	86.2	83.0	72.7	69.5	59.0	44.5	35.6	33.0	31.1	21.4
58〜67	94.5	96.8	82.9	79.7	67.6	64.9	53.3	35.7	26.1	24.8	20.1	17.9
68〜77	94.0	98.5	85.8	82.8	58.5	b	47.7	34.1	26.9	25.8	20.1	16.6

　注1)　家族認知率＝(各カテゴリーで「家族の一員」とみなす親族がいる者÷当該カテゴリーの親族をもつ者)×100．
　　2)　「親」「配偶者の親」はいずれも，少なくとも父母いずれかの保有と家族認知．
　　3)　空欄aは非該当(保有者なし)，同bは非該当扱い(保有者50名未満)．
　出所）藤見・西野(2004)．

広く支持されていた時代であれば，これらの人に経済支援を義務としたり期待したりすることに不自然さはないが，現代においては家族として認知しない人が相当数いることを直視する必要がある．こういう人びとは進んで経済支援をしないであろうから，当局から支援をしてほしいと要請されても拒否する可能性が高い．

　現にこのことは地方行政府の福祉担当者，ケースワーカーなどによる次のような発言によって確認できる．それは生活保護支給を受ける資格のある貧困者を救済する前に，福祉の担当者がその人の家族・親族に対して「貴方の身内にあたる〇〇〇〇さんが貧困で苦しんでいます．法律によると貴方はその方を経済支援する義務がありますが，そうしていただけないでしょうか」と，遠くに住む家族・親族をようやく見つけ出して問い合わせしても，「以降自分に連絡を取るな」と回答して支援を拒否する場合がかなりあるという．もしその人に経済的余裕がなければ拒否することは許されるが，頭ごなしに拒否する場合がある．家族の絆が弱まっていることをここでも確認できる．

　たとえ頭ごなしに拒否されなくても，実際に支援するようになるにはいくつかのハードルがある．第1に，支援することを期待される人が経済的に余裕のない場合が結構ある．格差・貧困が深刻な時代となっているので，このことに該当する人は増加している．たとえ多少の経済的余裕はあったとしても，自分の生活に追われているし，将来の自己の生活不安に備えるためには，人を支援する気に乏しい人もいる．

　第2に，真に経済的に余裕があるのかないのかを調査するには，手間，資金，人員が相当かかる．これは後に言及するミーンズ・テスト（資産調査）の問題である．貧困者本人の資産調査においても問題はいろいろあるが，ある程度強制的に行える．しかし本人の家族・親族の資産調査にはもっと困難がある．強制的な調査はなかなかできないし，現に周りの人に対して詳細な調査を行っているとは言い難い．現に「自分は支援する余裕はありません」という文章の回答だけで，家族・親族に対してはそれ以上の支援請求をしていないようである．もしこのような資産調査が行われずして，家族・親族が実際に経済的に裕福だったときに生活保護支給が実行されれば，不正受給として批判の対象になる場合が生じるのである．例を挙げれば，あるタレントが高額所得者であるにもか

かわらず，その母親が生活保護を受けていたことが2012年に明らかになり，大きな社会問題になったことで分かる．

　以上をまとめれば，家族の絆が強いという認識を前提にして，生活保護支給を発動する前に貧困者には家族が経済支援を行うべし，という法律が長い間存在してきた．しかし家族の絆が弱くなってきたのが日本社会であり，一親等（すなわち直系の親子）と夫婦間に限定して経済支援を義務とする法律に改定していいのではないだろうか．二親等や三親等に対しては家族・親族としての認識が弱くなっていることと，こういう関係の人へのミーンズ・テストを行うには手間，資金，人員が相当かかる，というのがこのことを主張する根拠である．逆に言えば，親子や夫婦の間であれば強制的に経済支援を義務化することに社会の容認はあるだろうし，厳格なミーンズ・テストを行うことに対する反感もないと思われることもある．

　この筆者の意見は少数派に属すると思われる．2013年に成立した安倍政権は，憲法改正をしてまで「家族はお互いに助け合うべし」という文言を入れようとしていることからも，家族の支援に期待しようとしている．もっともどこまでを家族の範囲にするかに関しては，自民党政権はまだ議論を開始していないので，いつになるか分からない．しかし，安倍政権が本気で改憲する気になっていることは事実である．

2　生活保護制度の評価

生活保護制度の歴史的変遷

　貧困に苦しむ人に政府が現金支給による生活支給を行う制度が生活保護制度であり，1946（昭和21）年に成立した生活保護法がその起点である．戦争後の経済混乱期に施行され，貧困に苦しむ人に最低生活保障を行う制度である．この法律は何度も改定されて現代に至っているが，国民を生活苦から解放してきた制度として役割を果たしてきたと率直に評価しておこう．もとより様々な課題を抱えてきた制度であり，その功罪を評価することがこの節の目的である．その前に生活保護制度の歴史的変遷を簡単にレビューしておこう．これに関しては岩永（2011）を参照した．

1946(昭和21)年の旧生活保護法はGHQ(連合国軍最高司令官総司令部)による指針の下に，厚生省が実質的に法律を作成し，施行されたものである．生活困窮者を民生委員が認定して，そういう人に生活保護基準に達するまでの額を現金支給するものである．ここで重要な概念は生活保護基準である．人びとが最低限の生活を送ることのできる金銭額はこれだけ必要である，という概念であり，これ以下の収入しかない人は貧困者とみなされ，政府が生活保護を発動する基準の額である．もし貧困を生活保護基準以下で定義するなら，貧困線という言葉で代用してもよい．第12章で絶対的貧困や相対的貧困を論じたが，これらも生活保護基準，あるいは貧困線をどう定義して設定するかの考え方を表現したものである．日本においても生活保護基準をどこに設定するのか，戦後から現代まで何度か改定されてきた．

　日本では，生活保護基準はどのような算定方式で決められたのであろうか．図13-1は標準世帯と算定方式の変遷を示したものである．標準世帯とは，その時代における平均的な1家計当たりの家族人数であり，その家計で最低限必要な額を決めるための方式が算定方式である．戦後の5人から4人，3人と標準世帯が減少しているのは，一貫した家族人数の減少を反映したものである．もとより家族人数の増減に際しての算定基準は定められている．現代では単独世帯の増加が顕著なので，単独世帯における生活保護基準の具体的な設定が必要である．単独世帯と複数人数世帯では必要生活費が異なるからである．

　算定方式についての細かいことは専門書に譲るとして，ここではそれぞれに一言だけ解説とコメントを書いておこう．標準生活費方式とは，人が生きるために栄養がどれほど必要かを考慮せず，すなわちそれほど厳格な根拠に立脚せずに，これだけの生活費が最低限必要と算定したものである．マーケット・バスケット方式とは，人間にとって必要な栄養摂取量に準拠して食料費と最低生活必需品の購入額を計算したものである．

　1950(昭和25)年に施行された新生活保護法は生活扶助に加えて，住宅扶助と教育扶助が設定された．前者は住むための家賃補助を目的とし，後者は母子家庭で義務教育においても教育の費用が必要と考えたのである．同時に医療扶助額の増加が目立つ時代となり，岩永(2011)によれば53(昭和28)年になると，生活保護費の中に占める医療扶助額が生活扶助額を超えるようになったことを指

区分	実施年月日	基準額	標準世帯	算定方式
第1回	1946. 3.13	199.8	五人世帯	標準生計費方式
第1次	1946. 4. 1	252		
第2次	1946. 7. 1	303		
第3次	1946.11. 1	456		
第4次	1947. 3. 1	630		
第5次	1947. 7. 1	912		
第6次	1947. 8. 1	1,326		
第7次	1947.11. 1	1,500		
第8次	1948. 8. 1	4,100	標準五人世帯（1歳男、9歳男、64歳男、5歳女、35歳女）	マーケット・バスケット方式
第9次	1948.11. 1	4,535		
第10次	1949. 5. 1	5,200		
第11次	1951. 5. 1	5,826		
第12次	1952. 5. 1	7,200		
第13次	1953. 7. 1	8,000		
第14次	1957. 4. 1	8,850		
第15次	1959. 4. 1	9,346		
第16次	1960. 4. 1	9,621		
第17次	1961. 4. 1	10,344	標準四人世帯（9歳男、35歳男、4歳女、30歳女）	エンゲル方式
第18次	1962. 4. 1	12,213		
第19次	1963. 4. 1	14,289		
第20次	1964. 4. 1	16,147		
第21次	1965. 4. 1	18,084		格差縮小方式
第22次	1966. 4. 1	20,662		
第23次	1967. 4. 1	23,451		
第24次	1968. 4. 11	26,500		
第25次	1969. 4. 1	29,945		
第26次	1970. 4. 1	34,137		
第27次	1971. 4. 1	38,916		
第28次	1972. 4. 1	44,364		
第29次	1973. 4. 1	50,575		
第30次	1974. 4. 1	60,690		
第31次	1975. 4. 1	74,952		
第32次	1976. 4. 1	84,321		
第33次	1977. 4. 1	95,114		
第34次	1978. 4. 1	105,577		
第35次	1979. 4. 1	114,340		
第36次	1980. 4. 1	124,173		
第37次	1981. 4. 1	134,976		
第38次	1982. 4. 1	143,345		
第39次	1983. 4. 1	148,649		
第40次	1984. 4. 1	152,960		水準均衡方式
第41次	1985. 4. 1	157,396		
第42次	1986. 4. 1	126,977	標準三人世帯（33歳男、29歳女）	
第43次	1987. 4. 1	129,136		
第44次	1988. 4. 1	130,944		
第45次	1989. 4. 1	136,444		
第46次	1990. 4. 1	140,674		
第47次	1991. 4. 1	145,457		
第48次	1992. 4. 1	149,966		
第49次	1993. 4. 1	153,265		
第50次	1994. 4. 1	155,717		
第51次	1995. 4. 1	157,274		
第52次	1996. 4. 1	158,375		
第53次	1997. 4. 1	161,859		
第54次	1998. 4. 1	163,316		
第55次	1999. 4. 1	163,806		
第56次	2000. 4. 1	163,970		
第57次	2001. 4. 1	163,970		
第58次	2002. 4. 1	162,490		
第59次	2003. 4. 1	162,170		
第60次	2004. 4. 1	162,170 （据置）		
第61次	2005. 4. 1	162,170 （据置）		
第62次	2006. 4. 1	162,170 （据置）		
第63次	2007. 4. 1	162,170 （据置）		
第64次	2008. 4. 1	162,170 （据置）		
第65次	2009. 4. 1	162,170 （据置）		
第66次	2010. 4. 1	162,170 （据置）		

資料）生活保護制度研究会監修／社会福祉調査会（2009）『保護のてびき 平成21年度版』をもとに、岩永（2011）作成。
出所）岩永（2011）．

図13-1　生活扶助基準額の年次推移

摘している．生活保護受給者と認定されると，受給者の医療費は無料という伝統は現在まで続いており，医療扶助費の巨額化は今でも問題となっていることである．この生活保護受給者の医療費無料策は理想に燃えた素晴らしい政策と思うが，こういう人が関連していわゆる「貧困ビジネス」が横行する時代となっているので，制度の見直しは必要である．

エンゲル方式とは前章で少し言及したが，生活費に占める飲食費の比率をエンゲル係数とした経済学者エンゲルの考え方を導入したものである．このエンゲル係数を基準として生活扶助額を設定したものである．ここまで述べた標準生活費方式，マーケット・バスケット方式，エンゲル方式などは，生活に必要な最低限の費用を算出して生活保護基準としたものなので，絶対的貧困に近い概念と考えてよい．日本では1960年代半ばまでは，絶対的貧困の概念で貧困を理解していたと理解してよい．

格差縮小方式は，絶対的貧困から相対的貧困への関心の移行を示すものと理解してよい．一般低所得世帯と非保護世帯との間の格差を縮小するように生活保護基準を設定するようになったのである．具体的には家計や個人の消費水準の比較を重視した．貧困者を他の世帯における生活水準と比較することで貧困を考えるので，相対的貧困の概念を重視するようになったのである．もっとも実際の生活保護基準の算定に際しては，マーケット・バスケット方式やエンゲル方式を加味していた．水準均衡方式とは，格差縮小方式を名称変更しただけに過ぎないので，これも相対的貧困の概念によるものと理解してよい．

所得か消費か

ここで重要なことを指摘しておこう．日本の貧困は所得を基準としてではなく，消費を基準として定義・測定している点である．一般世帯の消費と貧困世帯の消費の相対格差に注目して，平均的家計消費の何％に満たない家計消費しかない人を最低消費水準にいる人として，貧困ラインと定義しているのが日本での特色なのである．第12章では平均的家計(実際には中位家計)所得の何％に満たない家計所得を貧困ラインとしていることとの対比に気づいてほしい．もとより日本では家計消費を基準にしているとはいえ，実際の貧困線はその家計消費をする人の家計所得はいくらかということを推計して，その所得額を貧

困線としている．換言すれば，消費を基準にして貧困者を認定するが，実際の生活保護基準（あるいは貧困線）はその消費額に対応する所得額であり，生活保護支給額はその人の現実の所得額と生活保護基準における所得額との差額なのである．

　消費で貧困者を認定するのが好ましいのか，あるいは所得で貧困者を認定するのか，一長一短があって容易に優劣は決定できない．消費を基準にすることは，人びとの生活水準はどれほど消費しているかで実感されることなので，貧困は現在の消費が生きていくだけの水準に達していない場合に発生していると理解してよく，貧困を消費額で認定するのは理にかなっている．人びとは所得を消費と貯蓄に配分するのであるから，所得額で認定すると生活水準を評価することに際して貯蓄の役割をどう考えたらよいのか，やや曖昧さが残るので，このことは所得を基準とすることのデメリットとなる．貯蓄は今の消費を犠牲にして次期以降の消費に備えるものだからである．

　もう1つ，消費を基準としてよい根拠は，総家計消費のうち食料品に何割を支出しているかに注目する「エンゲル係数」は，食べていけるだけの食料品消費によって貧困者を定義するのであるから，貧困の基準として消費を用いるのは経済学の理論上から支持される．

　ところが統計資料のこととなると，所得の方が消費よりも信頼性の高い統計が収集されていると言ってよい．消費は各家計の毎日の品種別の細かい消費額を月額や年額に総計する手段をとるので，各家庭の詳細な家計簿が必要となる．これをすべての家計に期待するのは困難なので，家計消費の統計には誤差が避けられない．家計簿の信頼性にやや疑問があるのに対して，家計の所得の方が雇用者に関しては給与明細書や源泉徴収票などを利用できるので，所得の把握の正確性はある．もっとも自営業者に関する所得の把握は困難であり，総じて言えば日本では家計所得の統計の信頼性はそう高いとは言えない．しかし，少なくとも消費統計よりは正確性は高いと思われる．

　このような一長一短はあるが，統計の信頼性に根拠をおいて，貧困者を認定する統計としては消費よりも所得を基準にしたものを用いるのが一般的である．もう1つ敢えて所得を基準として用いている理由を加えれば，人びとが他人の経済的裕福さや貧困さを語るときは，「あの人は所得が高いとか低い」という

言葉を用いることが多いので，所得を基準にすれば直感に訴えることのできる魅力がある．

生活保護制度はどの程度の規模で推移したか

戦後に生活保護制度が創設されてから現在まで，この制度はどの程度の規模で生活苦にいる人に扶助という給付をしてきたのであろうか．前章の図12-1は被保護世帯数，被保護人員，保護率の推移を示したものである．戦後の被保護世帯は70万世帯前後，被保護人員は200万人前後，保護率は2％台という高さであった．戦後の経済大混乱期において貧困者の数が多かったことを如実に物語っている．その後日本経済は高度成長期に入って国民所得が上昇することにより，生活保護の規模はかなりの程度縮小する．これは保護率と被保護人員によって明確である．ただし被保護世帯数はむしろ非常に緩やかに増加しているので，人員数の増加が発生した理由を説明する必要がある．それは1世帯当たりの家族人員が減少したことが大きく影響している．

1975(昭和50)年から85(昭和60)年あたりまではほんの少し規模を増加させるが，その後に保護率，被保護世帯数，被保護人員ともに急激に低下する．それが95(平成7)年あたりまで続いた．この低下を説明する理由は2つある．第1に，1970年代のオイルショックによる不況から日本経済は立ち直って安定成長期に入った．家計所得の増加が見られたので，生活保護を受けねばならない貧困者の数が減少した．第2に，政府と国民の間で生活保護行政が甘い(すなわち貧困者の認定が厳格ではないので必要のない人までに過剰な支給を行っている)という認識が高まったので，生活保護の認定を厳しくする政策がこの時期に導入された．

ところが1995(平成7)年あたりから，生活保護の規模は急激に拡大することになる．保護率，被保護世帯数，被保護人員ともに急上昇の姿を見せている．2014年には被保護者数が220万人前後に達して，戦争直後の数を追い越すという時代となった．1990年代後半のバブル経済が崩壊してから，日本経済は20年とも30年ともいえる低成長という大不況期を続けており，家計所得は増加しないし，時には減少することもあり，それらが大きく響いた．失業者の増加，非正規労働者の増加などもこの上昇に寄与したことは言うまでもない．

さらに加えて背後には，人口の年齢構成変化や家族の変容がある．具体的には，前者は少子・高齢化現象によって高齢者の数が増加したこと，後者は3世代住居が減少して高齢者が1人で住む場合が増加したことと，離婚率の増加によって母子家庭が増加したことがある．既に見たように，高齢単身者や母子家庭は貧困者の中心をなしており，貧困者を多く生む要因となった．貧困者の数が増加すれば，生活保護制度の規模が拡大することは当然である．

貧困者のどれほどが生活保護を受けているか
　法律によると，国民の中で貧困者（具体的には生活保護基準以下の所得しかない人）がいれば，政府が生活保護支給をして貧困者でなくなるようにすることが求められている．ここまでどのようにして生活保護基準が決められてきたかを述べたので，次の関心はどういう方法で貧困者を見つけるかということと，実際にそういう人に支給がなされているのかの検討である．
　当局が貧困者を認定するのは，まず本人からの申請でスタートする．これを生活保護制度における申請主義と呼ぶ．低所得，貧困で苦しんでいる人が，まずは自分の立場を当局に打ち明ける必要がある．もし申請がないと，生活保護の発動はないのである．ここでいくつかの問題が発生する．第1は，貧困者が生活保護制度の存在を知らないことがある．第2に，制度の存在を知っているとしても，政府から経済支援を受けることを恥と感じて，自ら進んで申請しようとしない．これを生活保護におけるスティグマ（恥辱）問題と呼ぶ．
　これら2つの問題への対処策は当然用意されている．貧困者の周りに民生委員やケースワーカーがいて，もし生活苦に陥っている人がいれば，生活保護の申請を勧めるし，恥と感じないような説得を行う．そうであってもいくつか課題は残る．民生委員やケースワーカーの努力の程度にもよるが，貧困者を見つけられずにいることがあるし，たとえ見つけたとしても何とか自力で貧困を克服しようとする人もいて，申請に応じない場合がある．こういう人がどの程度いるのか，後に数字で明らかにする．
　次のハードルは，申請に応じたなら，詳細なミーンズ・テスト（資産調査）が待っている．本人の所得や資産の細かい状況は当然として，家族・親族の経済状況が調査される．既に述べたように二親等（時には三親等）には経済支援義務

があるが，家族・親族が支援を断るケースがかなりあるし，それら親族の資産調査はきわめて不十分であるし，それの困難なことは既に述べた．もっとも肝心な本人の資産調査に関しては，そのための申請書類が繁雑すぎるので，一部の人は面倒がって申請しない人もいる．生活保護支給の財源は国民からの税収を充てるのであるから，国民の納得を得るためにも細かい資産調査は許容される．

むしろ論点になるのは，資産調査によって本人がどういう財を保有しているかとか，もし勤労世代であれば勤労意欲をどれだけ持っているかの判断に関することである．前者に関しては，一昔前であれば一定額の貯蓄を保有していたりクーラーの保有者であれば，さらに子どもが高校に通学しておれば，生活保護支給は認定されなかった．さすがこれらの条件は厳格すぎると緩和されたが，貧困者の経済・生活状態においてどこの水準で生活保護基準を認定するかは大きな問題である．すなわち貧困線をどこに設定するかの課題であるが，万人の納得できる保護基準の設定は容易ではない．少なくとも日本では他の欧米諸国と異なって，公式な貧困線を設定していないので，それをつくるように政府，学界の努力に期待しておきたい．

後者に関しては，働く気のない人への生活保護支給を避けるための措置である．橘木(2011c)によると，経済学の二大思想，すなわち近代経済学とマルク

表13-2 貧困率の推計と

推計者	貧困世帯の定義
和田・木村(1998)	生活保護世帯の平均消費額以下の世帯，最低生活費以下の世帯
小川(2000)	生活保護基準未満の世帯
駒村(2003)	生活・住宅・教育扶助及び各加算の積算額以下の世帯．級地は1級地-1で設定
橘木・浦川(2006)	生活保護基準未満の世帯．級地は3級地-1で設定
Duclos(1995) [イギリス]	補足給付(supplementary benefit)制度の受給要件を満たす世帯
Blank and Ruggles(1996) [アメリカ]	要扶養家族扶助(AFDC)制度，フードスタンプ制度の受給要件を満たす世帯
Riphahn(2001) [ドイツ]	社会扶助制度によって定められる最低生活基準を下回る世帯

出所）橘木・浦川(2006)．

ス経済学にあっては,「働かざる者食うべからず」の考え方が主張されていることでもあり,健康でない人を除いて心身ともに元気であれば,意図的に働く気のない人に生活保護支給を行わないことは許される.経済不況の折,国民すべてに職を与えることはそう容易ではないが,生活保護ではなく働くことによって生活保障を確保する手段を官民あげて用意する必要性は高い.そのための2つの手段は,後に論じる最低賃金のアップ策と,給付付き税額控除策である.

ここで最後に,捕捉率がどの程度あるか,数字で示しておこう.補捉率とは,生活保護基準以下の所得しかない人のうち,何％の人が実際に生活保護支給を受けているかの比率である.これに関してはいくつかの推計結果がある.表13-2はそれを示したものである.参考のために欧米諸国の推計結果も同時に掲載している.

日本に関しては,捕捉率が10％前後から20％前後の低率に抑制されていることが分かり,所得が生活保護基準以下しかない貧困者であっても,実際には1割から2割の人しか生活保護支給を受けていないのである.これを逆の立場から評価すると,本来ならば生活保護支給を受けてもよい人のうち,それを受けていない人が8割から9割も存在しているのである.

欧米諸国の捕捉率と比較すると,イギリスでは80％と高い値であり,ほとんどの貧困者が生活保護を受けているし,アメリカも60％を超えており過半

生活保護制度の捕捉率

用いた資料	貧困率(％)	補足率(％)
国民生活基礎調査(個票)	16.3～15.1(1988～93)	10.0～9.0(1988～93)
国民生活基礎調査(個票)	14.3(1995)	9.8(1995)
全国消費実態調査(個票)	7.7(1999)	18.5(1999)
所得再分配調査(個票)	7.5～10.8(1995～2001)	19.7～16.3(1995～2001)
Family Expenditure Survey (FES)	/	80(1985)
Survey of Income and Program Participation(SIPP)	/	60～67(1986～89)
German Income and Expenditure Survey(EVS)	3.3(1993)	37(1993)

数が受給している。もっとも捕捉率の低いドイツでも37%であり、日本よりも2倍ほど高い比率で政府から経済支援を受けている。日本の生活保護制度が貧困者をうまく認定せずに、きわめて不十分にしか支給を行っていないことが分かる。なぜこれほどまでに低い捕捉率であるか、これまで述べた様々な理由の複合効果の結果である。捕捉率の低さから評価する限り、日本の生活保護制度は貧困者の認定と救済にほとんど役立っていない、と言えそうである。では好ましい政策はあるのかどうか、それについては後に詳しく検討する。

生活保護制度の総合評価

捕捉率の低いことが、生活保護制度がうまく機能しているかどうかを判断する1つの基準であるが、他にも基準が考えられる。例えば、第1に、生活保護基準以上の所得を得ている世帯なり人(すなわち非貧困層)にも、生活保護支給を実行していれば、これは制度を前提とする限り、不必要な支給なので制度はうまく運営されていないと解釈できる。例えば非社会的な勢力への支給、所得は実際にあるのにそれを隠蔽して、生活保護支給以下の所得しかないと申告する世帯や人への支給、など枚挙にいとまはない。これは世の中でいう不正受給であり、いつの時代でも大きな社会問題として議論されていることである。

第2に、これはさほど議論にならないことであるが、生活保護基準に満たない所得しかない世帯なり人がいて、その人は保護支給を受ける資格はあるが、実際に支給されているとしても、受給額が生活保護基準を上回ることがある。これは過剰受給と称してよいもので、必要額あるいは法定基準額以上の支給をしているのであるから、制度がうまく機能していない例となる。

ここまで述べてきた生活保護制度がうまく機能していない3つの例、(1)捕捉が見過ごされている(すなわち生活保護基準以下の所得しかない世帯が受給していない)、過少支給、(2)本来ならば受給資格のない世帯(すなわち生活保護基準以上の所得のある人)への不正受給、(3)受給資格のある世帯への過剰受給、がどれほどの規模であるか関心が持たれるので、次で示しておこう。

図13-2がこれをどのように計算したかを示すものである。横軸Fはその国の所得分布を低所得の世帯から高所得の世帯に順序付けして、それらの人が全世帯の中で何%いるかを示したものである。横軸上で貧困率と書いた点は、

その国で何％の人が貧困であるかを示したものである．縦軸Yは所得額である．Zはその国の貧困線（あるいは生活保護基準）の所得であり，Y_{min}はその国で最低の所得を得ている世帯の所得である．実線は横軸の各点における比率の世帯が得る所得総額，破線は生活保護制度の受給がなされた後の各比率による所得額である．Break-even Point はその国で生活保護支給額がゼロとなる点である．

点線ZMと実線の距離が各比率における貧困額であり，三角形ZMY_{min}の面積がこの国における総貧困額となる．生活保護受給が発動されてからの各比率の世帯の所得額が破線なので，面積Aは生活保護制度によって削除した貧困の総額である．面積Dは逆に生活保護制度の発動があってもまだ貧困として計上される総額となる．Aの$(A+D)$に対する比率は貧困削除に成功した割合を示し，これは水平的効率性と称される．一方Dの$(A+D)$に対する比率は成功していない割合となる．したがって，前者は捕捉率で示された生活保護受給者の受給額比率，後者は非補捉率で示された本来ならば生活保護を受給してよ

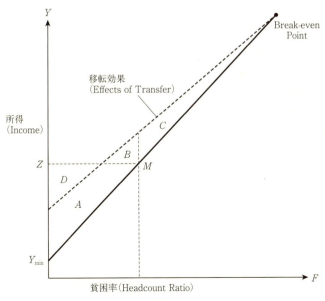

出所）Atkinson(1995), p. 227.

図 13-2 生活保護制度の効率性の計測

いが受給されていない額の比率である.

　面積 B は，(3) 過剰受給額に相当し，面積 C は，(2) 不正受給額に相当することは，言を要しないであろう．生活保護制度の貧困削除に関する効率性，すなわち生活保護支給額に無駄な支給があるかを考慮したうえで，貧困者の生活苦を緩和するのに役立つ割合は，A の $(A+B+C)$ に対する比率で示されるし，すなわち無駄な支給があるかまでを考慮せずに，貧困者の生活苦を緩和するのに役立つ割合は，A の $(A+D)$ に対する比率で示されることが，Beckerman (1979a, b) と Atkinson (1995) で主張されている．

　厚生労働省のデータ『所得再分配調査』の個票を用いて，これら 2 つの効率性を推計してみよう．出所は橘木・浦川(2006)である．このデータには，生活保護支給を受けているか，受けているのならどれだけの受給額かという情報が含まれているので，各家計の所得額を考慮したうえで計算が可能である．貧困の定義は，OECD で用いられている相対的貧困，すなわち中位所得の 50% 以下の家計所得しかない人を貧困者として扱う．

　図 13-3 の上は水平的効率性，下は削減の効率性を示したものである．水平的効率性は，1992(平成 4)年から 98(平成 10)年までは全世帯で 6.1〜9.0% という非常に低い値であり，日本の生活保護制度は基本的に貧困の削減に役立っていない．2001(平成 13)年になると 13.2% と少し上昇したので，役立つ程度は少し増したが，それでも 20% 以下の水準なので，生活保護制度は貧困撲滅にほとんど寄与していない，と結論づけてよい．なお標本を高齢者世帯に限定すると，全世帯よりも 2.6〜3.7% ポイント高くなっているので，生活保護制度は高齢者世帯に関しては貧困削減にやや貢献しているが，基本的には全世帯と同じく役立っていない．

　なぜこのように日本の生活保護制度が貧困削減に役立っていないのかと言えば，既に見たことであるが非常に低い捕捉率で代表されるように，本来ならば生活保護を受けてしかるべき世帯の大多数が，いくつか述べた具体的な理由でもって受給していないからである．なお，当局に捕捉されて給付を受けている場合であっても，一部にその受給額が少なく到底貧困を脱却できる所得にまで達していない家計もいるが，これらの世帯は数として少なく，低い捕捉率が最大の要因である．

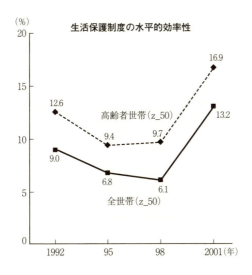

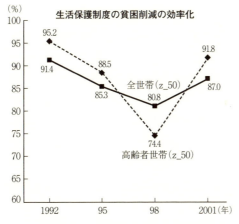

注）貧困ライン＝等価可処分所得の中央値の50％．
出所）表13-2に同じ．

図 13-3 生活保護制度の水平的効率性

次の関心は貧困削減の効率性であるが，図13-3の下によると数字は一貫して80％を超しており，制度の効率性はかなり高いと評価してよい．具体的にどのようなことを示しているかと言えば，貧困と認識された家計への過剰支給がほとんどないこと，すなわち貧困線以上の支給をしていないことを意味して

いる．さらに，受給される必要のない非貧困層に対する支給もほとんどないことを示しているのである．これらは世の中で話題となる不正受給の程度が非常に少なく，生活保護制度はかなり適切に運営されていることを示唆している．

　この統計資料は政府によるものなので，不正受給をしている家計は政府の調査に応じないことがあるかもしれない，という事情を考慮する必要はある．とはいえ世間やマスコミで大きく取り上げられる不正受給は，反社会的勢力などの受給者が話題となるので大きな関心を呼んでいるが，全国民を対象とした場合には，過剰支給や不正受給は多少の例はあるがそれほどの規模ではないのである．むしろ大きな問題は水平的効率性が非常に低いこと，すなわち本来ならば生活保護を受けてよい家計が実際にはそれを受けていない，ということにある．

3　貧困者をなくすための政策

公的年金制度の充実こそが高齢者の貧困をなくす策

　生活保護制度が貧困者の削減に寄与していないことが分かったが，他の制度の寄与について注目してみよう．高齢者の貧困が深刻であることは既に強調したが，高齢者の所得源泉に関しては，公的年金の占める比率が 80% を超していることに鑑み，公的年金制度が高齢者の貧困を削減するのにどれほど役立っているかがここでの関心である．

　具体的にどのような方法を用いてこれを検証するのか，述べておこう．ここでは公的年金受給額を生活保護受給額と同次元にあるとみなす．すなわち可処分所得額から公的年金受給額を差し引いた額 (すなわち公的年金制度が存在しないと想定したときの所得) を基準として，公的年金受給額が貧困の削減にどれほど役立っているのか，前の図と同様に水平的効率性と貧困削減の効率性を計算することによって判定できる．図 13-4 はその結果を示したものである．

　図から得られる印象的なことは，全世帯を標本とすると，公的年金制度の水平的効率性は一貫して上昇傾向にあるし，水準自体も 60〜70% 台の高さであることから，公的年金制度は生活保護制度と大きく異なって，貧困の削減に大きく貢献していることが分かる．さらに強調したいことは，標本を高齢者に限

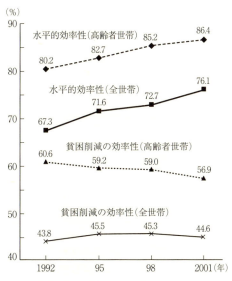

注）貧困ライン＝等価可処分所得の中央値の50%．
出所）表13-2に同じ．

図 13-4　公的年金給付の貧困削減に関する効率性

定すると水平的効率性は80%台に上昇し，公的年金制度が高齢者の貧困削減に貢献する程度がさらに高まっている．もし公的年金制度が現在以上に充実すると，高齢者の貧困はゼロに近くなるかもしれないことを暗示していると理解できる．

　ここで重要な政策提言が登場する．深刻な高齢者の貧困問題を解決するには，生活保護制度に頼るのではなく，公的年金制度に頼る策が好ましい．3つの有力な根拠がある．第1は，本研究で分かったことであるが，公的年金制度そのものが高齢者の貧困を未然に防いでいるので，一層の公的年金制度の充実策は高齢者の貧困を排除するのにきわめて有効である．ただし，これはこれから引退する現役の労働者に保険料を十分支払ってもらってからのことなので，既に引退している高齢者の貧困対策としては，遺族年金制度の充実とか，生活保護制度の充実という，一時的な政策で対応するしかない．そのためには消費税率を上げて財源を調達するしかない．

　第2の根拠は財源に関することである．生活保護支給のための財源は貧困者

でない国民の拠出する税であるのに対して，公的年金の給付は税収も充てられているが，保険料収入が主である．年金制度には現役時代に拠出した保険料を労働引退後に年金として還元する性質があるので，自己の拠出したものを引退後に受け取るという姿である．生活保護制度には不正受給などがあるので，納税者の関心は高いことから，納税の拒否すらありうる．

　第3の根拠は，生活保護制度は誰が真の貧困者なのか，すなわち誰が有資格者かを認定するのに手間，費用，人員が相当かかるが，公的年金制度は保険料拠出の記録がある限り，受給の決定に手間，費用，人員などははるかに小さくて済む．もっとも，10年程前に保険料拠出に記録上のミスが多く見つかって，社会的に大問題になったことがあった．第2と第3の点をまとめれば，生活保護制度を公平に運営するにはあまりにも複雑で，実行に費用がかかるが，公的年金制度の運営は自分の拠出額を引退後に回収するという性質から，単純明快なうえに費用はそうかからない．

　最後に，図13-4に示された公的年金制度の貧困削減の効率性についてコメントしておこう．全世帯と高齢者の双方において，この効率性は40～50％台の低さである．特に生活保護制度にあってはこの効率性が80～90％台の高さだったのと比較するとかなり低い数値なので，公的年金制度は貧困削減の効率性がかなり悪いと，一見すると思われそうである．すなわち，過剰支給や不正受給があるのではないかと思う向きがあるかもしれない．

　しかしこのことは何も心配することではない．貧困層に対して貧困ラインを超えた額の公的年金が支給されていることは決して過剰支給ではないし，非貧困層に対して公的年金が支給されていることは，決して不正受給ではないからである．これは生活保護制度と公的年金制度の財政運営と支給額の決定方法の違いに注目すれば明らかである．公的年金の支給額は勤労時に拠出した保険料の額に比例するし，生活保護基準（すなわち貧困ライン）とは無関係に決定されるものだからである．以上をまとめれば，生活保護基準（貧困ライン）以上の額を公的年金受給者が受けていることは何も問題がなく，むしろ貧困ライン以上の生活を送れることは望ましいことなのである．

　最後に，ここで示した生活保護制度や公的年金制度に関する計算結果は，残念ながら10年以上前のものである．現代ではどのようなことになっているか

を知りたいところではあるが，次の2つの事情から断念している．1つは，制度の変革がその後ないので，数字の意義は今でも通用すると考えられる．2つは，ここでの計算には，個票データが必要なことと，複雑な計算を必要とするので，そう簡単に実行できないのである．

最低賃金制度の充実

高齢貧困者をなくすには公的年金制度の充実策がもっとも効果的と主張したが，次は引退前の勤労世代の貧困である．ワーキングプアと称されて，働く世代でありながら貧困で苦しむ層が増加しているのが現状である．働く場所のない失業者に関しては，これらの人に仕事が与えられて働くことによって，賃金・所得を得られるようにすることが肝要である．雇用を増加して失業者の数を減少させる政策については，失業の解明をも含めて経済学の長い歴史があり，そのことをここで論じることは本書の範囲を超えているので，失業者の削減策についてはここでは触れない．例えば橘木(2002b)，橘木・高畑(2012)を参照されたい．

むしろ働く世代の貧困，ないしワーキングプアをなくすための政策として，最低賃金制度の充実策がきわめて有効であることを強調したい．たとえ働く機会のある労働者であっても，働いても低い賃金しか得られない場合が多く，これは低賃金が原因による貧困である．1つの明らかな証拠を示せば，日本では1か月の生活保護支給額が，最低賃金額を受けながら1か月フルタイムで働いた人の総賃金額より高い，という事実があった(これに関しては橘木1998, 2006参照)．一般に生活保護は働いていない人が受給することが多いのであるが，働く人の所得の方が働かない人の所得より低いというのは，働く人の勤労意欲を阻害することになる．さらに，生活保護基準(貧困ライン)は政府が定めた日本人の最低生活水準を意味しているのであるから，最低賃金額で働く人の賃金総額は貧困ライン以下となり，最低賃金制度は貧困を強いていると言えなくもない．しかしこの逆転現象は2014(平成26)年にようやく消滅した．

もとより最近になって逆転現象はなくなったが，その上昇した最低賃金額であっても，生活できない額であることは衆目の一致する点である．そこで最低賃金額はもっと上げねばならないのである．

ところで，最低賃金額を引き上げる案は，企業経営者から強硬な反対論があり，経営側，労働側，中立者の三者からなる最低賃金制度審議会は，経営側の意向が強く作用して，最低賃金を低く抑えてきた歴史がある．しかし民主党政権になってから最低賃金は一昔前と比較すればかなり上げられており，1時間当たり800円前後の額になっている．この額でもイギリスやフランスの1100～1200円の額と比較すればまだかなり低い．でも市場原理に任せる国の代表であるアメリカ並みの水準には達している．実は日本では民主党が当初主張した1000円あるいは望ましくは1200円程度まで上げる必要があるが，不況と低経済成長の折，経営者はなかなか上昇に応じようとしない．

 どういう理由により経営者は最低賃金額のアップに応じないのであろうか．第1に，労働費用が高くなるので企業経営が苦しくなり，倒産してもよいのか，という声の大合唱がある．特に中小企業の経営者にこの声は強い．第2に，賃金が上昇すれば労働費用が増大することとなり，現在の雇用者を解雇せねばならなくなったり，新しい雇用者を新規に雇用できなくなるので，世の中に失業者が増加してよいのか，という声もある．第3に，最低賃金に近い低い賃金で働く人には，既婚女性のパートタイマーや若者が多いのが事実であるが，こういう人には家庭で背後に夫や親がいるので，夫や親の所得で経済支援があるから別に経済的に苦労していない．やや誇張すれば，「所詮は小遣い稼ぎで働く既婚女性や若者なので，賃金は低く抑えられてよい」という声もある．

 最低賃金制度の存在や最低賃金額のアップが雇用や失業にどういう効果を与えるか，詳しい議論は橘木・高畑(2012)に譲り，ここではその要約だけを述べておこう．最低賃金が企業経営や雇用・失業に与える効果の経済学的分析は欧米において無数にあるが，日本ではやっと関心が高まったに過ぎないこともあって，分析の数が少ない．しかもデータ，特に個票を政府が公表しないので，分析に制約があるというのも日本での特徴である．

 欧米の研究結果を簡潔に要約すれば，多数派の研究は企業経営や雇用・失業にマイナスの影響があると主張し，少数派の研究はマイナス効果はないか，あるいはゼロであると主張している．ごく普通の財市場と労働市場を前提とすれば，最低賃金額は労働の需要と供給に影響を与えて，雇用数を減少させるのであり，これが企業倒産に至ることのあることは予想できる．この帰結が成立し

ないのは，労働市場に企業が1社しか存在せず(それを需要独占：monopsony と呼ぶ)，すなわち雇用主が1社しかない場合には，最低賃金は雇用を上昇させることが分かっている．この事実に注目して実証研究をアメリカで行ったのが Card and Krueger(1995)で，ファースト・フード・レストランに注目して，そこの従業員の最低賃金のアップが雇用を削減しているかどうかを厳密に調査すると，必ずしも雇用量を減少させていない事実を得たのである．この市場が需要独占にある可能性を示唆したのである．

この研究を契機としてアメリカでは学者，マスコミ，政治家を巻き込んで一大論争に発展し，最低賃金に関することが政策上の大きな論点になったのである．特にカードとクルーガーの発見は，常識すなわち最低賃金は雇用量を削減するに違いないという常識に反旗を翻したので，大論争の発端となったのである．日本においては常識がまだ信じられているし，研究論文の数も少ないので，最低賃金の効果についてはよく分かっていないと結論づけられる．参考のためにいくつかの例を引用しておくと，橘木・浦川(2006)は雇用の削減につながっていないとする一方で，有賀健(2007)，Kawaguchi and Yamada(2007)などは若年層や低賃金労働者の雇用削減につながっている，と主張している．

日本においても欧米と同様に，最低賃金は企業経営や雇用・失業の問題に関して否定的な効果を主張する研究が多数派であり，その効果がないと主張する研究は少数派である．とはいえ，既に述べたように日本の分析例は非常に少なく，まだ研究は始まったばかりである．分析を蓄積することによって，日本での現状はどうであるかが分かるようにしたい．それと政策当局への希望であるが，最低賃金や雇用に関するデータをまだ一般に公表せず，自分たちだけが使用している感がある．データをもっと公開して，最低賃金の経済分析を多くの研究者が行えるようにしてもらいたい．

非効率企業の退場を

働いても賃金の低いことによって貧困に苦しむ人をなくすには，働くことによって得られる賃金を上げることがもっとも分かりやすい政策である．法定による最低賃金の額を生活保護基準(貧困ライン)以上に上げれば，低賃金の労働者の賃金が上がるので，貧困者の数が減少することは明らかである．そこで最

低賃金を上げる策が求められているが，既に述べたように経営者の抵抗によってなかなか上げられるような状況ではない．

そこで本書では発想の転換をすることを主張したい．経済学研究の多くが認めるように，最低賃金制度の存在やその額のアップ策は，多分雇用の削減につながるであろう．さらに労働費用の増加によって企業が倒産に至ることもあるだろう．それらのことも認めたうえで，企業の倒産をなぜ防がなければならないのだろうか，ということを考えてみよう．むしろこういう非効率性の高い企業は倒産（倒産という言葉を国民なり企業経営者が好まないのであれば，市場からの退場，あるいは自らの休業・閉鎖という言葉を用いよう）してもらった方がよいのではないだろうか．労働者に食べていくだけの賃金を払えない企業はそもそも効率性の低い企業なのであろうから，そういう企業を社会で温存しておく必要はない，という考え方に従い，むしろ効率性の高い企業に新規参入してもらって高い賃金を出してもらうことに期待する策が好ましいとも言える．

これは企業淘汰を促進するような，一見「新自由主義」ないし「市場原理主義」に忠実な経済思想に思えたので，筆者はこの説を主張することにためらいがあった．企業の退出・参入を促すことになるので，アメリカのような市場原理主義による産業政策に近いし，そもそも企業の倒産・退出を容認するのは残酷なことであるとの反発が強いだろう，という恐れを抱いていた．日本の最低賃金制度審議会における審議過程の文書を調べると，企業を倒産させてはならない，という論調が強かったことから，これは残酷なことを排除する雰囲気が日本にはある，ということを物語っているのである．こういう国であれば，なおさら企業の退出を促すような主張はできないと思っていた．

しかし世界の社会保障の歴史を研究しているときに，イギリスのフェビアン社会主義の代表者であったウェッブ夫妻が，19世紀後半から20世紀の初頭にかけて，最低賃金額を上げるには，非効率な企業に退出してもらって効率性の高い企業の新規参入を図ることが勧められる，と主張していることに気がついた．そういう企業に新しく参入してもらえば支払い能力が高いので，最低賃金額以上の賃金を労働者に支払うことができるし，政府による最低賃金のアップにも応じることが可能だからである．ウェッブ夫妻の経済思想に関しては橘木(2010b, 2012b)を参照されたい．筆者は社会主義の信奉者ではない．社会主義の

思想にも様々なものがあるが，少なくともウェッブ夫妻流の社会主義思想は筆者と同じであることを知り，救われた気持ちである．しかし，現代の社会主義思想は，おそらく雇用を確保するために，効率性の低い企業の倒産・退出を認めず，それを保護する政策を支持するであろう．

もう1つの例を挙げれば，1960年代から70年代の北欧諸国にあっては，企業の新陳代謝，すなわち頻繁な退出と参入が必要であることが容認されていたことがある．これに関しては，例えば丸尾(1992)を参照されたい．企業が新陳代謝することによって，新技術の導入や新しい生産方法への取り組みがなされ，企業の生産性が向上する可能性が高まるのである．翁他(2012)によると北欧諸国ではこの伝統は現代でも続いているようで，企業は労働者に高い賃金を支払う余地を保持しているのである．

さらに労働者側にも企業を移るということに抵抗感のないことも，企業の新陳代謝の発生を側面から助けたのである．そして政府はこういう企業を移る労働者には積極的に職業訓練を施して，技能の引き上げに貢献することに熱心であり，新しい企業が未熟練の労働者ばかりということを避けることに協力したのである．

効率性の低い企業は市場から退出してもらい，効率性の高い企業に新規参入してもらうことが，その国の経済を強くするのみならず，最低賃金のアップ策につながる，という一石二鳥の好効果に期待できるのではないか，というのがここでの提言である．

給付付き税額控除策

別の発想から，貧困者をなくす政策が最近になって主張されることとなった．それは給付付き税額控除策と呼ばれるもので，起源をたどれば負の所得税の発想である．負の所得税は経済学者のミルトン・フリードマン夫妻(Friedman and Friedman 1962)が主張した租税制度であり，イギリスやアメリカといったアングロ・サクソン諸国で人気があるし，この制度は既に英米やカナダで導入されている．

貧困者，あるいは低所得者の所得を上げる政策として，伝統的には次の2つの大きな流れがあった．第1は，日本の生活保護制度で代表されるように，税

収を財源にして現金給付や，アメリカのフードスタンプで代表されるように現物支給をする方法である．第2は，年金，医療，介護，失業などの社会保険制度によって，社会保険給付を行う方法である．

第1の方法に関しては，生活保護支給にまつわる様々な問題，例えば不正受給や働くことができるのに働かない人の存在などが避けられず，生活保護制度への批判が強くなった．第2の方法は，社会保険制度が充実すると，社会保険料や税拠出が高くなることによって労働者に勤労意欲や企業の設備投資意欲を阻害するので，経済活性化にマイナス効果が生じるとして，福祉の充実そのものへの懐疑論が強まった．

そこでこれらの諸問題から逃れられることができる制度として，給付付き税額控除策が台頭することとなったのである．負の所得税とは，低所得者が食べていけない所得しかないのであれば，政府が税を還元（すなわち給付に等しい）してその人びとの所得を上げる政策を意味するが，ここでは働くということが条件になっていることが，給付付き税額控除の特色である．もし働いたとしても生活できる水準の所得がないのであれば，生活できる水準までに所得を上げることができるように，政府が税を戻すのである．働いても生活の苦しい状況を排除するための制度といってよく，生活保護制度のように働かなくとも政府から給付を受けるといった方策と比較すると，働くということが条件になるので納税者や国民の納得を得られやすいのである．

日本においてはこの給付付き税額控除策は，消費税率を8％に上げる政策を実行したときに，逆進性が生じることを排除するための制度として議論されたが，もともとは貧困という低所得者の所得を上げるための政策として考案され，そしていくつかの国で実施された制度である．その目的は政府から低所得者に税を還元することにあるが，勤労が条件になっているのでそういう人が勤労所得税を払ったときに，課税後所得の低くなり過ぎたことを是正して税を戻すのが給付付き税額控除である．日本では消費税を払う人の間には，高齢者のように働くことのできない世代の人にも給付付き税額控除を適用する案が議論されたことがある．本来の給付付き税額控除は働くことのできる世代に関しては，働くというのが条件になっているのであるから，制度の適用の主旨が異なることになる．すなわち，働く世代の人だけに給付付き税額控除等を適用するのか，

それとも働く世代の人のみならず働くことのできない高齢者にも適用するのか，やや曖昧な点がある．とはいえ，双方ともに低所得が理由となって生活できない人に，政府が税を戻すという目的には合致しているので，給付付き税額控除策は貧困排除という策の1つと考えてよい．

ベーシックインカムの経済思想

ベーシックインカムの考え方は，国民の中から貧困者を排除するための政策とみなしてよい．給付付き税額控除策は基本は働くことが前提となっているが，ベーシックインカムは必ずしも働くことを条件にせず，シティズンシップ（市民権）さえあれば国民一人ひとりに，無条件に一定額の現金を支給する策である．もう1つ重要なことは，その人が富裕者か，貧困者か，無収入者かを問わず，すべての国民に一定額を支給する制度であるし，その支給額の使途内容についても条件を付けない，という特色を有している．

所得のない人や所得の低い人で食べていくことに困難な人に対して，政府が何らかの所得保障を施す策は，ヨーロッパでは救貧法などの古い歴史を有しているが，ベーシックインカムは必ずしも貧困者の救済だけを目的とせず，すべての国民に最小限度の生活費を支給するということに思想の新鮮さがある．この思想を最初に具体的に述べたのは，古典派経済学者の最後の大物であるジョン・スチュアート・ミルである．彼の『経済学原理』(1848年の第2版)の中にその叙述がある．ミルは働くか働かないかを条件とせず，ということを念頭においていたので，現代のベーシックインカム思想はミルに起源があるとみなしてよいのである．

ベーシックインカムの思想を社会保障の視点から擁護したのは，T. H. マーシャル (Marshall 1981) という社会政策の役割を現代の視点に立脚して正当化した人である．彼は，人間の保持する3つの権利，すなわち自由権，政治権，社会権のうち，社会権とはすべてのシティズンシップを保有する人は，生きる権利を有するとみなして，そのために最低限の生活保障が与えられるべきと考えたのである．その手段として市民の一人ひとりに，生きるに必要な現金給付が支給されるべきとなり，ベーシックインカムを人間の権利として理解することの必要性をマーシャルは主張したのであった．

J. S. ミルと T. H. マーシャル，そして M. フリードマンによる負の所得税構想によって理論武装されたベーシックインカムを現実に支給するという段階になると，様々な課題の生じることは明白である．例えば，厖大な支給額の財源をどのように調達するのか，働いていない人への支給は働いている人からすると不公平ではないか，働いている人に負担を求めるのであるから，現に働いている人が労働時間を削減したり勤労意欲を失うかもしれず，これらは経済を弱くする効果がある．これらの課題を克服することは容易なことではなく，ベーシックインカムの構想はまだどこの国でも本格的に導入されたことはない．スイスでは国民投票によって導入は否定された．2015 年にフィンランドが導入の検討を始めるとした．
　しかし，例外がないわけではない．それはなんと日本である．2009（平成 21）年の自民党政権時代に，「定額給付金」として住民台帳に記録されている人と外国人登録をしている一人ひとりに 1 万 2000 円（65 歳以上と 18 歳以下の人は 2 万円）を支給したことがある．貧困救済のためとすればはるかに額は少ないので，とてもベーシックインカムとは言えないが，働いているかいないかにかかわりなく国民の全員に支給されたので，その精神はかなりの程度生かされていると理解できる．なお日本の「定額給付金」制度は，国民の生活苦を和らげるというのが主目的であったが，景気対策という目的をも有していた点に特色があった．
　繰り返すがベーシックインカムはまだ万人を納得させるところまで至っていないので，どの国でも本格的に導入されたことがない．とても興味深いことは，このベーシックインカムの経済思想を支持する層は，政治勢力として左右両派，しかもやや極端な左右勢力の政治思想を信じている人びとであり，思想的な中間層からの支持はほとんどないことにある．
　左翼あるいはハト派が支持する理由は，平等思想を信じることと弱者救済を目的とすることから，生活苦の人びとへの所得給付を認めるのである．右翼あるいはタカ派の支持する理由は，生活保護制度や種々の社会保障制度には制度の運営上であまりにも問題が多いので，それらの制度に依存して貧困救済をするよりも，それらの制度による給付を止めて一定額（それもかなり低い額）をそれらの人に支給して，貧困者を助ける姿勢を示して，その額で足りない分は自分

で働いて稼げ，という魂胆がある．中間層が賛成しない理由は，先に筆者が列挙したベーシックインカムの欠点(財源調達や不公平感，経済へのマイナス効果など)を重視するからである．

そこで筆者はベーシックインカムの理想的な考え方，すなわち国民から貧困者をなくすため，1つの案を提出した(橘木2015c)．それは，働くことのできない世代にだけベーシックインカムを支給するものである．すなわち，子どもと65歳以上の高齢者に一定額の給付を行うという案である．具体的には，「子ども手当」あるいは「児童手当」の額をそれらの人が食べていける額(額の計算はしていない)，そして高齢者には基礎年金額を1組の夫婦当たり月額17万円，1人であれば月額9万円を支給するものである．これらの制度は，ベーシックインカムの一部を導入したものと理解できるのではないだろうか．

まとめ

日本での貧困対策は「家族で助け合う」という精神がこれまでは強かったので，国家が乗り出してくることへの期待は小さかった．とはいえ，どうしても貧困から抜け出せない人には生活保護制度が用意されてきたが，この制度は様々な課題を背負ってきたことは事実であった．

この生活保護制度に替わるものとして，社会保険制度の充実，最低賃金額のかなりのアップ，などを主張した．社会保障制度の充実のためには消費税率のアップが避けられないが，消費税制の持つ逆進性対策として複数税率(すなわち軽減税率)の導入や，給付付き税額控除策を論じた．最後に，ベーシックインカムの考え方を紹介して，その導入の是非を日本に即して考えてみた．

あとがき

　新聞の経済記事で目にとまるのは，景気動向，株価，為替レート，財政赤字といった文字が多く，いわばマクロ経済，金融，貿易といった話題が中心である．それと同時に企業の収益といったことにも関心が高い．経済学の世界においても，これらに関係する課題を扱う分野に人気がある．本書で扱った家計の経済学はまだ本流の中にいない．どこで研究・教育されていたかと言えば，女子大学に多い家政学部(現代では名前を変えて生活科学部とよばれることが多い)で家計経済の切り盛り策，という姿であった．

　本書『家計の経済学』は家計経済の切り盛り策をも扱っているが，もう少しマクロ経済との関係にも注意を払うように心掛けた．その根拠の1つは，一国のマクロ経済における総需要の項目のうち，もっとも大きなウェイトを占めるのは，60～70％とされる家計消費なので，景気や成長のことを論じるときには家計消費の動向が鍵を握るからである．そうすると消費と貯蓄は重要な課題となる．

　家計消費は家計がどれだけ所得を得るかに大きく依存するので，人びとはどこでどれだけ働いて，どれだけ稼ぐのかが重要なテーマとなる．したがって家計では誰がどれだけ働くのか，というのは重要な課題となるし，労働者の質(例えば教育で代表される)というのも関心の対象となる．そこで本書はこれらのことを大きく議論したのである．

　以上のことをやや誇張して述べれば，家計の経済学を経済学の中でもう少しメジャーな課目にしたい，という大それた目的が本書には込められている．本書は研究書なので経済学を学ぶ学生や一般の方には少し専門的すぎるかもしれないが，経済学の知識のない方にも読めるようにやさしい記述をしたつもりはある．それが成功しているかどうかは読者に判断を仰ぎたい．

　思い起こせば本書の執筆を始めたのはもう10年前にさかのぼる．岩波書店の髙橋弘さんと合意してから，延々と時間の経過があった．橘木による家計の経済学という集大成の執筆に意気込んだが，次の事情によってそれが延び延び

になった．

　1つは，本書の執筆中にいろいろな関連する新しいテーマを思いついて，それをどのように処理したらいいのか，文献の探索と研究実施に相当な時間を費やした．

　2つ目は，家計のことを分析するには，現代のことだけ論述するだけでは不十分で，明治時代から今日までの歴史の進展を知っておいてこそ，現代の家計を正当に評価できると気づいた．歴史学の勉強に時間がかかったし，周辺分野の哲学，法学，社会学などの習得にも時間を要した．

　3つ目は，まがりなりにも350頁にもわたる研究書の執筆を終えて，初稿を髙橋弘さんに送ると，彼の専門である経済史からのは当然として，本書の内容に関して詳細なコメントが送られてきた．この有益なコメントに対応して改訂するのにまた長時間を要した．

　4つ目は，私がこの10年間に様々な課題の書物や論文の執筆に取り組んだので，四六時中この本の執筆に励めなかった．

　以上は言い訳に過ぎないのであるが，とにもかくにも10年ほど日数をかけて本書は完成した．本書は基本的には書き下ろしであるが，筆者の研究の集大成なので，かなり以前の過去に発表した書物，論文の一部を引用した部分がある．ごく最近のものでは拙著『日本人と経済』（東洋経済新報社，2015年）の第1章と第4章の一部を引用した．収録を許可してくださった東洋経済新報社に感謝する．

　各章の原稿を完成させるには先生方，友人，共同研究者，ゼミ生などの無数の人のコメントが反映されているが，ここでは氏名の脱漏があるといけないので，敢えてその氏名は控えさせていただいた．でもそれこそ初稿が真黒になるほど鉛筆でコメントを書いてくれた髙橋弘さんには，特筆して深甚の謝意を表したい．本書の質と読みやすさが良好と判断されることがあれば，それは一重に髙橋さんのおかげである．とはいえ本書にもし誤りが残っておれば筆者の責任であるし，主張に関しても同様である．

橘木俊詔

参考文献

麻生良文(2006)「公的年金の世代間格差」貝塚・財務省編著(2006)，第2章，37-62頁.
阿藤誠(2000)『現代人口学——少子高齢社会の基礎知識』日本評論社.
阿藤誠(2011)「超少子化の背景と政策対応」阿藤誠・西岡八郎・津谷典子・福田亘孝編『少子化時代の家族変容——パートナーシップと出生行動』東京大学出版会，序章，1-18頁.
阿部修人(2011)『家計消費の経済分析』岩波書店.
安部由起子(2006)「夫婦の学歴と妻の就業——家計所得への影響」小塩・田近・府川編(2006)，第9章，211-236頁.
安部由起子・大石亜希子(2006)「妻の所得が世帯所得に及ぼす影響」小塩・田近・府川編(2006)，第8章，185-210頁.
網野善彦(1998)『東と西の語る日本の歴史』講談社学術文庫.
安良城盛昭(1959)『幕藩体制社会の成立と構造』御茶の水書房.
有賀喜左衛門(1965)『日本の家族』至文堂.
有賀健(2007)「新規高卒者の労働市場」林文夫編『経済停滞の原因と制度』勁草書房，第8章，227-263頁.
安藤由美(2004)「老親介護の構造——介護者としての子の視点から」渡辺秀樹・稲葉昭英・嶋﨑尚子編『現代家族の構造と変容——全国家族等調査[NFRJ98]による計量分析』東京大学出版会，149-158頁.
安藤良雄編(1975)『近代日本経済史要覧』東京大学出版会.
池上直己(2006)「医療の特性とその政策対応」貝塚・財務省編著(2006)，第4章，91-114頁.
稲垣恭子(2007)『女学校と女学生——教養・たしなみ・モダン文化』中公新書.
稲継裕昭(2005)『公務員給与序説——給与体系の歴史的変遷』有斐閣.
猪木武徳(2000)『経済成長の果実 1955～1972』中央公論新社.
岩澤美帆(2010)「職縁結婚の盛衰からみる良縁追及の隘路」佐藤博樹・永井暁子・三輪哲編著『結婚の壁——非婚・晩婚の構造』勁草書房，第2章，37-53頁.
岩田正美(1995)『戦後社会福祉の展開と大都市最低辺』ミネルヴァ書房.
岩田正美(2005a)「政策と貧困」岩田正美・西澤晃彦編著『貧困と社会的排除——福祉社会を蝕むもの』ミネルヴァ書房，第1章，15-41頁.
岩田正美(2005b)「被保護層としての貧困」同上，第7章，171-194頁.
岩永理恵(2011)『生活保護は最低生活をどう構想したか——保護基準と実施要領の歴史分析』ミネルヴァ書房.
上野千鶴子(1990)『家父長制と資本制——マルクス主義フェミニズムの地平』岩波書店.

上野千鶴子・小倉千加子(2005)『ザ・フェミニズム』ちくま文庫.
梅村又次・赤坂敬子・南亮進・髙松信清・新居玄武・伊藤繁(1988)『労働力』(長期経済統計　推計と分析 2), 東洋経済新報社.
江口英一(1979-80)『現代の「低所得層」――「貧困」研究の方法』(上・中・下), 未来社.
江見康一(1971)『資本形成』(長期経済統計　推計と分析 4), 東洋経済新報社.
江見康一・伊東政吉・江口英一(1988)『貯蓄と通貨』(長期経済統計　推計と分析 5), 東洋経済新報社.
大川一司・高松信清・山本有造(1974)『国民所得』(長期経済統計　推計と分析 1), 東洋経済新報社.
大川一司・野田孜・高松信清・山田三郎・熊崎実・塩野谷祐一・南亮進(1967)『物価』(長期経済統計　推計と分析 8), 東洋経済新報社.
大蔵省財政史室編(1978)『昭和財政史』第 19 巻, 東洋経済新報社.
大竹文雄(2005)『日本の不平等――格差社会の幻想と未来』日本経済新聞社.
大沢真知子(2006)「経済のグローバル化と多様化する雇用形態」大沢真知子・原田順子編著『21 世紀の女性と仕事』放送大学教育振興会, 第 13 章, 175-189 頁.
大沢真理(1993)『企業中心社会を超えて――現代日本を「ジェンダー」で読む』時事通信社.
太田聰一・橘木俊詔(2012)『労働経済学入門　新版』有斐閣.
岡田あおい(2006)『近世村落社会の家と世帯継承――家族類型の変動と回帰』知泉書館.
小川浩(2000)「貧困世帯の現状――日英比較」『経済研究』第 51 巻第 3 号, 220-231 頁.
翁百合・西沢和彦・山田久・湯元健治(2012)『北欧モデル――何が政策イノベーションを生み出すのか』日本経済新聞出版社.
小塩隆士(2006)「社会保障・税制と生涯所得の世代内再分配」小塩・田近・府川編(2006), 第 3 章, 57-84 頁.
小塩隆士(2010)『再分配の厚生分析――公平と効率を問う』日本評論社.
小塩隆士・田近栄治・府川哲夫編(2006)『日本の所得分配――格差拡大と政策の役割』東京大学出版会.
尾高煌之助(1984)『労働市場分析――二重構造の日本的展開』岩波書店.
落合恵美子(1994)『21 世紀家族へ――家族の戦後体制の見かた・超えかた』有斐閣.
落合恵美子(1996)「近代家族をめぐる言説」井上俊他編『〈家族〉の社会学』岩波書店, 23-54 頁.
落合恵美子編著(2006)『徳川日本のライフコース――歴史人口学との対話』ミネルヴァ書房.
貝塚啓明・財務省財務総合政策研究所編著(2006)『経済格差の研究――日本の分配構造を読み解く』中央経済社.
加藤久和(2007)『最新　人口減少社会の基本と仕組みがよ～くわかる本――「近未来日

本」の社会経済学講座』秀和システム.
香山リカ・橘木俊詔(2011)『ほどほどに豊かな社会』ナカニシヤ出版.
河上肇(1917)『貧乏物語』弘文堂(岩波文庫, 1965 年).
川島武宜(1957)『イデオロギーとしての家族制度』弘文堂(岩波文庫, 1965 年).
木田徹郎(1960)「戦後における公的扶助制度の転回(一)——公的扶助を中心として」日本社会事業大学救貧制度研究会編『日本の救貧制度』勁草書房, 第 7 編, 299-342 頁.
北出俊昭(2001)『日本農政の 50 年——食料政策の検証』日本経済評論社.
北村行伸・宮崎毅(2012)「所得不平等と税の所得再分配機能の評価——1984-2004 年」『経済研究』第 63 巻第 1 号, 56-69 頁.
鬼頭宏(2000)『人口から読む日本の歴史』講談社学術文庫.
経済安定本部総裁官房企画部調査課(1949)『太平洋戦争による我国の被害総合報告書』.
経済団体連合会(1962-63)『経済団体連合会十年史』(上・下), 同会.
小沼正(1974)『貧困——その測定と生活保護』東京大学出版会.
小原美紀(2001)「専業主婦は裕福な家庭の象徴か?——妻の就業と所得不平等に税制が与える影響」『日本労働研究雑誌』第 493 号, 15-29 頁.
駒村康平(2003)「低所得世帯の推計と生活保護制度」『三田商学研究』第 46 巻第 3 号, 107-126 頁.
小山静子(1991)『良妻賢母という規範』勁草書房.
小山静子(2006)「女子教育を超えて」神戸女学院大学文学部総合学科編著『女子教育, 再考』(神戸女学院大学総文叢書 6), 冬弓舎, 15-51 頁.
小山隆(1959)「家族形態の周期的変化」喜多野清一・岡田謙編『家——その構造分析』創文社, 69-83 頁.
佐口卓(1977)『日本社会保険制度史』勁草書房.
佐々木基彦・橘木俊詔(1985)「公的年金制度が世代別貯蓄率と資産形成に与えた影響」『季刊社会保障研究』第 21 巻, 59-71 頁.
佐藤俊樹(2000)『不平等社会日本——さよなら総中流』中公新書.
佐藤博樹・小泉静子(2007)『不安定雇用という虚像——パート・フリーター・派遣の実像』勁草書房.
篠原三代平(1967)『個人消費支出』(長期経済統計 推計と分析 6), 東洋経済新報社.
渋谷隆一編(1985)『大正昭和日本全国資産家・地主資料集成』柏書房.
杉村宏(1997)「わが国における低所得・貧困問題」庄司洋子他編『貧困・不平等と社会福祉』有斐閣.
生命保険文化センター編(2000)『ライフサイクルと生活保障に関する研究』同センター.
千田有紀(2011)『日本型近代家族——どこから来てどこへ行くのか』勁草書房.
竹信三恵子(2013)『家事労働ハラスメント——生きづらさの根にあるもの』岩波新書.
田近栄治・八塩裕之(2006)「税制を通じた所得再分配——所得控除にかわる税額控除の

活用」小塩・田近・府川編(2006), 第4章, 85-110頁.
橘木俊詔(1989)「資産価格変動と資産分布の不平等」『日本経済研究』第18巻, 79-93頁.
橘木俊詔(1991)「貯蓄率の解明——契約貯蓄か自由貯蓄か, 実物資産要因か金融資産要因か」『季刊社会保障研究』第27巻第3号, 245-264頁.
橘木俊詔(1997)『ライフサイクルの経済学』ちくま新書.
橘木俊詔(1998)『日本の経済格差——所得と資産から考える』岩波新書.
橘木俊詔(2000)『セーフティ・ネットの経済学』日本経済新聞社.
橘木俊詔(2002a)『安心の経済学——ライフサイクルのリスクにどう対処するか』岩波書店.
橘木俊詔(2002b)『失業克服の経済学』岩波書店.
橘木俊詔(2004a)『家計からみる日本経済』岩波新書.
橘木俊詔(2004b)『脱フリーター社会——大人たちにできること』東洋経済新報社.
橘木俊詔(2005a)『消費税15%による年金改革』東洋経済新報社.
橘木俊詔(2005b)『企業福祉の終焉——格差の時代にどう対応すべきか』中公新書.
橘木俊詔(2006)『格差社会 何が問題なのか』岩波新書.
橘木俊詔(2008)『早稲田と慶応——名門私大の栄光と影』講談社現代新書.
橘木俊詔(2009)『東京大学 エリート養成機関の盛衰』岩波書店.
橘木俊詔(2010a)『日本の教育格差』岩波新書.
橘木俊詔(2010b)『安心の社会保障改革——福祉思想史と経済学で考える』東洋経済新報社.
橘木俊詔(2011a)『京都三大学 京大・同志社・立命館——東大・早慶への対抗』岩波書店.
橘木俊詔(2011b)『女性と学歴——女子高等教育の歩みと行方』勁草書房.
橘木俊詔(2011c)『いま, 働くということ』ミネルヴァ書房.
橘木俊詔(2011d)『無縁社会の正体——血縁・地縁・社縁はいかに崩壊したか』PHP研究所.
橘木俊詔(2012a)『三商大 東京・大阪・神戸——日本のビジネス教育の源流』岩波書店.
橘木俊詔(2012b)『課題解明の経済学史』朝日新聞出版社.
橘木俊詔(2013a)『学歴入門』河出書房新社.
橘木俊詔(2013b)『宗教と学校』河出書房新社.
橘木俊詔(2013c)『「幸せ」の経済学』岩波現代全書.
橘木俊詔(2013d)『「機会不均等」論——人は格差を背負って生まれてくる?』PHP研究所.
橘木俊詔(2014)『実学教育改革論——「頭一つ抜ける」人材を育てる』日本経済新聞出版社.
橘木俊詔(2015a)『日本のエリート——リーダー不在の淵源を探る』朝日新書.

橘木俊詔(2015b)『日本人と経済——労働・生活の視点から』東洋経済新報社.
橘木俊詔(2015c)『貧困大国ニッポンの課題——格差,社会保障,教育』人文書院.
橘木俊詔(2016a)『21世紀日本の格差』岩波書店.
橘木俊詔(2016b)『老老格差』青土社.
橘木俊詔(2016c)『新しい幸福論』岩波新書.
橘木俊詔編(2007)『政府の大きさと社会保障制度——国民の受益・負担からみた分析と提言』東京大学出版会.
橘木俊詔・浦川邦夫(2006)『日本の貧困研究』東京大学出版会.
橘木俊詔・浦川邦夫(2012)『日本の地域間格差——東京一極集中から八ヶ岳方式へ』日本評論社.
橘木俊詔・木村匡子(2008)『家族の経済学——お金と絆のせめぎあい』NTT出版.
橘木俊詔・佐伯順子(2016)『愛と経済のバトルロイヤル——経済×文学から格差社会を語る』青土社.
橘木俊詔・迫田さやか(2013)『夫婦格差社会——二極化する結婚のかたち』中公新書.
橘木俊詔・参鍋篤司(2016)『世襲格差社会——機会は不平等なのか』中公新書.
橘木俊詔・下野恵子(1994)『個人貯蓄とライフサイクル——生涯収支の実証分析』日本経済新聞社.
橘木俊詔・高畑雄嗣(2012)『働くための社会制度』東京大学出版会.
橘木俊詔・根井雅弘(2014)『来るべき経済学のために』人文書院.
橘木俊詔・浜矩子(2011)『成熟ニッポン,もう経済成長はいらない——それでも豊かになれる新しい生き方』朝日新書.
橘木俊詔・広井良典(2013)『脱「成長」戦略 新しい福祉国家へ』岩波書店.
橘木俊詔・松浦司(2009)『学歴格差の経済学』勁草書房.
橘木俊詔・森剛志(2005)『日本のお金持ち研究——Who are the rich?』日本経済新聞社.
橘木俊詔・森剛志(2009)『新・日本のお金持ち研究——暮らしと教育』日本経済新聞出版社.
橘木俊詔・八木匡(1994)「所得分配の現状と最近の推移——帰属家賃と株式のキャピタル・ゲイン」石川経夫編『日本の所得と富の分配』東京大学出版会, 第1章, 23-58頁.
橘木俊詔・八木匡(2009)『教育と格差——なぜ人はブランド校を目指すのか』日本評論社.
田中慶子(2010)「友人力と結婚」佐藤博樹・永井暁子・三輪哲編著『結婚の壁——非婚・晩婚の構造』勁草書房, 第9章, 159-171頁.
谷沢弘毅(2004)『近代日本の所得分布と家族経済——高格差社会の個人計量経済史学』日本図書センター.
谷沢弘毅(2009)『近代日常生活の再発見——家族経済とジェンダー・家業・地域社会の

関係』学術出版会.
中鉢正美(1956)『生活構造論』好学社.
中鉢正美(1975)『現代日本の生活体系』ミネルヴァ書房.
坪内良博(2006)「武士の子の将来——徳山藩士の場合」落合恵美子編著(2006), 第13章, 371-391頁.
戸田貞三(1937)『家族構成』弘文堂(復刻版, 新泉社, 1970年).
中川清(1985)『日本の都市下層』勁草書房.
中川清(2000)『日本都市の生活変動』勁草書房.
永谷健(2007)『富豪の時代——実業エリートと近代日本』新曜社.
中村隆英(1986)『昭和経済史』岩波書店.
中村隆英(1993)「家計簿からみた生活史——その意図と概観」中村隆英編『家計簿からみた近代日本生活史』東京大学出版会, 序章, 1-30頁.
西川祐子(2005)「近代家族と国家」田中真砂子・白石玲子・三成美保編『国民国家と家族・個人』早稲田大学出版部, 第1章, 3-34頁.
ニッセイ基礎研究所(2007)「経済レポート6月号」経済調査部門.
仁平典宏(2010)「三丁目の逆光／四丁目の夕闇——性別役割分業家族の布置と貧困層」橋本健二編著(2010b), 第3章, 79-110頁.
日本経済団体連合会・21世紀政策研究所・グローバルJAPAN特別委員会(2012)『グローバルJAPAN——2050年シミュレーションと総合戦略』経団連出版.
日本統計協会編(1987)『日本長期統計総覧』第1巻, 日本統計協会.
荷宮和子(2004)『なぜフェミニズムは没落したのか』中公新書ラクレ.
野呂栄太郎・服部之總・羽仁五郎・平野義太郎・山田盛太郎(1932-33)『日本資本主義発達史講座』(全7巻), 岩波書店.
橋本健二(2009)『「格差」の戦後史——階級社会日本の履歴書』河出書房新社.
橋本健二(2010a)「一九六五年の日本——社会背景と問題の所在」橋本健二編著(2010b), 第1章, 17-48頁.
橋本健二編著(2010b)『家族と格差の戦後史——一九六〇年代日本のリアリティ』青弓社.
橋本寿朗・長谷川信・宮島英昭(1998)『現代日本経済』有斐閣.
八田達夫・小口登良(1999)『年金改革論——積立方式へ移行せよ』日本経済新聞社.
速水融(1973)『近世農村の歴史人口学的研究——信州諏訪地方の宗門改帳分析』東洋経済新報社.
速水融(1997)『歴史人口学の世界』岩波書店.
原嶋耐治・手嶋久也(2002)「賃金格差の実態」宮島洋・連合総合生活開発研究所編著『日本の所得分配と格差』東洋経済新報社, 第2章, 49-64頁.
日高政浩(2004)「医療保険制度改革の財源問題と世代別生涯給付・負担への影響」『フィナンシャル・レビュー』第72号, 41-57頁.

姫岡とし子(2008)『ヨーロッパの家族史』山川出版社.
平井晶子(2008)『日本の家族とライフコース――「家」生成の歴史社会学』ミネルヴァ書房.
藤見純子・西野理子(2004)「親族と家族認知」渡辺秀樹・稲葉昭英・嶋﨑尚子編『現代家族の構造と変容――全国家族調査[NFRJ98]による計量分析』東京大学出版会, 第16章, 387-412頁.
舟岡史雄・鮎沢光明(2000)「高齢者の同居の決定要因の分析――家族の生活状況と保障機能」国立社会保障・人口問題研究所編『家族・世帯の変容と生活保障機能』東京大学出版会, 第8章, 143-177頁.
牧厚志(1998)『日本人の消費行動――官僚主導から消費者主権へ』ちくま新書.
牧厚志(2007)『消費者行動の実証分析』日本評論社.
松原治郎(1969)『核家族時代』NHKブックス.
松原隆一郎(2000)『消費資本主義のゆくえ――コンビニから見た日本経済』ちくま新書.
丸尾直美(1992)『スウェーデンの経済と福祉――現状と福祉国家の将来』中央経済社.
マンキュー, N. G.／足立英之・地主敏樹・中谷武・柳川隆訳(2011-12)『マンキューマクロ経済学 第3版』(入門編・応用編), 東洋経済新報社(N. G. Mankiw, *Macroeconomics*, 7th ed., New York: Worth Publishers, 2009).
溝口敏行(1986)「日本の所得分布の長期変動」『経済研究』第37巻, 152-158頁.
南亮進(2000)「日本における所得分布の長期的変化――再推計と結果」『東京経大学会誌』第219号, 31-51頁.
南亮進・小野旭(1987)「戦前日本の所得分布――戸数割資料による山口県の分析」『経済研究』第38巻, 333-352頁.
宮本常一(1994)『日本文化の形成』(上・中・下), ちくま学芸文庫.
牟田和恵(1996)『戦略としての家族――近代日本の国民国家形成と女性』新曜社.
村上泰亮(1984)『新中間大衆の時代――戦後日本の解剖学』中央公論社.
目黒依子(1987)『個人化する家族』勁草書房.
目黒依子(1999)「総論 日本の家族の「近代性」」目黒依子・渡部秀樹編『講座社会学 2 家族』東京大学出版会, 第1章, 1-19頁.
森信茂樹編著(2008)『給付つき税額控除――日本型児童税額控除の提言』中央経済社.
文部省編(1954)『学制八十年史』大蔵省印刷局.
山川均他編集(1927)『労農』.
山崎正和(1972)『鷗外 闘う家長』河出書房新社.
山重慎二(2013)『家族と社会の経済分析――日本社会の変容と政策的対応』東京大学出版会.
山田篤裕(2012)「高齢期における所得格差と貧困――脆弱なセーフティネットと勤労所得への依存」橘木俊詔編著『福祉＋α 1 格差社会』ミネルヴァ書房, 第8章, 147-164頁.

山田昌弘(1994)『近代家族のゆくえ——家族と愛情のパラドックス』新曜社.
山田昌弘(1999a)『家族のリストラクチュアリング——21世紀の夫婦・親子はどう生き残るか』新曜社.
山田昌弘(1999b)『パラサイト・シングルの時代』ちくま新書.
山田昌弘(2001a)『家族というリスク』勁草書房.
山田昌弘編(2001b)『家族本40——歴史をたどることで危機の本質が見えてくる』平凡社.
山田昌弘(2005)『迷走する家族——戦後家族モデルの形成と解体』有斐閣.
油井雄二(2006)「介護保険と所得格差」貝塚・財務省編著(2006), 第5章, 115-144頁.
湯沢雍彦・中原順子・奥田都子・佐藤裕紀子(2006)『百年前の家庭生活』クレス出版.
横山和彦(1988)「「福祉元年」以後の社会保障」東京大学社会科学研究所編『転換期の福祉国家』(下), 東京大学出版会, 第1章, 3-78頁.
横山源之助(1899)『日本之下層社会』教文館(『日本の下層社会』岩波文庫, 1985年).
横山源之助(1910)『明治富豪史』易風社.
吉川洋(1997)『高度成長——日本を変えた6000日』読売新聞社.
吉川洋(2003)「マクロ経済」橘木俊詔編『戦後日本経済を検証する』東京大学出版会, 第1章, 11-69頁.
吉川洋(2016)『人口と日本経済——長寿, イノベーション, 経済成長』中公新書.
吉田久一(1995)『日本の貧困』勁草書房.
吉野俊彦(1972-74)『森鷗外私論』(正・続), 毎日新聞社.
労働運動史料委員会編(1959)『日本労働運動史料 第10巻 統計篇』労働運動史料刊行委員会.
労働省労働統計調査部編(1966)『労働白書』.
和田有美子・木村光彦(1998)「戦後日本の貧困——低消費世帯の計測」『季刊社会保障研究』第34巻第1号, 90-102頁.

Ariès, P.(1960), *L'enfant et la Vie Familiale sous l'Ancien Régime*, Paris: Plon(杉山光信・杉山恵美子訳『〈子供〉の誕生——アンシァン・レジーム期の子供と家族生活』みすず書房, 1980年).
Atkinson, A. B.(1995), *Incomes and the Welfare State*, Cambridge(UK), Cambridge University Press.
Atoda, N. and T. Tachibanaki(2001), "Optimal nonlinear income taxation and heterogeneous preferences," *The Japanese Economic Review*, vol. 52, no. 2, June, pp. 198-207.
Badinter, E.(1980), *L'amour en Plus: Histoire de L'amour Maternel*(XVIIe-XXe siècle), Paris: Flammarion(鈴木晶訳『母性という神話』筑摩書房, 1991年).
Barro, R. J.(1974), "Are government bonds net worth," *Journal of Political Economy*,

vol. 82, pp, 1095-1117.

Barten, A.(1977), "The system of consumer demand function approach: A review," *Econometrica*, vol. 45, pp. 23-51.

Beauvoir, S.(1949), *Le Deuxiéme Sexe*, Paris: Gallimard(生島遼一訳『第二の性』(全5巻), 新潮社, 1953-56年).

Beck, U. and E. Beck-Gernsheim(2001), *Individualization: Institutionalized Individualism and It's Social and Political Consequences*, London: Sage Publications.

Becker, G. S.(1962), "Investment in human capital: A theoretical analysis," *Journal of Political Economy*, vol. 70, S9-S49.

Becker, G. S.(1964), *Human Capital: A Theoretical and Empirical Analysis with Special Reference to Education*, New York: National Bureau of Economic Research (佐野陽子訳『人的資本——教育を中心とした理論的・経験的分析』東洋経済新報社, 1976年).

Becker, G. S.(1981), *A Treatise on the Family*, Cambridge(MA): Harvard University Press.

Beckerman, W.(1979a), "The impact of income maintenance payments on poverty in Britain 1975," *Economic Journal*, vol. 89, pp. 261-279.

Beckerman, W.(1979b), *Poverty and Impact of Income Maintenance Programmes in four Developed Countries: Case Studies of Australia, Belgium, Norway, and Great Britain*, Geneva: ILO.

Blank, R. M. and P. Ruggles(1996), "When do women use aid to families with dependent children and food stamps?: The dynamics of eligibility versus participation," *Journal of Human Resources*, vol. 31, no. 1, pp. 57-89.

Cancian, F.(1987), *Love in America: Gender and Self-development*, Cambridge(UK): Cambridge University Press.

Card, D. and A. Krueger(1995), *Myth and Measurement: The New Economics of the Minimum Wage*, Princeton: Princeton University Press.

Christensen, L. R., D. W. Jorgenson and L. J. Lau(1975), "Transcendental logarithmic utility functions," *American Economic Review*, vol. 65, pp. 367-383.

Comte, A.(1851), *Cours de Philosophie Positive*, vol. 1(田辺寿利訳『実証的精神論』(全2冊), 岩波文庫, 1938年).

Deaton, A. and J. Muellbauer(1980), *Economics and Consumer Behaviors*, Cambridge (UK): Cambridge University Press.

Duclos, J.-Y.(1995), "Estimating and testing a model of welfare participation: The case of supplementary benefits in Britain," *Journal of Labor Economics*, vol. 17, pp. 1-22.

Feldstein, M. S.(1974), "Social security, induced retirement, and aggregate capital

accumulation," *Journal of Political Economy*, vol. 82, pp. 905-926.
Freeman, R. and L. Katz(1995), *Differences and Changes in Wage Structures*, Chicago: University of Chicago Press.
Friedman, M. and R. Friedman(1962), *Capitalism and Freedom*, Chicago: University of Chicago Press(村井章子訳『資本主義と自由』日経BPクラシックス，2008年).
Gidenz, A.(1991), *Modernity and Self-identity : Self and Society in the Late Modern Age*, Cambridge(UK): Polity Press(秋吉美都・安藤太郎・筒井淳也訳『モダニティと自己アイデンティティ――後期近代における自己と社会』ハーベスト社，2005年).
Gidenz, A.(1992), *The Transformation of Intimacy : Sexuality, Love, and Eroticism in Modern Societies*, Stanford: Stanford University Press(松尾精文・松川昭子訳『親密性の変容――近代社会におけるセクシュアリティ，愛情，エロティシズム』而立書房，1995年).
Hadley, E. M.(1970), *Antitrust in Japan*, Princeton: Princeton University Press(小原敬士・有賀美智子訳『日本財閥の解体と再編成』東洋経済新報社，1973年).
Hayashi, F.(1997), *Understanding Saving: Evidence from the United States and Japan*, Cambridge(MA): MIT Press.
Hicks, J. R.(1937), "Mr. Keynes and the 'Classics': A suggested interpretation," *Econometrica*, vol. 5, pp. 147-159.
Houthakker, H. S.(1960), "Additive preference," *Econometrica*, vol. 28, pp. 244-257.
Kawaguchi, D. and K. Yamada(2007), "The impact of the minimum wage in female employment in Japan," *Contemporary Economic Policy*, vol. 25, no. 1, pp. 107-118.
Klein, L.(1947), *The Keynesian Revolution*, New York: Macmillan(篠原三代平・宮沢建一訳『ケインズ革命』有斐閣，1952年).
Kotlikoff, L. and A. Spivak(1981). "The family as an incomplete annuity market," *Journal of Political Economy*, vol. 82, pp. 372-391.
Kuhn, A. K. and A. Wolpe(eds.)(1978), *Feminism and Materialism: Women and Modes of Production*, London: Routlege and Kegan Paul(上野千鶴子・千本暁子・住沢とし子・児玉佳与子・矢木公子・渡辺和子訳『マルクス主義フェミニズムの挑戦』勁草書房，1984年).
Laslett, P.(1983), *The World We Have Lost: Further Explored*, 3rd. ed., London: Routledge(川北稔・指昭博・山本正訳『われら失いし世界――近代イギリス社会史』三嶺書房，1986年).
Lévi-Strauss, C. G.(1955), *Tristes Tropiques*, Paris: Plon(川田順造訳『悲しき熱帯』(上・下)，中央公論社，1977年).
Marshall, T. H.(1981), *The Right to Welfare and other Essays*, London: Heineman(岡田藤太郎訳『福祉国家・福祉社会の基礎理論――「福祉に対する権利」他論集』相川

書房, 1989年).
Mill, J. S.(1848), *Principles of Political Economy*, London: John W. Parker(末永茂喜訳『経済学原理』(全5冊), 岩波文庫, 1959–63年).
Mirrlees, J.(1971), "An exploration in the theory of optimum income taxation," *Review of Economic Studies*, vol. 38, April, pp. 175–208.
Modigliani, A. and R. Brumberg(1954), "Utility analysis and consumption function: An interpretation of cross-section date," in K. Kurihara(ed.), *Post Keynesian Economics*, New Brunswick(NJ), Rutgers University Press.
Morgan, L. H.(1877), *Ancient Society or Researches in the Line of Human Progress From Savagery through Barbarism to Civilization*, New York: Henry Holt(青山道夫訳『古代社会』(上・下), 岩波書店, 1958–61年).
Morse, E. S.(1885), *Japanese Homes and Their Surroundings*, New York: Harper & Bros(上田篤・加藤晃規・柳美代子訳『日本のすまい――内と外』鹿島出版会, 1979年).
Murdock, G. P.(1949), *Social Structure*, New York: Macmillan(内藤莞爾監訳『社会構造――核家族の社会人類学』新泉社, 1978年).
Ohkawa, K. and M. Shinohara(eds.)(1979), *Patterns of Japanese Economic Development: A Quantitative Appraisal*, New Haven: Yale University Press.
Piketty, T. / A. Goldhammer(trans.)(2014), *Capital in the Twenty-First Century*, Cambridge(MA): Belknap Press of Harvard University Press.
Riphahn, R. T(2001), "Rational poverty of poor rationality? The take-up of social assistance benefits," *Review of Income and Wealth*, vol. 47, no. 3, pp. 379–398.
Rousseau, J.(1762), *Émile ou de l'éducation*, Amsterdam: Jean Néaulme(今野一雄訳『エミール』(全3冊), 岩波文庫, 1962–64年).
Roemer, E. J.(1998), *Equality of Opportunity*, Cambridge(MA): Harvard University Press.
Rowntree, B. S.(1901), *Poverty: Study of Town Life*, London: Macmillan.
Sen, A. K.(1992), *Inequality Reexamined*, Oxford: Oxford University Press(池本幸生・野上裕生・佐藤仁訳『不平等の再検討――潜在能力と自由』岩波書店, 1999年).
Shorter, E.(1975), *The Making of the Modern Family*, New York: Basic Books(田中俊宏・岩橋誠一・見崎恵子・作道潤訳『近代家族の形成』昭和堂, 1987年).
Spence, M.(1973), "Job market Signaling," *Quarterly Journal of Economics*, vol. 87, no. 3, pp. 355–374.
Steinmo, S.(2002), "Globalization and taxation: Challenges to the Swedish Welfare State," *Comparative Political Studies*, vol. 35, no. 7, pp. 839–862.
Stone, R.(1954), "Linear expenditure systems and demand analysis: An application to the pattern of British demand," *Economic Journal*, vol. 64, pp. 511–527.

Tachibanaki, T.(1996a), *Wage Determination and Distribution in Japan*, Oxford: Oxford University Press.

Tachibanaki, T.(1996b), *Public Policies and the Japanese Economy: Savings, Investments, Unemployment, Inequality*, Houndmills: Macmillan Press.

Tachibanaki, T. and K. Shimono(1985), "Lifetime income and public pension with a two-period analysis," *Journal of Public Economics*, vol. 28, pp. 1–13.

Tachibanaki, T. and S. Takata(1994), "Bequest and asset distribution: Human capital investment and intergenerational wealth transfer," in T. Tachibanaki(ed.), *Savings and Bequests*, Ann Arbor: University of Michigan Press, ch. 8, pp. 197–228.

Tachibanaki, T. and Y. Yokoyama(2008), "The estimation of the incidence of employer contribution to social security in Japan," *The Japanese Economic Review*, vol. 59, March, pp. 75–83.

Todd, E.(1999), *La diversité du monde: Structures familiales et modernité*, Paris: Seuil (荻野文隆訳『世界の多様性——家族構造と近代性』藤原書店, 2008 年).

索　引

欧　文

AID システム関数　90
GHQ　81
head start　248
Japan as No. 1　217
Look East　106
「M 字型」カーブ　50, 51, 53

あ　行

アディログ（Addi-log）型関数　90
荒畑寒村　44
アリエス, P.　28
安定成長期　215, 217, 221, 228, 233

「家」制度　17
遺産動機　107, 112
遺産と教育投資の代替　113
異性と交際できない理由　138
一億総中流　241, 289
一戸建住宅　100
一般職　199, 206
一般的人的資本　186
医療保険制度　261, 279
岩崎弥太郎　64

ウィークカップル　204, 295
失われた 20 年　218

栄養摂取量　312
江戸時代の人口　4
『エミール』　29
エンゲル係数　59, 92, 219, 283, 315
エンゲル方式　314

オイラー方程式　108
オイルショック　46, 127, 221, 225, 228, 234, 316
大倉喜八郎　66

大蔵省預金部　79
大原孫三郎　78
大森義太郎　44

か　行

階級社会　68
介護保険制度　262, 278
外食産業の普及　221
核家族化／核家族世帯　164, 220, 225
格差社会　13, 144, 241, 267
学歴　253
　──間賃金格差　254
　──社会　181
　──主義　207
　──別賃金格差　183
　──別労働力率　205
家計消費　87, 92, 94, 219
家計所得　57
『家計調査』　89, 227, 242
家計貯蓄　101
　──率　105, 120
家計の貧困　215
過少支給　320
過剰受給　320
過少消費説　107
過剰消費抑制説　107
家事労働の負担の軽減　221
家政学　195
課税最低限所得　270
華族　50
家族・親族　309
　──の支援の義務化　308
家族の経済支援　309
家族の変容　317
片働き世帯　55
家長的家族関係　19
家庭内の男女分業体制　205
稼得所得　56
『悲しき熱帯』　27

351

株価急騰　235
家父長制　9, 17, 22, 191
カラーテレビ　95
河上肇　72
川島武宜　17
環境破壊　217
管理職　257

機会の格差　246
機会の平等　245, 246
企業間の株式持合　236
企業規模　256
企業特殊的人的資本　186
企業の生産性　232
企業の退出・参入　330
企業福祉　221
既婚女性の有業率　203
技術革新　216
技術進歩の推進　149
帰属家賃　98, 238
ギデンズ, A.　36
義務教育　179
義務的・強制的な貯蓄　98
逆U字仮説　16
給付付き税額控除　271, 272, 331
教育改革　191
教育投資　113, 186
教育の経済学　179
教育費支出　259
教育民主化　45
協会けんぽ　279
共同住宅　100
勤続年数　256
近代家族／近代化家族　35, 36
『近代家族の形成』　28
金融資産　238

組合健康保険　279
クーラー　95
勲功華族　66
軍需生産　75

経営者　257

軽減税率を含んだ消費税　272
経済効率性　232
経済成長率　57
『経済白書』　80
経済復興期　219
契約・強制貯蓄　116
ケインズ経済学　300
ケースワーカー　310
結果の格差　245
結婚できない理由　132
兼業農家　231
建設業　46
源泉所得　264

工具　62
公営住宅　201
高額納税者名簿　64
高学歴化　155, 182
高学歴夫婦の共働き　204
公共支出政策　259
公共部門による貧困者への経済支援　307
合計特殊出生率　125
合計有配偶出生率　4
高原型　52, 54
高校教育　198
高校進学率　53, 194
高校全入時代　192
講座派　44
交詢社　63
工場労働者　71
構造改革路線　233
高貯蓄率　105
公的年金制度　114, 324, 325
公的年金の民営化　115
高等女学校　187, 200
合同世帯システム　32
高度成長　215, 217
——期　46, 220, 228
公務員共済組合　279
効率性と公平性のトレードオフ　233, 267
高齢化　145
高齢者の生活保障　148
高齢単身者　153, 302

高齢夫婦　153
国勢調査　9
国内貯蓄　101
国費投入による所得再分配政策　279
国富の被害　77
国民皆保健（制度）　79, 286
国民皆年金（制度）　286
『国民経済計算年報』　105
国民健康保険（制度）　78, 279
国民貯蓄　101
小作人／小作農　23, 43, 60, 82
個人化する家族　35, 38
戸籍制度／戸籍法　9, 10, 17
子育て支援策　208
『古代社会』　27
国家総動員法　75
『〈子供〉の誕生』　28
五人組　70
コミュニタリアニズム　300
雇用期限付き契約労働　208
婚姻革命　7

さ　行

再婚　175
財産所得　229
財産税　84
最終学歴　181
最低生活水準　282
最低賃金　327-329
最適税制　267
財閥　66
　　──解体　45, 81
再分配後所得　227
サービス業　46
サラリーマン　201
産業革命　29, 41, 47, 57, 87
産業特殊的人的資本　186
3C商品　95, 96, 223, 281
三種の神器　94, 220, 223, 281
3世代住居／世帯／同居　10, 24, 32, 151, 317
300万円の壁　138

自営小農民　23
自作農　43, 82
資産課税　259
市場原理主義　330
下請制　77
指定校制度　187
私的支援　307
自動車　95
ジニ係数　15, 60
地主　23, 43, 60
士農工商　70
渋沢栄一　66
渋沢敬三　84
資本家　60, 71
資本提供国　117
社会移動論　287
社会階層論　287
『社会構造』　27
社会保険制度　209
社会保険料／保険料率　227, 259, 266
社会保障　259, 260
　　──給付　227
　　──支出　266
　　──政策　259
社会保障制度　262, 299
　　──による再分配効果　274
　　──の充実　147
　　──の不安　223
社宅　201
就業構造の変化　225, 250
就業率　50
住居形態　23
自由・随時貯蓄　116
住宅消費　98
住宅保有　97
住宅ローン　98, 116, 118
集団賃貸住宅　221
集中排除　84
自由貯蓄　116
宗門人別改帳　3, 8
『出生動向調査』　128
出生率　5, 125
生涯未婚率　129

353

小家族／小家族主義／小家族制度　11, 24, 30, 38, 151, 162, 166
少子化現象　127, 128
少子化社会　120
少子化による労働力不足　208
少子・高齢化　218, 317
消費税　259, 271
消費低迷期　222
消費の理論　89
将来の不確実性　111
職業科教育——高校の　198
職業水準の高度化　155
殖産興業　10, 51, 57, 68, 87
職場結婚　136
女子高等師範学校　189
女子大学校　189
女子労働者の権利　190
女性差別　169
女性総合職制度　207
女性の勤労意欲　208
女性の就業率　254
女性の労働力率　156
女性労働力の活用　149
ショーター, E.　28
所得　41
所得格差　14, 25, 46, 60, 225, 233, 250
所得控除　270
　　——依存型所得税制　271
所得再分配効果　259-263, 268, 271
所得再分配政策　227
『所得再分配調査』　227, 322
所得税　259
　　——による再分配効果　262
　　——の累進度　262, 267
所得の平等化　231
所得倍増計画　216
所得分配　45, 225
　　——の平等化　224, 230, 232, 234
　　——の不平等化　215, 224, 241, 244
　　——の不平等度　229
人口——江戸時代の　4
人口過密社会　148
人口急減社会　127

人口の地域間移動　225
人口の年齢構成変化　317
申告所得　264
新古典派経済学　300
新3C商品　97, 223
新自由主義　299, 330
新商品の開発　97
人的資本論　168, 186
新二重構造　26

スクリーニング仮説　185, 186
スタグフレーション　217
スペンス, M.　187
スミス, アダム　185

税額控除　270
　　——依存型所得税制　271
生活給　256
生活保護基準　283, 312, 315, 319
生活保護給付額　270
生活保護支給　309
生活保護受給者　292
生活保護制度　308, 316, 324
生活保護法　311
生活保障　50
正規雇用者／正規労働／正規労働者　137, 144, 199, 208, 251, 253, 298
正社員　62
政商　68
税制優遇措置　107
製造業　46
税による再分配係数　263
政府介入後の再分配所得　266
政府貯蓄率　105
生命保険　116
生命保険料拠出　118
世代間再分配効果　274
世代間の所得移転　280
世代内の所得再分配効果　276
絶対的貧困　288, 295, 297, 314
　　——ライン　283
設備投資意欲　216
セン, A. K.　247

索　引

船員保険　78
前期中等教育　180
専業主婦　51, 156, 200, 201, 203
　　――志向　39
線形支出型（LSE）関数　90
『全国消費実態調査』　119, 268
潜在能力　247
洗濯機　94
セントラルヒーティング　97

総合職　199, 206
相続税　259
相対的貧困　287, 296, 314
租税政策　259
損害保険料拠出　118

た　行

大学院進学率　194
大学進学率　53, 193
大家族／大家族主義／大家族制度　10, 11, 24, 30, 38, 162
耐久消費財　94, 97, 220
第2次世界大戦　75
『第二の性』　30
ダグラス＝有沢の第1法則　203
ダグラス＝有沢の第2法則　56, 133, 203, 206, 294
タックス・ヘイブン　263
単純世帯システム　32
男女雇用機会均等法　206, 252
男女平等　190
単身世帯　166
短大進学率　194
単独世帯　165
地域間の労働移動　201, 216
地域限定職　199
地租改正　71
地代　87
中産階級　25
朝鮮特需　216
超富裕層　50
貯蓄と公的年金の代替　114

貯蓄の取り崩し　118
貯蓄の予備的動機　107, 112
貯蓄率　101
賃金格差　183, 250
賃金所得　229
　　――の格差　239
　　――分配の平等　250
　　――分配の不平等　250
賃金分配　229

定額給付金　334
帝国大学　180
定常状態　126, 218, 234
低所得夫婦　153
テレビ　94
電化製品の普及　221
電子レンジ　97
天賦の能力差　248

東京オリンピック　220
同類婚　204
独占禁止法　83
独占排除　84
都市下層社会　71
都市への人口集中　220
戸田貞三　9
ドッジ・ライン　216
共働き世帯　55
トランスログ（Trans-log）型関数　90
トレードオフ――効率性と公平性の　233, 267
トレードオフ関係　233

な　行

内閣　69

2次形式関数　90
二重構造　26, 77, 257, 258, 291
2世代住居　151
日本株式会社論　78
『日本紳士録』　63
『日本之下層社会』　69

355

年金制度　261
年金保険料　260
年功序列制　256

農家経済調査　80
農業国家　41
農業における機械化　231
農地改革　44, 81
農地解放　292
農薬の使用　231
能力差　248
能力・実績主義　256
農林水産業　48
野呂栄太郎　44

は 行

配当　87
派遣労働　208
バダンテール, E.　30
パート労働　208
バブル経済　45, 96, 97, 218, 222, 229, 233, 316
速水融　7
パラサイト・シングル　305
バロー, R. J.　115
パワーカップル　204

非効率企業の退場　329
非婚傾向——女性の　130
非正規労働／非正規雇用者／非正規労働者　137, 144, 199, 208, 251, 253, 298
平等主義　183, 257
平野義太郎　44
貧困者　62
貧困大国　144
貧困ライン／貧困線　282, 314
貧困率　282, 307
貧富の格差　16, 242
　——の拡大　144
『貧乏物語』　72

夫婦と子ども世帯　165
フェミニズム　17, 169

フェルドシュタイン, M. S.　115
不確実性の経済学　109
賦課方式の公的年金制度　274
福沢諭吉　63
福祉元年　229
福祉国家　229
福祉担当者(地方行政府)　310
福祉目的税　272
富国強兵　10, 51, 57, 68, 87
不時の支出　101
婦人解放運動　190
婦人参政権　190
不正受給　320
普通科教育——高校の　198
フードスタンプ　332
負の所得税　331
不平等度　61
富裕層　62, 63
フリードマン, M.　331
ブルーカラー　49, 62, 181, 257, 294
不労所得　87
分配の平等性　267

平均余命　6
　——の延び　146
ベーシックインカム　333
ベッカー, G. S.　35, 186
ベック, U.　36
別荘　97
ベビーブーム時代　126
ボーヴォワール, S.　30
法人税　259
母子家庭の貧困　303
『母性という神話』　30
母性保護　190
補足率　319
ボーダーライン層　283
ホワイトカラー　49, 62, 181, 225, 257, 294

ま 行

マーケット・バスケット方式　312, 314
マーシャル, A.　185

マーシャル, T. H.　333
マードック, G. P.　27, 164
マーリーズ, J.　267
マルクシズム／マルクス経済学　300

見合い　136
ミル, J. S.　333
民間資本形成　103
民間貯蓄　101
ミーンズ・テスト(資産調査)　310, 317
民法(戦前)　20

武藤山治　78

明治維新　57
名門大学　183

目標貯蓄仮説　107
モース, エドワード　24
持家志向　99
持家率　99
持株会社　66
モディリアーニ, A.　107
森有礼　20

や　行

安田善次郎　66
山川均　44
山田盛太郎　44

有業率　49
ゆとり教育　184

横山源之助　69, 71
嫁姑問題　160

ら　行

ライフサイクル貯蓄仮説　106, 107, 111

ラスレット, P.　31

利己主義　167
離婚　169, 303
利子　87
リスク対応動機　107
利他主義　34, 166
離農民　71
リバタリアニズム　299
リベラリズム　300
流通革命　221
良妻賢母　187

ルソー, J.-J.　29

零細農民　71
冷蔵庫　94
レヴィ＝ストロース, C. G.　27
歴史人口学　8, 18, 31

労使一体となった企業経営　232
労働移動　231
労働参加率　49
労働者　60
労働需要　182
労働所得　87
労働生産性　185
労働力人口　52
労働力率　49, 52
労農派　44
老齢年金　78
ローマー, E. J.　248

わ　行

若者の貧困　304
ワーキングプア　327
ワークライフバランス　55, 131

橘木俊詔

1943年兵庫県生まれ．小樽商科大学卒，大阪大学大学院修士課程修了，ジョンズ・ホプキンス大学大学院博士課程修了(Ph.D.)．京都大学教授，同志社大学教授などを経て，現在，京都女子大学客員教授，京都大学名誉教授．専門は労働経済学，公共経済学．
著者に，『日本の経済格差——所得と資産から考える』(岩波新書，1998年)，『格差社会 何が問題なのか』(岩波新書，2006年)，『日本の教育格差』(岩波新書，2010年)，『女性と学歴——女子高等教育の歩みと行方』(勁草書房，2011年)，『「幸せ」の経済学』(岩波現代全書，2013年)，『日本人と経済——労働・生活の視点から』(東洋経済新報社，2015年)，『貧困大国ニッポンの課題』(人文書院，2015年)，『21世紀日本の格差』(岩波書店，2016年)，『新しい幸福論』(岩波新書，2016年)，『老老格差』(青土社，2016年)他多数．

家計の経済学

2017年1月12日　第1刷発行

著　者　橘木俊詔(たちばなきとしあき)
発行者　岡本　厚
発行所　株式会社　岩波書店
　　　　〒101-8002 東京都千代田区一ツ橋2-5-5
　　　　電話案内 03-5210-4000
　　　　http://www.iwanami.co.jp/

印刷・理想社　カバー・半七印刷　製本・松岳社

Ⓒ Toshiaki Tachibanaki 2017
ISBN 978-4-00-061165-7　Printed in Japan

21世紀日本の格差	橘木俊詔	四六判 200頁 本体 1800円
東京大学 エリート養成機関の盛衰	橘木俊詔	四六判 326頁 本体 2600円
格差社会 何が問題なのか	橘木俊詔	岩波新書 本体 740円
新しい幸福論	橘木俊詔	岩波新書 本体 820円
脱「成長」戦略 新しい福祉国家へ	橘木俊詔 広井良典	B6判 184頁 本体 1900円
【一橋大学経済研究叢書59】家計消費の経済分析	阿部修人	A5判 274頁 本体 5000円

岩波書店

定価は表示価格に消費税が加算されます
2017年1月現在